U0816299

高等学校金融学系列教材
21世纪 FINANCE

金融工程学

（第二版）

JINRONG GONGCHENGXUE

主　编　沈沛龙
副主编　张文龙　崔　婕

中国金融出版社

责任编辑：张菊香
责任校对：刘　明
责任印制：丁淮宾

图书在版编目（CIP）数据

金融工程学/沈沛龙主编．—2版．—北京：中国金融出版社，2023.2
21世纪高等学校金融学系列教材
ISBN 978-7-5220-1553-8

Ⅰ．①金…　Ⅱ．①沈…　Ⅲ．①金融工程—高等学校—教材　Ⅳ．①F830.49

中国版本图书馆CIP数据核字（2022）第044860号

金融工程学（第二版）
JINRONG GONGCHENGXUE（DI-ER BAN）
出版
发行　中国金融出版社
社址　北京市丰台区益泽路2号
市场开发部　(010)66024766，63805472，63439533（传真）
网上书店　www.cfph.cn
　　　　　(010)66024766，63372837（传真）
读者服务部　(010)66070833，62568380
邮编　100071
经销　新华书店
印刷　河北松源印刷有限公司
尺寸　185毫米×260毫米
印张　23.25
字数　520千
版次　2017年8月第1版　2023年2月第2版
印次　2023年2月第1次印刷
定价　63.00元
ISBN　978-7-5220-1553-8
如出现印装错误本社负责调换　联系电话（010）63263947
编辑部邮箱：jiaocaiyibu@126.com

21 世纪高等学校金融学系列教材
编审委员会

再版前言

作为“21 世纪高等学校金融学系列教材”的重要组成部分，本教材第一版于 2017 年出版，当时恰逢国际金融危机爆发 10 周年，稳步推进金融衍生产品市场发展，完善金融风险防控体系成为我国经济建设的重要任务。之后近 5 年的时间里，我们见证了我国金融衍生产品市场的飞速发展，也见证了中国金融工程学科的飞速进步。然而，由于市场交易主体对衍生产品的了解度不够，最终巨亏的案例仍旧比比皆是。因此，向社会公众加大普及金融工程知识，培养金融工程人才依旧是我们不遗余力的奋斗目标。

在此期间，我们主持的“金融工程学”课程也被评为省级精品共享课程，在学银在线平台进行课程共享，面向全国高校和社会开放，受到了社会各界的肯定和关注。作为本课程的配套教材，本书也必须要紧跟国家衍生产品市场发展的最新动态，做到与时俱进。这些都促使我们不断进步，不断更新，对第一版教材进行大规模的修订以及完善。

本版《金融工程学》由山西财经大学沈沛龙教授担任主编，张文龙教授、崔婕教授担任副主编，在第一版的基础上从以下几方面进行了修订与补充。

（1）更新了各种衍生品市场的相关数据和发展情况，如股票期权、商品期权、人民币利率互换和货币互换、人民币货币期货、NDF 交易量等。同时补充了近年来我国金融市场上新出现的衍生品的相关情况，如 2016 年正式确定入市交易的信用违约互换、2018 年上线的商品互换。（2）书中各种案例基本上尽可能采用中国市场的案例，将书本上的理论知识与实际案例相结合，帮助读者更好地掌握书本内容。如引用“丰腾 - SFD”系列理财产品的案例来介绍监管套利等。（3）在每章专栏部分的拓展内容中，更新了我国对各类金融衍生品的最新管理办法，如我国债券远期市场交易机制最新管理办法、人民币利率互换交易机制最新管理办法、股指期货合约涨跌停板幅度最新管理办法等。（4）书中部分公式、数据错误已进行更正。

本教材最大的特点就是“中国化”，书中多数数据资料都来源于我国金融衍生品市场最新动态，能够更及时地反映出我国衍生产品市场近年来发生的巨大变化以及我国金融工程技术运用的日新月异。我们也希望能与大家一起，在不断学习中探索出更适合中国金融市场的风险规避路径和投资策略，一起为中国金融工程学科和衍生品市场发展而努力。

本书修订得以顺利完成，得益于众多专家、学者以及从业人员的支持与帮助。我们真诚地感谢中国金融出版社对本书的支持与帮助，感谢所有编辑为本教材修订所付出的辛勤劳动和指导，感谢同行们对本书提出的建议与帮助。总之，我们感谢所有为本书修订和出版给予支持和帮助的人！

本书此次修订历经一年有余，其间不断地对各章节内容进行修改、更新与补充，但其中错误和不妥之处在所难免。恳请广大读者谅解。期待各位读者、专业学者与业界同仁的批评指正与建议。

编者

2022 年 3 月 4 日

前　言

金融创新日新月异，金融工程技术推陈出新。随着经济金融全球化的到来与加速发展，金融工程技术对实体经济发展的推动备受关注。从20世纪80年代末作为一门新兴学科出现到现在，金融工程学科已经逐渐走向成熟，并在中国开花结果。长期以来，我国金融体系不健全，资本市场发展较为缓慢，资本市场避险工具品种欠缺，我国企业运用金融衍生工具进行套期保值的程度较低，支柱产业缺乏整体竞争力与抗风险能力。2008年前后，我国部分企业参与到金融衍生品交易中，由于相关金融工程专业知识的匮乏等因素，在国际衍生品市场上遭受巨额损失。2008年国际金融危机的爆发把金融衍生工具推到了风口浪尖，金融工程技术得到了前所未有的关注与重视。金融危机后，我国资本市场逐步完善，快速发展。商品期货品种日益健全，股指期货、国债期货陆续推出，2015年我国资本市场迎来了“期权时代”，金融市场的逐步健全与完善，标志着金融工程技术必将在中国全面铺开。未来的中国急需大量的金融工程人才。

面对快速发展的金融市场，我们意识到有必要引导公众正确理解金融衍生品，改变对金融工程技术的认知，积极引导企业利用金融工程技术和衍生品交易进行风险管理。

本教材是多年的金融工程课程教学实践与学术研究的一项集体成果。山西财经大学沈沛龙教授担任主编，负责制定教材的写作大纲及写作规范，并对书稿进行总纂；山西财经大学张文龙教授、崔婕副教授担任副主编，对全书进行了详细审阅和修改润稿。全书各章内容分工如下：

沈沛龙编写第1章、第2章、第16章；张文龙编写第3章、第4章、第8章、第9章、第10章；阎果棠编写第5章、第6章、第7章；崔婕编写第11章、第12章、第13章、第14章、第15章。

本教材思路清晰，逻辑关系强。全书在系统介绍金融工程技术的内涵与基本分析方法的基础上，着重对金融工程技术中涉及的主要产品进行分类介绍，整体遵循了产品概况—产品定价—产品发展现状—产品应用的分析思路，使得读者能对每类产品由浅至深地逐步了解。本教材还在每一章节设置了专栏，以方便读者开阔视野。

本书适合作为高等院校金融学、金融工程学等相关专业高年级本科生和研究生教材，亦可作为理论研究者和实际工作者的参考书。本书内容丰富，涵盖面广。在本书编写过程中，我们参阅了大量的国内外相关文献，也紧密结合近年来金融工程技术的最新发展动态，并将其融入到案例分析、专栏内容之中。本书得以顺利完成，得益于众多专家、学者以及从业人员的支持与帮助。同时，还要感谢中国金融出版社的王效端女士及各位编校人员为本教材的出版所付出的辛勤劳动。本书编著者在此一并表示最诚挚的谢意！

本书自编写开始至审稿修订终止，历时两年有余，其间章节内容先后多次调整、补充、修改。但错误和不妥之处在所难免，恳请广大读者谅解，欢迎专家学者与业界同仁批评指正。

编者

2016 年 12 月

目　　录

互换篇

期权篇

信用衍生工具篇

第1章

金融工程概述

【本章知识结构】

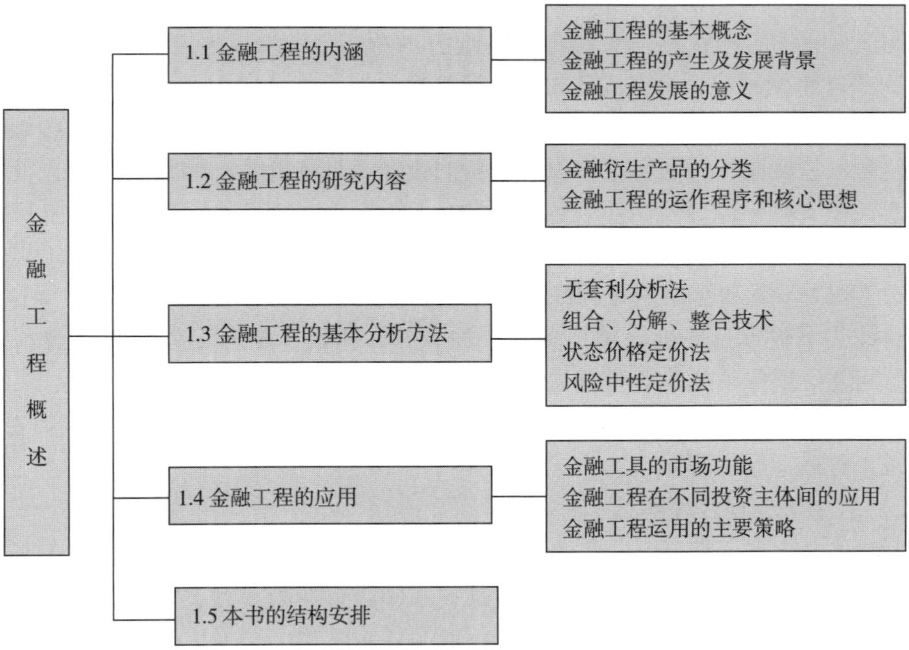

【教学要求】

1. 了解金融工程的含义；
2. 了解现代金融理论的研究前沿；
3. 了解金融工程的发展背景及发展意义；
4. 掌握金融工程的无套利分析技术、状态价格定价技术和分解组合技术；
5. 掌握金融工程的应用策略。

1.1 金融工程的内涵

1.1.1 金融工程的基本概念

（一）金融工程的含义

金融工程（Financial Engineering）是一门新兴的学科，目前在对其基本概念的界定上说法很多，下面给出几个代表性的观点。

1988 年美国金融学家约翰·芬尼迪（John Finnerty）将工程思维引入金融领域，认为金融工程是采用各种工程技术和科学方法，设计、开发和实施新型的金融产品，创造性地解决各种金融问题。1992 年国际金融工程师学会常务理事马歇尔（Marshall）指出“新型创造性”有三个层次的含义：（1）金融领域中思想的跃进，其创新程度最高，如第一份期权合约的产生；（2）对已有的观念作重新的理解与运用，如商品交易所推出金融期货作为新品种；（3）对已有的金融产品和手段进行分解和组合，目前层出不穷的新颖金融工具的创造，大多建立在这种组合分解的基础上。

1998 年英国学者洛伦兹·格立茨（Lawrence Galitz）认为金融工程即“运用金融工具重新构造现有的金融状况，使之具有所期望的特性（即收益/风险组合特性）”。

2005 年叶永刚提出，金融工程是要创造性地运用各种金融工具和策略来解决金融财务问题，并注重强调以下几点。一是金融工程的创造性。运用金融工具和金融策略来进行金融创新，包括原创性创新（开发出全新的金融工具和策略）和吸纳性创新（拓展现有金融工具和策略）。二是金融工程的应用性。金融工程是要开发出新的金融产品或利用现有的金融产品去解决金融财务问题，具有十分明确的应用性。三是金融工程的目的性。金融工程是要解决金融财务问题，而最大的金融财务问题就是经营者必须盈利，即尽量少输钱或不输钱，或是寻求市场漏洞而赢钱，所以，金融工程也叫“盈利工程”。金融财务问题必须包括风险管理问题，所以，金融工程又叫“风险管理工程”。金融财务问题除了盈利和风险管理外，还应该涉及避税和规避管制的内容，所以，金融工程还叫“避税工程或避管工程”。

（二）对金融工程的理解

综上所述，金融工程是一门将工程思维引入金融领域，融现代金融学、工程方法和信息技术于一体，以金融市场现有金融工具为基础进行产品设计，以科学的定价技术进行产品定价和开发，以一定的组合策略进行产品风险管理，进而以创造性地解决金融问题为根本目的的一门动态发展的交叉性学科。

这个定义有以下几层含义。

1. 金融工程是一门将工程思维引入金融领域，融现代金融学、工程方法和信息技术于一体的交叉性学科。多年来，金融学一直被视为经济学的一个分支，是经济学思维范式下的产物。于是，金融学的研究被紧紧地束缚在经济学思维方式的基本框架中，金融学的应用范畴也因此受到了限制。随着现代金融业的发展，金融市场上的需求日益呈现出多样化的发展趋势，主要包括：风险管理需求，即通过金融系统转移自身所面临的风险；节约成本需求，包括融资成本、被监管成本以及交易、套利成本等；增强流

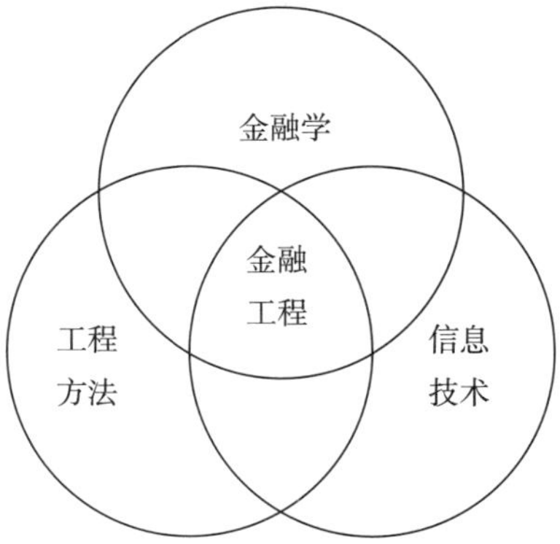

动性需求，即当外在因素发生变化时，无论是资产还是负债业务，都要有足够的调节弹性；大公司为实现一定的财务结构目标所产生的金融需求；个人理财方面所需的各种金融服务需求。这些都推动了金融工程的发展。

工程学是通过研究与实践应用数学、自然科学、经济学、社会学等基础学科的知识，来达到改良各行业中现有建筑、机械、水利、系统、材料和加工步骤的设计和应用方式的一门学科，分为建筑工程、机械工程、材料工程、水利工程等。工程思维是一种筹划性的思维，是运用各种知识解决工程实践问题的核心思维，与理论思维最大的区别在于理论思维是一种抽象的过程，它忽略了许多细节问题，是一种理性的假设、理想的状态，而工程思维必须立足于现实，为实现某一个价值目标，寻找最佳路径。金融工程正是采用了工程思维中的分解组合技术、定量分析方法，运用现有金融工具来研发、设计新型金融工具和金融策略的一门学科，所以，金融工程因此得名，以区别于传统的金融学。

信息技术是主要用于管理和处理信息所采用的各种技术的总称，是利用计算机及其程序设计来分析问题、解决问题的。信息技术为信息的收集和传递、交易成本的降低奠定了基础，正是得益于信息技术的提高，金融机构的效率、金融市场的效率、金融宏观调控的效率得到了有效提高，从而推动了金融工程的发展。

2. 金融工程是一门新兴的不断发展着的学科。金融工程是运用各种现有金融市场工具，设计、开发和实施新型的金融产品，金融产品的发展推动金融工程的发展，而金融工程的发展又进一步促进新型金融工具的创新，进而更快地推动着金融工程的发展。所以，金融工程的发展本身就是一个变化的、动态发展的过程，对于金融工程的研究不能用静止的、不变的方式来探索，要适应国际国内形势的变化，动态地调整设计思维、设计手段，不断创造新型金融产品。

3. 金融工程的核心内容是进行产品的设计、开发和应用。金融产品的设计，要以现有的金融市场工具为基础，利用分解组合技术，设计新的金融产品，具体就是对各种工具的风险收益特征进行匹配与组合，以此达到预定目标。

专栏 1. 1
金融市场与金融工具

金融市场是资金供应者和资金需求者双方通过信用工具进行交易而融通资金的市场，广而言之，是实现货币借贷和资金融通、办理各种票据和有价证券交易活动的市场。金融市场按照交易标的物的不同，分为原生产品市场（货币市场、资本市场、外汇市场、黄金市场）和衍生产品市场，具体如图 1. 1 所示。

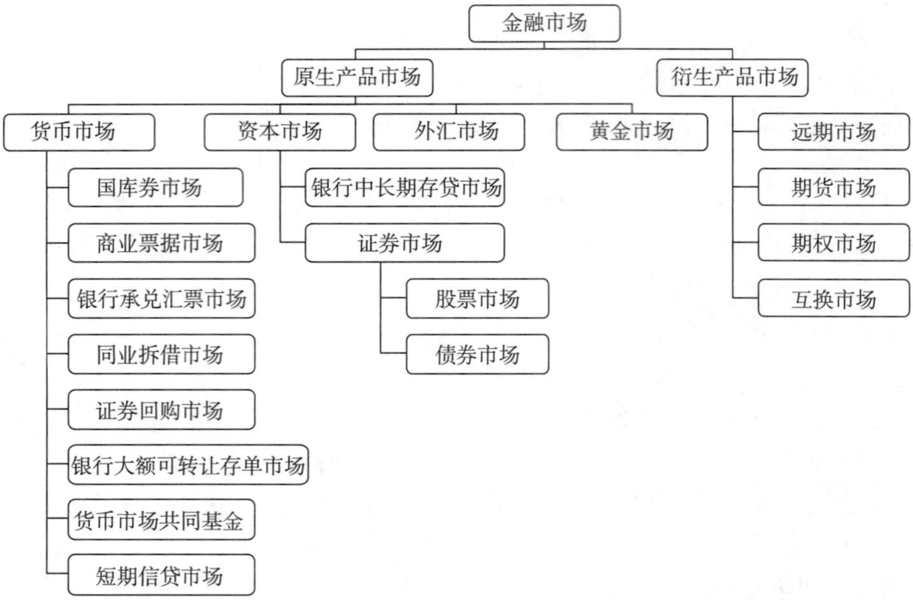

图 1.1　金融市场分类

金融工程正是以上述金融工具为基础，通过工具的分解组合，设计新的金融工具。如：以股票为标的，设计出了股指期货、股票期权、股票互换等；以与利率挂钩的债券为基础，设计出了远期利率协议、利率期货、利率期权、利率互换等；任何一个市场的不同工具之间可以配置，如期货期权等；任何一个工具的不同市场之间可以配置，如现货的多头加看跌期权的多头合成看涨期权的多头（这些合成技术在期权的讲解中会详细介绍）；不同市场间的不同工具之间可以进行配置，而且在设计产品的过程中，一些基本要素的变化也会创造出新的产品，如将期权的到期时间调整可以设计出欧式期权、美式期权和百慕大期权等衍生产品。

金融产品的开发，主要是基于对现金流的分析与包装设计，对金融产品进行估值定价。零息债券的创新过程是一个典型的现金流重组设计过程（见专栏 1.2）。

专栏 1.2
零息债券的创新

1982 年，美林公司创新出一种名为“国债投资收益凭证”（TIGRs）的金融产品。具体的做法是：首先将美国财政部发行的附有票息国债的每期票息和到期时的现金收入进行重新组合，转换成各种不同期限、只有一次现金流的证券，即所谓的零息债券；然后与一家保管银行签订不可撤销的信托协议；最后，这家保管银行发行重组后的零息债券，由美林公司承销，出售给投资者。

金融产品的应用是风险管理的需求，是节约成本的需求，是增强流动性的需求，是公司为实现一定的财务结构目标所产生的金融需求，是个人理财方面所需得到的各种金融服务的需求，基于这些目标，金融工程设计了套期保值策略、套利策略、投机策略，帮助企业加强风险管理，帮助投资者尽量少输钱或不输钱，甚至寻求套利机会盈利。

4. 金融工程的根本目标是创造性地解决金融问题，也就是金融创新。对于创新的理解可以从三个层面上来分析。一是创新出给市场带来基本变革的全新产品，如原生金融产品中的零息债券、票据发行便利、浮动利率债券、可转换债券、双重货币债券等，以及衍生产品中的远期利率协议、金融期货、金融期权、互换等，这是原创性创新。二是开发创新产品，即在上述产品的基础上，通过自身创新以及对各种金融工具和方法进行组合创新而开发出金融产品。自身创新是指通过改进自身的风险特性、期限结构等而进行的创新活动，如各种变异期权、互换交易中通过变换期限结构方式开发出的分期偿还互换等；组合创新是把现有的金融工具和方法进行相互嫁接，如各种金融期货、期权与互换嫁接所形成的期货互换和期权互换，期权与远期利率合约嫁接形成的各种带有期权特征的远期合约，等等。通过嫁接形成的金融工具使得金融市场之间的联系程度更加紧密，整个金融市场变得更加完全有效。三是不能归类于上述两种的零星创新产品。这类创新产品只是针对特定客户的不同需求而开发的，一般不具有良好的市场属性，难以形成广泛的市场需求。

金融工程解决金融问题的程序，可分为提出问题、分析问题、解决问题三个阶段。提出问题即明确客户所要达到的某种特定金融目标，实现这些目标有哪些困难，以及困难的性质。分析问题即在不违反有关法规的前提下，依据现有的金融理论、金融技术、市场状况及本公司和客户的资源状况，为客户提供解决问题的最佳方案，这可能是一种全新的金融工具，也可能是一种全新的操作方式。解决问题即按上述最佳方案开发出新的金融产品，并根据金融资产定价理论和本公司的开发成本计算产品的价值、撰写研究报告，同时对金融产品的运行状况进行监督。

✪**【例 1.1】**法国政府在对一个化工公司实施国有股权退出改革时遇到困难，为保持公司员工工作的积极性，政府决定出售一部分股权给员工。对员工提供 10% 的折扣；同时，公司也给出了相应的激励措施：除了允许员工在 12 个月之内付款外，还额外给予 15% 的折扣。但员工对这一持股计划非常冷淡，仍仅有 20% 的员工愿意购买公司的股票，该公司决策层该怎么办？

他们找到银行家信托公司寻求对策，金融工程师提出了以下策略（见图 1.2）：

（1）由信托公司出面保证员工持有的股票能在 5 年内获得 25% 的收益率，其股权所代表的表决权不受影响；

（2）员工可以获得未来股票二级市场上价格上涨所带来的资本利得的 2/3，另外1/3作为该信托公司所提供保证收益率的风险补偿。

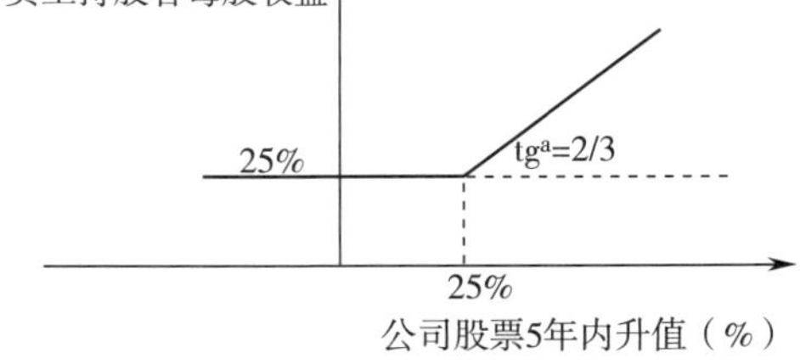

图 1.2　化工公司员工收益图

结果：(1) 员工股票表决权不受影响，还可以获得最低25%的收益保证；

(2) 公司解决了私有化问题，及时收回了资金，未支付额外成本；

(3) 信托公司获取了中介费用，同时若二级市场价格上涨，信托公司可以获得员工持股部分1/3的超额溢价。

1.1.2 金融工程的产生及发展背景

（一）金融工程产生和发展的外部因素

1. 国际形势的变化是金融工程产生的原动力。20世纪60年代以来，市场全球化（生产全球化、销售全球化和资本全球化）成为不可阻挡的潮流，跨国公司和银行的迅速膨胀，离岸金融市场的蓬勃发展，使生产、经营、融资活动完全打破国界，价格的易变性由一国扩展到全球，企业和银行经营活动日益复杂化，世界金融市场风险大大增加。

20世纪70年代，布雷顿森林会议所确定的固定汇率体系和美元金本位地位崩溃，浮动汇率制取而代之，汇率又通过“利率平价”与利率联系起来，利率变动亦导致金融资产价格波动，再加上中东石油危机等原因，汇率、利率、股息率等一系列相关的变量处于极不稳定、难以预料的波动之中。宏观经济环境的变化，使传统的金融商品如股票、债券、外汇等已不能有效地对付日益扩大的风险，使金融机构的旧有经营模式和业务种类失去市场。为规避这种汇率和利率风险，在新的市场环境下增强竞争能力，实现稳健经营、改善管理、有效控制成本和发掘潜在利润，各企业和银行都在谋求创新的金融工具和风险管理手段来规避风险，金融工程也应运而生。所以，资本流动、货币体系、金融市场和金融机构的全球化成为金融工程产生的原始推动力。

2. 金融监管的变革为金融工程的产生创造了制度条件。在金融市场建立和发展的初期，严格的金融监管是必不可少的。以美国为例，Q条例规定了存款利率的上限，《格拉斯—斯蒂格尔法》规定了商业银行业务与投资银行业务必须严格分开，有的法律还对银行营业地域进行了限制，等等。严格的金融监管在当时对于规范金融市场、恢复公众对金融系统的信心起到了积极的作用。但进入20世纪70年代，受新古典主义和货币主义这些新自由主义经济学家的影响，发达国家纷纷放松或取消了对利率的管制，放松对金融机构及其业务的限制，使汇率、利率、股价等金融资产价格捉摸不定，以自由竞争和金融自由化为基调的金融创新浪潮席卷了整个西方世界。如：商业银行设计开发了可转让大面额存款单（CDs），由于这种大面额存款单可以在市场上流通，由此产生实际的高收益率，突破了对银行储蓄账户利率的限制，同时提高了银行吸收资金的能力。

专栏1.3

金融创新

金融创新包括金融工具的创新、金融市场的创新、金融组织结构的创新和金融制度的创新等。

1. 金融工具的创新。按照金融创新工具的功能，金融工具的创新分为风险管理型创新、增强流动型创新、信用创造型创新和股权创造型创新四种。

在20世纪80年代，围绕市场风险管理进行的金融创新最为流行，其典型代表就是期货、期权和互换工具，以及用它们构造出的各种复杂的产品组合。进入 20 世纪 90 年代以后，诸如信用违约互换、总收益互换、信用价差互换以及信用联系票据等以转移信用风险为核心的信用衍生工具经历了引入和迅速发展的阶段，并成为当前国际金融市场上创新的又一大热点。

金融资产价格波动性的增加，提高了资产持有者持有某项金融资产的机会成本，对债务成本管理的需求越来越强烈，二者都导致了债权、债务人对金融资产流动性的要求。20 世纪 80 年代以来，银行业普遍兴起的资产证券化是增强流动型创新的重要成果之一；而期货等衍生工具交易相对于现货交易具有流动性优势，也把众多的投资者从传统的股票和债券市场上吸引了过来。

对信贷的需求推动了信用创造型金融工具的创新与发展。在 20 世纪 80 年代企业兼并重组浪潮中，对高杠杆债务融资的巨大需求使华尔街的投资银行家们开发出了垃圾债券。而针对由信息不对称引起的委托一代理问题，金融界创造出了以可转换债券为代表的一类新型融资工具，使投融资双方的需求更好地得到满足，从而扩大了融资规模。

相对于信用创造型创新，股权创造型金融创新的发展较为迟缓。但 20 世纪 80 年代以来，由于各种金融监管都对商业银行的资本充足率加强了要求，因此商业银行成为这方面创新的主要需求者和使用者，如股票期权。

2. 金融市场的创新。首先，国际金融市场实现了一体化。由于资讯的进步，全球金融市场连成一片，外汇市场已经实现了 24 小时连续不断营业；欧洲货币市场和国际证券市场迅速发展并不断壮大。其次，全球金融衍生品市场迅速崛起，并在很多情况下超过了现货市场的规模，特别值得注意的是，金融衍生品的场外交易早在 20 世纪 80 年代就迅速超过了有组织的交易所交易，并且两者之间的差距有进一步扩大的态势。

3. 金融组织结构的创新。金融机构自身作为创新主体，也在不断经历着组织结构上的创新，金融机构混业经营的势头锐不可当。近年来，美国、日本、德国的金融机构通过一次次大规模的兼并收购，向着“超级金融百货公司”的战略目标迅速挺进。在分业经营限制迟迟不肯退出舞台的美国，1998 年 4 月，花旗集团与旅行者集团的合并实际上已在美国金融界开创了商业银行、投资、保险业务“一条龙服务”的先河。迫于压力，1999 年 10 月 22 日，美国白宫及共和党国会领袖就改革美国银行业条例达成协议，废除禁止银行承销证券的《格拉斯—斯蒂格尔法》（1933 年）。新法也允许银行、保险公司及证券公司互相在彼此的市场进行竞争。这表明金融机构必须在更广泛的领域内与更多的竞争对手争夺市场份额，金融机构之间竞争的激化迫使金融机构必须积极创新，并向多元化、全能化发展。

4. 金融制度的创新。金融制度的创新与金融业务和金融组织结构的创新是相互推动的。利率限制和分业经营限制的逐步取消、各国金融市场的顺序开放等都是这轮金融自由化潮流冲击旧有金融体制所带来的变革。1999 年 3 月 1 日，世界贸易组织 71 个成员缔结的新的全球金融服务业自由化协议正式生效，占全球金融服务业 95% 的国家和地区在银行业、保险业和基金市场方面全面开放，全球金融体系又向自由化迈进了一大步。

这些创新活动的结果，从其实质来看，或是能以更低的成本达到预定的经营目标，使市场更有效率，或是能够实现已有的工具和技术无法实现的目标，使市场更加完全。进入 20 世纪 80 年代后，在西方发达国家形成了金融创新的浪潮，至今方兴未艾。金融创新与金融监管的相互作用、相互促进，使金融系统更加安全、更有效率，从而更好地发挥其社会经济功能，服务于社会、服务于经济，同时也推动了金融工程的产生与发展。

3. 信息技术的进步为金融工程的发展提供了技术支持。计算机、卫星、光纤通信技术在金融业的普遍使用，将整个世界变成了一个地球村，信息传递、交易清算非常迅捷，原先需要一个星期或一个月才会对市场造成显著影响的信息，现在只需几天、几个小时，甚至几秒钟时间就能使市场感受到，各国的金融市场更紧密地联系在一起，投资者可在伦敦买进某种金融产品，也可在新加坡对冲其头寸。技术的发展导致交易成本的不断降低。例如一宗1万股，交易价格为100美元的股票，其交易成本在20世纪70年代初约为每股1美元，到20世纪90年代初则已降至每股2美分。假设某股票在两个市场上存在0.10美元的价差，那么在20世纪70年代初则不存在套利机会，而对20世纪90年代的金融工程师来说却存在重要的套利机会，并需要开发出相应的交易策略。通信技术的进步也使市场获取信息的速度和数据大大增加，使金融变量变动加快、风险增加，以人工智能为代表的复杂计算能力的增强，使许多需要高精技术的金融创新有了运用的可能，许多理论模型获得了得以实际运用的条件，并能够模拟检验，从供给方面给予金融工程发展的技术支持。

4. 套利机会的挖掘为金融工程的发展创造了新的机遇。以税收为例，现实生活中税收不对称是客观存在的，政府对某些行业给予特殊的税收豁免与优惠，导致行业间存在税收不对称；不同国家向不同的企业施加不同的税收负担，导致企业间存在税收不对称；一些企业过去的经营业绩留给企业可观的减税和冲销额度，这些额度有效地免除了企业在未来几年中的纳税义务，导致了同一企业在不同的阶段存在税收不对称。挖掘机会、寻求套利机会是金融工程发展的催化剂。

✪【例1.2】假设有A、B两家公司，A公司的边际所得税税率为40%，债务资金成本为10%，股利收入的80%享受免税待遇，B公司的边际所得税税率为12%，发行优先股的股利为8%，如何利用这种税收政策来有效套利？金融工程师如何设计？

策略：两个公司进行一笔交易：A公司以发行债券的方式向B公司借款1 000万元，然后投资于B公司的优先股。如图1.3所示。

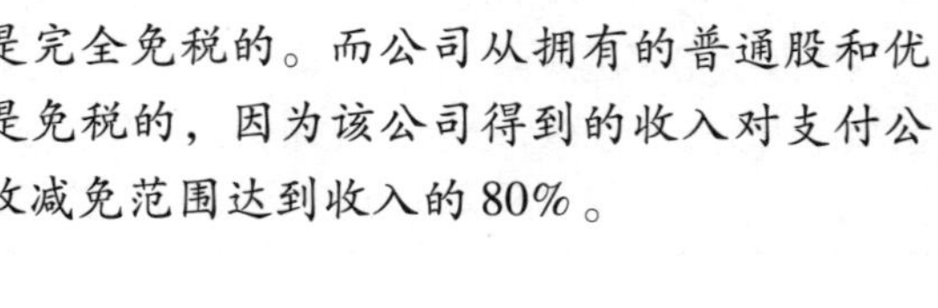

图1.3 A、B两家公司现金流量图

注意：在许多国家，由一个公司支付给另一个公司的利息，在总体上，对接受方来说，是完全纳税的；对支付方来说，则是完全免税的。而公司从拥有的普通股和优先股中得到的股息，对接受公司来说大部分是免税的，因为该公司得到的收入对支付公司来说已被征税。在大多数情形下，这个税收减免范围达到收入的80%。

分析：

A公司的盈亏：

股息税后收益：$8\% - 8\% \times (1 - 80\%) \times 40\% = 7.36\%$

税后利息成本：$10\% \times (1 - 40\%) = 6\%$

实际获取的收益：$7.36\% - 6\% = 1.36\%$

B公司的盈亏：

税后利息收入：10% ×（1－12%）＝8.8%

股息成本：8%

净收益为：8.8%－8%＝0.8%

结论：这是A公司债权和B公司股权之间的互换，两个公司通过互换实现了双赢。

思考：两个公司虽然实现了双赢，但是盈亏不均衡，你有哪些办法让双方盈利相同呢？双方的盈利是天上掉馅饼吗？这块免费的蛋糕来自哪里？如果你在政府部门工作，你会采取什么措施呢？这种互换有风险吗？

这个例子说明了金融工程师可以利用税收不对称性，以及围绕个别公司特殊的金融环境，创造结构化交易，以规避税收，从而牟利。

5. 金融理论的发展为金融工程的发展提供了理论基础。现代金融理论是指在金融经济学中大量应用金融数学研究金融风险的防范与控制、资本市场的运营、资本资产的结构和定价等理论取得的成果。现代金融理论不仅从宏观层面来研究金融框架体系问题，如是否存在最优的金融框架模式，在各个体系之间存在怎样的关系，以及如何比较等，而且从微观层面研究金融产品定价和风险管理问题，如债券定价、衍生工具定价、股票定价和缺乏流动性的资产的定价等，研究公司财务方面的问题，如公司财务的运作问题，更多地运用了数学模型分析法，更加侧重于定量分析。

金融理论的发展是金融工程发展的理论基础。一般认为，现代金融理论始于20世纪50年代。1952年，马柯维茨（Harry Markowitz）发表了《证券选择组合》的论文，详尽论述了投资目标函数、组合的方差及解的性质等基本理论，为衡量证券的收益和风险提供了基本的思路，奠定了证券投资的基础。1958年，经济学家莫迪利安尼和默顿·米勒发表了《资本成本、公司财务和投资理论》，提出了现代企业金融资本结构的基本理论——MM理论（Modigliani－Miller Theorem），构建了现代金融理论体系的第一根支柱。20世纪60年代，威廉·夏普、简·莫森和约翰·林特纳在一起创造了资本资产定价模型（CAPM），构建了现代金融理论体系的第二根支柱。1973年，费希尔·布莱克和迈伦·斯科尔斯发表了著名的《期权定价与公司债务》，成功地给出了欧式期权定价的一般模型，开辟了金融衍生工具发展的新纪元，构建了现代金融理论体系的第三根支柱。1976年，考科斯（John C. Cox）和罗思（S. A. Ross）进一步提出了“复制期权”的理论，从而将金融期权定价推广到企业的投资决策中。20世纪80年代达莱尔·达菲（Darrell Duffie）在不完全资本市场一般均衡理论方面的经济学研究证明了金融创新和金融工程的合理性和对提高社会资本资源配置效率的重大意义，为金融创新和金融工程的发展提供了重要的理论支持。20世纪80年代末金融学从分析科学向工程学转变，“金融工程新科学”的命题开始出现；1991年“国际金融工程师学会”的成立，可以说是金融工程学正式被社会确认的标志。

（二）金融工程产生和发展的内部因素

金融工程的理论与实践，宏观上使金融市场更加完全和更有效率。从微观上，即从金融机构内部角度来看，金融企业和非金融企业却有着以最小的成本（包括风险成本、流动性成本等）换取最大收益的本能要求，因而对低成本、多样化融资方式的需求增加，金融工程顺应这种需求，创新出了一系列增加流动性或者风险管理的金融产品，通过提高资产经营的流动性与安全性、降低代理成本与交易成本等来创造价值，这是金融工程发展的本质动因。

1. 流动性因素。当外在因素发生变化时，无论是资产业务还是负债业务，都要有足够的调节弹性。针对客户和机构内部的流动性需要，金融工程从三个方面进行了创新：提高资产变现能力以及提高现金的再投资能力；设计价格与面值更接近的长期投资证券；提高证券在市场上的流通速度，以及增加市场的“深度”。如：资产证券化就是使缺乏流动性的资产组合起来变现和出售，以尽快收回资金，增大货币的扩张效应。在传统的信贷管理方法下，短期存款负债与长期贷款资产期限的不匹配，增加了商业银行的经营风险，如果将贷款证券化，使长期被占用的银行贷款转化为证券出售给投资者，则整个金融系统就有了一种新的流动性机制，银行就可较快地回收资金，扩大金融资金的来源渠道。

2. 安全性因素。金融机构通过设计低风险的金融工具和开发有效的风险管理技术，为机构本身和投资者创造价值。

设计低风险的金融工具，如用于降低利率风险的各种浮动利率债券及“剥离”证券，使原来捆绑在一起的各种类型的风险得以分解。

风险管理技术包括两个方面：一是通过资产组合降低甚至消除非系统风险；二是通过风险的重新分配转移系统风险，即把风险从不愿意承担风险的人转移给愿意承担风险的人。所以，风险管理技术的开发包括风险管理工具开发（如利率期货与利率期权、股票指数期货和期权、远期利率协议、远期汇率协议、各种互换等）和风险管理策略设计（资产负债管理技术、风险测量手段和套期保值策略等）。

3. 代理成本因素。由于证券发行人与投资人之间存在委托—代理关系，因此在证券的筹资成本中包含代理成本。通过设计新型金融工具和手段来降低代理成本，则可以为客户和机构自身创造价值，这些新型工具可以保护投资者免受由于证券发行者在证券有效期内信用变差而产生的损失。如可回售普通股发行者在发行普通股票时就授予投资者一种权利，该权利使投资者能够将股票在特定日期以特定价格回售给发行者，这种可回售的权利降低了信息不对称所引起的代理成本。

4. 交易成本因素。交易成本包括融资成本、被监管成本以及交易、套利成本等。采用先进的技术能够降低交易成本，新型金融工具和手段的开发实施同样可以降低交易成本。例如可延期债券（Extendible Bonds）可每隔两至三年调节一次利率，相当于公司滚动发行两年期或三年期债券，但却节省了大量债券发行费用，降低了成本。

5. 税收因素。在不同税收环境下，可以通过创新获得税收收益。由于不同的收入来源常按照不同的税率征税，如资本收益和劳动所得、资本利得、利息股息、个人收入和公司收入、企业收益分配和收益流程等，都可能引发合理避税的需求，由此引起能够在不同形式的收入之间进行转换的产品创新。同时，政府常依据实际经济运行状况进行税率结构调整，也会为金融工程技术的运用和产品创新提供新的动力来源，从而促进了金融工程的发展。

综上所述，多种外部环境因素和内部因素共同促成了金融工程的产生与发展。同时，金融工程的发展也促进了金融系统的完善，使其更有效地发挥资本资源配置的功能和社会服务功能。

（三）金融工程的发展趋势

1. 个性化。金融工程的技术特征可以概括为信息化、数量化、工程化与智能化。通信技术的发展使世界金融市场通过信息联成一体，软件技术的发展则使计算机与通信技术更直接、更充分地服务于金融工程。各种大规模的计算和分析软件包（包括近似计算和仿真计算）为金融工程提供了开发和实施各种新型金融产品、解决金融和财务问题的有效手段。自动化和人工智能技术在信用分析、市场模拟等方面取得了可喜的研究和应用成果。金融工程是围绕着金融产品的创造和实现展开的，而金融产品的推出和改进，又都是以市场为导向的。发达国家的金融工程活动，已经发展到“量体裁衣”地提供金融产品。

2. 全面化。进入 20 世纪 90 年代，金融工程向商业银行业和保险业全面渗透。金融工程为商业银行控制和管理信贷风险创造出各种各样的新技术和新工具。由于运用金融工程方法可以进行各种金融资产证券化业务，金融机构有效降低经营风险成为可能；由于金融工程可以设计、开发出各种新的转移和重新配置风险的技术与工具，在保险业对巨灾保险也成为现实。随着金融工程的发展，保险业务和资本市场的投资业务之间的联系也愈来愈紧密了，保险公司的业务技术也由主要依赖负债项下的精算转向资产项和负债项综合的风险管理。

3. 多样化。除了传统的远期、期货、期权、互换等衍生金融产品外，现代的金融工程师们又开发出许多新的投资工具。如高收益的共同基金、货币市场共同基金、Swap 系统以及回购协议市场等。又如通过诸如重新包装和超额按揭等极其巧妙的办法，开发出了将高风险投资工具转变成低风险投资工具的系统。与此同时，为控制有可能产生的更为复杂的金融风险，金融工程师又开发出更为完善的金融避险技术。金融工程发展的趋势是在应用计算机辅助设计（CAD）和制造（CAM）技术的基础上，向计算机集成制造（CIM）方向发展。目前，国际上的一些金融学家，不仅利用金融市场的实际数据开展实证研究——发展实证金融学，还设想通过建立实验室环境来试验各种新设计和开发的金融产品——发展实验金融学。

1.1.3　金融工程发展的意义

（一）金融工程提高了金融机构的经营效率

首先，金融工程开发设计出的新型金融工具相互之间在特性上混杂、交叉，打破了银行制度的专业化分工，使金融机构业务种类、经营范围扩大，获取的收益大幅度提高。如可转换证券融合了债券与股票的特点，银行贷款也可具有证券的特性。金融机构业务进一步交叉，缩小了传统的金融专业分工界限。如美国、英国、德国等发达国家的一些商业银行，其业务范围基本上包括所有的金融业务，使银行的组织体系发生着重大变化，推动着整个金融业向纵深方向发展与壮大。

其次，从需求的角度看，金融工程有助于提高金融机构的服务质量。金融创新开发出的种类繁多的新型金融工具，为人们的投资提供了多种选择，满足了客户对金融资产的多种需求，激发了金融机构创新金融工具的内在冲动，随着金融工程的深化，金融机构服务内涵的扩大对其经营能力提出了更高的要求。金融机构可以运用金融工程，为客户提供新的金融产品和服务手段，拓展金融服务的深度和广度。

再次，金融工程使金融机构组织结构和管理素质发生变革。金融工程推动金融机构形成合乎现代市场经济体制要求的金融组织模式和治理结构。20 世纪 90 年代金融机构兼并之风使其结构调整步伐加快，在完成组织机构变革之后，其功能和业务都有所增强。管理方面，金融机构注重根据自己的需要进行资产负债管理和风险管理，决策机构和执行机构日趋融合，决策效益加强。

最后，金融工程鼓励了竞争，促进了金融机构提高竞争力。金融工程的核心要素，如对金融的创新程度、技术含量的高低、信息技术的优劣以及收益风险的配套，已成为金融机构体现其经营实力与地位的竞争热点。这种竞争性具有充分的相互替代作用。一方面促进机构在资产收益性、流动性、风险性的基础上不断创新金融工具，以增强自身竞争能力；另一方面也促使金融机构不断运用现代技术和先进通信技术，建立高效的运行机制，提高金融信息管理系统的技术水平。

（二）金融工程提高了金融市场的交易效率

首先，金融产品、业务创新极大地丰富了金融市场交易，壮大了市场规模。自20 世纪 60 年代美国花旗银行推出第一张大额可转让定期存单至今，各种系统化、复合化的金融工具，如 NOW 账户（见专栏 1.4）、货币市场共同基金、自动转账账户、股票指数等层出不穷。这些金融工具以高度流动性为基本特征，在合同性质、期限、支付要求、市场化能力、收益、规避风险等方面各具特点，加快了国际金融市场的全球化进程，壮大了金融市场规模，促进了金融市场的活跃与发展。高效率的金融市场应该为绝大多数理性投资者提供能够方便构建被他们自认为有效的投资组合的机会，金融工程正是丰富了投资者的选择，提高了金融市场的效率。

专栏 1.4

可转让支付命令账户

可转让支付命令账户（Negotiable Order of Withdrawal Account，NOW）也被称为付息的活期存款，既可用于转账结算，又可支付利息，年利率略低于储蓄存款，提款使用规定的支付命令，和支票一样，可自由转让流通。它是一种不使用支票的支票账户，以支付命令书取代了支票。开立这种存款账户，存户可随时开出支付命令书，或直接提现，或直接向第三者支付，其存款余额可取得利息收入，这种账户具有储蓄账户的意义。通过这种账户，商业银行既可以为客户提供支付上的便利，又支付利息，从而吸引客户，扩大存款。可转让支付命令账户的对象一般都限于个人和非营利性团体。

其次，金融工程有助于金融商品的价格发现，实现金融市场均衡。根据金融工程的运作机制，如果现存金融商品的价格没有处在均衡位置，就存在着套利机会，就必然可以通过利用基本金融工具和衍生金融工具组合出新型金融工具，以获得无风险收益。金

融工程使金融市场上出现的任何微小的套利机会都会被利用。因此，不论是信息因素所致金融商品价格的短期失衡，还是市场条件的根本变化导致的均衡价格移位，都能因为金融工程师或市场参与者的行为，迅速恢复至均衡状态。

最后，金融工程提高了投融资便利程度。利用金融工程设计开发出的金融市场组织形式、资金流通网络和支付清算系统等，能够从技术上和物质条件上满足市场要求，特别是近年来无纸化交易与远程终端联网交易方式，加快了资金流通速度，节约了交易时间和费用，使投融资活动更加方便快捷，金融市场效率大幅度提高。

（三）金融工程提高了金融宏观调控的效率

金融工程综合运用多种金融工具和金融手段，创造性地解决中央银行宏观调控问题，实现风险管理。中央银行可利用金融工程创造新型的监管调控工具。如 1990 年春、秋季，德国政府通过非公开销售方式发行了一种特殊的十年期债券，它实际上是标准的十年期政府债券与以其为标的的看跌期权的综合，这种特殊产品非常出色地自动实现了中央银行的公开市场操作功能，从而大大削减了传统公开市场操作人为判断入市时机所带来的误差和交易成本。可见，金融工程为新型金融监管体系、调控机制的构建提供了有力支持。当然，我们也要看到，由于金融工程的高度专业化和复杂化及其产品的高杠杆性和虚拟性，给金融业的监管和金融体系的稳定带来了新的问题，但这些问题的解决，仍有赖于金融工程的进一步发展和有效利用。

1.2 金融工程的研究内容

1.2.1 金融衍生产品的分类

（一）根据产品形态分类

根据产品形态的不同，金融衍生产品分为远期、期货、期权和互换四大类。

远期合约和期货合约都是交易双方约定在未来某一特定时间，以某一特定价格买卖某一特定数量和质量资产的交易形式。期货合约是期货交易所制定的标准化合约，对合约到期日及其买卖的资产的种类、数量、质量作出了统一规定。远期合约是根据买卖双方的特殊需求由买卖双方自行签订的合约。因此，期货交易流动性较高，远期交易流动性较低。

期权交易是买卖权利的交易，期权合约规定了在某一特定时间、以某一特定价格买卖某一特定种类、数量、质量标的资产的权利。期权合同有在交易所上市的标准化合同，也有在柜台交易的非标准化合同。

互换是一种交易双方签订的在未来某一时期相互交换某种资产的合约。更为准确地说，互换是当事人之间签订的在未来某一期间内相互交换他们认为具有相等经济价值的现金流的合约。较为常见的是利率互换和货币互换。

（二）根据标的（基础资产）资产分类

商品衍生产品，是指以各类商品为基础产品的金融衍生产品。主要包括商品远期、商品期货、商品互换和商品期权。

股权衍生产品，是指以股票或股票指数为基础产品的金融衍生产品，主要包括股票期货、股票期权、股票指数期货、股票指数期权以及上述合约的混合交易合约。

货币衍生产品，是指以各种货币作为基础产品的金融衍生产品，主要包括远期外汇合约、货币期货、货币期权、货币互换以及上述合约的混合交易合约。

利率衍生产品，是指以利率或利率的载体为基础产品的金融衍生产品，主要包括远期利率协议、利率期货、利率期权、利率互换以及上述合约的混合交易合约。

（三）根据交易方式分类

场内交易，又称交易所交易，指所有的供求方集中在交易所进行竞价交易的交易方式。这种交易方式具有交易所向交易参与者收取保证金，同时负责进行清算和承担履约担保责任的特点。此外，由于每个投资者都有不同的需求，交易所事先设计出标准化的金融合同，由投资者选择与自身需求最接近的合同和数量进行交易。所有的交易者集中在一个场所进行交易，这就增加了交易的密度，一般可以形成流动性较高的市场。期货交易和部分标准化期权合同交易都属于这种交易方式。

场外交易，又称柜台交易，指交易双方直接成为交易对手的交易方式。从通用性和公开性角度看，又可将场外市场分为直接交易市场和间接交易市场。直接交易市场是指衍生品的价格信息可以直接从各种公开的媒介和金融信息网络终端中获得。衍生品的结构是市场通用的，其交易是各家金融机构随时都可以提供报价成交的，它的交易对象主要是普通衍生品，如期权、远期、互换的交易。间接交易市场则完全不同，其内部结构是用专有产品的形式包装起来，不对外公开的，其价格是由银行等金融机构向客户提出，客户一般难以在公开市场上找到可供参考的价格标准。这类专有产品实际上就是结构型或复合型衍生品。目前国际性大金融机构大多有结构性衍生品的设计部门，专门为客户或为自己达到营销目的而设计各种各样的产品，可以说是量身定做。

（四）按照风险收益分类

一类是交易双方的风险收益对称，都负有在将来某一日期按一定条件进行交割的义务。属于这一类的有远期合约、期货合约、互换合约。

另一类是交易双方风险收益不对称，合约购买方有权决定履行合约与否。属于这一类的有期权合约和期权的变通形式认股权证、可转换债券、利率上限（Caps）、利率下限（Floors）、利率上下限（Collars）等。

（五）按照结构形式分类

一类称普通型衍生品，或第一代衍生品，即期货、期权、远期和互换，其结构与定价方式已基本标准化和市场化。另一类是所谓的结构型或复合型衍生品，又称“奇异”或“异型”衍生品，它是将各种普通衍生品组合在一起，有时也与存贷款业务联系在一起，形成一种特制的产品。这类产品或方案，是专门为满足客户某种特殊需要而设计的，是银行出于推销包装目的或自身获利目的，根据其对市场走势的判断和对数学模型的推算而制作的。它们的内部结构一般被视为是一种“知识产权”而不会向外界透露。因此，它们的价格与风险都难以从外部加以判断。

1.2.2 金融工程的运作程序和核心思想

（一）金融工程的运作程序

金融工程的运作具有规范化的程序：诊断→分析→开发→定价→应用。

诊断（Diagnosis）：对金融问题的实质和根源进行识别。

分析（Analysis）：根据现有的金融市场体制、技术及理论找出解决金融问题的最佳方法。

开发（Generate）：创造出一种新型金融工具，也可建立一种新型金融服务，或者是两者结合。

定价（Valuation）：通过各种方法对这种新型金融工具或者服务的内在价值加以决定，并以高于内在价值的价格销售给客户。

应用（Customize）：对客户的特殊需求进行基本工具和产品的修正，使之更适合单个客户的需求，实现“量体裁衣”。

（二）金融工程的核心思想

金融工程的核心思想是运用各种金融工具，设计和开发新型金融产品、金融手段及制订和实施新型金融方案。

1. 设计和开发新型金融产品。金融产品开发设计的原材料是各种现有的金融工具。如果把传统的金融产品（如股票、债券）及其衍生金融工具（如远期、期货、期权、互换等）比作建筑房屋用的基础材料的话，那么各种新型金融产品就是这些简单基础材料，通过不同的组合方式、不同的结构、不同的比重、不同的头寸方向、不同的挂钩市场要素组建的楼房和大厦，具体如图 1.4 所示。

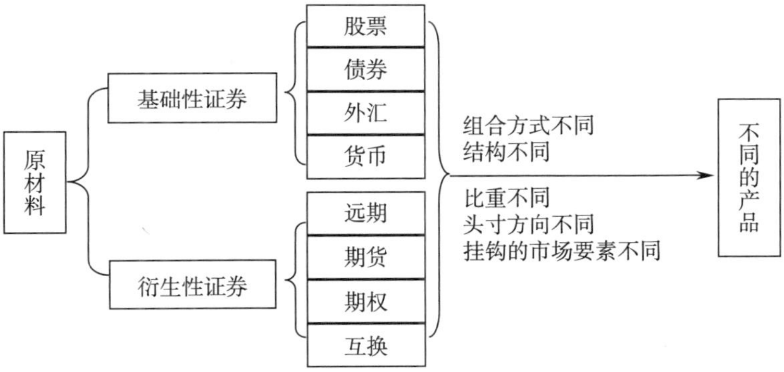

图 1.4 金融工程原材料图

设计和开发新型金融产品的方式和手段包括三种。（1）创造新型的金融工具。可以采取剥离与杂交技术，对风险和收益进行剥离、分解或杂交，创造出新的风险与收益关系。如将附在国债券上的息票从本金上剥离下来单独出售，创造出 SRTIPS 之后，又将其同掉期结合产生了 SRTIPSWAP 产品；也可以采用指数化与证券化方式创新。指数化是将一些基本的金融工具的价值同某些市场指标，如股票指数、Libor 等挂钩（见【例 1.3】），证券化是以原来缺乏流动性的资产（如不动产、不良债权、垃圾债券等）为基础发行新的证券，如资产支持债券（Asset Backed Bond）。（2）挖掘新型的应用领域。如把期货交易应用于新的领域，发展出众多的期权及互换的品种等。（3）复合新的金融产品。将已有的金融工具和手段运用组合分解技术，复合出新的金融产品，如远期互换、期货期权、新的财务结构的构造等。目前已成熟的金融产品大体分为股权类、债务类、衍生类和合成类四种，合成类金融产品是一种跨越了利率市场、外汇市场、股票市场和商品市场中两个以上市场的产品，如证券存托凭证（DR）、股指期货等均属此类。

✪【例 1.3】在 1995 年《中华人民共和国商业银行法》出台前，国有银行由于以专业银行模式运作，信贷业务政策性色彩浓厚，且在贷款质量控制方面缺乏有效内部机制等原因，产生了一定规模的不良贷款，金融风险逐渐孕育，成为经济运行中的一个重大隐患。在 1999 年，我国成立东方、信达、华融、长城四大资产管理公司集中管理和处置从四大国有商业银行剥离的不良贷款。

2006 年 12 月，中国人民银行正式许可“东元 2006－1 优先级重整资产支持证券”在全国银行间债券市场公开发行。这不仅标志着我国资本市场上出现了一个新的投资品种，而且标志着不良资产处置有了新模式。由东方资产管理公司发起的该资产支持证券融资规模 19 亿元，以该公司辽宁地区的可疑类不良资产账面本息 91.5 亿元（其中本金 60.2 亿元）为基础资产，分优先级和次级两档，其中优先级产品规模 7 亿元，法定存续期为 3 年，产品固定收益率为 3.7%，采取簿记建档集中配售方式，在全国银行间债券市场公开发行。

“东元 2006－1 优先级重整资产支持证券”发行相关要素表

债券名称	东元 2006－1 优先级重整资产支持证券	债券简称	06 东元 1A
债券代码	0633011	发行总额	7 亿元
发起人	中国东方资产管理公司	发行人	中诚信托投资有限责任公司
债券期限	3 年	票面年利率	3.70%
计息方式	附息式（固定利率）	付息频率	6 月/次
发行日	2006/12/18	起息日	2006/12/21
交易流通终止日	2009/12/16	兑付日	2009/12/21

资料来源：中国债券网，www.chinabond.com。

产品采用了优先级、次级的分层式设计的内部增信方法。优先级债券发行给投资者，次级债券由发行人持有，在优先级本息偿付完毕之前不进行转让。这样次级产品首先承担现金流不足的风险，为优先级产品提供内部信用提升。值得说明的是，在不良资产证券化的操作过程中，进入资产池的资产的选择、信用增级方式的选择、证券发行价格的确定等是非常关键的环节。

2. 设计和开发新型金融手段。设计和开发新型金融手段，包括金融机构内部运作的优化、金融市场套利机会的发掘和利用、支付交易清算系统的创新等。

受各国金融法规的管制，金融机构在经营中承受着所谓的“管制成本”，为了充分实现其利润潜力，金融机构都积极寻求在不违背监管法令的前提下，实现其资产负债管理体系的优化及业务上的创新，表外业务的发展正反映了这样一种客观现实。

又由于各类产品在时间、地域、结构、信息传播方面的差异以及不同市场的组织形式与运行方面的差别，金融市场中往往就会出现许多套利机会，金融工程也就被运用于这些套利机会的发掘和实现，从而也在客观上加强了市场的有效性。

另外，为了降低交易成本，金融工程也被用来设计与改进金融市场的发行、支付、交易、清算系统，如改进证券发行的登记方式、电子化交易、证券的私募与公开上市、存架登记、电子资金划拨等，这促进了这些系统的成本与时滞最小化，同时也为投资者提供了极大的便利。

3. 制订和实施新型金融方案。任何金融活动均是为了特定经济目标的实现，金融工程学的最终目的就是根据客户的经济目标来设计和安排相关金融活动的系统策略。以证券发行融资为例，投资银行对于所设计的某种证券品种，要针对客户的融资目的与市场条件，不仅要对证券面值、币种、期限结构、收益率等发行条件作出合乎需要的规定，还要对该证券的承销、发行、上市等方面提供全面、可行的方案。

制订和实施新型金融方案，应包括各类风险管理技术的开发与运用，包括整个架构的创造，如现金管理策略的创新、公司融资结构的创造、企业兼并与收购方案的设计、资产证券化的实施等。

1.3 金融工程的基本分析方法

金融工程的定价涉及许多技术与方法，如绝对定价法、相对定价法、无套利定价法、期权定价法、分解组合技术和复制技术等。

1.3.1 无套利分析法

金融工程的理论基础是金融资产定价理论，而在金融资产定价理论中普遍使用的方法之一是无套利分析法。

（一）套利与无套利的概念

套利是人们利用在金融市场上暂时存在的不合理的价格关系，通过同时买进和卖出相同的或相关的金融工具而赚取其中的价格差异的交易行为，套利本质上是一种在没有成本和风险的情况下能够获取利润的交易活动。金融市场信息和计算机技术的提高，使实施套利行为变得非常的方便和快速，这种套利的便捷性也使得金融市场套利机会的存在总是暂时的，一旦有套利机会，投资者就会很快实施套利，从而使得市场又回到无套利机会的均衡中。

无套利分析法就是要分析在没有套利机会存在时的金融资产价格，即无套利均衡价格，这就是“无风险套利定价”原理或者简称为“无套利定价”原理。

✪【例1.4】假定在外汇市场和货币市场有如下行情，分析市场上是否存在套利机会。如何套利？如何消除套利？

货币市场	外汇市场
美元利率　（20%）	即期汇率　1美元=0.9欧元
欧元利率　（10%）	1年远期汇率　1美元=0.9欧元

分析：如果我们有0.9欧元，将其持有1年，按照10%的利率，到期的本息之和为0.99欧元。若将其在即期市场兑换为1美元，并持有1年，按照20%的利率，到期本息之和为1.2美元，再通过远期外汇市场1美元=0.9欧元，其可以兑换的欧元为1.08，因此市场存在套利机会，显然是远期美元报价高了。

如果要套利，那么采取的办法是未来卖美元现在买美元的策略。

现在	未来
借入0.9欧元（未来偿还0.99欧元），按即期汇率卖出，可买入1美元	本息之和为1.2美元
签订远期协议（未来按照1美元=0.9欧元的汇率卖出美元）	履行协议，卖出1.2美元，收到1.08欧元，偿还0.99欧元后，盈利0.09欧元

结论：套利者获得了0.09欧元的无风险套利。当然，众多套利者的存在，必然导致远期汇率下降到均衡点，那么多少是均衡点呢？

根据利率平价理论，国与国之间利率的不同将反映在货币远期市场上。如果不存在交易成本的差异，则两种具有同样风险程度和到期期限的证券，其利率差异等于远期升水或贴水，符号相反。远期差价是由两国利率差异决定的，并且高利率国货币在期汇市场上必定贴水，低利率国货币在期汇市场上必定升水。

所以，在利率不变的情况下，美元即期汇率与远期汇率之间的差价应贴水10%（即远期汇率应当比即期汇率低10%，1美元约等于0.81欧元）。

又根据购买力平价理论，两国货币的购买力之比是决定汇率的基础，汇率的变动是由两国货币购买力之比变化引起的。现在的1美元和0.9欧元购买力相同，根据两国的利率水平，则未来的1.2美元应和0.99欧元购买力相同，所以1.2美元=0.99欧元，进而1美元=0.825欧元。所以，1美元=0.825欧元是理论价，是均衡价，不考虑交易费用的情况下是没有套利机会的，而现在1美元=0.9欧元，显然美元报价高，采取卖远期买近期的策略是正确的。

（二）无风险套利机会出现的等价条件

出现以下三种情况时，无风险套利机会将出现。

1. 存在两个不同的资产组合，它们的未来损益相同（指在相同状态下现金流是一样的），但它们的成本却不同。

2. 存在两个相同成本的资产组合，但是第一个组合在所有的可能状态下的损益都不低于第二个组合，而且至少存在一种状态，在此状态下第一个组合的损益要大于第二个组合的损益。

3. 一个组合其构建的成本为零，但在所有可能的状态下，这个组合的损益都不小于零，而且至少存在一种状态，在此状态下这个组合的损益要大于零。

（三）无风险套利定价的机理

1. 同损益同价格。如果两种证券未来具有相同的损益，则这两种证券现在应具有相同的价格。

情况1：未来的损益确定。

✪【例1.5】假设市场上有三种国债A、B、C。国债A 1年后支付100元现金，2年后支付1 000元现金。国债B 1年后支付100元现金。国债C两年后支付1 000元现金。国债A、B、C目前的市场价格分别为800元、80元、620元。问目前市场处于均衡状态吗？如存在套利机会，则如何设计套利策略。假设国债B和国债C的价格保持不变，则均衡状态下，国债A的价格为多少？（假设允许卖空，无交易成本）

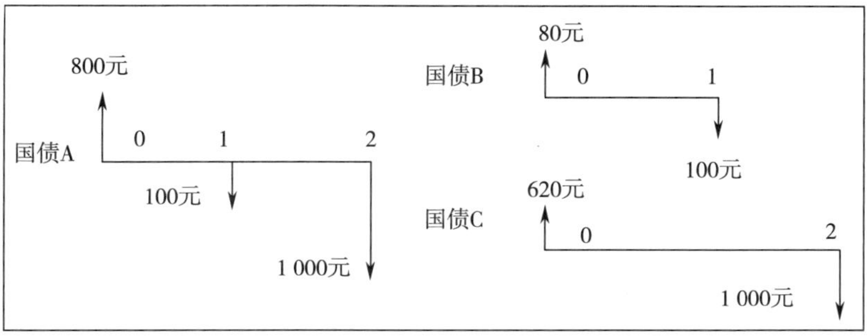

分析：国债 B 与国债 C 之和的未来现金流与国债 A 的未来现金流相同，则现在的价格相同才不会有套利机会，而现在国债 A 的价格是 800 元，而国债 B 和国债 C 的和是 700 元，显然不相等，存在套利机会。

策略一：现在获利，未来不亏。现在卖出 1 份国债 A，收到 800 元，同时买入 1 份国债 B（80 元）和 1 份国债 C（620 元），共需花费 700 元。未来用国债 B 和国债 C 的现金流偿还国债 A 的现金流，即在 1 时刻和 2 时刻国债 A 和国债 B、国债 C 组合的现金流正好相抵，0 时刻获利 100 元。

策略二：现在不亏，未来获利。现在卖出 7 份国债 A，收到 5 600 元，并同时买入 8 份国债 B（80 元）和 8 份国债 C（620 元），共需花费 5 600 元。0 时刻国债 A 和国债 B、国债 C 组合的现金流正好相抵，1 时刻和 2 时刻用国债 B 和国债 C 的现金流偿还国债 A 的现金流，1 时刻获利 100 元，2 时刻获利 1 000 元。

结论：如果国债 B、国债 C 的价格保持不变，则均衡状态下，国债 A 的价格必须降为 700 元。我们把 700 元称作国债 A 的无套利均衡价格。

情况 2：未来的损益不确定。

✪【例 1.6】假设有一风险证券 A，当前的市场价格为 100 元，1 年后的市场价格会出现两种可能的状态：在状态 1 时证券 A 价格上升至 105 元，在状态 2 时证券 A 价格下跌至 95 元。同样，也有一证券 B，它在 1 年后的损益为：在状态 1 时上升至 105 元，在状态 2 时下跌至 95 元。假设不考虑交易成本。

问题：(1) 证券 B 的合理价格为多少呢？

(2) 如果证券 B 的价格为 99 元，是否存在套利？如果有，如何套利？

根据无套利定价原理，两种证券未来的损益完全一样，那么它们的价格也会一样。所以，证券 B 的合理价格也应该为 100 元。因为证券 B 的价格为 99 元，所以存在套利机会。只要卖空证券 A、买进证券 B 就可实现套利 1 元。

2. 静态组合复制定价。如果一个资产组合的损益等同于一个证券，那么这个资产组合的价格等于该证券的价格。这个资产组合被称为证券的“复制组合”。

情况 1：未来损益确定。

✪【例 1.7】假设 3 种零息票的债券面值都为 100 元，它们的当前市场价格分别为：

① 1 年后到期的零息票债券的当前价格为 98 元；

② 2 年后到期的零息票债券的当前价格为 96 元；

③ 3 年后到期的零息票债券的当前价格为 93 元。

问题：

（1）如果息票率为 10%，1 年支付 1 次利息的 3 年后到期的债券 A 的当前价格应该为多少？（假设不考虑交易成本和违约）

（2）如果息票率为 10%，1 年支付 1 次利息的 3 年后到期的债券 A 的当前价格为 120 元，问是否存在套利机会？如果有，如何套利？

分析：（1）先看一个息票率为 10%，1 年支付 1 次利息的 3 年后到期的债券的损益情况。

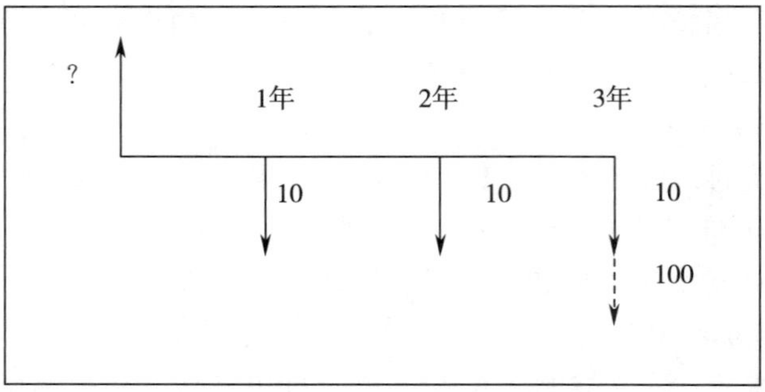

按照无套利定价原理的推论，只要构造一个相同损益的“复制组合”就可以了。

① 购买 0.1 张 1 年后到期的零息票债券，其损益刚好为 $100\times0.1=10$ 元；

② 购买 0.1 张 2 年后到期的零息票债券，其损益刚好为 $100\times0.1=10$ 元；

③ 购买 1.1 张 3 年后到期的零息票债券，其损益刚好为 $100\times1.1=110$ 元。

所以 1 年支付 1 次利息的 3 年后到期的债券的当前价格应该为

$$0.1\times98+0.1\times96+1.1\times93=121.7\ (元)$$

（2）债券 A 的当前价格为 120 元，小于理论价格 121.7 元，市场低估了这个债券的价值，因此根据无套利定价原理，存在套利机会。应该买进这个债券，然后卖空复制组合进行套利，基本的套利策略为：

① 买进 1 张息票率为 10%，1 年支付 1 次利息的 3 年后到期的债券 A；

② 卖空 0.1 张 1 年后到期的零息票债券；

③ 卖空 0.1 张 2 年后到期的零息票债券；

④ 卖空 1.1 张 3 年后到期的零息票债券。

情况 2：未来损益不确定。

✪【例 1.8】假设有一风险证券 A，当前的市场价格为 100 元，1 年后的市场有两种状态，在状态 1 时证券 A 价格上升至 105 元，在状态 2 时证券 A 价格下跌至 95 元。同样，也有一证券 B，它在 1 年后的损益为状态 1 时上升至 120 元，状态 2 时下跌至 110 元。假设借贷资金的年利率为 10%（连续复利）。

问题：（1）证券 B 的合理价格为多少呢？

（2）如果证券 B 的现在价格为 110 元，是否存在套利？如果有，如何套利？

分析：证券 B 的损益与证券 A 不同，两个证券的损益状态如下图所示。现在考虑如何利用证券 A 和无风险债券来构建一个与证券 B 损益相同的组合。

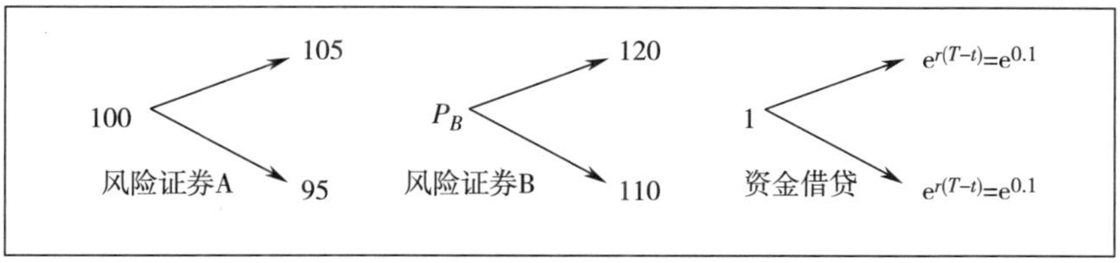

构建一个组合：x 份证券 A 和 y 份的借贷（y 大于零为借出钱，y 小于零为借入钱）。要使得组合的损益与证券 B 的损益完全相同，则

$$x\begin{bmatrix}105\\95\end{bmatrix}+y\begin{bmatrix}e^{0.1}\\e^{0.1}\end{bmatrix}=\begin{bmatrix}120\\110\end{bmatrix}$$

解得：$x=1$，$y=13.57$。因此，买入 1 份证券 A，并借出现金 13.57 份的组合的损益与证券 B 的损益完全相同，所以证券 B 的价格等于组合的价格，即 $1\times100+13.57\times1=113.57$ 元。

证券 B 的现在价格为 110 元，存在套利机会。构造一个套利策略：买进证券 B 再卖空上面的等损益组合，即买进证券 B，卖空 1 份证券 A，借入资金 13.57 元。买进证券 B 的成本为 110 元，卖空证券 A 可得到 100 元，借入资金 13.57 元，所以还剩下 3.57 元，这部分实际上就是套利策略的盈利。

单位：元

交易策略	期初时刻现金流	期末时刻现金流	
		第一种状态	第二种状态
买进证券 B	−110	120	110
卖空证券 A	100	−105	−95
借入资金 13.57 元	13.57	$-13.57e^{0.1}\approx-15$	$-13.57e^{0.1}\approx-15$
合计	3.57	0	0

3. 动态组合复制定价。如果一个自融资交易策略最后具有和一个证券相同的损益，那么这个证券的价格等于自融资交易策略的成本。这称为动态套期保值策略。所谓自融资交易策略，简单地说，就是交易策略所产生的资产组合的价值变化完全是由交易的盈亏引起的，而不是另外增加现金投入或现金取出。一个简单的例子就是购买并持有策略。

情况 1：未来损益确定。

✪ **【例 1.9】**假设从现在开始 1 年后到期的零息票债券的价格为 98 元。从 1 年后开始在 2 年后到期的零息票债券的价格也为 98 元。并且假设不考虑交易成本和违约情况。

问题：(1) 从现在开始 2 年后到期的零息票债券的价格为多少呢？

(2) 如果从现在开始 2 年后到期的零息票债券价格为 97 元，问是否存在套利机会？如果有，如何套利？

分析：(1) 我们不能简单地在当前时刻就构造好一个复制组合，而必须进行动态的交易来构造复制组合。

①从现在开始1年后到期的债券$Z_{0\times1}$：

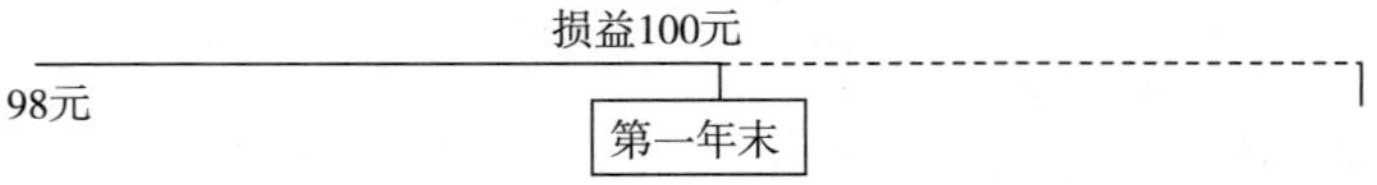

②1年后开始2年后到期的债券$Z_{1\times2}$：

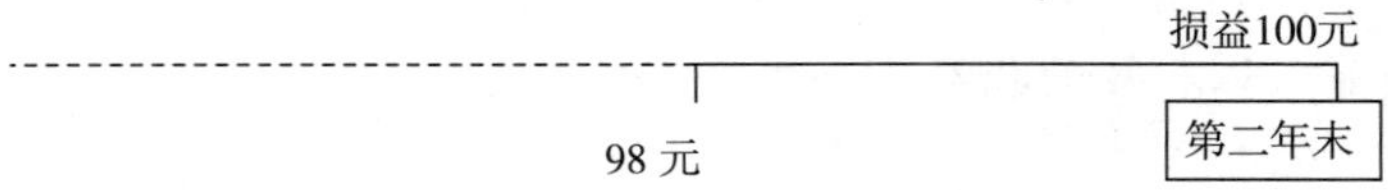

③从现在开始2年后到期的债券$Z_{0\times2}$：

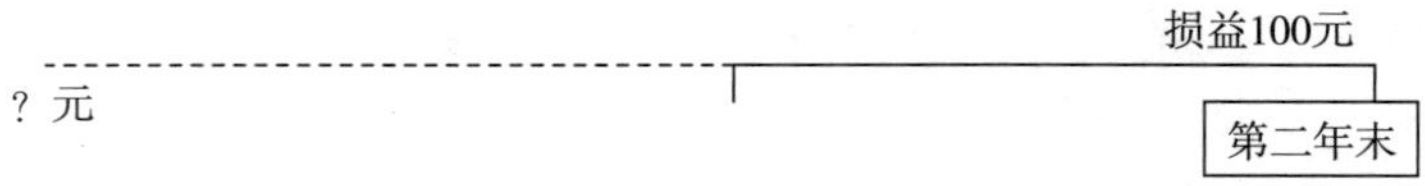

按照无套利定价原理的第三个推论，自融资交易策略的损益等同于一个证券的损益时，这个证券的价格就等于自融资交易策略的成本。这个自融资交易策略就是：

① 先在当前购买0.98份的债券$Z_{0\times1}$；

②在第1年末0.98份债券$Z_{0\times1}$到期，获得$0.98\times100=98$元；

③在第1年末再用获得的98元去购买1份债券$Z_{1\times2}$。

这个自融资交易策略的成本为$98\times0.98=96.04$元，即从现在开始2年后到期的零息票债券的价格为96.04元。

单位：元

交易策略	现金流		
	当前	第一年末	第二年末
购买0.98份债券$Z_{0\times1}$	$-98\times0.98=-96.04$	$0.98\times100=98$	
在第1年末购买1份债券$Z_{1\times2}$		−98	100
合计	−96.04	0	100

（2）如果现在开始2年后到期的零息票债券价格为97元，则高估了债券的价值，应考虑卖空它，并利用自融资交易策略进行套利，构造的套利策略如下：

①卖空1份$Z_{0\times2}$债券，获得97元，所承担的义务是在2年后支付100元；

②在获得的97元中取出96.04元，购买0.98份$Z_{0\times1}$；

③购买的1年期零息票债券到期，在第一年末获得98元；

④再在第1年末用获得的98元购买1份第2年末到期的1年期零息票债券；

⑤在第2年末，零息票债券到期获得100元，用于支付步骤①卖空债券的100元。

套利策略获得盈利为：$97-96.04=0.96$元。

单位：元

交易策略	现金流		
	当前	第一年末	第二年末
卖空 1 份 $Z_{0\times2}$ 债券	97		-100
购买 0.98 份 $Z_{0\times1}$	-0.98×98 = -96.04	0.98×100 = 98	
在第 1 年末购买 1 份债券 $Z_{1\times2}$		-98	100
合计	97 - 96.04 = 0.96	0	0

情况 2：未来损益不确定。

✪【**例 1.10**】延续【例 1.8】，假设风险证券 A 在 1 年后的未来损益为：状态 1 时 110.25 元，状态 2 时 99.75 元，状态 3 时 90.25 元。同样，也有一证券 B，它在 1 年后三种状态下的未来损益分别为 125 元、112.5 元和 109 元。另外，假设借贷资金的年利率为 5.06%，半年利率为 2.5%，不考虑交易成本。

问题：(1) 证券 B 的合理价格为多少呢？

(2) 如果证券 B 的价格为 110 元，是否存在套利？如果有，如何套利？

分析：(1) 两个证券的损益状态如下图所示：

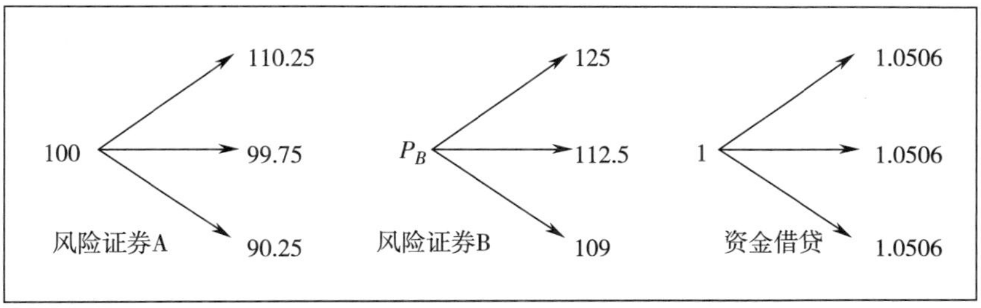

$$x\begin{bmatrix}110.25\\99.75\\90.25\end{bmatrix}+y\begin{bmatrix}1.0506\\1.0506\\1.0506\end{bmatrix}=\begin{bmatrix}125\\112.5\\109\end{bmatrix}$$，此方程无解，因为当损益存在三种状态时，仅仅依靠两种证券的组合是无法复制出任意一种三状态的证券的。

如何才能通过证券 A 和资金借贷的动态组合复制出证券 B 呢？所谓动态指的是变化，所以我们把 1 年的持有期拆成两个半年，这样在半年后就可调整组合。假设证券 A 在半年后的损益为两种状态，分别为 105 元和 95 元。但证券 B 在半年后两种状态下的损益值事先不知道。证券 A 和证券 B 及资金借贷损益如下图所示。

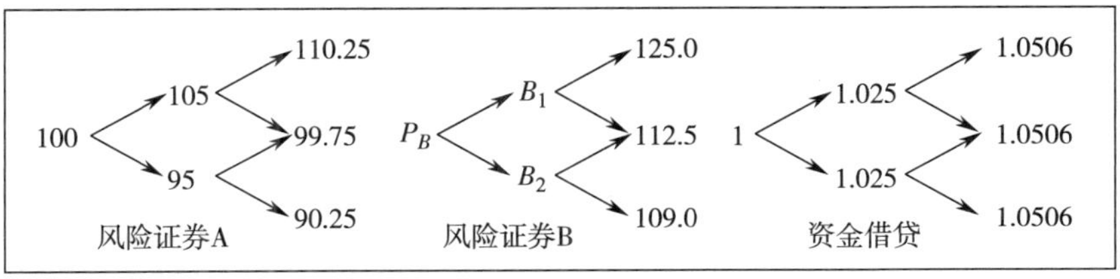

分析：第一步，计算证券 B 在中期的价格。

证券 A 在中期价格为 105 元时，

$$x\begin{bmatrix}110.25\\99.75\end{bmatrix}+y\begin{bmatrix}1.0506\\1.0506\end{bmatrix}=\begin{bmatrix}125.0\\112.5\end{bmatrix}$$

解得：$x=1.19$，$y=-5.90$。根据无套利定价原理，求得证券 B 的期中价格为：$B_1=1.19\times105-5.90\times1.025=118.90$ 元。

证券 A 在中期价格为 95 元时，

$$x\begin{bmatrix}99.75\\90.25\end{bmatrix}+y\begin{bmatrix}1.0506\\1.0506\end{bmatrix}=\begin{bmatrix}112.5\\109.0\end{bmatrix}$$

解得：$x=0.37$，$y=71.95$。根据无套利定价原理，求得证券 B 的期中价格为：$B_2=0.37\times95+71.95\times1.025=108.90$ 元。

第二步，根据第一步得到的 B_1 和 B_2，继续应用静态组合复制方法计算证券 B 的期初价格。

$$x\begin{bmatrix}105\\95\end{bmatrix}+y\begin{bmatrix}1.025\\1.025\end{bmatrix}=\begin{bmatrix}118.9\\108.9\end{bmatrix}$$

解得：$x=1$，$y=13.56$。根据无套利定价原理，求得证券 B 的期初价格为：$P_B=1\times100+13.56\times1=113.56$ 元。所以，期初构造的组合为：持有 1 份的证券 A；借出现金 13.56 元。但如果持有这个组合到 1 年后而不在中期进行调整，则 1 年后的损益与证券 B 是不同的，如：

$$1\times\begin{bmatrix}110.25\\99.75\\90.25\end{bmatrix}+13.56\times\begin{bmatrix}1.0506\\1.0506\\1.0506\end{bmatrix}=\begin{bmatrix}124.5\\114.0\\104.5\end{bmatrix}$$

所以，要在期中调整组合中持有份数。

证券 A 的损益为 105 元时：将证券 A 从 1 份调整到 1.19 份，即再买进 0.19 份的证券 A，需要现金 19.95 元（$0.19\times105=19.95$），借出的现金 13.56 元加上利息变为：$13.56\times1.025=13.90$ 元。此时，证券 A 的份数变为：$1+0.19=1.19$ 份，现金变为：$13.90-19.95=-6.05$ 元，即还需要借入现金 6.05 元。所以，经过这样的组合调整后，在半年后持有的组合为：1.19 份证券 A 和借入现金 6.05 元。则在 1 年后此组合损益状态为

$$1.19\times\begin{bmatrix}110.25\\99.75\end{bmatrix}-6.05\times\begin{bmatrix}1.025\\1.025\end{bmatrix}=\begin{bmatrix}125.0\\112.5\end{bmatrix}$$

证券 A 的损益为 95 元时：将证券 A 从 1 份调整到 0.37 份，即卖出 0.63 份的证券 A，得到 $0.63\times95=59.85$ 元，借出的现金 13.56 元加上利息变为 $13.56\times1.025=13.90$ 元。此时，证券 A 剩下 $1-0.63=0.37$ 份，现金变为 $13.90+59.85=73.75$ 元。所以，在半年后组合经过调整后变为：0.37 份证券 A 和现金 73.75 元（可以出借）。则在 1 年后的此组合损益状态为

$$0.37\times\begin{bmatrix}99.75\\90.25\end{bmatrix}+73.75\times\begin{bmatrix}1.025\\1.025\end{bmatrix}=\begin{bmatrix}112.5\\109.0\end{bmatrix}$$

所以，总的策略是：在期初持有 1 份 A，持有现金 13.56 元（借出），在期中证券 A 的损益为 105 元时，买进 0.19 份 A 组合，持有 1.19 份 A，借入现金 6.05 元；在证券 A 的损益为 95 元时，卖出 0.63 份 A 组合，持有 0.37 份 A，持有现金 73.75 元，最后的损

益分别为 125 元、112.5 元、109 元，与证券 B 的损益完全相同。

（2）证券 B 的价格为 110 元，低于理论价格 113.56 元，有套利机会。

注意：对于存在交易成本时，无套利定价原理无法给出确切的价格，但可以给出价格区间，即假设交易费用为 y，则无套利区间为 $[F-y,\ F+y]$，F 为均衡价格。

1.3.2　组合、分解、整合技术

组合、分解与整合技术，是金融工程的核心技术，它把各种金融工具看作是零部件，采用各种不同的方式组装起来，创造具有符合特殊需求的流动性和收益与风险特性的新型金融产品来满足客户的需要；或者将现有的金融工具或企业财务架构通过“剥离”等分解技术，分解其收益与风险，从而在金融市场上实现收益与风险的转移以及重新配置金融资产的功效。

（一）分解技术

分解技术就是在原有金融工具或金融产品的基础上，将其构成因素中的某些高风险因子进行剥离（Stripping），使剥离后的各个部分独立地作为一种金融工具或产品参与市场交易，达到既消除原型金融工具与产品的风险，又适应不同偏好投资人的实际需要。

分解技术的过程包含以下三层含义：第一，分解技术是从单一原型金融工具或金融产品中进行风险因子分离，使分离后的因子成为一种新型工具或产品参与市场交易；第二，分解技术还包括从若干个原型金融工具或金融产品中进行风险因子分离；第三，对分解后的新成分进行优化组合，构成新型金融工具与产品。

✪【**例 1.11**】一个 n 年期限的债券，在到期日之前以及到期时，对债券持有人来说将定期收到一定数额的利息和本金；对债券发行人来说将定期支付一定数额的利息和酬金，在市场波动剧烈时，无论是债券发行人还是债券持有人，都不可避免地会遭受利率等一系列风险因素的干扰，蒙受不同程度的损失。利用分解技术，拆开 n 年期限债券的风险，将其分解为若干个不同期限的单位工具（见图 1.5），使原来捆绑在一起的金融风险转化为若干无利率风险的零息债券。

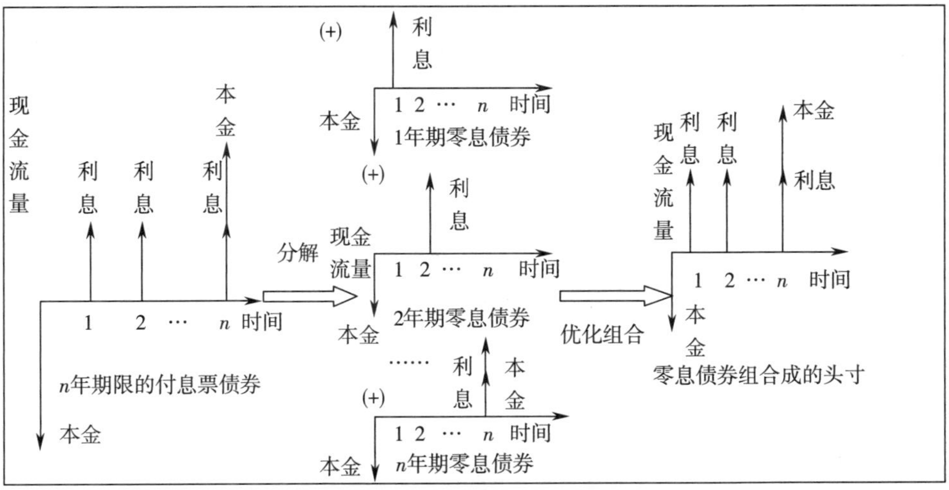

图 1.5　n 年期限债券发行人分解过程现金流结构图

（二）组合技术

所谓组合，就是将原始证券与衍生证券组合成一个混合证券。

组合技术主要运用远期、金融期货、互换以及期权等衍生金融工具的组合体对金融风险暴露（或敞口风险）进行规避或对冲。组合技术的基本原理就是根据实际需要构成一个相反方向的头寸，全部冲掉或部分冲销原有的风险暴露。组合技术的主导思想就是用数个原有金融衍生工具来合成理想的对冲头寸。由于组合技术灵活性强，所以可以无限地构成新型金融工具或产品。我们也把这种分解组合技术称为积木分析法，也叫模块分析法（见图 1.6）。

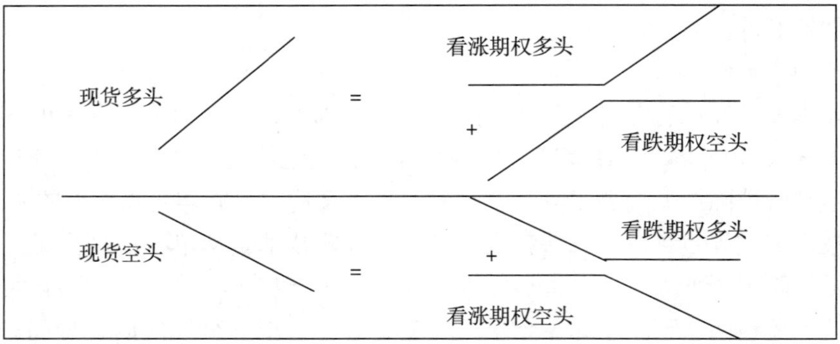

图 1.6　金融工程六块积木图

在图 1.6 中，共有六种图形。我们可以将这六种图形看作金融工程中所运用的六块“积木”。这里的每一块积木，都可以看作一种金融工具。金融积木分析就是要对各种金融工具进行分解或组装。

我们首先看横线上面的部分，左边的图形表示某种资产的多头交易，右边的图形表示某种资产的看涨期权和看跌期权。这一部分的图示表明，当人们将某种资产的看涨期权与其看跌期权组合在一起时，可以形成该种资产的多头交易。

例如，我们可以做一只茶杯的多头交易。假定我们在现货市场上，以 1 元钱买进一只茶杯，等待来日以更有利的价格卖出。其损益情况可如图 1.7 所示。

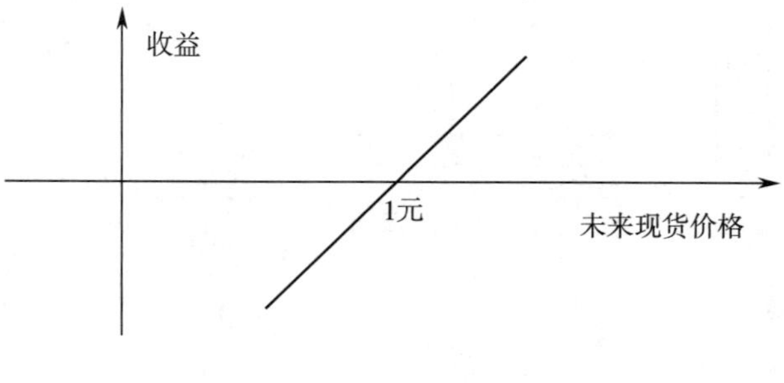

图 1.7　现货多头收益图

我们还可以运用积木分析的原理，通过茶杯的看涨期权和看跌期权的组合来达到同样的目的。假定茶杯看涨期权的协定价格和看跌期权的协定价格均为 1 元，在不考虑期权费的情况下，其看涨期权和看跌期权的损益图如图 1.8 所示。

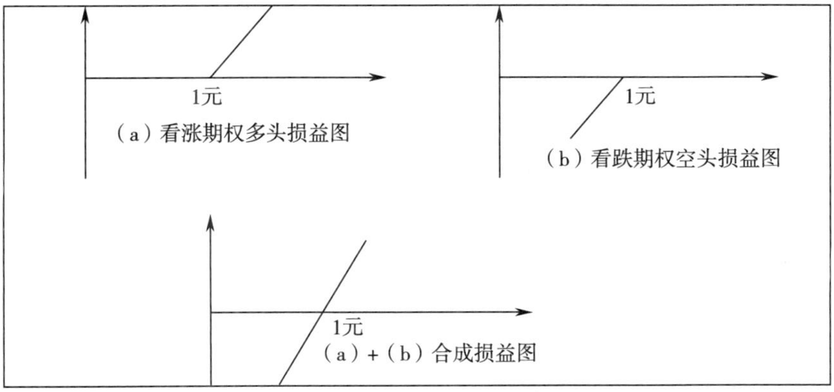

图 1.8　期权合成图形

图 1.8 中，（a）部分意味着我们买入一只茶杯的看涨期权；（b）部分意味着我们卖出一只茶杯的看跌期权；（a）+（b）部分则表示我们在买入茶杯看涨期权的同时，卖出茶杯看跌期权。

（a）+（b）部分所形成的图形与我们做茶杯现货多头交易的图形是一模一样的。这说明我们既可以直接做茶杯现货多头交易，也可以做茶杯期权组合交易来达到同样的目的。可见，茶杯现货多头交易可以运用茶杯看涨期权多头交易和茶杯看跌期权空头交易这两种“积木”来组合。

（三）整合技术

“整合”一词的英文 Integration 来自拉丁文 Integration，其词义是更新、修复，目前有综合、集成、一体化等解释。按系统论的观点，整合是一个系统为实现系统目标，将若干部分、要素联系在一起，使之成为一个整体的、动态有序的行为过程。

整合技术就是把两个或两个以上的不同种类的基本金融工具在结构上进行重新的组合或集成，其目的为获得一种新型的混合金融工具，使它一方面保留原基本金融工具的某些特征，另一方面创造新的特征，以适应投资人或发行人的实际需要。

✪**【例 1.12】**假设有位投资人希望投资于按日元支付本金的 5 年期零息债券，而目前市场上没有这种债券的品种。利用整合技术将目前市场上有的以美元支付本金的 5 年期零息债券、日元与美元零息债券利息互换协议、货币互换协议进行组合，就构成了以日元支付本金的 5 年期零息债券，其现金流结构变化情况具体如图 1.9所示。

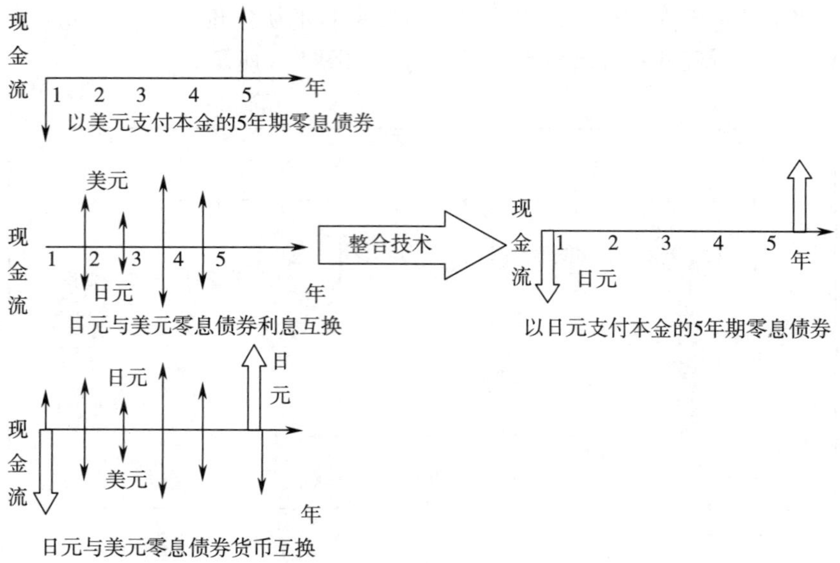

图 1.9　日元支付本金的 5 年期零息债券合成图

分解技术主要是在既有金融工具的基础上，通过拆开风险对其进行结构分解，使那些风险因素与原工具分离，创造出若干新型金融工具，以满足不同偏好投资人的需求；组合技术主要在同一类金融工具或产品之间进行搭配，通过构造对冲头寸规避或抑制风险暴露，以满足不同风险管理者的需求；整合技术主要在不同种类的金融工具之间进行融合，使其形成具有特殊作用的新型混合金融工具，以满足投资人或发行人的多样化需求。分解、组合和整合技术都是对金融工具的结构进行变化，其技术方法的共同优点就是灵活、多变和应用面广。

1.3.3　状态价格定价法

状态价格是指在特定的状态发生时回报为 1，否则回报为零的资产在当前的价格。

如果未来时刻有 N 种状态，而这 N 种状态的价格我们都知道，那么我们只要知道某种资产在未来各种状态下的回报状况和市场无风险利率水平，我们就可以对该资产进行定价，这就是状态价格定价技术。

✪【**例 1.13**】A 是有风险证券，其目前的价格是 P_A，一年后其价格要么上升到 uP_A，要么下降到 dP_A。这就是市场的两种状态：上升状态（概率是 q）和下降状态（概率是 $1-q$）。

基本证券 1 在证券市场上升时价值为 1，下跌时价值为零；基本证券 2 恰好相反，在市场上升时价值为零，在下跌时价值为 1。基本证券 1 现在的市场价格是 π_u，基本证券 2 的价格是 π_d。

购买 uP_A 份基本证券 1 和 dP_A 份基本证券 2，组成一个假想的证券组合。该组合在 T 时刻无论发生什么情况，都能够产生和证券 A 一样的现金流。

$$P_A = \pi_u uP_A + \pi_d dP_A \text{ 或 } \pi_u u + \pi_d d = 1$$

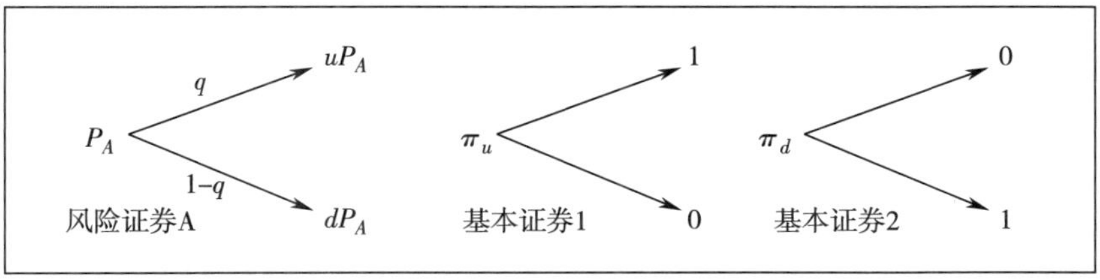

又由于单位基本证券组成的组合在 T 时刻无论出现什么状态，其回报都是 1 元。这是无风险的投资组合，其收益率应该是无风险收益率 r，即

$$\pi_u + \pi_d = e^{-r(T-t)}$$

因此可以得出

$$\pi_u = \frac{1 - de^{-r(T-t)}}{u - d}, \pi_d = \frac{ue^{-r(T-t)} - 1}{u - d}$$

基本证券价格确定后，利用 $P_B = \pi_u uP_B + \pi_d dP_B$，我们就可以通过复制技术为其他任何证券定价。例如证券 B 的价格为 $\pi_u uP_B + \pi_d dP_B$，即用 uP_B份基本证券 1 和 dP_B份基本证券 2 来复制证券 B。

✪**【例 1.14】** 证券 A 的市场情况如下：$P_A = 100$，$u = 1.07$，$d = 0.98$，$T - t = 1$，$r = 2\%$，证券 B 1 年后的价格可能上升到 103，也可能下降到 98.5，试问：证券 B 的价格是多少？

解：根据证券 A 的状态价格，可以计算出基本证券的价格分别是

$$\pi_u = \frac{1 - de^{-r(T-t)}}{u - d} = \frac{1 - 0.98e^{-0.02}}{1.07 - 0.98} = 0.4378$$

$$\pi_d = \frac{ue^{-r(T-t)} - 1}{u - d} = \frac{1.07e^{-0.02} - 1}{1.07 - 0.98} = 0.5424$$

所以，$P_B = \pi_u uP_B + \pi_d dP_B = 0.4378 \times 103 + 0.5424 \times 98.5 = 98.52$

但是基本证券 1 和基本证券 2 是假想的证券，不是在证券市场上实际存在的证券，而无套利均衡分析的操作必须是能够在市场上实现的，下面直接用证券 A 来复制证券 B（仍以【例 1.14】数字计算），看看计算结果有何差异。

用 H 份证券 A 和市场价值为 N 的无风险证券来构造证券组合 C，从而复制证券 B（H、N 为正表示多头，为负表示空头），证券组合 C 和证券 B 的市场价值相同。

证券组合 C 现在的市场价值 $I = 100H + N$。

1 年后，无论出现何种市场状态，证券组合 C 和证券 B 的市场价值都相同，

$$H\begin{bmatrix} 107 \\ 98 \end{bmatrix} + N\begin{bmatrix} e^{0.02} \\ e^{0.02} \end{bmatrix} = \begin{bmatrix} 103 \\ 98.5 \end{bmatrix}$$

解得 $H = 0.5$，$N = 48.519$，$I = 100H + N = 98.519$。

结论：计算结果基本相同，说明用基本证券复制证券 B 等同于用证券 A 复制证券 B。

✪【例 1.15】 假设××股票符合我们上面提到的两种市场状态，即期初价值是 S_0，期末价值要么上升到 uS_0，$u>1$，要么下降到 dS_0，$d<1$。我们现在想要确定的是依附于该股票的看涨期权的价值是多少？

我们构造这样一个投资组合，以便使它与看涨期权的价值特征完全相同：以无风险利率 r 借入一部分资金 B（相当于做空无风险债券），同时在股票市场上购入 H 股标的股票。该组合的成本是 $C_0=HS_0-B$，到了期末，该组合的价值要么是 $C_u=HS_u-e^{r(T-t)}B$，要么是 $C_d=HS_d-e^{r(T-t)}B$。

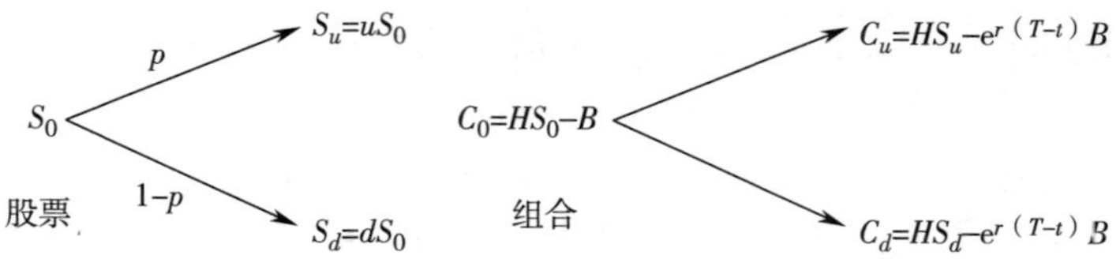

建立一个对冲，使得无论股价上升还是下降，净现金流量恒定，即股价上升时的现金净流量＝股价下跌时现金净流量。

$H\times$上行股价－上行时期权的到期日价值＝$H\times$下行股价－下行时期权的到期日价值

$$HS_u-C_u=HS_d-C_d$$

即

$$H=\frac{C_u-C_d}{S_u-S_d}=\frac{C_u-C_d}{S_0(u-d)}=\frac{\text{期权价值变化}}{\text{股价变化}}=\frac{\Delta\text{期权价值}}{\Delta\text{股价变化}}$$

设股价下跌，则 $HS_d-e^{r(T-t)}B=C_d$，有

$$B=(HS_d-C_d)e^{-r(T-t)}=\left(\frac{C_u-C_d}{S_0(u-d)}\times S_d-C_d\right)e^{-r(T-t)}=\frac{dC_u-uC_d}{(u-d)}\times e^{-r(T-t)}$$

由于期初的组合应该等于看涨期权的价值，即有 $C_0=HS_0-B$，把 H 和 B 代入上式中，得到看涨期权的价值公式：

$$\begin{aligned}C_0=HS_0-B&=\frac{C_u-C_d}{S_0u-S_0d}\times S_0-\frac{dC_u-uC_d}{(u-d)}\times e^{-r(T-t)}\\&=\frac{(1-de^{-r(T-t)})C_u+(ue^{-r(T-t)}-1)C_d}{u-d}\\&=\frac{(e^{r(T-t)}-d)C_u+(u-e^{r(T-t)})C_d}{u-d}e^{-r(T-t)}\end{aligned}$$

令 $p=\dfrac{e^{r(T-t)}-d}{u-d}$，则 $C_0=[pC_u+(1-p)C_d]e^{-r(T-t)}$，这就是后面讲的期权定价公式。

思考： C_0 是否也可以用 $C_u\pi_u+C_d\pi_d$ 来计算？结果一样吗？答案是肯定的，因为

$$\frac{(e^{r(T-t)}-d)C_u+(u-e^{r(T-t)})C_d}{u-d}e^{-r(T-t)}=$$

$$\frac{(1-de^{-r(T-t)})C_u+(ue^{-r(T-t)}-1)C_d}{u-d}=C_u\pi_u+C_d\pi_d$$

结论：期权定价公式实际上是状态价格定价法的直接应用。

1.3.4 风险中性定价法

风险中性定价原理，其核心在于构造了一个风险中性世界，不管个体投资者各自的风险偏好水平和期望回报率的差异，统一以风险中性偏好和无风险利率来代替进行定价。风险中性假设只是为了便于定价的人为假设，但通过这种假定得出的结论适合于任何风险偏好的投资者。

例如，【例 1.14】中，风险中性世界中，股票价格上升的概率是 p，由于股票未来的期望值按无风险利率的贴现值就是股票现在的价格，因此

$$p=\frac{e^{r(T-t)}-d}{u-d}$$

因此，

$$C_0=[pC_u+(1-p)C_d]e^{-r(T-t)}$$

1.4 金融工程的应用

1.4.1 金融工具的市场功能

（一）风险管理功能

金融市场主要风险种类包括信用风险（等级转移、违约）、市场风险（利率风险、汇率风险、商品价格风险、股票价格风险）、流动性风险和操作风险，金融工程主要是研究风险的识别、预测、控制。

金融风险从金融工具的角度看，包括外汇风险、利率风险、股权风险、商品价格风险、金融资产流动性风险、交易风险、操作风险、定价模型风险以及其他市场风险。由于金融风险具有全面的渗透性和冲击性，研究、创造和运用金融工程技术管理金融风险便成为人们关心的问题。金融工具主要是通过优化资产组合，构造低风险、高收入的投资，来实现风险管理的功能。

（二）资源配置功能

金融衍生工具市场扩大了金融市场的广度和深度，从而扩大了金融服务的范围和基础金融市场的资源配置作用。一方面，衍生金融产品以基础金融资产为标的物，达到了为金融资产避险增值的目的；另一方面，衍生金融市场是从基础金融市场中派生出来的，衍生金融工具的价格，在很大程度上取决于对基础金融资产价格的预期，有利于基础金融工具市场价格的稳定和金融工具的流动性。

1.4.2 金融工程在不同投资主体间的应用

（一）投资人的应用

金融工程对一些交易比较成熟的金融资产进行理论定价，如果市场上出现了某金融

资产的市场价格低于或高于理论价格，投资人就可以买入或卖出这项资产，从而实现直接从市场上套利的机会。

特别需要指出的是，这种金融工程的套利行为，其本身也在帮助金融市场逐步完善。如果一个市场本身充满了套利机会，那么，这个市场是不完善的。而随着套利活动的增加，原有的套利机会的代价必然升高，导致套利机会的消失。这样，金融工程师们就需要在金融市场上重新寻找新的套利机会。

（二）企业界的应用

金融工程在企业界的应用就更加广泛，而随着金融工程学本身的发展，这种“取自于金融市场，用之于企业”的金融工程实践也就越来越活跃。究其原因，主要是因为普通投资人和企业之间有一个重大的差异：能力。对于一个普通投资人和企业来说，他们面对的“不确定性”和“信息”是一样的，但是他们的“能力”则完全不同。

狭义的金融工程学帮助投资人管理投资组合，取得最大收益，这是金融工程的传统应用范围。但是，广义的金融工程不仅仅帮助企业去对那些没有市场交易的资产进行定价，而且还帮助企业从金融市场上获取信息，以确定企业的战略投资方向。

企业从金融市场获得的信息，在金融工程框架的帮助下，能够更准确地寻找出今后的投资领域，判断出行业走势，组合自有的债务和资产，从而最终回到金融市场上，体现出更高的价值，如图 1.10 所示。

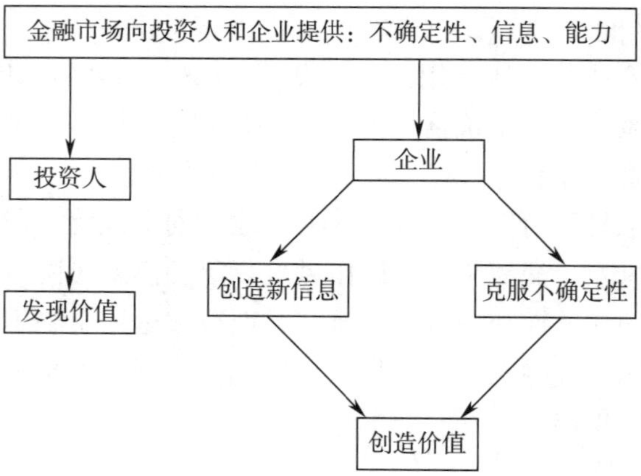

图 1.10 企业和投资人的差异

1.4.3 金融工程运用的主要策略

（一）套期保值策略

套期保值是在衍生产品市场上买进（或卖出）与现货商品品种相同（或相关）、数量相等（或相当）、方向相反、月份相同（或相近）的衍生产品合约，从而在衍生产品和现货两个市场之间建立盈亏冲抵机制，以规避价格风险的一种交易方式。套期保值分为多头套期保值和空头套期保值。

假如某个交易者手中持有固定收益的有价证券，而且他在未来某一时刻需出售这些有价证券来保证其资金的流动性，为了防止利率上升而使有价证券的价格下跌，该交易者通过出售利率期货的方法即做空头套期交易，来固定有价证券的价格。如果利率果然上升，那么该交易者在现货市场上的损失可以由期货市场的盈利来补偿，如果利率未涨反跌，他亦可用现货市场的收益来抵补期货市场的亏空，从而有效地将收益固定在目前较高的水平上。与此相反，假如一个交易者在将来某一时期有一笔收入打算投资于有价证券，但他担心如果到期利率下跌会使有价证券的价格上涨，为保险起见，他可以先买进利率期货即做多头套期保值；如果利率果然下跌，他便可能在期货市场上得到盈利，用于弥补现货市场的亏损，如若利率没跌反升，利用现货市场的收益来充抵期货市场上的损失，同样可以保证该交易者维持一个较小的投资成本。

（二）套利策略

套利交易充分利用衍生工具的杠杆效应，组合复杂的交易策略，进而获取无风险或低风险收益。以期货合约为例，套利交易大致可分为三种形式。（1）跨期套利交易，指利用同一交易所同一种有价证券但不同交割期限的期货价格的差异而进行的交易活动。它又分为牛市套利和熊市套利两种。（2）跨品种套利交易，指在买进某种有价证券期货合约的同时，卖出另一种有价证券期货合约，以期利用不同的有价证券期货之间的价差来获取利润。（3）跨市套利交易，指在不同的交易所同时进行两种类似有价证券，但交易方向完全相反的交易。在芝加哥期货市场买进（卖出）长期国库券，同时在伦敦国际金融期货交易所卖出（买进）美国长期国库券期货，以期利用两地的价差来赢得利润。

（三）投机策略

投机交易指在衍生品市场上以获取价差收益为目的的交易行为。

投机者根据自己对衍生品价格走势的判断，作出买进或卖出的决定。如果这种判断与市场价格走势相同，则投机者平仓出局后可获取投机利润；如果判断与价格走势相反，则投机者平仓出局后承担投机损失。

1.5 本书的结构安排

本书以四大工具、三条主线、四种技术、三大功能展开讲授。

金融工程主要研究远期、期货、互换、期权四种工具，本书以四大工具为核心，分为四大篇：远期篇、期货篇、互换篇、期权篇（见图1.11）。每一篇又以三条主线展开，分别研究市场、定价及应用。市场主要研究各种衍生产品的市场功能、组织架构、交易流程、交易机制等内容。在产品定价中，主要通过四种技术——无套利技术、状态价格定价技术、分解组合技术、风险中性定价技术，分别分析各类产品的定价机制。在产品的应用中，分别以三大功能——套期保值、套利、投机，展开分析其应用策略。同时，本书也对信用衍生工具进行了介绍。

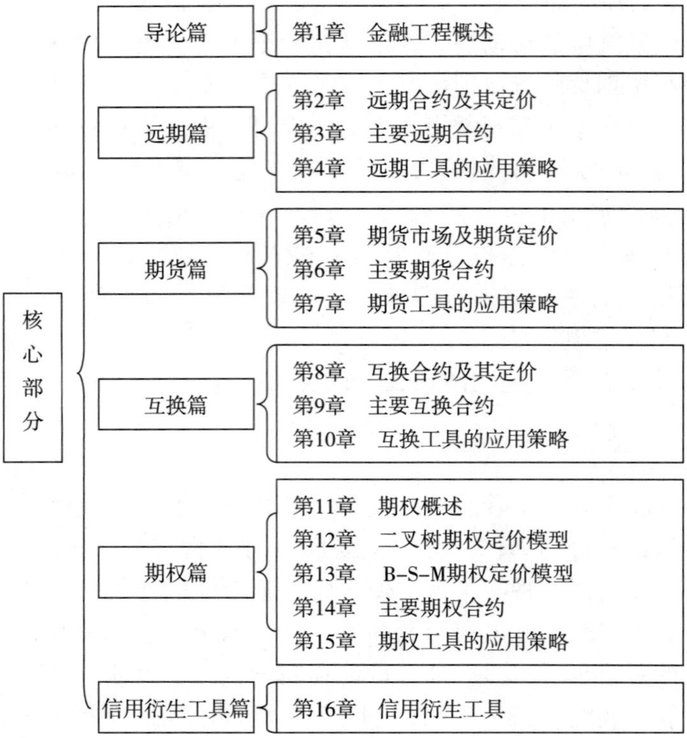

图 1.11 全书结构安排图

【本章小结】

本章主要介绍了金融工程的概念、金融工程产生和发展的背景、金融工程发展的意义、金融工程的核心内容、研究金融工程的方法和手段，以及金融工程的应用策略。

【重要概念】

金融工程　无风险套利　套利　状态价格定价法　分解组合技术　金融创新
远期　期货　期权　互换　多头　空头

【参考读物】

[1] 叶永刚．金融工程学［M］．大连：东北财经大学出版社，2002.

[2] 约翰·马歇尔，维普尔·班塞尔．金融工程［M］．北京：清华大学出版社，2003.

[3] 瞿卫东，于研．金融工程简明教程［M］．北京：经济科学出版社，2002.

[4] 郑振龙，陈蓉．金融工程（第三版）［M］．北京：高等教育出版社，2012.

[5] 吴冲锋．金融工程学［M］．北京：高等教育出版社，2005.

[6] 董纪昌．金融工程学课件．中科院，百度文库．

［7］宋逢明．金融工程原理：无套利均衡分析［M］．北京：清华大学出版社，1999.

［8］John C. Hull.，"Options Futures and Other Derivatives（9th Edition）"，New Jersy，*Prentice Hall*，2014.

［9］William F. Sharpe，Gordon J. Alexander，Jeffery V. Bailey，"Investments（5th Edition）"，*New Jersey*，*Prentice Hall*，1995.

［10］Zvi Bodie，Alex Kane，Alan J. Marcus，"Investments（4th Edition）"，New York，McGraw－Hill，1999.

【练习题】

1. 金融工程的含义是什么？
2. 金融市场如何分类？
3. 什么是金融工程中的无套利分析方法？举例说明。
4. 金融工程中组合分解技术的含义是什么？举例说明。

高等学校金融学系列教材

21世纪高等学校金融学系列教材

远期篇

第 2 章

远期合约及其定价

【本章知识结构】

- 远期合约及其定价
  - 2.1 远期合约
    - 远期合约的定义
    - 远期合约到期日的损益
    - 远期市场的交易机制
  - 2.2 远期价格
    - 远期价格的定义
    - 投资性资产和消费性资产
    - 连续复利
    - 远期价格确定的基本思路、主要假设和符号
  - 2.3 无收益资产的远期价格
    - 0时刻远期价格的确定
    - t时刻远期价格的确定
  - 2.4 支付已知现金收益资产的远期价格
    - 投资性资产的远期价格
    - 消费性资产的远期价格
  - 2.5 支付已知收益率资产的远期价格
    - 投资性资产的远期价格
    - 消费性资产的远期价格
  - 2.6 远期合约的价值
  - 2.7 远期价格与标的资产现货价格的关系
    - 同一时刻远期价格和标的资产现货价格的关系
    - 当前远期价格和标的资产预期未来现货价格的关系

【教学要求】

1. 掌握远期合约的定义和特征；
2. 熟悉连续复利的概念，掌握各种不同复利频率利率之间的换算关系；

3. 领会消费性资产和投资性资产的含义，掌握投资性资产和消费性资产远期价格的计算方法；

4. 理解远期合约价值的含义，学会计算远期合约的价值；

5. 明确远期价格和标的资产预期未来现货价格的关系。

2.1 远期合约

2.1.1 远期合约的定义

远期合约是相对于现货交易的即期合约（Spot Contract）而言的。即期合约是现在签约并立即进行资产的交割，而远期合约是现在签约，在未来某一特定日期进行资产的交割。通过签订远期合约，交易双方可以规避未来资产现货价格波动的风险。通常远期合约在场外市场交易（Over－the－Counter）。

远期合约（Forward Contract）是指合约双方约定在未来某一确定日期，按照确定的价格买卖一定数量某项资产的协议。

远期合约中约定买卖的资产通常被称为标的资产（Underlying Assets）。根据投资者持有目的的不同，标的资产可以分为投资性资产和消费性资产。根据标的资产的性质，标的资产可以分为实物资产和金融资产。

远期合约中同意在将来购买资产的一方称为多头（Long Position），同意出售标的资产的一方称为空头（Short Position）。

远期合约中确定的未来日期称为到期日，远期合约的到期日由交易双方自由协商。

远期合约中规定的未来买卖标的资产的价格称为交割价格（Delivery Price）。由于远期合约签订之时交易双方都不需要向对方支付任何现金，所以合约签订之时选定的交割价格应使得远期合约的价值对交易双方都为零，即合约对交易双方是公平的。如果所选的交割价格过低导致对多头方具有正的价值，则意味着对空头方具有负的价值，此时空头方肯定不愿意签订该合约①；如果所选的交割价格过高，则多头方不愿意签订该合约。

2.1.2 远期合约到期日的损益

决定远期合约价值的关键变量是标的资产的市场价格。远期合约签署时对交易双方的价值都为零，但随着在合约期间内标的资产价格的变化，远期合约对于交易双方可能会有正的价值或负的价值。

假设用 S_T 表示合约到期时标的资产的市场价格，K 表示合约的交割价格，则在到期日一单位资产远期合约多头方的损益函数为 S_T-K，空头方的损益函数为 $K-S_T$。当 $S_T>K$ 时，多头方盈利，空头方亏损；当 $S_T<K$ 时，多头方亏损，空头方盈利。图 2.1 描述了远期合约到期日多头方和空头方的损益。

2.1.3 远期市场的交易机制

远期合约是为了满足规避现货交易风险的需要而产生的。相对原始社会自给自足的

① 除非多头方向空头方提供补偿，即多头方将正的价值支付给空头方，这时签约就会发生现金流的流入流出，和远期合约标准定义不吻合，后文除非特别说明，一般不考虑此种情况。

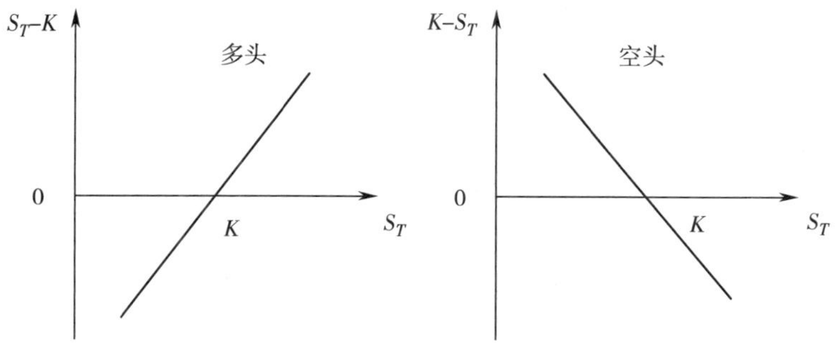

图 2.1　远期合约到期日损益图

状态，现货交易是人类的一大进步。通过这种交易方式，双方均可获得好处。但现货交易的最大缺点在于无法规避价格风险。一个农场主的命运完全掌握在农作物收割时农作物现货市场价格手中。如果在播种时就能确定农作物收割时的卖出价格，农场主就可安心致力于农作物的生产了。远期合约正是为了适应这种需要而产生的。与之相同，现代金融远期合约也是出于规避金融资产现货交易风险的目的而产生和发展起来的。

远期市场的交易机制可以归纳为两大特征：分散的场外交易和非标准化合约。

远期合约不在交易所交易，而是在金融机构之间或金融机构与客户之间通过谈判后签署。已有的远期合约也可以在场外市场交易流通。由于技术手段的发展，现代远期交易已经成为一个巨大的世界范围的场外交易。

由于不在交易所集中交易，而是由交易双方具体谈判商定细节，因此远期合约的另一个重要特点就是非标准化。在签署远期合约之前，双方可以就交割地点、交割时间、交割价格、合约规模、标的物的品质等细节进行谈判，以尽量满足双方的需要。

总的来看，作为场外交易的非标准化合约，远期合约的优势在于灵活性很大，可以根据交易双方的具体需要签订远期合约，比较容易规避监管。但相应地，远期合约也有其明显的缺点：首先，远期合约没有固定集中的交易场所，不利于信息交流和传递，不利于形成和发现统一的市场价格，市场效率较低；其次，每份远期合约千差万别，给远期合约的二级流通造成较大不便，因此远期合约的流动性较差；最后，远期合约的履约没有保证，当价格变动对一方有利时，对方有可能无力或无诚意履行合约，因此远期合约的违约风险相对较高。

2.2　远期价格

2.2.1　远期价格的定义

远期合约的标的资产、到期日、协议双方的头寸性质确定较为简单，困难的是如何确定合理的交割价格，使得远期合约对多空双方都是公平的。远期价格是指使一个远期合约价值为零的交割价格。远期价格可以分为远期合约签订时和签订后两种情形。对于一份远期合约而言，在合约签订之时，远期价格应该等于交割价格，此时远期合约价值为零。远期合约一旦签订，交割价格在合约期间将保持不变，而远期合约的价值会随着时间的推移、标的资产价格、市场无风险利率等的变化而变化。

2.2.2　投资性资产和消费性资产

投资性资产是足够多的投资者为了投资而持有的资产，股票和债券是典型的投资性资产，黄金和白银也是投资性资产。注意投资性资产并不是只能用于投资（例如，白银也有一些工业用途），但是投资性资产的一个条件是有足够多的投资者持有它的唯一目的就是投资。消费性资产是指一项资产持有的目的是消费，很少有人为了投资而持有。消费性资产的例子包括铜、石油和生猪等。下面我们将看到，对于投资性资产，在一定假设条件下，套利作用可以使远期价格由即期价格和其他可观测的变量决定，而同样的力量仅仅能决定消费性资产远期价格的上限。

2.2.3　连续复利

利率是出让货币资金在一定时期内的使用权而给货币所有者的报酬。利率是影响衍生产品价格的一个重要因素，且其具有不同的表示方法。常用的有年度复利、一年计 m 次复利和连续复利等。

假设数额 A 以利率 r 投资了 n 年。如果利息按每年计一次复利，则上述投资的终值为

$$A(1+r)^{n} \tag{2.2.1}$$

如果每年计 m 次复利，名义年利率 r_m，则终值为

$$A\left(1+\frac{r_m}{m}\right)^{mn} \tag{2.2.2}$$

当 m 趋于无穷大时，就称为连续复利（Continuous Compounding），r_c 是连续复利年利率，此时终值为

$$\lim_{m\to\infty}A\left(1+\frac{r_m}{m}\right)^{mn}=Ae^{r_c n} \tag{2.2.3}$$

表 2.1 列示了增加复利频率对 100 元在一年末终值的影响，假设名义年利率为每年 10%。

表 2.1　复利频率与终值

复利频率	100 元在一年末的终值
每一年（$m=1$）	110
每半年（$m=2$）	110.25
每季度（$m=4$）	110.38
每月（$m=12$）	110.47
每周（$m=52$）	110.51
每天（$m=365$）	110.52
连续复利	110.52

表 2.1 表明，在名义年利率为 10% 的情况下，复利频率的增加将导致终值增加。从数值上看，连续复利（精确到小数点后两位）与每天计复利的效果相同。从表中我们可以得出如下关系：以 10% 的连续复利年利率计息，等价于以 10.52% 的年度复利计息，以 10% 的半年度复利计息，等价于以 10.25% 的年度复利计息，等等。

一般地，我们可以推导出不同计息频率利率之间的转换关系。由以上三个公式，可得

$$A(1+r)^{n}=Ae^{r_c n}=A(1+\frac{r_m}{m})^{mn}$$

所以，$r_c=m\ln(1+\frac{r_m}{m})$，$r_m=m(e^{r_c/m}-1)$，$r_c=\ln(1+r)$，$r=e^{r_c}-1$，$r=(1+\frac{r_m}{m})^{m}-1$，$r_m=m(\sqrt[m]{1+r}-1)$。

✪【例 2.1】设年度复利年利率为 8%，则与其等价的半年度复利年利率为多少？季度复利年利率为多少？连续复利年利率为多少？

解：令年度复利年利率为 r_1，设与之等价的半年度复利利率为 r_2，季度复利率为 r_4，连续复利年利率为 r_c。

则由式 $r_c=\ln(1+r)$ 可得，$r_c=\ln(1+r_1)=\ln(1+8\%)=7.696\%$；

由式 $r_m=m(e^{r_c/m}-1)$ 可得，$r_2=2\times(e^{7.696\%/2}-1)=7.846\%$，$r_4=4\times(e^{7.696\%/4}-1)=7.771\%$。

✪【例 2.2】设连续复利年利率为 8%，则与其等价的季度复利年利率为多少？半年度复利年利率为多少？年度复利年利率为多少？

解：设连续复利年利率为 r_c，与之等价的季度复利年利率为 r_4，半年度复利年利率为 r_2，年度复利年利率为 r_1。

由式 $r_m=m(e^{r_c/m-1})$ 可得，$r_4=4\times(e^{8\%/4}-1)=8.08\%$，$r_2=2\times(e^{8\%/2}-1)=8.16\%$，$r_1=1\times(e^{8\%}-1)=8.33\%$。

由上，不同复利频率利率之间可以相互转换。在不同的场合利用特定复利频率的利率比较方便。由于连续复利表示利率的简捷性，衍生产品定价中一般使用连续复利。本书后文中在无特别说明的情况下，利率主要指连续复利。

2.2.4　远期价格确定的基本思路、主要假设和符号

（一）定价思路

直观地看，现在要确定未来交割标的资产的交割价格是非常困难的。但实际上，对于以投资性资产为标的的远期合约而言，由于大部分持有者的目的是获得投资收益，在不影响投资收益的情况下，标的资产可以被自由地借入借出。多头方签订远期合约，在未来到期日购买标的资产，和通过现在借款购买现货，将现货持有至未来，未来归还借款的效果一致；空头方签订远期合约和通过现在卖空现货（自有或借入标的资产卖出），将所获款项投资于未来，未来归还现货的效果一致。因此，现货资产和现金的组合能够完美地复制远期合约，利用无套利定价原理，复制品和被复制品时时刻刻保持相等现金流的关系，我们可以精确地推导出投资性标的资产的远期价格。

对于以消费性资产为标的的远期合约而言，由于大部分持有者的目的是获得标的资产的消费价值，因此标的资产的借入借出除了考虑投资收益外，还需考虑持有现货资产可以消费给其持有者带来的价值。通过卖空现货（自有或借入标的资产），将所获款项投资于未来，未来归还现货相较于远期合约空头方而言，损失了现货资产的消费价值，因此，现货资产和现金的组合不一定是远期合约的完美复制品。后文将证明，根据无套利定价原理，我们只能推导出消费性标的资产远期价格的上限。

（二）主要假设

为了使分析尽可能简单，本章建立如下假设：

（1）没有交易费用和税收；

（2）市场参与者能以相同的无风险利率借入和贷出资金；

（3）远期合约没有违约风险；

（4）当套利机会出现时，市场参与者将参与套利活动，从而使套利机会消失，我们算出的理论价格就是在没有套利机会下的均衡价格。

（三）符号

本章用到的主要符号如下：t：远期合约到期日之前的某一日期；S_t：标的资产在 t 时刻的价格；T：远期合约的到期日；r：0 至 T 时刻的无风险连续复利年利率；r_t：t 至 T 时刻的无风险连续复利年利率；S_0：标的资产在 0 时刻的价格；S_T：标的资产在 T 时刻的价格；F_0：0 时刻远期合约的远期价格；F_t：t 时刻远期合约的远期价格。K：远期合约中的交割价格；f：远期合约多头在 t 时刻的价值。

2.3 无收益资产的远期价格

无收益资产远期合约是指远期合约的标的资产从当前时刻（0 时刻）到远期合约到期时刻 T 之间没有现金的流入流出，理论上包括无收益的投资性资产和无收益的消费性资产两类。零息债券、不支付现金股利的股票等为无收益的投资性资产。无收益的消费性资产不太常见，本节主要考虑无收益投资性资产远期价格的确定。

> 无收益资产远期合约是指远期合约的标的资产从当前时刻（0时刻）到远期合约到期时刻之间没有现金的流入流出，理论上包括无收益的投资性资产和无收益的消费性资产两类。

2.3.1 0 时刻远期价格的确定

确定0 时刻无收益投资性资产远期合约的远期价格 F_0 等同于确定对买卖双方公平的交割价格。假定目前市场上交割价格 K 对买卖双方是公平的，则 $F_0 = K$。我们考虑如下两种交易策略（见表 2.2）。

策略 A：①借入 S_0 的现金，T 时刻归还；

②用 S_0 购买一单位的标的资产，并持有至 T 时刻。

策略 B：以交割价格 K（即 F_0）签订一单位资产远期合约多头。

策略 A 中，0 时刻交易者利用借入的资金购买了一单位标的资产，因此其持有一单位标的资产，现金流入流出正好抵消，净现金流为零。策略 B 中，以远期价格 F_0 签订远期合约对交易双方是公平的，0 时刻交易者的现金流为零。

表 2.2 两种交易策略

策略	0 时刻净现金流	T 时刻
A：借入 S_0 的现金，购买一单位价格为 S_0 的标的资产	0	$-S_0 e^{r(T-0)} + S_T$
B：以交割价格 K（即 F_0）签订一单位资产远期合约多头	0	$S_T - K$
总收益	0	$S_T - S_0 e^{rT} = S_T - K$ 即 $K = S_0 e^{rT}$

0 到 T 时刻之间，策略 A 和策略 B 都不产生现金的流入流出。

在 T 时刻，策略 A 中，交易者持有的标的资产价值为 S_T，需要归还的资金为 $S_0 e^{r(T-0)} = S_0 e^{rT}$，交易者的损益为 $S_T - S_0 e^{rT}$；策略 B 中交易者的损益为 $S_T - K$。由于策略 A 和策略 B 在 T 时刻之前现金流时时刻刻相等，在 T 时刻现金流（或损益）① 也必须相等，否则会存在无风险的套利机会。因此我们有 $S_T - S_0 e^{rT} = S_T - K$，整理得 $K = S_0 e^{rT}$。令 $F_0 = K$，得

$$F_0 = S_0 e^{rT} \tag{2.3.1}$$

式（2.3.1）表明，对于无收益资产而言，远期价格等于其标的资产现货价格的终值。

假设市场上远期合约的交割价格 $K \neq S_0 e^{rT}$，则市场肯定处于不均衡状态，套利者可以通过设计交易策略获取无风险的收益。

如果 $K > S_0 e^{rT}$，套利者可以按无风险利率 r 借入 S_0 的现金，期限为 T，用借入的资金购买一单位的标的资产，同时以交割价格 K 卖出一单位该资产的远期合约。在 T 时刻，该套利者可以将一单位标的资产交割换得 K 的现金，并归还借款本息 $S_0 e^{rT}$，从而实现 $K - S_0 e^{rT}$ 的无风险利润。

如果 $K < S_0 e^{rT}$，则套利者可进行反向操作，即卖空标的资产，将所得收入以无风险利率 r 进行投资，期限为 t，同时以交割价格 K 买进一单位该标的资产的远期合约。在 T 时刻，套利者收到投资本息 $S_0 e^{rT}$，并以 K 的现金购买一单位标的资产，用于归还卖空时借入的标的资产，从而实现 $S_0 e^{rT} - K$ 的无风险利润。

总之，套利的力量最终会使得远期合约的交割价格 $K = S_0 e^{rT}$。

✪【例 2.3】假设一只无股利支付股票现在的价格为 50 元，半年期的无风险利率（连续复利年利率）为 10%，则以该股票为标的的 6 个月期远期合约的远期价格为多少？

解：由式（2.3.1）可得，$F_0 = S_0 e^{rT} = 50 \times e^{10\% \times \frac{1}{2}} = 52.56$ 元

如果双方签订的协议价不是 52.56 元，套利者就可以进行套利。例如，假设市场上该合约的交割价格为 52 元，则套利者可以以 52 元买入该股票的远期合约，同时将所得收入以无风险利率进行投资，期末就可以获得无风险利润 52.56 − 52 = 0.56 元。反之，如果远期合约双方签订的协议价格大于 52.56 元，如 53 元，套利者可以通过借入 50 元买入股票，并以 53 元的价格卖出该股票的远期合约，期末也可以获得无风险利润 $53 - 50 \times e^{10\% \times \frac{1}{2}} = 0.44$ 元。

2.3.2　t 时刻远期价格的确定

确定无收益资产远期合约 t 时刻的理论远期价格 F_t 等同于 t 时刻签订一份新的远期合约对买卖双方公平的交割价格。我们可以将 0 时刻的交易策略推广到 t 时刻，类似可得出：

$$F_t = S_t e^{r_t(T-t)} \tag{2.3.2}$$

① 收益等价于现金的流入，损失等价于现金的流出。

✪【例 2.4】在【例 2.3】中，设 3 个月后市场无风险利率变为 8%，远期合约标的股票的市场价格变为 45 元，则【例 2.3】中的远期合约 3 个月后的远期价格为多少？

解：由式（2.3.2）可得，$F_t = S_t e^{r_t(T-t)} = 45 \times e^{0.08 \times \frac{1}{4}} = 45.91$ 元。

2.4 支付已知现金收益资产的远期价格

支付已知现金收益的标的资产是指在远期合约到期前会产生完全可预测的现金流的资产。支付已知现金收益的资产包括支付已知现金收益的投资性资产和支付已知现金收益的消费性资产。附息票债券和支付已知现金红利的股票产生已知的现金收益，黄金、白银等贵金属本身不产生收益，但需要花费一定的存储成本，存储成本可看作负收益，因此附息票债券、支付已知现金红利的股票、黄金和白银等可称为支付已知现金收益的投资性资产。铜、铝、石油等本身不产生收益，但需要花费一定的存储成本，因此可称为支付已知现金收益的消费性资产。

2.4.1 投资性资产的远期价格

因为 0 时刻是 t 时刻的特殊化，所以我们从这节开始直接介绍 t 时刻远期价格的确定，当 $t=0$ 时，就可以求出 0 时刻的远期价格。

我们仍然可以采用无套利定价法为支付已知现金收益的投资性资产远期合约进行定价。确定支付已知现金收益资产远期合约 t 时刻的理论远期价格 F_t 等同于 t 时刻签订一份远期合约对买卖双方公平的交割价格。假设交割价格 K 对买卖双方是公平的，即 $F_t=K$，设 t 时刻至 T 时刻之间标的资产所获已知收益折现到 t 时刻的现值为 I_t，设 t 时刻的无风险利率为 r_t。考虑如下两种投资策略（见表 2.3）。

策略 A：借入 S_t 的现金（其中 I_t 的现金标的资产获取现金收益时归还，剩余 S_t-I_t 的现金 T 时刻归还）；用 S_t 购买一单位的标的资产，并持有至 T 时刻。

策略 B：以交割价格 K（即 F_t）签订一单位资产远期合约多头。

表 2.3　两种交易策略

策略	t 时刻净现金流	T 时刻
A：借入 S_t 的现金（其中 I_t 的现金标的资产获取现金收益时归还，剩余 S_t-I_t 的现金 T 时刻归还）；用 S_t 购买一单位的标的资产	0	$S_T-(S_t-I_t)e^{r_t(T-t)}$
B：以交割价格 K（即 F_t）签订一单位资产远期合约多头	0	S_T-K
总收益	0	$S_T-(S_t-I_t)e^{r_t(T-t)}=S_T-K$ 即 $K=(S_t-I_t)e^{r_t(T-t)}$

策略 A 中，t 时刻交易者利用借入的资金购买了一单位标的资产，因此其持有一单位标的资产，现金流入流出正好抵消，净现金流为零。策略 B 中，以远期价格 F_t 签订远期合约对交易双方是公平的，t 时刻交易者的现金流为零。t 到 T 时刻之间，策略 A 从标的资产收到的已知现金收益正好用于归还 t 时刻借入同期限的 I_t 的现金，现金流入流出相抵后，净额为零，策略 B 不产生现金的流入流出。在 T 时刻，策略 A 中，交易者持有的标的资产价值为 S_T，需要归还的资金为 $(S_t-I_t)e^{r_t(T-t)}$，交易者的损益为

$S_T-(S_t-I_t)e^{r_t(T-t)}$，策略 B 中交易者的损益为 S_T-K。由于策略 A 和策略 B 在 T 时刻之前现金流时时刻刻相等，在 T 时刻现金流（或损益）也必须相等，否则会存在无风险的套利机会。因此我们有 $S_T-(S_t-I_t)e^{r_t(T-t)}=S_T-K$，整理得 $K=(S_t-I_t)e^{r_t(T-t)}$。根据 $F_t=K$，得

$$F_t=(S_t-I_t)e^{r_t(T-t)} \tag{2.4.1}$$

假设市场上远期合约的交割价格 $K\neq(S_t-I_t)e^{r_t(T-t)}$，则市场肯定处于不均衡状态，套利者可以通过设计交易策略获取无风险的收益。

如果 $K>(S_t-I_t)e^{r_t(T-t)}$，套利者可以按无风险利率 r_t 借入 S_t 的现金，其中 I_t 的现金在标的资产获取现金收益时归还，剩余 S_t-I_t 的现金 T 时刻归还，用借入的资金购买一单位的标的资产，同时以交割价格 K 卖出一单位该资产的远期合约。在标的资产获得已知现金收益时，正好归还期初借入的 I_t 的现金。在 T 时刻，该套利者可以将一单位标的资产交割换得 K 的现金，并归还剩余的借款本息 $(S_t-I_t)e^{r_t(T-t)}$，从而实现 $K-(S_t-I_t)e^{r_t(T-t)}$ 的无风险利润。

如果 $K<(S_t-I_t)e^{r_t(T-t)}$，则套利者可进行反向操作，即卖空标的资产，将所得收入中的 I_t 以无风险利率投资到需要归还卖空资产的所获收益之时，剩余 S_t-I_t 现金投资 T 的时间，同时以交割价格 K 买进一单位该标的资产的远期合约。期初投资的 I_t 在卖空的标的资产需要支付已知现金收益时正好到期收回，且收回的本息正好支付卖空资产需要支付的收益。在 T 时刻，套利者收到剩余投资的本息 $(S_t-I_t)e^{r_t(T-t)}$，并以 K 的现金购买一单位标的资产，用于归还卖空时借入的标的资产，从而实现 $(S_t-I_t)e^{r_t(T-t)}-K$ 的无风险利润。

总之，套利的力量最终会使得远期合约的交割价格 $F_t=(S_t-I_t)e^{r_t(T-t)}$。

令 $t=0$，即可以得出 0 时刻远期价格的 F_0 的确定：

$$F_0=(S_0-I)e^{rT} \tag{2.4.2}$$

✪【例 2.5】设某债券面值 100 元，票面利率为 8%（年度复利），每半年支付一次利息，债券还有 18 个月到期。该债券目前市价为 100 元，目前市场上半年期和 1 年期的无风险年利率分别为 7.5% 和 8%，请问该债券的一年期的远期合约在 0 时刻的远期价格为多少？

解：根据已知条件，该债券在 6 个月和 12 个月时分别有 4 元的利息现金收益，可以先算出该债券已知现金收益的现值：

$$I=4\times e^{-0.075\times0.5}+4\times e^{-0.08\times1}=7.55\text{ 元}$$

由式（2.4.2），可算出该远期合约的价格为

$$F_0=(S_0-I)e^{rT}=(100-7.55)\times e^{0.08\times1}=100.2\text{ 元}$$

如果双方签订的协议价不是 100.2 元，套利者就可以进行套利。例如，假设市场上该合约的交割价格为 95 元，即交割价格低于远期理论价格。套利者可以卖空债券，得到现金收入 100 元，并以无风险利率贷出其中 $4\times e^{-0.075\times0.5}$ 的资金投资 6 个月，剩余的资金投资 1 年，同时买入一份交割价为 95 元的远期合约。在 6 个月后，投资者获得 4 元利息，并归还卖空债券所需支付的收益 4 元，收支相抵后净现金流为 0。在到期日，套

利者可以得到贷款本息收入 104 元，同时付出现金 95 元换得一单位标的债券，用于归还标的债券的原所有者，并把该债券到期日的收益 4 元归还给所有者。这样，该套利者在到期日可实现无风险利润 5 元。反之，若合约上的交割价格大于 100.2 元，则也可以反向套利。

✪【例 2.6】设某黄金的现货价格为 250 元/克，持有黄金现货 0 时刻和 3 个月后分别需要支付 5 元的存储成本。设当前所有期限的无风险利率都为 10%，则在 0 时刻，4 个月期的黄金远期合约的远期价格为多少？

解：存储成本可以看作负收益。

$$I = -(5 + 5 \times e^{-0.1\times3/12}) = -(5 + 5 \times 0.97531) = -9.88\text{ 元}$$

由式（2.4.2）可得

$$F_0 = (S_0 - I)e^{rT} = (250 + 9.88) \times e^{0.1\times1/3} = 259.88 \times 1.034 = 268.71\text{ 元}$$

✪【例 2.7】在【例 2.5】中，设 6 个月后市场无风险年利率变为 9%，债券的市价变为 101 元，则【例 2.5】中的远期合约在 6 个月后的理论远期价格为多少？

解：6 个月后到债券到期中间有 1 次利息支付，其现值为

$$I_t = 4 \times e^{-0.09\times0.5} = 4 \times 0.956 = 3.82\text{ 元}$$

由式（2.4.2）可得

$$F_t = (S_t - I_t)e^{r_t(T-t)} = (101 - 3.82) \times e^{0.09\times\frac{1}{2}} = 97.18 \times 1.046 = 101.65\text{ 元}$$

✪【例 2.8】在【例 2.6】中，设 2 个月后市场无风险利率变为 8%，黄金的市场价格变为 260 元/克，则【例 2.6】中的远期合约 2 个月后的远期价格为多少？

解：2 个月后到合约到期期间有 1 次利息支付，其现值为

$$I = -(5 \times e^{-0.08\times\frac{1}{12}}) = -(5 \times 0.9934) = -4.97\text{ 元}$$

由式（2.4.1）可得

$$F_t = (S_t - I_t)e^{r_t(T-t)} = (260 + 4.97) \times e^{0.08\times\frac{1}{6}} = 264.97 \times 1.0134 = 268.52\text{ 元}$$

2.4.2 消费性资产的远期价格

（一）考虑了存储成本的远期价格

消费性资产不同于投资性资产，它通常不提供收入，但需要花费较多的存储成本。存储成本可以看作负收益。设存储成本在 t 时刻的现值为 U_t。① 对于消费性资产而言，如果交割价格 $K > (S_t + U_t)e^{r_t(T-t)}$，套利者仍然可以设计套利策略获取无风险的收益。具体套利策略为按无风险利率 r 借入 $S_t + U_t$ 的现金，T 时刻归还，其中利用 S_t 的资金购买一单位的标的资产，U_t 的现金投资到标的资产需要支付存储成本的时刻，同时以交割价格 K 卖出一单位该资产的远期合约。此交易策略在 t 时刻现金流为零。合约期间标的资产需要支付存储成本时，收回 U_t 投资本息刚好支付标的资产的存储成本，净现金流为零。在 T 时刻，该套利者可以将一单位标的资产交割换得 K 的现金，并归还借款本息 $(S_t + U_t)e^{r_t(T-t)}$，从而实现 $K - (S_t + U_t)e^{r_t(T-t)}$ 的无风险利润。

① 此处 U_t 可以看作负的收益，即 $U_t = -I_t$。

持有者持有消费性资产的目的在于其具有消费价值，即使 $K<(S_t+U_t)e^{r_t(T-t)}$ 时，由于远期合约不能用于消费，持有者可能也不愿意进行卖出标的资产而购买远期合约的交易策略。此时 $K<(S_t+U_t)e^{r_t(T-t)}$ 可能会长期存在。对于消费性资产的远期合约，根据 $F_t=K$ 得

$$F_t \leqslant (S_t + U_t)e^{r_t(T-t)} \tag{2.4.3}$$

类似地，我们可以将 t 时刻的交易策略推广到 0 时刻，令 $t=0$，即可以得出 0 时刻消费性资产的远期价格 F_0：

$$F_0 \leqslant (S_0 + U)e^{rT} \tag{2.4.4}$$

✪【**例 2.9**】设铜的现货价格为 8 000 元/吨，持有铜现货 0 时刻和 3 个月后分别需要支付的存储成本的现值都为 100 元/吨，目前所有期限的无风险利率为 10%（连续复利年利率）。请问 5 个月期的铜远期合约在 0 时刻的远期价格的范围为多少？

解：由式（2.4.4）可得

$$F_0 \leqslant (S_0 + U)e^{rT} = (8\,000 + 100 \times 2) \times e^{0.1\times\frac{5}{12}} = 8\,548.88 \text{ 元}$$

（二）考虑了便利收益率的远期价格

因为消费性商品的持有者认为持有商品本身会带来持有远期合约不能带来的好处，因此式（2.4.3）和式（2.4.4）中的等式不一定成立。例如，铜线制造商不可能将铜远期合约当作铜现货一样作为存货储藏。作为存货的铜是生产过程中必需的原材料，而铜远期合约不能满足这一要求。一般而言，对于实体资产的拥有可以使得生产商维持生产过程的运转，有时还可以从当地临时性的短缺中获利，远期合约就做不到这一点。通常将实物资产给持有者带来的好处称作便利收益率（Convenience Yield）。便利收益率用 y 表示，0 时刻时被定义为

$$F_0 e^{yT} = (S_0 + U)e^{rT} \tag{2.4.5}$$

便利收益率衡量了式（2.4.3）中左边比右边小的程度。对于投资性资产而言，便利收益率必定为零，否则会出现无风险的套利机会。将式（2.4.5）进行整理，得出消费性资产在 0 时刻的远期价格为

$$F_0 = (S_0 + U)e^{(r-y)T} \tag{2.4.6}$$

同理，设 t 时刻标的资产的便利收益率为 y_t，则有

$$F_t = (S_t + U_t)e^{(r_t-y_t)(T-t)} \tag{2.4.7}$$

✪【**例 2.10**】设【例 2.9】中铜远期合约的远期价格为 8 000 元/吨，该价格对买卖双方公平，则 0 时刻铜现货给持有者带来的便利收益率为多少？

解：由式（2.4.5）$F_0e^{yT}=(S_0+U)e^{rT}$ 得

$$8\,000 \times e^{y\times\frac{5}{12}} = (8\,000 + 100 \times 2) \times e^{0.1\times\frac{5}{12}}$$

解得：$y=15.93\%$

2.5　支付已知收益率资产的远期价格

支付已知收益率的标的资产是指在远期合约到期前将产生与该资产现货价格成一定

比率的收益的资产。对于外汇远期合约而言，外国货币的收益率为该货币发行国的无风险利率，属于典型的支付已知收益率的投资性资产。股票指数也可以近似地看作是支付已知收益率的投资性资产。消费性资产一般不会获得现金收益，但每单位的存储成本经常可以表示为现货价格的一定比率，可以称为存储成本率，存储成本率等同于负的现金收益率。

2.5.1 投资性资产的远期价格

假设交割价格 K 对买卖双方是公平的，即 $F_t = K$，设 t 时刻至 T 时刻之间标的资产所获现金收益率为 q_t，t 时刻的无风险利率为 r_t，考虑如下两种投资策略（见表 2.4）。

策略 A：①借入 $S_t e^{-q_t(T-t)}$ 的现金，T 时刻归还；

②用 $S_t e^{-q_t(T-t)}$ 购买 $e^{-q_t(T-t)}$ 单位的标的资产，同时标的资产每时每刻获得的收益再购买标的资产。

策略 B：以交割价格 K（即 F_t）签订一单位资产远期合约多头。

表 2.4 两种交易策略

策略	t 时刻净现金流	T 时刻
A：借入 $S_t e^{-q_t(T-t)}$ 的现金，用 $S_t e^{-q_t(T-t)}$ 购买 $e^{-q_t(T-t)}$ 单位的标的资产	0	$S_T - S_t e^{(r_t-q_t)(T-t)}$
B：以交割价格 K（即 F_t）签订一单位资产远期合约多头	0	$S_T - K$
总收益	0	$S_T - S_t e^{(r_t-q)(T-t)} = S_T - K$，所以 $K = S_t \times e^{(r_t-q)(T-t)}$

策略 A 中，t 时刻交易者利用借入的资金 $S_t e^{-q_t(T-t)}$ 购买了 $e^{-q_t(T-t)}$ 单位的标的资产，现金流入流出正好抵消，净现金流为零。策略 B 中，以远期价格 F_t 签订远期合约对交易双方是公平的，t 时刻交易者的现金流为零。t 到 T 时刻之间，策略 A 从标的资产收到的已知现金收益立即购买了标的资产，现金流入流出相抵后，净额为零，策略 B 不产生现金的流入流出。T 时刻，策略 A 中 $e^{-q_t(T-t)}$ 单位的标的资产以 q_t 的增长率增长到 T 时刻正好等于 1 单位（$e^{-q_t(T-t)} \times e^{q_t(T-t)}$）的标的资产①，价值为 S_T，需要归还的资金为 $S_t e^{(r_t-q_t)(T-t)}$，交易者的损益为 $S_T - S_t e^{(r_t-q_t)(T-t)}$，策略 B 中交易者的损益为 $S_T - K$。由于策略 A 和策略 B 在 T 时刻之前现金流时时刻刻相等，在 T 时刻现金流（或损益）也必须相等，否则会存在无风险的套利机会。因此我们有 $S_T - S_t e^{(r_t-q_t)(T-t)} = S_T - K$，整理得 $K = S_t e^{(r_t-q_t)(T-t)}$。根据 $F_t = K$ 得

$$F_t = S_t e^{(r_t-q_t)(T-t)} \tag{2.5.1}$$

如果交割价格 $K > S_t e^{(r_t-q_t)(T-t)}$，套利者可以通过借入 $S_t e^{-q_t(T-t)}$ 的资金（T 时刻归还），买入标的资产并将标的资产获得的收益继续买入标的资产，而卖出远期合约则获

① 假设标的资产可以无限细分。我们考虑股票作为标的资产的例子。假设股票价格是 100 元，股利收益率 $q = 5\%$，时间为 0.02 年。如果我们持有 10 000 股，0.02 年内我们收到的股利为 10 000 × 100 × 0.05 × 0.02 = 1 000 元。因此 10 股新股被购买。因此在 0.02 年内股票持有量增加了 0.1%，这相当于每年增长 5%。

取无风险的收益。如果交割价格 $K<S_t e^{(r_t-q_t)(T-t)}$，套利者可以通过买入远期合约，卖出 $e^{-q_t(T-t)}$ 单位的标的资产（T 时刻归还 1 单位标的资产），并将所获价款 $S_t e^{-q_t(T-t)}$ 进行投资 $T-t$ 的时间，从而获取无风险的利润。

我们可以将 t 时刻的交易策略限定到 0 时刻，设 0 时刻至 T 时刻之间标的资产所获现金收益率为 q，将 t 代入式（2.5.1）可以得出：

$$F_0 = S_0 e^{(r-q)T} \tag{2.5.2}$$

✪【例 2.11】设英镑兑美元的即期汇率为 1 英镑 = 1.5 美元，3 个月期美元的无风险利率为 6%，3 个月期英镑无风险利率为 3%，则在 0 时刻 3 个月期英镑对美元的远期汇率为多少？

解：由式（2.5.2）可得：$F_0=S_0 e^{(r-q)T}=1.5\times e^{(0.06-0.03)\times\frac{3}{12}}=1.51$ 美元。

✪【例 2.12】在【例 2.11】中，设 1 个月后市场上英镑兑美元的汇率为 1 英镑 = 1.4 美元，2 个月期美元的无风险利率为 5%，2 个月期英镑无风险利率为 4%，则 2 个月后该远期合约的远期价格为多少？

解：由式（2.5.1）可得：$F_t=S_t e^{(r_t-q_t)(T-t)}=1.4\times e^{(0.05-0.04)\times\frac{2}{12}}=1.40$ 美元。

✪【例 2.13】已知某只股票现在价格为 25 元/股，年平均红利率为 4%，所有到期日的无风险连续复利都为年利率 10%，该股票 6 个月远期合约理论远期价格为多少？

解：由公式（2.5.2）可得：$F_0=S_0 e^{(r-q)T}=25\times e^{(0.10-0.04)\times\frac{6}{12}}=25.76$ 元。

2.5.2 消费性资产的远期价格

设消费性资产需要的存储成本率为 u_t①，对于消费性资产而言，如果交割价格 $K>S_t e^{(r_t+u_t)(T-t)}$，则套利者仍然可以设计套利策略来获取无风险的收益。具体套利策略为 t 时刻按无风险利率 r_t 借入 $S_t e^{u_t(T-t)}$ 的现金，T 时刻归还，其中利用 $S_t e^{u_t(T-t)}$ 的资金购买 $e^{u_t(T-t)}$ 单位的标的资产，时时刻刻通过市场价格卖出标的资产正好支付存储成本。同时以交割价格 K 卖出一单位该资产的远期合约。此交易策略在 t 时刻现金流为 0。合约期间利用卖出标的资产的收入刚好支付存储成本，净现金流为 0。在 T 时刻，该套利者可以将一单位标的资产［$e^{u_t(T-t)}$ 单位的标的资产到 T 时刻变为 $e^{u_t(T-t)}\times e^{-u_t(T-t)}=1$ 单位的标的资产］交割换得 K 的现金，并归还借款本息 $S_t e^{(r_t+u_t)(T-t)}$，从而实现 $K-S_t e^{(r_t+u_t)(T-t)}$ 的无风险利润。

持有者持有消费性资产的目的在于其具有消费价值，即使 $K<S_t e^{(r_t+u_t)(T-t)}$ 时，由于远期合约不能用于消费，持有者可能也不愿意进行卖出标的资产而购买远期合约的交易策略。此时 $K<S_t e^{(r_t+u_t)(T-t)}$ 可能会长期存在。对于消费性资产的远期合约，根据 $F_t=K$，得

$$F_t \leqslant S_t e^{(r_t+u_t)(T-t)} \tag{2.5.3}$$

设 t 时刻标的资产的便利收益率为 y_t，则有

$$F_t \times e^{y_t(T-t)} = S_t e^{(r_t+u_t)(T-t)} \tag{2.5.4}$$

① 此处 u 可以看作负的收益率，即 $u_t=-q_t$。

整理得，消费性资产的远期价格为

$$F_t = S_t e^{(r_t+u_t-y_t)(T-t)} \tag{2.5.5}$$

同样，我们可以将 t 时刻的交易策略限定到 0 时刻，设 0 时刻至 T 时刻之间标的资产所需存储成本率为 u，将 $t=0$ 代入式（2.5.3），得出消费性资产的远期合约在 0 时刻的价格：

$$F_0 \leqslant S_0 e^{(r+u)T} \tag{2.5.6}$$

定义消费性资产的便利收益率为 y，则有

$$F_0 \times e^{yT} = S_0 e^{(r+u)T} \tag{2.5.7}$$

进而有

$$F_0 = S_0 e^{(r+u-y)T} \tag{2.5.8}$$

2.6 远期合约的价值

远期合约的价值是指远期合约本身给签约方（多头方或空头方）带来的价值。如果远期合约的交割价格是公平的，0 时刻远期合约带给多空双方的价值都为 0。远期合约签订以后，市场无风险利率、标的资产价格和到期时间等变化均会导致远期价格发生变化，但交割价格在远期合约期间保持不变，这就使得 0 时刻签订的远期合约会给签约方带来正或负的价值。

用 f 表示远期合约多头在 t 时刻的价值，可得

$$f = (F_t - K)e^{-r_t(T-t)} \tag{2.6.1}$$

注意：$F_t - K$ 就是套利的未来收益值，贴现后即为合约价值。

由于远期合约多空双方的损益正好相反，因此远期合约空头在 t 时刻的价值为 $-f$，由式（2.6.1）可得空头方 t 时刻的价值为 $(K-F_t)\ e^{-r_t(T-t)}$。

1. 无收益投资性资产远期合约多头的价值。由式（2.3.2）得 $S_t = F_t e^{-r_t(T-t)}$，将其代入式（2.6.1），并化简可得

$$f = S_t - Ke^{-r_t(T-t)} \tag{2.6.2}$$

✪【例 2.14】根据【例 2.3】和【例 2.4】，计算 3 个月后远期合约对于多头方和空头方的价值分别为多少？

解：由式（2.6.1）可得多头方价值：

$$f = (F_t - K)e^{-r_t(T-t)} = (45.91 - 52.56) \times e^{-0.08\times\frac{1}{4}} = -6.52 \text{ 元}$$

所以，空头方价值与多头方价值相反，为 6.52 元。

2. 支付已知现金收益的投资性资产远期合约多头的价值。由式（2.4.1）得 $S_t - I_t = F_t e^{-r_t(T-t)}$，将其代入式（2.6.1），并化简可得

$$f = S_t - I_t - Ke^{-r_t(T-t)} \tag{2.6.3}$$

✪【例 2.15】根据【例 2.5】，计算 6 个月后远期合约对于空头方的价值为多少？

解：由式（2.6.3）可计算多头方价值：

$$f = S_t - I_t - Ke^{-r_t(T-t)} = 101 - 4 \times e^{-0.09\times\frac{1}{2}} - 100.2 \times e^{-0.09\times\frac{1}{2}} = 1.39 \text{ 元}$$

所以，空头方价值为 -1.39 元。

✪【**例 2.16**】根据【例 2.6】和【例 2.8】，计算 2 个月后远期合约对于多头方的价值为多少？

解：由式（2.6.3）可得多头方价值：

$$f = S_t - I_t - Ke^{-r_t(T-t)} = 260 + 5 \times e^{-0.08\times\frac{1}{12}} - 268.52 \times e^{-0.08\times\frac{2}{12}} = -0.0033 \text{ 元}$$

3. 支付已知现金收益率的投资性资产远期合约多头的价值。由式（2.5.1）得 $S_t e^{-q(T-t)} = F_t e^{-r_t(T-t)}$，将其代入式（2.6.1），并化简可得

$$f = S_t e^{-q(T-t)} - Ke^{-r_t(T-t)} \tag{2.6.4}$$

✪【**例 2.17**】根据【例 2.11】和【例 2.12】，计算 2 个月后远期合约对于英镑空头方的价值为多少？

解：由式（2.6.4）可得多头方价值：

$$f = S_t e^{-q(T-t)} - Ke^{-r_t(T-t)} = 1.4 \times e^{-0.04\times\frac{2}{12}} - 1.51 \times e^{-0.05\times\frac{2}{12}} = -0.11 \text{ 元}$$

所以，空头方价值为 0.11 元。

✪【**例 2.18**】接【例 2.13】，若该股票 6 个月的远期合约的交割价为 26 元，求该股票远期合约现在的价值。

解：由式（2.6.4）可得，该远期合约多头方的价值为

$$f = S_t e^{-q_t(T-t)} - Ke^{-r_t(T-t)} = 25e^{-0.04\times0.5} - 26e^{-0.1\times0.5} = 24.5 - 24.73 = -0.23 \text{ 元}$$

4. 对于消费性资产远期合约多头的价值。设 t 时刻标的资产的便利收益率为 y_t。由式（2.4.7）得

$$(S_t + U_t)e^{-y_t(T-t)} = F_t e^{-r_t(T-t)}$$

将其代入式（2.6.1），并化简可得

$$f = (S_t + U_t)e^{-y_t(T-t)} - Ke^{-r_t(T-t)} \tag{2.6.5}$$

对于支付已知现金收益率的消费性资产远期合约的多头方，设 t 时刻标的资产的便利收益率为 y_t。由式（2.5.5）得 $S_t e^{(u_t - y_t)(T-t)} = F_t e^{-r_t(T-t)}$，将其代入式（2.6.1），并化简可得

$$f = S_t e^{(u_t - y_t)(T-t)} - Ke^{-r_t(T-t)} \tag{2.6.6}$$

专栏 2.1

非完美市场下套利区间的确定

在完全市场下，没有考虑交易成本、借贷利差、卖空限制等对套利的影响，套利价格是确定的值，但如果考虑了以上因素，不存在套利机会的远期价格是一个区间。

1. 存在交易成本对远期价格的影响。假定每一笔交易的费率为 Y，那么不存在套利机会的远期价格区间为［$S(1-Y)e^{r(T-t)}$，$S(1+Y)e^{r(T-t)}$］。

2. 借贷存在利差对远期价格的影响。如果用 r_b 表示借入利率，用 r_l 表示借出利率，对非银行机构和个人，一般 $r_b > r_l$，这时远期价格区间为［$Se^{r_l(T-t)}$，$Se^{r_b(T-t)}$］。

3. 卖空限制对远期价格的影响。因为卖空会给经纪人带来较大风险，所以，几乎所有的经纪人都会扣留客户部分所得作为保证金，假设卖空限制增加的成本比率为 X，那么这时远期价格区间为 $[(1-X)Se^{r(T-t)}, Se^{r(T-t)}]$。

若上述三种情况同时存在，价格区间则为

$$[(1-X)S(1-Y)e^{r_l(T-t)}, S(1+Y)e^{r_b(T-t)}]$$

完全市场可以看成是 $X=0$，$Y=0$，$r_l=r_b=r$ 的情况。

2.7 远期价格与标的资产现货价格的关系

远期价格和标的资产现货价格之间的关系可以从两个角度进行考察：一是同一时刻远期价格和标的资产现货价格的关系；二是远期价格和标的资产预期的未来现货价格的关系。

2.7.1 同一时刻远期价格和标的资产现货价格的关系

我们可以用持有成本的概念来概括远期价格和现货价格的关系。持有成本的基本构成为：持有成本 = 无风险利息成本 − 标的资产在合约期限内提供的收益 + 标的资产在合约期间的存储成本。定义持有成本为 c①，则投资性资产的远期价格可写为

$$F_t = S_t e^{c(T-t)} \tag{2.7.1}$$

对于不支付红利的股票没有收益和存储成本，所以持有成本就是无风险利息成本 r，$F_t=S_t e^{r(T-t)}$；外汇资产和股票指数的收益率为 q，其持有成本为 $r-q$，所以 $F_t=S_t e^{(r-q)(T-t)}$；对黄金和白银等投资性资产而言，若其存储成本与现货价格的比例为 u，则其持有成本为 $r+u$，$F_t=S_t e^{(r+u)(T-t)}$；对于消费性资产需考虑便利收益率 y_t，其远期价格 $F_t=S_t e^{(r+u-y)(T-t)}$。

由式（2.7.1），在 T 时刻之前，投资性资产的净持有成本大于零时，远期价格大于现货价格；净持有成本小于零时，远期价格小于现货价格；净持有成本等于零时，远期价格等于现货价格。在 T 时刻，资产的远期价格收敛于现货价格。②

2.7.2 当前远期价格和标的资产预期未来现货价格的关系

我们将市场对于未来某一时点的现货价格的普遍性观点称为该时点上资产的预期现货价格。远期价格和标的资产预期未来现货价格之间的关系可以通过经济中风险和收益之间的关系来理解。以无收益的投资性资产为例，根据预期收益率的概念，可得

$$E(S_T) = S_t e^{R_t(T-t)} \tag{2.7.2}$$

其中，$E(S_T)$ 表示现在市场上预期的该资产在 T 时刻的市价，R_t 表示 t 时刻该资产的

---

① 这里，把标的资产在远期合约期间获得的已知收益和需要支付的存储成本都转换成连续复利收益率和存储成本率的形式，以方便表达。显然，已知的现金收益（或确定的存储成本）与连续复利收益率（或存储成本率）之间可以相互转换。

② 远期价格收敛于标的资产现货价格由套利行为决定。假定到期时刻远期价格高于标的资产现货价格，套利者就可以通过买入现货资产、卖出远期合约并进行交割来获利；反之，套利者就可以通过卖出现货资产、买入远期合约并进行交割而获利。

连续复利预期收益率。

由式（2.3.2）可知远期价格为

$$F_t = S_t e^{r_t(T-t)}$$

比较上述两式可知，R_t 和 r_t 的大小决定了 F_t 和 $E(S_t)$ 孰大孰小。R_t 的大小取决于标的资产的系统性风险（见表2.5）。

表2.5　远期价格与预期未来即期价格之间的关系

标的资产	资产预期收益率 R_t 与无风险利率 r_t 的关系	远期价格 F_t 与预期未来即期价格 $E(S_T)$ 的关系
无系统风险	$R_t = r_t$	$F_t = E(S_T)$
正系统风险	$R_t > r_t$	$F_t < E(S_T)$
负系统风险	$R_t < r_t$	$F_t > E(S_T)$

在现实生活中，大多数标的资产的系统性风险大于零，因此在大多数情况下，F_t 都小于 $E(S_t)$。

【本章小结】

1. 远期合约是指合约双方约定在未来某一确定日期，按照确定的价格买卖一定数量某种资产的协议。

2. 远期价格是指使远期合约价值为零的交割价格。对于投资性资产而言，如果合约期间标的资产无收益，则远期价格 $F_t = S_t e^{r_t(T-t)}$；如果合约期间标的资产支付已知现金收益，则远期价格 $F_t = (S_t - I_t) e^{r_t(T-t)}$；如果合约期间标的资产支付已知现金收益率，则远期价格 $F_t = S_t e^{(r_t - q_t)(T-t)}$。对于消费性资产而言，如果合约期间标的资产需要确定的存储成本，则远期价格 $F_t = (S_t + U_t) e^{(r_t - y_t)(T-t)}$，如果合约期间标的资产需要确定的存储成本率，则远期价格 $F_t = S_t e^{(r_t + u_t - y_t)(T-t)}$。

3. 远期价值是指远期合约本身的价值。t 时刻远期合约多头方的价值为 $f = (F_t - K) e^{-r_t(T-t)}$。

4. 设持有成本为 c，则投资性资产远期价格为 $F_t = S_t e^{c(T-t)}$，消费性资产远期价格为 $F_t = S_t e^{(c - y_t)(T-t)}$。

5. 远期价格与预期未来现货价格的大小由标的资产系统性风险决定。现实生活中，大多数标的资产的系统性风险都大于零，因此大多数情况下，F_t 都小于 $E(S_t)$。

【重要概念】

远期合约　标的资产　多头　空头　交割价格　远期价格　消费性资产
投资性资产　连续复利　便利收益率　远期合约价值　持有成本　系统性风险

【参考读物】

[1] 郐瑜骏，黄丽清，汤震宇．金融衍生产品——衍生金融工具理论与应用［M］.

北京：清华大学出版社，2007.

[2] 郑振龙，陈蓉．金融工程（第三版）[M]．北京：高等教育出版社，2012.

[3] John Hull, "Optios, Futures and Other Derivatives (9th Edition)", New Jersy, *Prentice Hall*, 2014.

【练习题】

1. 某笔存款的连续复利年利率为 8%，但实际上利息是每季度支付一次。则 1 万元存款每季度能得到多少利息？

2. 假设买入现货的交易成本为 c，利用无套利原理推导无收益投资性资产的远期价格区间。

3. 解释远期价格是标的资产未来现货价格的无偏估计说法是否正确。

4. 假设一只无股利支付股票现在的价格为 100 元，一年期的无风险利率（连续复利年利率）为 5%，则以该股票为标的的一年期远期合约的远期价格为多少？

5. 在 4 题中，设 6 个月后市场无风险利率变为 8%，远期合约标的股票的市场价格变为 120 元，则 4 题中的远期合约 6 个月后的远期价格为多少？

6. 设某债券面值 100 元，票面利率为 8%（半年度复利），每半年支付一次利息，债券还有 15 个月到期。该债券目前市价为 100 元（总价，等于债券净价与上一付息日至今天的累计利息之和），目前市场上 1 年期的无风险利率为 10%（连续复利年利率）。请问该债券的 1 年期远期合约在 0 时刻的远期价格为多少？

7. 设某黄金的现货价格为 250 元/克，持有黄金现货 0 时刻和 3 个月后分别需要支付 5 元的存储成本。设当前所有期限的无风险利率都为 10%，则 4 个月期的黄金远期合约的远期价格为多少？

8. 设美元兑人民币的即期汇率为 1 美元 = 6.5 元人民币，6 个月期美元的无风险利率为 4%，6 个月期人民币无风险利率为 5%，则 6 个月期美元兑人民币在 0 时刻的远期汇率为多少？

9. 在 8 题中，设 3 个月后，美元兑人民币的即期汇率为 1 美元 = 6.3 元人民币，3 个月期美元的无风险利率为 2%，3 个月期人民币无风险利率为 4%，则远期合约 3 个月期后的远期价格为多少？

10. 根据 8 题和 9 题，计算 3 个月后远期合约对于美元空头方的价值为多少。

第3章

主要远期合约

【本章知识结构】

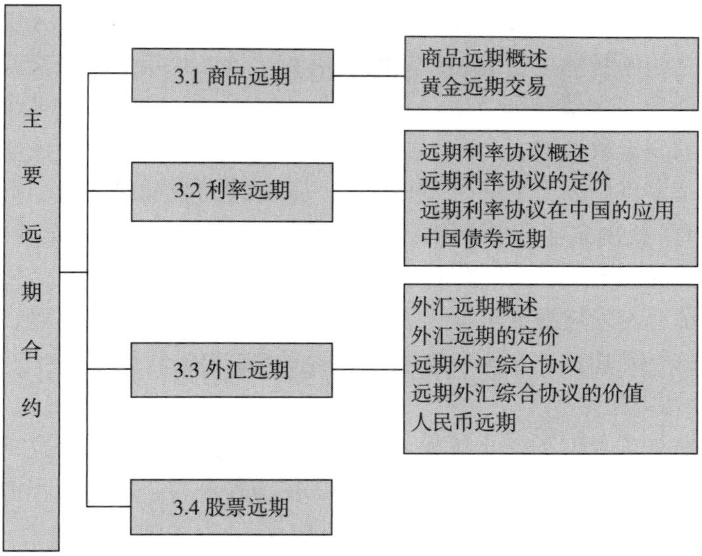

【教学要求】

1. 了解主要远期合约的产生与发展；
2. 掌握主要远期合约的基本概念；
3. 掌握远期交易的机制；
4. 了解几种主要远期合约的基础知识，包括定义、产生与发展、市场制度和国内情况。

3.1 商品远期

3.1.1 商品远期概述

早期制造商为了控制生产原料成本，会与供货商约定在一定期限之后以某一确定价格向供货商购买多少数量的原料，这就是商品远期合约。根据历史资料记载，早在12 世纪时，欧洲的法兰德斯地区商人（Flemish trader）就在市场中利用一种称为“defaire”的文件做商品的远期交易，主要说明未来某特定时日买卖双方的交货内容，所以“defaire”可以说是远期合约的前身。

商品远期合约（Commodity Forward Contract）：一种现在约定在未来特定时日交易特定标的物的合约，合约的买方同意在未来约定日，按约定价格支付一定金额，以交换卖方特定数量的商品。

19 世纪 40 年代，芝加哥成为美国中西部一个重要的农产品集散中心。由于农产品生产具有季节性，在每年的夏末和秋季，大量的农产品会一下子挤满芝加哥所有的市场，这一方面导致仓储远远不能满足要求，另一方面又使得农产品价格暴跌，挫伤了农民生产的积极性。为了解决这个难题，1848 年，82 位谷物交易商发起组建了芝加哥期货交易所（CBOT），该交易所是现代远期市场的开端，它成立之初的目的是稳定农产品的数量和质量。几年后，该交易所里有了第一张远期合约，被称为“到货合同（To - arrive）”。它允许农民在未来某个时间交割其事先已经达成协议的一定数量的农产品，这意味着农民不必在收获季节将农产品运往芝加哥，却可以预先确定该产品交易的时间和价格。该合约的成功很快便引起了市场人士的关注，不久，CBOT 就制定了一系列的规则和条例，用于监管这些交易。在以后几年，新的远期品种和交易方式不断出现，各个国家的远期市场不断壮大。

商品远期合约交易发展演变至今，因其在规避商品价格风险、发现商品价格、商品价格投机等方面的特殊功能，在金融市场上仍发挥着重要的作用。

3.1.2 黄金远期交易

黄金远期交易是黄金生产企业与黄金银行[①]（商业银行）事前订立的以固定价格在将来某一规定时间销售黄金的合同。该远期交易在场外进行，目前还没有任何有组织的交易市场，主要交易中心在伦敦和苏黎世。合同中涉及有关成色、数量、价格、交割时间及交割地点等的条款由生产企业和黄金银行自行商定。黄金远期交易的期限最长一般不超过 10 年。黄金银行为规避风险，通常要求企业提供现金保证或抵押（保证金），保证金额度等于黄金远期价格与即期价格（现货市场价）之差，且保证金在合同期间随即期价格的波动不断进行调整，如果即期价格下降，企业必须立即追加保证金或抵押，否则，黄金银行有权终止合同并勒令企业偿还已有的损失。

（一）黄金远期交易主要方式

第一，远期定期销售。黄金生产企业承诺在今后某一具体日期交售黄金。

第二，现货递延销售。黄金生产企业签订合同后，只需提前一定时间（例如两天）

---

① 这里说的黄金银行是指主要从事黄金保管等业务的黄金公司等。

通知，就可以在任何时候交割，企业没有在特定到期日立即交割的义务。黄金银行允许交售递延的期限取决于矿床的有效开采期和企业的生产作业表现。但在递延期内要按合同到期当日的黄金租借利率继续计息。这种合同对生产企业来说，交割承诺比较灵活，特别是矿石投产的最初几个月对产出没有把握时，企业比较偏向签订此种合同。

第三，远期平价销售。黄金生产企业按固定的价格于将来分批向黄金银行交售黄金。

（二）黄金远期交易价格

黄金远期价格表示为即期价格加远期溢价。计算公式为

黄金远期价格 = 即期价格 + 即期价格 × 黄金远期利率 × 天数 /360。

例如，2020 年 11 月 23 日，黄金市价为 1 840. 2 美元/盎司，黄金 6 个月远期年利率为 0. 118%，则 6 个月的黄金远期价格 = 1 840. 2 + 1 840. 2 × 0. 118% × （180/360） = 1 841. 29美元/盎司。

（三）黄金远期交易流程

黄金生产企业与黄金银行达成远期黄金销售合同的同时，黄金银行向中央银行租借合同规定数量的黄金或用库存黄金在现货市场上售出，并将获得的现金投放到资金市场。远期交易到期日，企业交售黄金，黄金银行从资金市场收回本息，支付企业黄金交割现款，归还从中央银行租借的黄金并支付利息。可见，黄金远期交易和其他一般商品远期交易有着显著区别。

参与一般商品远期交易的双方主要是为了锁定未来的交易价格，销售者通过远期交易避免未来价格下跌的风险，而商品购买者通过远期交易、避免未来价格上涨的风险。到期交易时，除非远期价格等于交割日当日的市价，否则，参与远期交易者中总有一方没有达到预期的规避价格风险的目标。黄金生产企业远期销售和一般商品远期交易者的目的一样，也是规避未来价格下跌的风险，但交割当日市场金价高于远期价格时，企业将面临不能以高于远期价格的市场价销售的机会成本的风险。而当交割当日市场金价低于远期价格时，参与黄金远期交易的另一方黄金银行却风险较低，这是因为即使生产企业不履行合同发生违约，黄金银行产生以市场价格购买黄金的机会成本损失，黄金银行从资本市场收回的本息也足以支付黄金交割现款和中央银行利息。另外，黄金银行参与黄金远期交易的目的不是以既定的价格在未来购买黄金（事实上，黄金银行收购的黄金归还了央行的贷款），而是为了获得一笔现金流量，通过资本市场的运作获得可能超过黄金远期升水和利息的额外收益，同时还可获得企业为远期交易支付的交易费。

（四）黄金远期交易风险

第一，交易对手风险。即交易对手停止交易或不履行合同的风险。这种风险只能通过与信用可靠的交易商进行交易控制。

第二，交割风险。黄金生产企业在到期日因某种原因无法按合同规定的交易数量向黄金银行交售黄金，黄金银行将不得不在现货市场购买黄金来归还中央银行的黄金贷款。因此，黄金银行通常只对企业年产量 60% 以内的黄金做远期交易。

第三，金价上涨风险。如果金价上涨的幅度超过了远期交易溢价，黄金生产企业将

会产生不能以较高的市场价销售的机会成本。

3.2　利率远期

3.2.1　远期利率协议概述

远期利率协议（Forward Rate Agreement，FRA）诞生于1983年的瑞士金融市场，次年在伦敦交易市场有了迅速发展。目前，远期利率协议在全球主要金融中心都有相当活跃的交易表现。据国际清算银行（BIS）的统计，2020年上半年，全球场外市场上（OTC）FRA的场外交易合同存量名义价值929 700亿美元，约占全球金融衍生品场外交易合同存量名义价值的18.78%。目前，远期利率协议在全球金融衍生品市场已发挥越来越重要的作用，2020年上半年FRA总市值已达3 120亿美元，是2010年同期总市值的1.99倍。

（一）远期利率协议定义及基本内容

1. 功能。首先，FRA主要被用作对远期利率头寸进行套期保值。其次，FRA大多被非金融客户用来规避远期借款利率上升的风险，而很少用来固定远期存款利率。再次，FRA还可以用来防范长期债务的利率风险。另外，还有一些银行，尤其是英国和美国的商业和投资银行，它们把FRA同金融期货、互换、期权等结合在一起从中套利。

> 远期利率协议：买卖双方同意从未来某一商定的时刻开始的一定时期内按协议利率借贷一笔数额确定、以具体货币表示的名义本金的协议，合同双方在名义本金的基础上进行协议利率与参照利率的差额支付；其中，协议利率为双方在合同中约定的固定利率，参照利率为合同结算日的市场利率（通常为Libor）。

FRA给银行提供了一种管理利率风险而无须改变银行资产负债表的有效工具。银行能够在不改变资产负债表的流动性情况下控制其利率风险。由于FRA在结算时只结清利息差额，其本金并未实际流动，故资金流动量较小。FRA还可用来削减银行同业往来账目，这样对增加资本比例和改善银行业务的资产收益率十分有益。

2. 交易币种。FRA的交易币种主要有五种：美元、英镑、欧元、瑞士法郎和日元。其中美元的远期利率协议交易占整个市场交易量的90%以上，主要原因是美元利率波动较大，而且美元一直是国际结算的主要计价货币。

3. 交易主体。FRA是在场外交易的，信用风险较大，其参与者多为大银行，如美国的大银行、英国的商人银行和一些清算银行，以及意大利和荷兰的银行等。非金融机构客户可以通过银行参与交易。

（二）FRA重要术语及交易结算

1. FRA中的一系列重要时间术语。

交易日（Dealing Date）：FRA交易合约达成或签订日，即远期利率达成的日期。

起算日（Spot Date）：FRA合约开始执行日。

确定日（Fixing Date）：确定FRA的结算金支付数额，此时确定参考利率。

结算日（Settlement Date）：FRA合约开始执行前两个营业日，FRA的结算金支付日。

到期日（Maturity Date）：FRA 合约的终止日。

合约期（Contract Period）：从 FRA 结算日至到期日的天数。

这些重要时间术语之间的关系如图 3.1 所示。

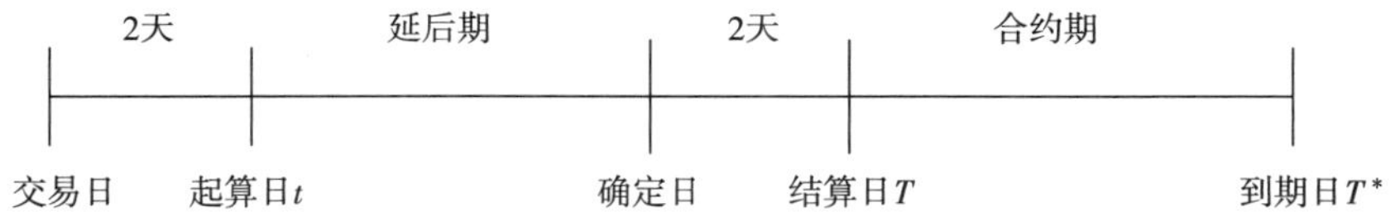

图 3.1　重要时间术语间的关系

2. FRA 交易流程。FRA 的买方为以合同利率计算的利息支付者，即名义借款人，其订立 FRA 的目的主要是规避利率上升的风险。相应地，FRA 的卖方为以合同利率计算的利息获得者，即名义贷款人，其订立 FRA 的目的主要是规避利率下降的风险。因此，一个担心利率上升的投资者应进入 FRA 的多头，而一个担心利率下降的投资者则应进入 FRA 的空头。为此，双方约定在未来某个时期使用一笔资金时事先商定一个利率。图 3.2 可以简要地说明 FRA 的交易流程及交易双方的关系。

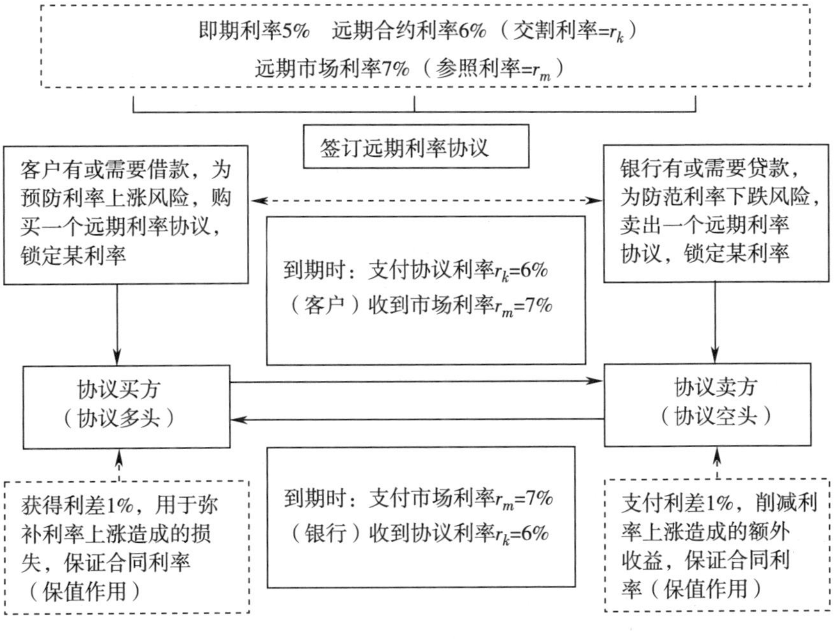

图 3.2　FRA 交易流程

支付该协议利率者为协议的买方，即结算日收到对方支付市场利率的交易方；

收到该利率协议者为协议的卖方，即结算日收到对方支付协议利率的交易方；

远期利率协议的执行：借贷双方不必交换本金，只是在结算日，根据当天的市场利率（通常是结算日前两天确定的市场利率，即参考利率）与协议利率结算的利差 $r_m - r_k$，由利息金额大的一方支付一个利息差额给利息额小的一方。

具体地说，当市场参考利率高于协议利率时，交割金额为正值，即 FRA 的出售者

（认为市场利率要下跌的一方）向购买者支付差额；反之，如协议利率高于市场参考利率时，交割金额为负值，即 FRA 的购买者（认为市场利率要上升的一方）向出售者付款。

3. FRA 结算金（空方支付多方）的计算。交易双方支付的利息差额即为 FRA 的结算金。在 FRA 市场上，为了减少双方间的信用风险，习惯做法是在结算日支付结算金，而不是在到期日才支付。由于对结算金进行提前支付，所以需要对 FRA 的结算金进行贴现（从到期日 T^* 贴现至结算日 T）。

当计息方式采用单利时：

结算金 = [（参考利率 - 协议利率）×名义本金×合约期/B] / [1 + （参考利率×合约期/B）]

即

$$SS = \frac{(r_m - r_k) \cdot A \cdot \dfrac{T^* - T}{B}}{1 + r_m \cdot \dfrac{T^* - T}{B}}$$

当计息方式采用连续复利时：

$$SS = A(e^{r_m(T^* - T)} - e^{r_k(T^* - T)}) \times e^{-r_m(T^* - T)}$$

其中，SS 为结算金；r_m 为参考利率；r_k 为协议利率；A 为名义本金；B 为天数计算惯例（比如，美元为 360 天，英镑为 365 天）。

当 $SS > 0$，即利率上涨 $r_m > r_k$ 时：借款方（客户）在市场上是损失，贷款方（银行）在市场上是收益。由于借款方（客户）买入远期利率协议，根据协议贷款方（银行）将多出的收益支付给借款方（客户），借款方（客户）弥补其市场上的损失。所以，$r_m > r_k$ 时，借款方（客户）的损失可以得到补偿。

当 $SS < 0$，即利率下跌 $r_m < r_k$ 时：借款方（客户）在市场上是收益，贷款方（银行）在市场上是损失。由于贷款方（银行）卖出远期利率协议，根据协议借款方（客户）将多出的收益支付给贷款方（银行），贷款方（银行）弥补其损失。所以，$r_m < r_k$ 时，贷款方（银行）的损失可以得到补偿。

✪ **【例 3.1】** ××公司买入一份 3×6 FRA，合约金额为 1 000 万元，协议利率定为 10.5%，结算日时市场参考利率为 12.25%，天数计算惯例为 360 天，则该份 FRA 的结算金计算如下：

$$SS = \frac{(12.25\% - 10.5\%) \times \dfrac{90}{360} \times 10\,000\,000}{1 + 12.25\% \times \dfrac{90}{360}} = \frac{43\,750}{1.030625} = 42\,449.97 \text{ 元}$$

可见，在 FRA 到期日支付的结算金为 43 750 元，而在结算日支付的结算金要以贴现因子 1.030625 进行贴现。

3.2.2 远期利率协议的定价

（一）远期利率协议的报价

FRA 的价格是指从利息起算日开始的一定期限的协议利率，FRA 的报价方式和货币市场拆出拆入利率表达方式类似，但 FRA 报价多了合约指定的协议利率期限。具体 FRA 行情可通过路透终端机的“FRAT”画面得到。FRA 市场定价是每天随着市场变化而变化的，实际交易的价格要由每个报价银行来决定的，具体如表 3. 1 所示。

表 3. 1　FRA 市场报价

7 月 13 日	美元	FRA
	3 ×6	8. 08% ~8. 14%
	2 ×8	8. 16% ~8. 22%
	6 ×9	8. 03% ~8. 09%
	6 ×12	8. 17% ~8. 23%

现在对表 3. 1 的第四行“6 ×9、8. 03% ~8. 09%”的市场术语作如下解释：“6 ×9”（6 个月对 9 个月）是表示期限，即从交易日（7 月 13 日）起 6 个月末（即次年 1 月13 日）为起息日，而交易日后的 9 个月末为到期日，协议利率的期限为 3 个月期。“8. 03% ~8. 09%”为报价方报出的 FRA 买卖价：前者是报价银行的买价，若与询价方成交，则意味着报价银行（买方）在结算日支付 8. 03% 的利率给询价方（卖方），并从询价方处收取参照利率。后者是报价银行的卖价，若与询价方成交，则意味着报价银行（卖方）在结算日从询价方（买方）处收取 8. 09% 的利率，并支付参照利率给询价方。

（二）远期利率协议的理论价格

在远期利率协议中，远期价格就是远期利率协议中的协议利率，也可称为远期利率。

远期利率是指在现在时刻确定的将来一定期限的利率，它是与即期利率相对应的一个概念。即期利率是指当前时刻起一定期限的利率。假设今天是 6 月 7 日，图 3. 3 给出了 6 月 7 日这一天远期利率与即期利率的图示。

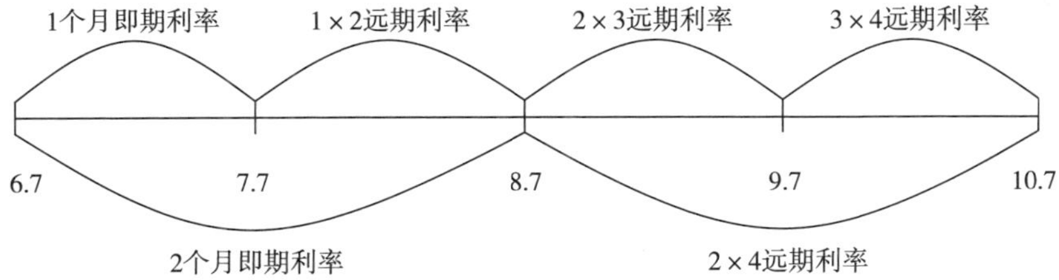

图 3. 3　即期利率与远期利率

图 3. 3 中，1 ×2 远期利率，即表示 1 个月之后开始的期限为 1 个月的远期利率；2 ×3远期利率，即表示 2 个月之后开始的期限为 1 个月的远期利率；3 ×4 远期利率，即表示 3 个月之后开始的期限为 1 个月的远期利率；2 ×4 远期利率，即表示 2 个月之后开始的期限为 2 个月的远期利率。

远期利率是由一系列即期利率决定的。例如，如果 1 年期的即期（连续复利）利率为 10%，2 年期的即期利率为 10. 5%，那么隐含的 1 ~2 年的远期利率就等于 11%，这是因为

$$1 \times e^{0.10} \times e^{0.11} = 1 \times e^{0.105 \times 2}$$

也就是说，按照10%的1年期利率投资1年，同时签订一份FRA，在1年后以11%的远期利率投资1年，应等同于一次性按10.5%的利率投资两年。

一般地说，假设现在时刻为 t，T 时刻到期的即期利率为 r_S，T^* 时刻（$T^* > T$）到期的即期利率为 r_L，则 t 时刻的 $T^* - T$ 期间的远期利率 r_F 应满足以下等式：

$$e^{r_S(T-t)} \times e^{r_F(T^*-T)} = e^{r_L(T^*-t)} \tag{3.2.1}$$

进一步可得

$$r_F(T^* - T) = r_L(T^* - t) - r_S(T - t) \tag{3.2.2}$$

将式（3.2.2）变形可得

$$r_F = \frac{r_L(T^* - t) - r_S(T - t)}{T^* - T} \tag{3.2.3}$$

这就是远期利率的常用计算公式。

（三）远期利率协议的价值

FRA 合约的价值就是到期日市场利率和协议利率利差在 t 时刻的现值，也就是结算金在 t 时刻的现值。

当计息方式采用单利时，

$$f = \frac{(r_F - r_K) \times A \times \frac{T^* - T}{B}}{1 + r_L \times \frac{T^* - t}{B}}$$

当计息方式采用连续复利时，

$$f = A[e^{r_F(T^*-T)} - e^{r_K(T^*-T)}] \times e^{-r_L(T^*-t)} \tag{3.2.4}$$

将式（3.2.2）代入式（3.2.4），可继续推导出：

$$\begin{aligned} f &= A(e^{r_F(T^*-T)} - e^{r_K(T^*-T)}) \times e^{-r_L(T^*-t)} \\ &= A(e^{r_L(T^*-t)-r_S(T-t)} - e^{r_k(T^*-T)}) \times e^{-r_L(T^*-t)} \\ &= Ae^{-r_S(T-t)} - Ae^{r_k(T^*-T)-r_L(T^*-t)} \end{aligned} \tag{3.2.5}$$

当 $f=0$ 时，计算得到的远期价格即为远期利率：$r_k = \frac{r_L(T^*-t) - r_S(T-t)}{T^* - T}$。

3.2.3 远期利率协议在中国的应用

（一）远期利率协议在中国的形成与发展

2007年9月，为规范远期利率协议业务，完善市场避险功能，促进利率市场化进程，中国人民银行制定了《远期利率协议业务管理规定》（中国人民银行公告〔2007〕第20号）。自当年11月1日起，银行间债券市场正式推出FRA。该规定明确了FRA的业务规程、市场准入条件、风险管理和监管。

商业银行作为银行性金融机构，可以与所有的金融机构进行FRA交易。FRA推出的当日，中信银行就与另一家机构达成交易本金为2亿元、参考利率是3个月“上海银行间同业拆放利率”（Shibor）的3×6的交易。FRA的推出，进一步丰富了市场参与者的交易工具，作为管理和防范利率风险的重要手段，有助于提高金融体系的效率和稳定性，银行间市场发展的广度和深度也将得到进一步延伸。

由美国次贷危机引发的全球金融危机爆发后，我国商业银行 FRA 的交易量相比 2007 年非但没有下降，反而出现了大幅提高。FRA 交易量的稳定增长，说明金融危机爆发后 FRA 在我国商业银行的利率风险管理中发挥着越来越重要的作用。《中国金融统计年鉴》与中国货币网（www. chinamoney. com. cn）的统计资料显示，以 2007 年为基期，2008—2010 年 FRA 名义本金季度交易额的平均增长率高达 242%，2009 年的第四季度交易量达到峰值 460 000 万元，同时其 FRA 名义本金交易额的增长率也高达 319%。

造成金融危机后我国 FRA 的交易量出现不降反升现象的原因，主要是随着我国利率市场化改革进程的逐步推进，特别是中国人民银行宣布放开贷款利率上限后，商业银行的信贷资产面临很大的利率风险，迫切需要用利率衍生品对冲利率风险，而针对短期利率风险，商业银行只能选择 FRA。

截至 2010 年 12 月，已有中信、摩根大通、汇丰银行等 59 家机构在交易中心签署了衍生品交易主协议，并提交了内部操作规程和风险管理制度等备案材料，可以进行 FRA 交易。其中，银行类金融机构 47 家，占到交易机构总量的 80%，这其中包括我国商业银行 24 家、外资商业银行 21 家。股份制商业银行交易活跃，达到 10 家，非银行金融机构 12 家，其中证券公司有 9 家，保险公司和农信社各有 1 家，另外 1 家为金融企业——中国国际金融有限公司。

但 2010 年以后 FRA 成交持续清淡，2011 年全年仅有 3 笔成交，名义本金额仅为 3 亿元，2014 年全年没有成交（见表 3. 2），远期利率协议市场尚未完全发展起来。由于远期利率协议功能类似于人民币利率互换，而且在其之后推出，市场参与者更熟悉利率互换，利率互换的快速增长对远期利率协议产生了一定的替代作用。此外，传统上远期利率协议主要是为了满足企业客户的套期保值需求，而受我国利率市场化现状的影响，企业对利率衍生产品的需求尚未充分开发，这也是造成远期利率协议市场不活跃的因素之一。

表 3. 2　　远期利率协议交易情况

年份	交易笔数	名义本金额（亿元）
2007	14	10. 5
2008	137	113. 6
2009	27	60
2010	20	33. 5
2011	3	3
2012	3	2
2013	1	0. 5
2014	0	0

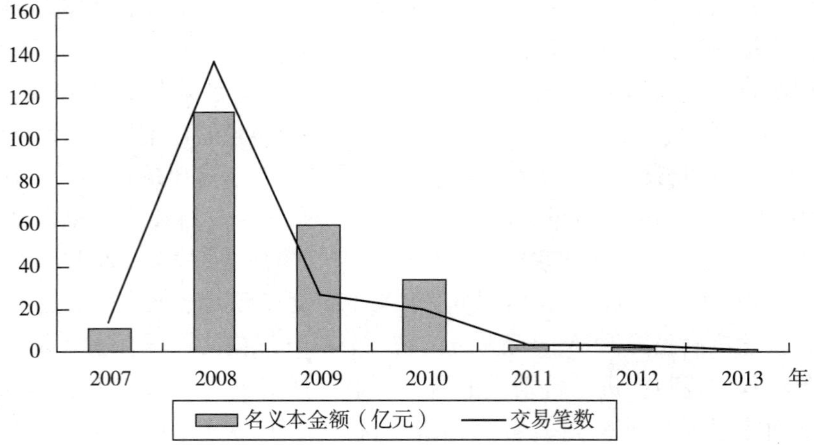

图 3.4　远期利率协议历年交易情况

（资料来源：中国人民银行年度货币政策执行报告）

（二）中国远期利率协议条款

根据中国外汇交易中心的规定，远期利率协议指交易双方约定在未来某一日，交换协议期间内一定名义本金基础上分别以固定利率和参考利率计算利息的金融合约。其中，远期利率协议的买方支付以固定利率计算的利息，卖方支付以参考利率计算的利息。参考利率应为 Shibor，即上海银行间同业拆放利率，具体由交易双方共同约定。表 3.3列出了中国外汇交易中心规定的我国远期利率协议的主要条款。

表 3.3　　中国外汇交易中心规定的中国远期利率协议的主要条款

市场准入条件	根据《远期利率协议业务管理规定》，经相关监督管理机构批准开办衍生产品交易业务的市场投资者中，具有做市商或结算代理业务资格的金融机构可与其他所有市场参与者进行远期利率协议交易，其他金融机构可与所有金融机构进行远期利率协议交易，非金融机构只能与具有做市商或结算代理业务资格的金融机构进行以套期保值为目的的远期利率协议交易
交易时间	北京时间每日上午 9：00～12：00，下午 13：30～16：30，国内法定节假日不开市
交易单位	远期利率协议交易单笔名义本金额以万元为单位，最小交易量为 10 万元
最小变动单位	最小变动单位为 1 万元
报价方式	远期利率协议交易系统提供公开报价、双向报价和对话报价三种报价方式；远期利率协议交易既可以通过交易中心的交易系统达成，也可以通过电话、传真等其他方式达成；交易双方通过对话报价对交易要素进行商谈，达成一致后确认成交；公开报价和双向报价需转为对话报价后才能成交；未通过交易中心系统交易的，金融机构应于交易达成后的次一工作日将远期利率协议交易情况送交易中心备案
交易变更	交易双方确需对成交进行变更的，需经双方协商一致同意并向交易中心提交书面变更申请；变更当日交易的，交易中心根据书面变更申请修改成交通知单；变更历史交易的，交易中心根据书面变更申请在原成交单上增添备注内容
违约处理	远期利率协议交易发生违约时，对违约事实或违约责任存在争议的，交易双方可以按照合同的约定申请仲裁或者向人民法院提起诉讼，并于接到仲裁或诉讼最终结果的次一工作日 12：00 之前，将最终结果送达交易商协会，交易商协会应在接到最终结果的当日予以公告

交易中心负责远期利率协议交易的日常监控工作，发现异常交易情况应及时向中国人民银行报告。交易中心应于每月后的10个工作日内将本月远期利率协议交易情况以书面形式向中国人民银行报告，同时抄送交易商协会。

3.2.4 中国债券远期

银行间的债券远期交易应通过全国银行间同业拆借中心交易系统进行。表3.4列出了全国银行间同业拆借中心规定的债券远期交易合约的主要条款。

债券远期交易：是指交易双方约定在未来某一日期，以约定价格和数量买卖标的债券的行为。

表3.4 全国银行间同业拆借中心规定的债券远期交易合约的主要条款

交易券种	远期交易标的债券券种应为已在全国银行间债券市场进行现券交易的中央政府债券、中央银行债券、金融债券和经中国人民银行批准的其他债券券种
市场准入条件	全国银行间债券市场参与者中，具有做市商或结算代理业务资格的金融机构可与其他所有市场参与者进行债券远期交易，其他金融机构可以与所有金融机构进行债券远期交易，非金融机构只能与具有做市商或结算代理业务资格的金融机构进行以套期保值为目的的债券远期交易
交易时间	债券远期交易时间为北京时间上午9：00～12：00，下午13：30～16：30，中国国内法定节假日不开市
交易期限	债券远期交易期限（含成交日不含结算日）由交易双方确定，最短为2天，最长为365天；交易成员可在此区间内自由选择交易期限，不得展期
交易单位	交易数额最小为债券面额10万元，交易单位为债券面额1万元
交易方式	交易双方通过交易系统采用询价交易的交易方式
交易量限制	任何一家市场参与者单只债券的远期交易卖出与买入总余额分别不得超过该只债券流通量的20%，远期交易卖出总余额不得超过其可用自有债券总余额的200%；基金的远期交易净买入总余额不得超过其基金资产净值的100%，外资金融机构在中国境内分支机构的远期交易净买入总余额不得超过其人民币营运资金的100%，其他机构的远期交易净买入总余额不得超过其实收资本金或者净资产的100%
保证金设立	为保证远期交易合同的履行，交易双方可按照交易对手的信用状况协商设定保证金；保证金可由双方自行保管，也可集中保管；集中后的保证金由同业中心或中央结算公司代为保管，同业中心或中央结算公司应在中国人民银行当地分行开立专门的资金账户用于存放保证金，并与远期交易双方另行签订协议，确定在保证金的集中保管及其处理过程中各自的权利与义务；保证金及其孳息归保证金的提供方所有，同业中心或中央结算公司不得挪用；交易双方应在完成资金和债券结算后的次一工作日，将保证金及其孳息足额返还至约定资金账户
违约处理	远期交易发生违约，对违约事实或违约责任存在争议的，交易双方可以协议申请仲裁或者向人民法院提起诉讼，并于接到仲裁或诉讼最终结果的次一工作日12：00之前，将最终结果送达同业中心和中央结算公司，同业中心和中央结算公司应在接到最终结果的当日将其予以公告

同业中心和中央结算公司应按照中国人民银行的规定和授权，及时向市场披露远期交易的有关信息，但不得泄露非公开信息或者误导市场参与者。同业中心负责远期交易的日常监控工作，中央结算公司负责远期交易结算的日常监控工作，发现异常交易和结算情况应启动相应的应急机制，并向中国人民银行报告。中国人民银行各分支机构应加强与同业中心和中央结算公司的沟通，对辖区内市场参与者的远期交易进行日常监督和检查。

专栏 3.1

我国债券远期的发展

2005 年 6 月 15 日，债券远期交易在全国银行间同业拆借中心交易系统正式上线。作为我国首个真正意义上的规范的人民币衍生工具，债券远期在全国银行间债券市场的顺利推出，将为市场参与者提供有效的规避风险和盈利手段，对于促进债券市场价格的有效发现以及形成完整合理的收益率曲线结构具有重要意义。

为推进债券衍生产品市场发展，2015 年 4 月 7 日，中国人民银行正式推出人民币标准债券远期业务。标准债券远期是指在银行间市场交易的，标的债券、交割日等产品要素标准化的债券远期合约。其清算方式为中央对手方集中清算或经人民银行批准的其他方式。该业务的参与机构为银行间债券市场成员。集中清算的标准债券远期交易适用银行间市场清算所股份有限公司（上海清算所）的集中清算协议。参与机构交易标准债券远期的应通过全国银行间同业拆借中心外汇交易中心 X－Swap 系统进行。

我国标准债券远期业务的发展经历了三个重要阶段。一是 2015 年，在人民银行的具体指导下，经中国外汇交易中心、上海清算所、发行人国家开发银行及市场参与机构的共同努力成功推出，受到市场的广泛关注。二是 2018 年推出现金交割优化机制，包括调整可交割券为近期成交最活跃的两只以及到期交割价计算方式。三是 2020 年推出标准债券远期合约报价机制，鼓励报价机构加强标准债券远期双边报价，同时标准债券远期标的拓展至农发债品种。整体来看，标准债券远期的推出填补了银行间市场银行、保险类机构无法参与国债期货的空白，目前与现券之间已经有了较强的价格关联性。受制于参与机构还不多、交割方式仅为现金交割，目前市场发展还不大，如这些问题能解决，市场的潜力将得到进一步释放。对于机构而言，这项业务有助于在多目标限制下获得利率波动时的收益并节约资金占用、降低操作风险，并进一步丰富期货现货之间的组合策略。

3.3 外汇远期

3.3.1 外汇远期概述

（一）外汇远期的基本概念

远期外汇交易（Forward Exchange Transaction）又称期汇交易。远期外汇合约的主要内容包括：对将来交割外汇的币种、数额的规定；对将来交割外汇的日期和地点的规定；对交割的远期汇率的规定；卖方承担了按以上三个条件向买方交汇的义务，而买方承担了向卖方付款的义务；远期合约到期之前没有任何资金的交换。

远期外汇交易：交易双方在成交后并不立即办理交割，而是事先约定币种、金额、汇率、交割时间等交易条件，到期才进行实际交割的外汇交易；远期外汇交易与即期外汇交易的根本区别在于交割日不同；凡是交割日在成交两个营业日以后的外汇交易均属于远期外汇交易。

（二）外汇远期的分类

1. 固定交割日和不固定交割日的远期外汇交易。远期外汇交易按外汇交割日的固定与否可划分为两种：固定交割日的远期外汇交易和不固定交割日的远期外汇交易。

固定交割日的远期外汇交易是指事先规定具体交割时间的远期交易。这类交易的外汇交割日既不能提前，也不能推迟。例如，进出口商从订立贸易契约到收付货款，通常都要经过一段时间，也就是说，他们要在将来某一时期才能获得外汇收入或支付外汇款项。为了确保这笔外汇兑换本国货币的数额不受损失，预先固定成本，他们往往选择固定交割日的外汇交易。

不固定交割日的远期外汇交易又称择期远期交易，它是指买卖双方在签订合约时事先确定交易规模和价格，但具体的交割日期不予固定，而是规定一个期限。买卖双方可以在此期限内的任何一日进行交割。择期远期交易的方式有两种：一是交易双方商定某一月份作为选择交割的期限；二是把签订远期外汇合约的第三天至约定期满日内的任何一天选择为交割日。后者比前者有更宽的可选择时间范围。

2. 直接远期外汇合约和远期外汇综合协议。按照远期的开始时期划分，远期外汇合约又可分为直接远期外汇合约（Outright Forward Foreign Exchange Contracts）和远期外汇综合协议（Synthetic Agreement for Forward Exchange，SAFE）。前者的远期期限是直接从现在开始计算的，而后者的远期期限是从未来的某个时点开始计算的，因此实际上是远期的远期外汇合约。如 2×4 远期外汇综合协议是指从起算日之后的 2 个月（结算日）开始计算的为期 2 个月的远期外汇协议。

（三）远期外汇的日期确定惯例

远期外汇交易与即期外汇交易的根本区别在于交割日不同。凡是交割日在成交两个营业日以后的外汇交易均属于远期外汇交易。

远期外汇交易是有效的外汇市场中不可缺少的组成部分。常见的远期外汇交易交割期限一般有 1 个月、2 个月、3 个月、6 个月、12 个月。若期限再长，则被称为超远期交易。确定其交割日或有效起息日的惯例如下。

1. 任何外汇交易都以即期交易为基础，所以远期交割日是以即期加月数或星期数。若远期合约是以天数计算，其天数以即期交割日后的日历日的天数作为基准，而非营业日。

2. 远期交割日不是营业日，则顺延至下一个营业日。顺延后跨月份的则必须提前到当月的最后一个营业日为交割日。

3. “双底”惯例。假定即期交割日为当月的最后一个营业日，则远期交割日也为相应月份的最后一个营业日。

（四）远期外汇的产生原因

远期外汇交易产生的主要原因在于企业、银行、投资者规避风险的需要，具体包括以下几个方面。

1. 进出口商通过买卖期汇，规避汇率风险。汇率变动是经常性的，在商品贸易往来中，时间越长，由汇率变动所带来的风险也就越大，而进出口商从签订买卖合同到交货、付款又往往需要相当长的时间（通常达 30～90 天，有的更长）。因此，进出口商有可能因汇率变动而遭受损失。进出口商为避免汇率波动所带来的风险，就会想尽办法在收取或支付款项时，按确定的汇率办理交割。

✪【例3.2】某一日本出口商向美国进口商出口价值100万美元的商品，共花成本12 000万日元，约定3个月后付款。双方签订买卖合同时的3个月的远期汇率为US ＄1 = JPY ¥130。按此汇率，出口该批商品可换得13 000万日元，扣除成本，出口商可获得1 000万日元。但3个月后，若美元汇价跌至US ＄1 = JPY ¥128，则出口商只可换得12 800万日元，比按原汇率计算少赚了200万日元；若美元汇价跌至US ＄1 = JPY ¥120以下，则出口商就会亏本。可见美元贬值或日元升值将会对日本出口商造成压力。因此日本出口商在订立买卖合同时，就按US ＄1 = JPY ¥130的汇率，将3个月的100万美元期汇卖出，即把双方约定远期交割的100万美元外汇售给日本的银行，届时就可收取13 000万日元的货款，从而避免了汇率变动的风险。

✪【例3.3】某一香港进口商向美国买进价值100万美元的商品，约定3个月后交付款，如果买货时的3个月的远期汇率为US ＄1 = HKD7.81，则该批货物买价为781万港元。但3个月后，美元升值，港元对美元的汇率为US ＄1 = HKD7.88，那么这批商品价款就上升为788万港元，进口商得多付出7万港元。如果美元再猛涨，涨至US ＄1 = HKD8.00以上，香港进口商进口成本也会猛增，甚至导致经营亏损。所以，香港进口商为避免遭受美元汇率变动的损失，在订立买卖合约时就向美国的银行买进3个月的美元期汇，以此避免美元汇率上升所承担的成本风险，因为届时只要付出781万港元就可以了。

由此可见，进出口商在避免或转嫁风险的同时，事实上就是银行承担风险的开始。

2. 外汇银行为平衡其远期外汇持有额而交易。远期外汇持有额即外汇头寸（Foreign Exchange Position）。进出口商为避免外汇风险而进行期汇交易，实质上就是把汇率变动的风险转嫁给外汇银行。外汇银行之所以有风险，是因为它在与客户进行了多种交易以后，会产生一天的外汇综合持有额或总头寸（Overall Position），在这当中难免会出现期汇和现汇的超买或超卖现象。这样，外汇银行就处于汇率变动的风险之中。为此，外汇银行就设法把它的外汇头寸予以平衡，即要对不同期限不同货币头寸的余缺进行抛售或补进，由此求得期汇头寸的平衡。

✪【例3.4】香港××外汇银行发生超卖现象，表现为美元期汇头寸“缺”100万美元，为此银行就设法补进。假定即期汇率为US ＄1 = HKD7.70，3个月远期汇率为US ＄1 = HKD7.88，即美元3个月期汇汇率升水港元0.18元。3个月后，该外汇银行要付给客户100万美元，收入港元788万元。该银行为了平衡这笔超卖的美元期汇，它必须到外汇市场上立即补进相同期限（3个月）、相等金额（100万美元）的美元期汇。如果该外汇银行没有补进该头寸，而是延至当日收盘时才成交，这样就可能因汇率已发生变化而造成损失。假定第二天开市时美元即期汇率已升至US ＄1 = HKD7.90，3个月期汇即美元3个月期汇仍为升水港元0.18元，这样，该外汇银行补进的美元期汇就按US ＄1 = HKD8.08（7.90 + 0.18）的汇率成交。100万美元合808万港元，结果银行因补进时间未及时而损失20万港元（808万 − 788万）。

3. 短期或定期债务投资者买卖期汇以规避风险。在没有外汇管制的情况下，如果一国的利率低于他国，该国的资金就会流向他国以谋求高息。假设在汇率不变的情况下纽约投资市场的利率比伦敦高，两者分别为 9.8% 和 7.2%，则英国的投资者为追求高息，就会用英镑现款购买美元现汇，然后将其投资于 3 个月期的美国国库券，待该国库券到期后将美元本利兑换成英镑汇回国内。这样，投资者可多获得2.6%的利息，但如果3 个月后，美元汇率下跌，投资者就得花更多的美元去兑换英镑，因此会因可能换不回投资的英镑数量而招致损失。为此，英国投资者可以在买进美元现汇的同时，卖出 3 个月的美元期汇，这样，只要美元远期汇率贴水不超过两地的利差（2.6%），投资者的汇率风险就可以消除。当然，如果超过这个利差，投资者就无利可图，而且还会遭到损失。这是就在国外投资而言的，如果在国外有定期外汇债务的人，则就要购进期汇，以防债务到期时多付出该国货币。

✪【例 3.5】中国一投资者对美国有外汇债务 5 亿美元，为防止美元汇率波动造成损失，就购买 3 个月期汇，当时期汇汇率为 US ＄1 = RMB ¥8.1721，3 个月后汇率变动为 US ＄1 = RMB ¥8.2721，如果未买期汇，该投资者就得付出 41.3605 亿元人民币才能兑换 5 亿美元，但现已购买期汇，则只需花 40.8605 亿元人民币就够了。

3.3.2 外汇远期的定价

由于持有外汇能够获得该外汇发行国的无风险利率，因此外汇被看作是支付已知收益率的资产，其收益率是该外汇发行国连续复利的无风险利率，用 r_f 表示。这样，可以采用支付已知收益率资产远期合约的定价公式为直接远期外汇协议定价。我们用 S 代表以本币表示的一单位外汇的即期价格，K 代表远期合约中约定的以本币表示的一单位外汇的交割价格，即 S、K 均为用直接标价法表示的外汇汇率。设定公式（2.5.1）中的收益率 $q_t = r_f$，我们可得到外汇远期价格公式：$F_t = S_t e^{(r_t - r_f)(T-t)}$。

远期外汇协议的价值为

$$f = S_t e^{-r_f(T-t)} - K e^{-r_t(T-t)} \tag{3.3.1}$$

外汇远期价格公式就是国际金融领域著名的利率平价关系。它表明，若外汇的无风险利率大于本国无风险利率（$r_f > r_t$），则该外汇的远期汇率应小于即期汇率，称为远期贴水（Discount，即远期汇率低于即期汇率时的差额）；若外汇的无风险利率小于本国的无风险利率（$r_f < r_t$），则该外汇的远期汇率应大于即期汇率，称为远期升水（Premium，即远期汇率高于即期汇率时的差额）。

需要注意的是，远期升贴水是指远期汇率与当前即期汇率的相对高低，并不意味着外汇真实的升值与贬值。在不同的汇率标价方式下，远期汇率的计算方法各不相同。

直接标价法下①，远期汇率 = 即期汇率 + 升水，或远期汇率 = 即期汇率 − 贴水。

间接标价法下②，远期汇率 = 即期汇率 − 升水，或远期汇率 = 即期汇率 + 贴水。

---

① 直接标价法是标明一定单位的外国货币兑换多少单位的本国货币。换句话说，是以本币多少表示外币价值的标价方法。目前，我国和世界上大多数国家都采用直接标价法。

② 间接标价法是标明一定单位的本国货币应兑换多少单位的外国货币，即以外币多少表示本币价格的标价方法。目前，世界上只有美元、英镑和欧元采用间接标价法，这是由英美及欧盟在国家金融中的重要地位所决定的。

✪【例 3.6】已知美元兑人民币即期汇率为 1 美元 =7.57 元人民币，美元和人民币的 3 个月无风险利率分别为 0.875% 和 1.71%。求美元兑人民币 3 个月远期汇率是多少。

解：依题可得，$S_t=7.57$，$r_t=1.71\%$，$r_f=0.875\%$，$T-t=0.25$，

由公式 $F_t=S_t e^{(r_t-r_f)(T-t)}$ 可得：$F=7.57e^{(0.0171-0.00875)\times 0.25}\approx 7.59$ 元。

所以，美元兑人民币 3 个月远期汇率应为 1 美元 =7.59 元人民币。同时，经过比较即期汇率与远期汇率可以发现，美元 3 个月远期升水 0.02，即人民币 3 个月远期贴水 0.02。

3.3.3 远期外汇综合协议

远期外汇综合协议是在 20 世纪 80 年代被开发出来的一种金融创新工具，其本质是两种货币之间的远期对远期的名义上的互换。

（一）远期外汇综合协议的概念

远期外汇综合协议也可以理解成结算日和到期日标价货币和基础货币的两种货币的互换。

远期外汇综合协议（Synthetic Agreement for Forward Exchange，SAFE），是指双方约定买方在结算日（按照合同中规定的结算日的直接远期汇率）用标价货币向卖方买入一定名义金额的基础货币，然后在到期日（按合同中规定的到期日的直接远期汇率）把一定名义金额的基础货币出售给卖方的协议。

（二）远期外汇综合协议的要素及时点术语

1. 多头和空头。远期外汇综合协议的多头是在结算日买入基础货币，到期日卖出基础货币的一方；而空头是在结算日卖出基础货币，到期日买入基础货币的一方。

2. 时点术语。

（1）交易日：是双方达成协议的时点。在交易日，交易双方主要完成以下两个任务：第一，确定结算日和到期日两次兑换的本金数额，确定基础货币和标价货币种类；第二，确定两次兑换日的协议汇率：交易日确定的结算日协议汇率，我们用 CR（Contract Rate）表示；交易日确定的到期日的协议汇率，用结算日协议汇率 CR + 合约差额 CS（Contract Spread）来表示。

（2）起算日：SAFE 合约的开始执行日。

（3）确定日：交易日之后，一般是结算日的前一个工作日。确定日的主要任务是确定两次兑换日实际通行的市场汇率（类似于 FRA 的参考利率）：确定日确定的结算日市场汇率，即结算日的即期汇率，用 SR（Settlement Rate）表示；确定日报出的到期日的远期汇率（替代到期日的市场汇率），用结算日即期汇率 SR + 结算差额 SS（Settlement Spread）来表示。

（4）结算日：在结算日，标价货币和基础货币会进行第一次兑换。且在该日进行结算金的交付。

（5）到期日：即 SAFE 合约的到期日，在该日，要进行标价货币和基础货币的第二次兑换。从结算日起至到期日止这段时间称为合约期。

图 3.5 是对上述几个时间术语关系以及 SAFE 多头现金流量的一个描述。

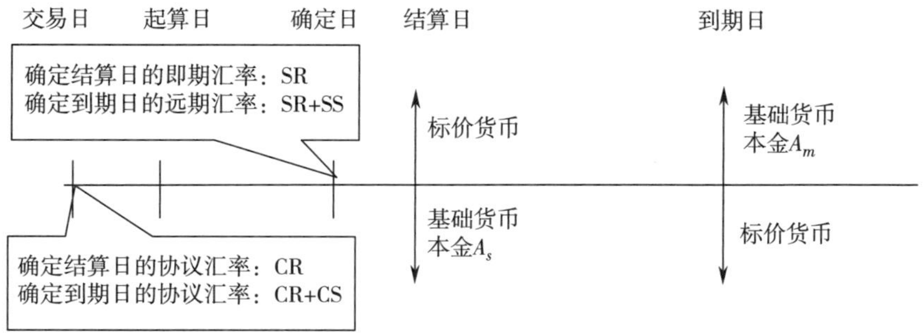

图 3.5 SAFE 多头现金流量图

3. 合约表达方式。与 FRA 一样，SAFE 也采用远期汇率进行标价。例如"2×5"表示起算日至结算日的时间为 2 个月，起算日至到期日的时间为 5 个月，结算日至到期日的时间为 3 个月。

（三）SAFE 的报价

SAFE 的报价方式有两种。第一种是直接报出远期汇率，称为完全标价，是直接完整地报出不同期限远期汇率的买入价和卖出价。第二种是报出掉期率，也就是报出某一时点远期汇率与即期汇率的差价，因为这种方法是报出远期汇率与即期汇率相差的点数，所以也称为基本点报价，点数通常是汇率数字中的后几位小数。表 3.5 举例说明了 SAFE 的报价方式。

表 3.5 SAFE 的报价方式举例

类型	完全报价	基本点报价
即期	1.8005～1.8015	1.8005～1.8015
3 月期	1.8035～1.8053	30～38
6 月期	1.8145～1.8159	140～144
3×6 的 ERA 标价		102～114

以 FRA 为例，报价总是从银行的角度出发，无论银行是 SAFE 的买方还是卖方，都以对银行有利为原则，即低价买入，高价卖出。

此例中，银行对"3×6"英镑兑换美元 ERA 的标价为 102/114。这一标价的含义为：

买入价 102（基点）——作为报价方的银行在到期日买入基础货币（这里为英镑）的价格（CS）。

卖出价 114（基点）——作为报价方的银行在到期日卖出基础货币（这里为英镑）的价格（CS）。

那么，这里银行对 102/114 的标价是如何确定的呢？我们通过对远期外汇升贴水标价交叉相减后可直接得出，具体如图 3.6 所示。

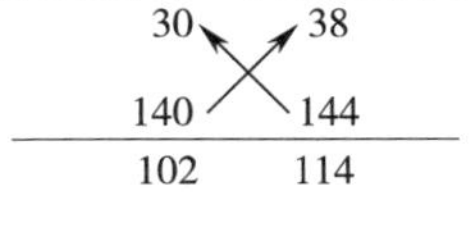

图 3.6 3×6 的 ERA 标价的确定

（四）SAFE 的结算

SAFE 的结算方式与结算金数额的计算都与 FRA 非常相似。根据结算金计算方式的不同，SAFE 家族又可以细分为汇率协议（Exchange Rate Agreement，ERA）与远期外汇协议（Forward Exchange Agreement，FXA）。这种分类的主要依据是两者的结算金计算方式不同。ERA 针对的是合约差额 CS 和结算差额 SS 两者间的差额；而 FXA 不仅与合约差额 CS 和结算差额 SS 两者间的差额有关，还与汇率变动的绝对水平有关，即与合约汇率 CR 和结算汇率 SR 间的差额有关。图 3.7 对 ERA 和 FXA 作了一个简单的比较。

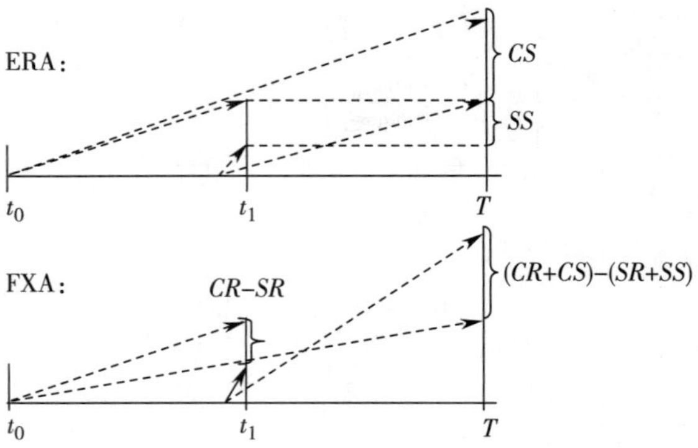

图 3.7　ERA 与 FXA 的比较

图 3.8 是对 SAFE 的结算所作的说明。

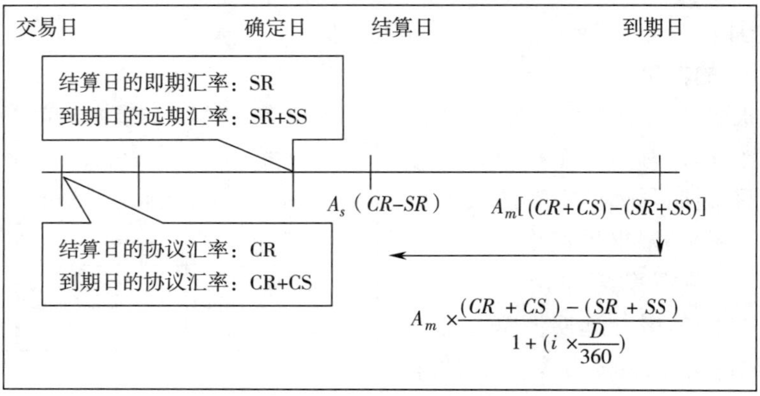

图 3.8　SAFE 的结算

具体结算公式如下：

$$ERA = A_m \times \frac{CS - SS}{1 + (i \times \frac{D}{360})} \tag{3.3.2}$$

$$FXA = A_m \times \frac{(CR + CS) - (SR + SS)}{1 + (i \times \frac{D}{360})} - A_s \times (CR - SR) \tag{3.3.3}$$

当 $CR = SR$ 时，有 $ERA = FXA$。

其中，A_m、A_s 分别为到期日和结算日的本金数额；i 为到期日标价货币利率；D 为 SAFE 合约期。

一般而言，如果想对传统的外汇互换进行保值，可以采用 FXA；如果想对两种货币利差变动进行保值，可采用 ERA。

按照市场惯例，有关 SAFE 的结算金还需要注意：

（1）SAFE 的交易惯例一般是以基础货币表示名义本金数额，而以标价货币表示结算金数额。例如，对于一份面额为 1 000 英镑兑美元的“1 ×12”的 SAFE，交割数额都是用美元表示。

（2）计算出来的结算金若为正值，意味着卖方向买方支付结算金；反之，若为负值，则为买方向卖方支付结算金。

专栏 3.2

SAFE 与 FRA 的异同

相同点：标价方式都是 $m \times n$，其中 m 表示合同签订日到结算日的时间，n 表示合同签订日至到期日的时间；两者都有五个时点，即合同签订日、起算日、确定日、结算日、到期日，而且有关规定均相同；都不需要交换名义本金。

差异：保值或投机的目标不同，SAFE 的保值或投机目标是两种货币间的利率差以及由此决定的远期差价，FRA 保值或投机目标则是一国利率的绝对水平。

3.3.4　远期外汇综合协议的价值

在实践中，金融机构通常采用以下方式对远期外汇综合协议进行结算：双方在当前 t 时刻约定买方在结算日 T 时刻按照协议中规定的结算日直接远期汇率 K 用标价货币向卖方买入一定名义金额 A 的基础货币，然后在到期日 T^* 时刻再按合同中规定的到期日直接远期汇率 K^* 把一定名义金额（在这里也假定为 A）的基础货币出售给卖方。在这里，所有的汇率均指用标价货币的一单位基础货币表示的汇率。为论述方便，将基础货币简称为外币，将标价货币简称为本币。

根据该协议，远期外汇综合协议多头的现金流为：

T 时刻：A 单位外币减 AK 本币。

T^* 时刻：AK^* 本币减 A 单位外币。

这些现金流的现值即为远期外汇综合协议多头的价值 f。为此，要先将本币和外币分别按相应期限的本币和外币无风险利率贴现成现值，再将外币现金流现值按 t 时刻的即期汇率 S_t 折成本币。令 r_f 代表在 T 时刻到期的外币即期利率，r_f^* 代表在 T^* 时刻到期的外币即期利率，则

$$\begin{aligned} f &= AS_t e^{-r_f(T-t)} - AKe^{-r_t(T-t)} + AK^* e^{-r_t^*(T^*-t)} - AS_t e^{-r_f^*(T^*-t)} \\ &= Ae^{-r_t(T-t)}\left[S_t e^{(r_t-r_f)(T-t)} - K\right] + Ae^{-r_t^*(T^*-t)}\left[K^* - S_t e^{(r_t^*-r_f^*)(T^*-t)}\right] \end{aligned} \tag{3.3.4}$$

由于远期汇率就是令合约价值为零的协议价格（这里为 K 和 K^*），因此 T 时刻交割的理论远期汇率 F_t 和 T^* 时刻交割的理论远期汇率 F_t^* 分别为

$$F_t = S_t e^{(r_t-r_f)(T-t)} \tag{3.3.5}$$

$$F_t^* = S_t e^{(r_t^*-r_f^*)(T^*-t)} \tag{3.3.6}$$

将式（3.3.5）和式（3.3.6）代入式（3.3.4），得

$$f = Ae^{-r_t(T-t)}(F_t - K) + Ae^{-r_t^*(T^*-t)}(K^* - F_t^*) \qquad (3.3.7)$$

显然，这里的结论与式（3.3.4）是一致的。从上述讨论中可以看到，远期外汇综合协议可以理解为约定的是未来 T 时刻到 T^* 时刻的远期差价。因此在实践中，有的远期外汇综合协议直接用远期汇差规定买卖原货币时所用的汇率，用 W^* 表示 T 时刻到 T^* 时刻的远期差价：$W^* = F_t^* - F_t$。将式（3.3.5）和式（3.3.6）代入，可以得到

$$W^* = S_t e^{(r_t^* - r_f^*)(T^*-t)} - S_t e^{(r_t - r_f)(T-t)} \qquad (3.3.8)$$

用 $W = F_t - S_t$ 表示 t 时刻到 T 时刻的远期差价，可以得到

$$W = S_t[e^{(r_t - r_f)(T-t)} - 1] \qquad (3.3.9)$$

✪【例 3.7】某年 8 月 16 日，3 个月期美元 Libor 为 0.43350%，1 年期美元 Libor 为 1.04400%，3 个月期欧元 Libor 为 0.20779%，1 年期欧元 Libor 为 0.82107%。同时，美元对欧元的即期汇率为 1.2362 美元/欧元。本金 100 万欧元 3 个月 ×1 年远期外汇综合协议的 3 个月远期合同远期汇率为 1.2464 美元/欧元，1 年期合同远期汇率为 1.2574 美元/欧元。请问该合约理论上的远期汇率、远期差价和远期价值等于多少？

解：根据式（3.3.5），3 个月期理论远期汇率为

$$1.2362 \times e^{(0.43350\% - 0.20779\%) \times 0.25} = 1.236898 \text{ 美元 / 欧元}$$

根据式（3.3.6），1 年期理论远期汇率为

$$F^* = 1.2362 \times e^{(1.04400\% - 0.82107\%) \times 1} = 1.238959 \text{ 美元 / 欧元}$$

根据式（3.3.8），3 个月 ×1 年理论远期差价为

$$W^* = F^* - F = 1.238959 - 1.236898 = 0.00206 \text{ 美元 / 欧元}$$

根据式（3.3.9），3 个月期理论远期差价为

$$W = F - S = 1.236898 - 1.2362 = 0.000698 \text{ 美元 / 欧元}$$

根据式（3.3.4），该远期外汇综合协议多头价值为

$$f = 1\,000\,000 \times [e^{-0.004335 \times 0.25} \times (1.236898 - 1.2462) + e^{-0.01044 \times 1} \times (1.2574 - 1.238959)]$$
$$= 8\,757.77 \text{ 美元}$$

3.3.5 人民币远期

人民币远期市场主要分为两大类：一是人民币境内远期市场即人民币远期结售汇市场（DF 市场），包括零售市场和银行间远期市场；二是境外远期市场，包括人民币无本金交割远期市场（NDF 市场）和芝加哥商品期货交易所的人民币期货和期权市场。其中，后一种是人民币期货和期权合约，因而在这里不作重点介绍。

（一）人民币外汇远期

随着国际金融市场汇率波动幅度的剧增和中国汇率体制改革的逐步深入，外汇风险和外汇保值工具已日渐成为我国最受关注的问题之一。受我国外汇市场开放程度及整个金融市场发展阶段的制约，人民币汇率制度下的外汇风险不但具有一般意义上外汇风险的内涵，更具有其特殊性。人民币远期外汇交易在此背景之下应运而生。

人民币外汇远期交易：交易双方以约定的外汇币种、金额、汇率，在约定的未来某一日期（距成交日两个工作日以上）交割的外汇对人民币的交易。

专栏 3.3

人民币外汇远期实例

广西某从事人造板生产的外商投资企业，某年初与国外厂商签订了约 2 500 万欧元的全套生产线进口合同，当时欧元兑人民币汇率为 1:7. 1438。到该年 5 月支付第一笔货款后，欧元兑人民币汇率一路攀升至 1:9. 5134 的高位。该公司由于缺乏必要的外汇风险意识，没有采纳银行的保值操作建议，损失购汇资金数额达 1 000 万元以上！

该年 9 月 1 日，李先生手中持有一笔美元，他计划在 3 个月后将部分美元换成欧元，由于预期欧元会升值，为了规避欧元升值带来的风险，李先生决定买进 12 月份远期欧元 10 000 元，汇率是欧元兑美元 1:1. 26，而 9 月 1 日的即期汇率是欧元兑美元 1:1. 25。到了 12 月 1 日，即期汇率欧元兑美元升为 1:1. 26，而 12 月的欧元合约汇率为 1:1. 27。此时，李先生将所持有的 12 月合约平仓，盈利为 100 美元（12 700 - 12 600 = 100 美元），而在现货市场上，由于欧元的上涨，李先生亏损了 100 美元（12 600 - 12 500 = 100 美元），远期合约上的盈利正好弥补了现货市场上的亏损。

2005 年 8 月，银行间市场正式推出远期外汇交易业务。根据《全国银行间外汇市场人民币外汇远期交易规则》的规定，银行间人民币外汇远期交易是指双方通过全国银行间外汇市场达成的以约定的外汇币种、金额、汇率，在约定的未来某一交割日期交割的某一外汇对人民币的交易。全国银行间外汇市场实行会员制管理，中国外汇交易中心负责为会员之间的远期交易提供交易系统。表 3.6 列出了全国银行间外汇市场人民币远期交易的主要条款。

表 3.6 全国银行间外汇市场人民币远期交易的主要条款

市场准入条件	外汇市场远期交易的会员都是向中国外汇交易中心申请，经国家外汇管理局备案，准许其在交易中心交易系统内从事外汇远期交易的金融机构或非金融企业；经交易中心培训并获由交易中心颁发的资格证书的交易员才可在交易中心交易系统进行交易；会员应通过获得交易中心颁发资格证书的交易员代表其从事交易活动，并对交易员在交易市场内的交易行为负责
交易时间	银行间远期交易系统于北京时间每周一至周五 9：30 ~ 17：30 开市，中国国内法定节假日不开市。交易时间可根据市场需求变化，由交易中心报主管机构备案后调整
交易双方	人民币外汇远期的买方为成交单确认的外汇买入和人民币卖出方，卖方为成交单确认的外汇卖出和人民币买入方
保证金设立	为防范违约风险，保证人民币外汇远期交易成交合同的履行，交易双方可按交易对手的信用状况协商设定保证金；保证金可按自愿原则交由交易中心代为集中保管；保证金币种可以是人民币、美元、欧元、日元、港元或交易双方商定的其他币种交易双方自行约定保证金的金额、提交和返还期限
结算方式	人民币远期外汇交易可采取全额结算方式，也可采取差额结算方式；具体结算方式及币种在成交单中应予以明确；采取全额结算方式的，交易双方应在结算日将足额的人民币或外汇资金付至交易对手方指定资金账户；采取差额结算方式的，交易一方应将差额人民币或外汇资金付至交易对手指定资金账户

值得注意的是，会员通过交易中心系统进行报价和交易。交易的外汇币种、金额、期限、汇率、保证金和结算安排等由交易双方协商议定，但双方的协定不应与《全国银行间外汇市场人民币外汇远期交易规则》的相关规定冲突。

（二）人民币远期结售汇

远期结售汇：确定汇价在前而实际外汇收支发生在后的结售汇业务（即期结售汇中两者是同时发生的）。

1995 年 4 月上海外汇交易中心曾试办人民币兑美元远期外汇业务，但由于种种原因没能普及、推广。1997 年 1 月 18 日，中国人民银行公布了《远期结售汇业务暂行管理办法》，为完善结售汇制度、发展我国的外汇市场创造了条件。1997 年 4 月开始在中国银行进行远期结售汇试点，2002 年 4 月允许包括国有及股份制等各类银行向中国人民银行申请开办此项业务，并将准入门槛从上年度结售汇额达到 300 亿美元降至 200 亿美元。为进一步提高跨境人民币结算效率，便利银行业金融机构和企业使用人民币进行跨境结算，丰富外汇市场参与主体，中央银行逐渐降低准入门槛，到 2014 年为止，中央银行出台了支持外贸“十一条”，提出适当放宽中小银行开办远期结售汇业务资格条件。人民币远期结售汇业务的广泛开展，无疑会丰富银行的外汇业务，促进了外汇市场的深化，并且有利于我国的对外经济交往。

“人民币远期结售汇业务”是指中国境内机构根据需要与外汇指定银行协商签订远期结售汇合同，约定将来办理结汇或者售汇的外汇币种、金额、汇率和期限，到期按合同办理结汇或售汇的业务。表 3.7 列出了中国银行人民币远期结售汇业务的主要条款。

表 3.7　　中国银行人民币远期结售汇业务的主要条款

适用对象	我国境内的企业单位、事业单位、国家机关、社会团体、外商投资企业等都可前来我行办理远期结售汇业务
适用业务	凡符合《结汇、售汇及付汇管理规定》的贸易项下、非贸易项下、以实需原则为基础的资本项下的外汇收支，均可在我行办理远期结售汇
交易期限	7 天、20 天、1 个月、2 个月、3 个月、4 个月、5 个月、6 个月、7 个月、8 个月、9 个月、10 个月、11 个月和 12 个月，共十四个档次
交易方式	1. 固定期限交易：交割日在我行公布的十四个档次的交易期限中选择，汇率选择同档期汇率 2. 择期期限交易：交割日可以选择两个不同档期时间段内的任何一天，按签订远期售汇合同时的汇率进行交割
交易币种	美元/人民币、日元/人民币、欧元/人民币、港元/人民币、加拿大元/人民币、瑞士法郎/人民币、澳大利亚元/人民币、英镑/人民币
交易手续	逐笔签订“远期结汇或售汇协议书”；客户将申请书或协议书及办理结售汇所需有效凭证（如贸易合同等）交给结算业务部门 中国银行审核无误后办理，并视具体的客户及业务情况收取保证金

（三）人民币无本金交割远期

无本金交割远期外汇交易：主要用于实行外汇管制国家的货币，人民币无本金交割远期常用于衡量海外市场对人民币升值和贬值的预期。

无本金交割远期外汇交易（Non - deliverable Forwards，NDF），它是一种远期外汇交易的模式，是一种衍生金融工具，用于对那些实行外汇管制国家和地区的货币进行离岸交易。人民币无本金交割远期交易从1996年开始出现于新加坡，是亚洲地区六种主要币种的NDF之一。人民币NDF市场是随着中国经济的发展而出现的。随着中国逐渐成为世界上最大的资本输入国之一，数量众多的跨国公司对他们在中国的投资有了保值的需求。特别是1997年亚洲金融危机爆发后，国际投资者开始担心人民币的贬值，也有一些机构希望从人民币的贬值中获利，而中国境内又缺少真正意义上的远期外汇市场，因此人民币NDF的交易便在中国香港、新加坡等离岸金融中心日趋活跃。中国香港和新加坡人民币NDF市场是亚洲最主要的离岸人民币远期交易市场。银行是NDF交易的中介机构，供求双方基于对汇率看法的不同，签订非交割远期交易合约，合约到期时只需将约定汇率与实际汇率差额进行交割清算，一般以美元作为结算货币，无须对NDF的本金，即受限制的货币进行交割。

在形成初期，人民币离岸NDF市场的发展缓慢，交易也不算活跃。2002年后，在东南亚金融危机逐渐消退、中国贸易顺差和宏观经济的持续增长等因素的影响下，人民币离岸NDF市场对人民币的预期从贬值转向升值，交易也逐渐活跃起来。在2008—2009年的高峰时期，每日成交量高达100亿美元左右。但在2010年和2011年左右，随着汇改的推进，人民币逐步开放，人民币离岸NDF市场已经不断萎缩。

1. 市场参与者。NDF市场的主要参与者是充当交易做市商的大银行和投资机构，大多数的国际性银行为其客户提供无本金交割远期业务。主要参与者为欧美大银行及投资机构，它们代理的客户主要是跨国公司，也包括一些总部设在香港的中国大陆企业，以及金融机构、对冲基金等，这些客户希望通过参与人民币NDF交易进行避险或投机。目前，开展人民币NDF业务的机构包括汇丰银行（HSBC）、渣打银行（Standard Chartered Bank）、摩根大通（JP Morgan Chase）、花旗银行（Citibank）等，以及著名经纪商万邦有利（Pre - bon Yamane）。

2. 合约期限与流动性。无本金交割远期合约的期限一般在数月至数年之间，主要交易品种是1年期和1年期以下的品种，超过1年期的合约交易不够活跃。这与一般的远期外汇交易的期限特点一致。目前人民币NDF合约到期时间最长为5年。到期日在1年以内的合约的流动性高，其中又以1年期合约为最强。到期日超过1年的合约成交都不活跃，表现为波动剧烈但波动频率分散，有时连续数个交易日都是零波动；由于交易量较小，价格被人为操纵的可能性大，表现为经常有异常值出现。

3. 交易量。2013—2016年，离岸人民币NDF的日均交易量缩水了40%，但仍然有超过100亿美元/日的交易量。2015年，离岸人民币存款总规模达到顶峰15万亿元。随后，人民币开始贬值，其预期增速下降。2017年趋向于稳定。截至2018年，香港的离岸人民币NDF依然是全球离岸人民币市场的主要清算渠道。2018年第一季度末离岸人民币存款的规模在9 400亿元左右，香港银行机构人民币存款5 543亿元，占比超过

50%。截至2019年8月香港人民币即时支付结算系统的平均每日交易金额达113万亿元人民币，人民币是香港最重要的NDF货币，其业务涉及更加广泛，该市场的主要参与者是欧美等地的大银行和投资机构，其客户主要在我国内地的跨国企业和总部设在香港的我国内地企业，每日都有人民币NDF实时报价。2020年，离岸人民币市场保持健康平稳发展，离岸、在岸人民币利差收窄，离岸、在岸人民币汇率稳中有升，走势总体一致。离岸人民币产品更加丰富，市场广度和深度不断增加，离岸、在岸人民币市场联动增强。目前，英国、美国、中国香港地区和法国人民币外汇交易金额居于离岸市场前四位，合计超过离岸人民币外汇交易金额的八成。我国境内银行间外汇市场平稳运行，市场交易主体逐步丰富，产品结构总体稳定，全年境内人民币外汇市场成交折合25.40万亿美元，日均成交折合1 045.26亿美元。

3.4 股票远期

股票远期合约（Equity Forwards）是指在将来某一特定日期按特定价格交付一定数量单只股票或一揽子股票的协议。

股票远期合约在世界上出现时间不长，总交易规模也不大。下面这个例子非常有趣。

✪【例3.8】21世纪初，一些以股票远期合约为主要交易形式的股票回购协议使得一些公司面临着巨大的财务风险。与其他许多公司一样，这些公司通过向员工发放优先股权作为激励，因此要定期回购公司股票以满足认股权执行时的需要。在20世纪90年代的股票市场繁荣时期，这些公司股票价格强劲上扬，为了控制他们的回购成本，这些公司便与投资银行签订合同，约定在将来以固定价格购买本公司的股票。显然这就是远期股票合约。

由于这些公司非常看好本公司未来的股价走势，因此在制定股票回购协议时就采取了这种远期股票合约的形式，即承诺在未来某个日期按某个协议价格（高于成交达成时的股票价格）买回本公司的股票，以此向市场转达对本公司的信心。其中有些公司对自己过度自信，没有采取其他行动保护股价下跌可能带来的后果，远期股票合约到期时公司股价暴跌，而又不得不执行该回购协议，给公司造成巨大的损失。

例如，2000年3月以来Eli Lilly Company（一家制药公司）签订股票远期合约，约定将在2003年底以前买回本公司450万股股票，该公司的股票市价为70美元左右。基于当时的股票价格上扬趋势，远期股票合约中的协议价格定在86美元到100美元，然而到了2002年9月，该公司的股票市价却跌至55美元上下，这使得公司面临着1.5亿美元的潜在亏损。

【本章小结】

1. 远期合约主要有商品远期、利率远期、外汇远期和股票远期四种。

2. 远期市场的交易机制表现为两大特征：分散的场外交易和非标准化合约。

3. 商品远期合约是一种在现在约定未来特定时日交易特定标的物的合约，合约的买方同意在未来约定日，按约定价格支付一定金额，以交换卖方特定数量的商品。

4. 远期利率协议是买卖双方同意从未来某一商定的时刻开始的一定时期内按协议利

率借贷一笔数额确定、以具体货币表示的名义本金的协议，合同双方在名义本金的基础上进行协议利率与参照利率的差额支付。其中，

$$远期利率\ r_F = \frac{r^*(T^* - t) - r(T - t)}{T^* - T};$$

远期利率协议的价值 $f = [Ae^{r_F(T^* - T)} - Ae^{r_K(T^* - T)}]\ e^{-r^*(T^* - t)}$。

5. 远期外汇交易是指交易双方在成交后并不立即办理交割，而是事先约定币种、金额、汇率、交割时间等交易条件，到期才进行实际交割的外汇交易。

6. 股票远期合约是指在将来某一特定日期按特定价格交付一定数量单只股票或一揽子股票的协议。

【重要概念】

商品远期　黄金远期交易　利率远期　债券远期　外汇远期　人民币外汇远期
股票远期

【参考读物】

[1] 周复之. 金融工程 [M]. 北京：清华大学出版社，2008.

[2] 郑振龙，陈蓉. 金融工程（第三版）[M]. 北京：高等教育出版社，2012.

[3] 叶永刚. 金融工程学 [M]. 大连：东北财经大学出版社，2005.

【练习题】

1. 一位跨国公司的高级主管认为：“我们完全没有必要使用外汇远期，因为我们预期未来汇率上升和下降的机会几乎是均等的，使用外汇远期并不能给我们带来任何收益。”请对此说法加以评论。

2. 什么是远期利率协议？远期利率协议的产生过程是怎样的？

3. 有些外贸公司并不能确切知道支付外币的确切日期，这样它就希望与银行签订一种在一段时间中都可交割的远期合同。公司希望拥有选择确切的交割日期的权利，以匹配它的现金流。如果把你放在银行经理的位置上，你会如何对客户想要的这个产品进行定价？

4. 假设目前白银价格为每盎司 80 元，储存成本为每盎司每年 2 元，每 3 个月初预付一次，所有期限的无风险连续复利率均为 5%，求 9 个月后交割的白银远期的价格。

5. 某公司签订了一份跨国订单，预计半年后将支付 10 000 000 美元，为规避汇率风险，该公司向银行购买了一份半年期的 10 000 000 美元远期，银行的远期外汇牌价分别为：现汇买入价 660.4，现汇卖出价 664.21（单位：人民币/100 美元）。半年后银行的实际美元现汇买入价与卖出价分别为 649.63 和 652.63。请问该公司在远期合约上盈亏如何？

6. 假设现在 6 个月即期年利率为 10%，1 年期的即期利率为 12%。如果市场给出的 6 个月到 1 年期的远期利率为 11%，那么这个远期利率的定价是否合理？

7. 假定货币市场上欧元年利率为6%，美元年利率为10%，外汇市场上欧元与美元的即期汇率是1欧元兑换2美元，则一年期的远期汇率是多少？若市场上给出的欧元对美元的一年期远期汇率为1欧元兑换2.1美元，那么是否存在套利机会？

8. 假设现阶段美元兑人民币即期汇率为1美元=6.88元人民币，美元和人民币的3个月无风险利率分别为0.5%和2.6%。求美元兑人民币3个月远期汇率是多少？

9. 某公司预期在3个月后向银行借款100万美元，借款期限为6个月。该公司有两个方案：一个方案是在3个月后按当时的市场利率融通资金；另一个方案是签订一份"3×9"远期利率协议。假设目前的市场信息为：贷款利率为5.9%、银行"3×9"远期利率协议报价是6.3%。该公司预计3个月后市场6个月期的贷款利率有上升趋势，可能上升到6.85%。那么该公司应该选择哪种融资方案？

10. 假设3个月期人民币Libor为1.20%，1年期人民币Libor为1.50%，3个月期美元Libor为0.50%，1年期美元Libor为1.05%。同时，美元对人民币的即期汇率为6.75元人民币/美元。本金1 000万元人民币3个月×1年远期外汇综合协议的3个月远期合同远期汇率为6.77元人民币/美元，1年期合同远期汇率为6.79元人民币/美元。请问该合约理论上的远期汇率、远期差价和远期价值等于多少？

第4章

远期工具的应用策略

【本章知识结构】

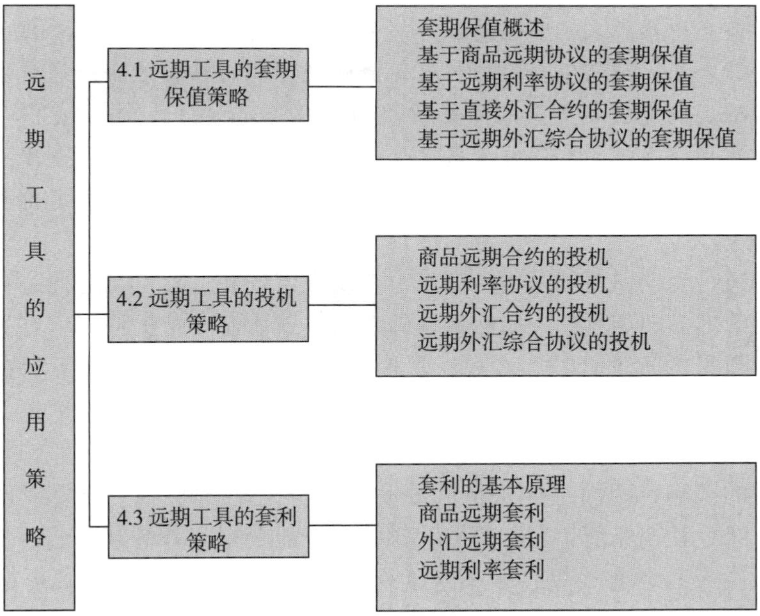

【教学要求】

1. 掌握套期保值和套利的基本原理和方法；
2. 熟悉远期利率协议、直接外汇合约和远期外汇综合协议套期保值的策略；
3. 领会远期工具投资的原理；
4. 理解外汇远期和远期利率套利的策略和方法。

4.1 远期工具的套期保值策略

4.1.1 套期保值概述

根据美国商品期货交易委员会（CFTC）对套期保值概念的界定，真正的套期保值交易必须包括五个要素：现货经营和远期交易品种相同或相关，方向相反，数量相当，时间相当或相近，目的是锁定企业能够或愿意承受的成本或利润。[①] 下面就是一个运用远期合约进行套期保值的具体例子。

套期保值是指把远期市场当作转移价格风险的场所，利用远期合约作为将来在现货市场上买卖商品的临时替代物，对其现在买进准备以后售出商品或对将来需要买进商品的价格进行保险的交易活动。

✪【例 4.1】2003 年美伊战事期间，黄金作为最佳的避险保值品被大量购买，但随着美军的顺利推进，寻求资金避风港的需求也有所减弱。当时市场投资者预期美伊战事可能会很快地结束，再加上美元强劲反弹和道琼斯指数连续八天上涨，使得国际金价遭遇抛售而跌至三个月来新低。投资者纷纷结清黄金多头头寸，基金也被大量地抛盘。与此同时，曾经将资金投入黄金市场以规避风险的投资者迅速转换观念，买进美元和美国股票，希望从中获利，这给现货黄金价格带来了明显的压力。受国际金价大幅下跌的态势影响，我国某黄金生产企业预计未来我国的黄金价格仍有下降的趋势。这样，该企业通过签订远期合约以规避这一风险。假定当期黄金的市场价格为 200 美元/盎司，企业卖出一份一年期的远期合约，合约规定在一年后以每盎司 200 美元交割 100 盎司黄金，如果一年后，交割日黄金的现价下跌至 180 美元/盎司，那么黄金生产企业就成功规避了价格风险，避免了2 000美元的损失。

运用远期进行套期保值的基本特征是，在现货市场和远期市场对同一种类的商品同时进行数量相等但方向相反的买卖活动，即在买进或卖出现货的同时，在远期市场上卖出或买进同等数量的远期合约，经过一段时间，当价格变动使现货买卖上出现的盈亏时，可由远期交易上的亏盈得到抵消或弥补。从而在即期和远期之间建立一种对冲机制，以使价格风险降低到最低。远期市场毕竟是不同于现货市场的独立市场，它还会受一些其他因素的影响，因而远期价格的波动时间与波动幅度不一定与现货价格完全一致。这些就意味着套期保值者在冲销盈亏时，有可能获得额外的利润或亏损。运用远期进行套期保值主要有两种类型：多头套期保值（Long Hedge）与空头套期保值（Short Hedge）。

（一）多头套期保值

这种用远期市场的盈利对冲现货市场亏损的做法，可以将远期价格固定在预计的水平上，以规避价格上涨的风险。买入套期保值是需要现货商品而又担心价格上涨的投资者常用的保值方法。

多头套期保值：又称买入套期保值，是在远期市场购入远期合约，目的是防止日后因价格上升而带来的亏损风险。

① 远期工具的套期保值完全适用这五个要素。

（二）空头套期保值

具体地说，就是交易者为了防止现货价格在交割时下跌的风险而先在远期市场卖出与现货数量相当的合约所进行的交易方式。空头套期保值是可以在现货价格下跌时以远期市场的盈利来弥补现货市场的损失，从而达到保值的一种交易方式。

空头套期保值：又称卖出套期保值，是在远期市场中出售远期合约，目的在于规避日后因价格下跌而带来的亏损风险。

下面以远期利率协议在寿险公司利率风险控制中的应用来具体说明多头与空头套期保值。寿险公司作为一个特殊的、高度负债的金融机构，其业务特点也决定了其资产具有长期性和连续性，寿险公司的某项投资资产的价值，会由于利率波动而发生较大的变化。所以，寿险公司可以通过远期利率协议来锁定自身未来的利率，避免自身所持有的资产和负债因利率波动而发生较大变化，从而使自身的资产负债得到免疫的效果。

1. 资产的价值与利率变动的方向相反。此时，资产的利率风险曲线为负值，如果该资产主要是以有价证券、基金等的形式存在，则当利率升高时，该资产因为利率提高而价格下跌，会使寿险公司遭受损失；然而当利率下跌时，就会有额外的收益。

出于稳健经营的需要，如果该寿险公司预测未来一段时期利率会上升，就可以通过买入一份远期利率协议来控制相应的利率风险。因为当利率上升时，该寿险公司的资产价值将遭受损失，但是同时，由于买入了一份远期利率协议，使得该公司可以较低利率水平得到相应的标的资产而获利，正负收益相互抵消，从而使得该项资产的价值稳定在某一水平，不会因为利率的上升而大幅波动；当利率下降时，该项利率协议将会使得该寿险公司遭受损失，但该项资产却会因为较低的利率水平而增值，结果同样可以达到该项资产价值稳定的效果。当该项资产的利率风险收益曲线的斜率为负时，该寿险公司可通过买入一份标的资产相同的远期利率协议，这样无论以后利率是上升或是下降，资产本身价值与远期利率协议标的资产价值的变化正负相互抵消，都可以达到使该项资产价值稳定的效果。

2. 资产的价值与利率变动的方向相同。此时，资产的利率风险收益曲线斜率为正值，如果该资产主要是以银行存款的形式存在，则当利率升高时，该寿险公司将有更多的额外收益，但是当利率下跌时，就会遭受巨大的损失。

出于稳健经营的需要，如果该寿险公司预测未来一段时期利率会下调，就可以通过卖出一份远期利率协议来控制相应的利率风险。因为当利率下调时，该寿险公司的资产价值将减少，但是同时，由于卖出了一份远期利率协议，使得该资产的价值仍稳定在较高的利率水平上，从而使得该项资产的价值稳定在某一水平，不会因为利率的下调而遭受损失；当利率上升时，该项利率协议将会使得该寿险公司遭受损失，但该项资产却会因为维持较高的利率水平而增值，结果同样可以达到该项资产价值稳定的效果。

当资产的利率风险收益曲线的斜率为正时，该寿险公司可出售一份标的资产相同的远期利率协议，这样无论以后利率是上升或是下降，资产本身价值与远期利率协议的资产价值的变化正负相互抵消，都可以达到使该项资产价值稳定的效果。

对于熟练掌握远期利率协议这一交易工具的寿险公司来说，完全可以通过组合的远期利率协议获得套期保值利润，即将一定标的数量的远期利率协议作为一种特殊商品，进行低买高卖，从而赚取价差，取得额外收益。

通过以上分析可以看出，寿险公司可以通过购买或出售远期利率协议，使其资产或负债达到免疫的效果，从而使其面临的风险敞口达到最小状态。

4.1.2 基于商品远期协议的套期保值

在商品远期市场中，套期保值一般也分为买入套期保值和卖出套期保值两种类型。买入套期保值一般由商品采购者进行，而卖出套期保值操作一般由商品生产者进行。接下来，我们以农产品远期市场的套期保值为例进行介绍。

✪【例 4.2】某年初，有一农户计划种植 10 亩罗汉果，预计产量为 50 000 个左右，该农户经过测算得出生产成本为 0.6 元/个，上海大宗农产品市场 12 月交割的罗汉果合约价格为 0.8 元/个，此价格卖出能够获得利润。鉴于往年到 11 月收获时罗汉果价格往往会下跌的经验，农户决定在上海大宗农产品市场卖出 50 000 个（每手 500 个，计 100 手）12 月交割的罗汉果合约，进行卖出套期保值交易。当即该农户以农产品经纪人身份在上海大宗农产品市场开户，通过中国农业银行“银商通”划入 20% 的交易保证金计 8 000元，卖出 12 月罗汉果中远期合约 100 手（即 50 000 个），合约总价值 40 000 元人民币。

进入 12 月，市场罗汉果价格针对该农户卖出时 0.8 元/个的价格，只有上涨或下跌以及价格不变三种情况，相应的策略如表 4.1 所示。

表 4.1　　市场罗汉果价格变化相应的套期保值策略

价格上涨情况	若 12 月罗汉果价格上涨为 0.9 元/个，则 100 手（50 000 个）合约价值为 45 000 元人民币，该农户通过对冲机制将之前卖出的 50 000 个罗汉果合约买入平仓，损失共 5 000 元人民币。同时，地方现货批发市场上罗汉果价格上涨为 0.9 元/个，于是该农户把已经生产出来的 50 000 个罗汉果以该价格卖出，则盈利 15 000 元，多盈利 5 000 元人民币，两者相抵，原计划的 10 000 元利润得到保障
价格下跌情况	若 12 月罗汉果价格下跌为 0.7 元/ 个，则 100 手（50 000 个）合约价值为 35 000 元人民币，该农户通过对冲机制将之前卖出的 50 000 个罗汉果合约买入平仓，可盈利 5 000 元人民币，同时把生产出来的 50 000 个罗汉果在地方批发市场以该价格进行销售，盈利 5 000 元，合计盈利 10 000 元人民币，原计划的 10 000 元利润依然得到保障
价格不变情况	若 12 月罗汉果价格不变，农户通过对冲机制将之前卖出的 50 000 个罗汉果合约买入平仓，不盈不亏，同时把生产出来的 50 000 个罗汉果在地方批发市场以 0.8 元/个的价格进行销售，盈利 10 000 元，原计划的 10 000 元利润同样能得到保障

由此看来，如果没有进行套期保值操作，农户将完全承担从播种到 12 月收割这段

时间里商品价格下跌的风险，而进行套期保值操作的农户则几乎可以完全规避这样的风险。

4.1.3　基于远期利率协议的套期保值

（一）多头套期保值

所谓远期利率协议的多头套期保值，就是通过签订远期利率协议，并使自己处于多头地位（简称买入远期利率协议），以避免未来利率上升给自己造成损失。其结果是将未来的利率水平固定在某一水平上。它适用于打算在未来筹资的公司，或是打算在未来某一时间出售现已持有的未到期长期债券的持有者。

✪【**例 4.3**】2008 年在国际金融危机的特殊环境下，市场利率下跌。4 月 13 日上海××公司的财务经理根据公司的经营需要，决定将一笔 A 银行的 100 万英镑的 Libor 关联贷款在 7 月 13 日到期后再展期[①] 3 个月，财务经理担心低利率会逐渐回升，但又想从目前的低利率获得低成本融资的好处。考虑到利率下跌的市场环境，他决定：与其等到展期日，不如利用现在利率下跌这一机会，通过购买远期利率协议把价款成本固定下来。

2008 年 4 月 13 日的 3 月期 Libor 为 10.37%，但“3 × 6” FRA 的借款利率为 9.99% ~10.03%，估计今后几个月的利率不会再有下降。因此，从 B 银行买入一个 1 000万英镑的“3 × 6” FRA，买入价为 10.03%。若 7 月 13 日英镑的 Libor 为 10.50%，则该公司可以从所购入的 FRA 中得到 47 个基点的补偿。

10 月 13 日，按照 Libor 为 10.50%，该公司应该向 A 银行支付的利息为

$$\frac{1\ 000\ 000 \times 0.105 \times 92}{360} = 26\ 833.33(\text{英镑})$$

由于购买了 FRA，且市场利率高于协议利率，则该公司可从 B 银行收到一笔利率差额，这就降低了实际利率。根据第三章 FRA 的结算金额计算公式，该公司所收到的结算余额为

$$\frac{1\ 000\ 000 \times (0.105 - 0.1003) \times 92}{360 + 0.105 \times 92} = 1\ 169.72(\text{英镑})$$

这笔结算金额于合约期限开始时（即结算日）收到，并且用 Libor 进行了折现。若按 Libor 把这笔资金存起来，3 个月后收到的利息为 30.97 英镑，结算金额就变成了 1 185.08英镑（30.97 + 1 154.11）。这样，公司向 A 银行支付的实际利息就变成了 25 632.64英镑（26 833.33 – 1 169.72 – 30.97）。反推回去，实际利率为 10.03%，与 FRA 协议定价相同。

（二）空头套期保值

远期利率协议的空头套期保值刚好相反，它是通过卖出远期利率协议来避免利率下降的风险，适用于打算在未来投资的投资者。

✪【**例 4.4**】3 月，某公司在 3 个月后有一笔 1 000 万元资金到位，届时打算将这笔

---

① 贷款展期是指贷款人在向贷款银行申请并获得批准的情况下，延期偿还贷款的行为。

资金进行为期3个月的投资。但公司预期市场利率可能下跌，为了避免资产贬值，可以通过卖出FRA交易来防范收益率下降的风险。

交易的具体内容及相关市场信息如下：

买方：银行；卖方：公司；交易品种：3×6；合约利率：5%；参考利率：4.5%；交易日：3月3日；结算日：6月5日；到期日：9月5日；合约期：92天；合约金额：1 000万元。

首先，计算FRA的结算金：

$$\frac{10\ 000\ 000 \times (0.045 - 0.05) \times \dfrac{92}{360}}{1 + 0.045 \times \dfrac{92}{360}} = -12\ 632.5(\text{元})$$

即银行应在6月5日支付给公司结算金12 632.5元。此时，公司可以将收到的1 000万元资金和FRA结算金进行3个月的投资，假设投资利率为4.375%，略低于银行同业拆借利率Libor 4.5%，投资到期时本利和为10 124 579.29元。

可以看出，通过FRA套期保值交易和此后的投资，公司的实际收益率达到了4.8748%（约为5%）。这样达到了防范风险的目的。

4.1.4 基于直接外汇合约的套期保值

远期外汇交易的套期保值是通过卖出（或买入）金额等于所持有的（或所承担的）一笔外币资产（或负债）的远期外汇，交割期限一般与资产变现（或负债偿付）日期相匹配，使这笔外币资产（或外币负债）以本币表示的价值免受汇率变动的影响，从而达到消除价格波动风险目的的外汇交易。

（一）多头套期保值

多头套期保值就是通过买入直接远期外汇合约来避免汇率上升的风险，它适用于未来某日将支出外汇的机构和个人，如进口、出国旅游、到期偿还外债、计划进行外汇投资等。

✪【例4.5】某年6月15日，一家美国进口商与一家英国出口商签订了一份价值100万英镑的进口合同，合同约定9月15日付款，当时英镑的即期汇率为1英镑=1.5600美元，3个月远期英镑汇率为1英镑=1.5800美元。为了避免英镑汇率上升的风险，美国进口商买进3个月期远期英镑。这样，在9月15日付款时，他就把英镑汇率固定在1英镑=1.5800美元左右。

在国际贸易中，进出口商经常面临着剧烈的外汇市场波动，这给他们从事外贸活动带来了巨大的风险，因而，利用外汇远期套期保值，是进出口商用于规避汇率波动风险的重要方式。以下以进口商应用外汇远期交易来进行进口付汇保值为例，说明远期交易的保值作用。进口商从国外进口商品，若使用外币支付货款，该进口商就可能面临因为这种外币汇率的上涨所带来的损失。为避免这种损失，进口商可以应用买入远期外汇交易进行套期保值。

✪【例4.6】某澳大利亚进口商从日本进口一批商品，日本厂商要求澳方在3个月内支付100亿日元的货款。当时外汇市场的行情是：即期汇率：1澳元=90～90.12日元；3 月期远期汇水数：2～1.90，故 3 月期远期汇率为：1 澳元＝88～88.22 日元。该澳大利亚进口商在签订进口合同时预测 3 个月后日元对澳元的即期汇率将会升值到：1 澳元＝80～80.10 日元。

问题：(1) 若澳大利亚进口商不采取避免汇率风险的保值措施，现在就支付 100 亿日元，则需要多少澳元？(2) 若现在不采取保值措施，而是延迟到 3 个月后支付 100 亿日元，则到时需要支付多少澳元？(3) 若该澳大利亚进口商现在采取套期保值措施，应该如何进行？3 个月后他实际支付多少澳元？

解：(1) 该澳大利亚进口商签订进口合同时就支付 100 亿日元，需要以 1 澳元＝90 日元的即期汇率向银行支付 100 亿/90≈1.1 亿澳元。

(2) 该澳大利亚进口商等到 3 个月后支付 100 亿日元，到时以即期汇率：1 澳元＝80 日元计算须向银行支付 100 亿/80＝1.25 亿澳元。这比签订进口合同时支付货款多支付 0.15 亿澳元，即多支付 1 500 万澳元，这是不采取保值措施付出的代价。

(3) 该澳大利亚进口商若采取套期保值措施，即向银行购买 3 月期远期日元 100 亿，适用汇率是 1 澳元＝88 日元。3 个月后交割时只需向银行支付 100 亿/88＝1.14 亿澳元，就可获得 100 亿日元支付给日本出口商。这比签订进口合同时支付货款多支付 0.04 亿澳元，即 400 万澳元。但延迟了支付，节省了利息。它相对于不采取保值措施，而等到 3 个月后再即期购买日元支付货款多付出的代价 1 500 万澳元来说是微不足道地节省了 1 100 万澳元。

（二）空头套期保值

空头套期保值就是通过卖出直接远期外汇合约来避免外汇汇率下降的风险，它适用于未来某日将收到外汇的机构和个人，如出口、提供劳务、现有的对外投资、到期收回贷款等。

✪ **【例 4.7】** 日本某机构对美国国债的投资将于 12 月 20 日到期，到期将收回1 000 万美元。当时（同年6 月 20 日）美元即期汇率为 1 美元＝80 日元，12 月 20 日到期的远期汇率为 1 美元＝78 日元。该机构担心到时美元贬值，就卖出 12 月 20 日到期的1 000万美元远期，从而把汇率固定在 1 美元＝78 日元上。

同样，在外汇市场的运行中，出口商也常利用外汇远期进行套期保值。当出口商向银行售出外汇以获得套期保值时，银行和出口商制定一个远期交易合约，根据该合约，出口商承诺在未来某一日期向银行支付外汇，以便获得提前约定的一定规模的本币。出口商获得的本币规模取决于银行进行套期保值的净成本。银行在国际外汇市场上借入外汇，其数量与向出口商收回的外汇相等，期限相等。随后，银行在当地外汇市场将借入的外汇卖出，获得本币。银行将通过出售外汇而产生的收益存入当地货币市场。现在银行的外币账户是均衡的，因为从出口商那里的应收款和对于外国货币市场的负债相等。同时，银行的国内货币账户也是均衡的，因为银行对于出口商的本币负债与其在国内货币市场上的同一期限的存款相匹配。银行在到期日从出口商那里收回的外汇用来偿还在外国货币市场上借入的外汇；对于出口商的本币负债，将由银行在国内货币市场上的存款所支付。银行能够向出口商支付的本币的数量显然取决于银行套期保值的净成本。银行需要向其在国际外汇市场上所借外汇支付利息，与此同时，银行还可以从其在本币货币市场上的存款那里获得利息。其流程如图 4. 1 所示。

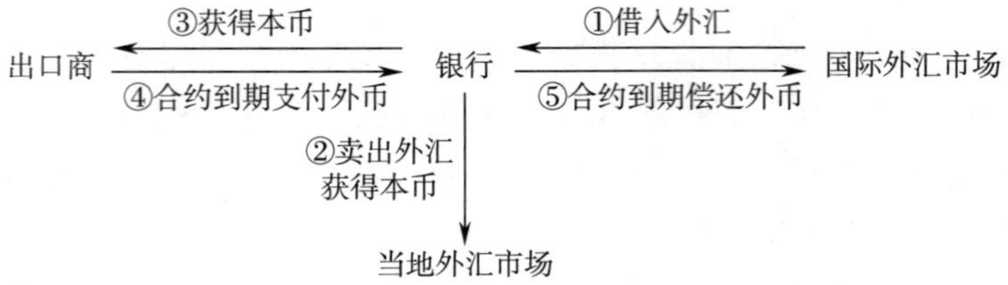

图 4. 1　外汇市场套期保值流程

因此，出口商可以借入与其应收款数量相等的外汇，将其在兑换为本币后存入当地的货币市场。到期时，出口商将其收回的外汇用于支付外汇借款，这样就可以对其面临的外汇风险进行套期保值。

（三）交叉套期保值

当两种货币之间（如日元和加元之间）没有合适的远期合约时，套期保值者可利用第三种货币（如美元）来进行交叉套期保值。如一家日本公司要对一笔 3 个月后收到的加元款项进行保值，它可买进日元远期（即用美元买日元），同时卖出加元远期（即用加元买美元），来进行交叉套期保值。

✪【例 4. 8】5 月 10 日，日本××出口公司向加拿大出口一批货物，价值5 000 000 加元，9 月以加元进行结算，当时加元对美元汇率为 1 加元 =1. 02 美元，美元对日元汇率为 1 美元 =80 日元，则加元和日元汇率为 1 加元 =81. 6 日元。9 月期的加元远期合约正以 1 加元 =1. 01 美元的价格进行交易，9 月期的日元远期正以 1 日元 =1/78 美元的价格进行交易，这意味着人们认为 9 月加元对日元的远期汇率应为 1 加元 =78. 78 日元。该公司担心加元的相对贬值会给其带来不利的损失，决定对加元进行套期保值。由于加元对日元的远期合约不存在，出口公司无法利用传统的远期合约来进行套期保值。但该公司可以通过出售日元对美元的远期合约和买进加元对美元的远期合约来达到保值的目的。具体操作过程如下：

5 月 10 日出售 80 份加元远期合约（5 000 000 加元 ÷62 500 加元 =80），每份合约面值 62 500 加元，价格 1 加元 =1. 01 美元。购进 326 份日元远期合约（5 000 000 加元 ×78. 78 日元/加元 ÷1 250 000 日元 =315. 12），每份合约面值 125 000 日元，价格 1 日元 =1/78 美元。

如果 9 月现汇汇率为 1 加元 =76 日元，根据远期外汇协议，该日本企业可以以 1 加元 =78. 78 日元的汇率将加元兑换成日元，从而比现货交易多收入（78. 78 − 76）× 5 000 000 =13 900 000 日元，等于将汇率锁定在了 78. 78。

如果 9 月现汇汇率为 1 加元 =80 日元，根据远期外汇协议，该日本企业仍然以 1 加元 = 78. 78 日元的汇率将加元兑换成日元，比现货交易多损失（80 − 78. 78）× 5 000 000 =6 100 000 日元，也等于将汇率锁定在了 78. 78。因此，套期保值无法保证投资者盈利，但锁定了成交价格，消除了价格风险。

4.1.5　基于远期外汇综合协议的套期保值

如前所述，远期外汇综合协议实际上就是远期的远期外汇合约，因此，运用远期外汇综合协议进行套期保值时，保值的对象不是未来某一时点的即期汇率，而是未来某一时点一定期限的远期汇率。例如，3 个月 ×9 个月远期外汇综合协议保值的对象是 3 个月后 6 个月期的远期汇率。

运用远期外汇综合协议进行套期保值也可分为多头、空头和交叉套期保值，其原理与直接远期外汇合约相同，故不再重复。例如，美国一家外贸公司与银行签订了一份贷款协议，协议规定 1 个月后银行贷款 1 000 万英镑给该公司，贷款期限为 6 个月。为了避免英镑汇率波动给公司造成损失，该公司可卖出 1 个月期的远期英镑，同时买进 1 个月 ×7 个月远期英镑进行套期保值。

4.2　远期工具的投机策略

若远期的交易者既不是出于对现货头寸套期保值的需要，也不是由于市场偏离均衡平价关系存在套利机会，而是根据自己对未来价格变动的预期进行交易，通过承担风险获取收益时，该投资者就是在运用远期进行投机。投机性的远期交易指建立在投机者某种预期基础上的由投机者主动承担汇率和利率等风险的远期交易。

从本质上看，远期与其标的资产价格变动的风险源是相同的，只是交割时间不同。因此远期与其标的资产现货之间往往存在着良好的替代关系，投机者通过承担价格变动的风险获取收益，既可以通过远期实现，也可以通过现货实现。远期的优势在于进入门槛低、成本小，在签订远期外汇合约时，投机者常常只要缴纳一定比例的保证金，就使得远期投机规模成倍地超出投机者手中拥有的资金数量，具有高杠杆效应，因而成为良好的投机途径。但事实上，高杠杆可能会使得一个小比例的价格变化带来放大的收益，但也可能导致一个小比例的价格变化带来放大的亏损，这是衍生产品高杠杆效应的双刃剑本质。下面分别介绍基于商品、利率、外汇的投机事例，以更为深入地了解远期工具投机的策略与行为。

4.2.1　商品远期合约的投机

理性、规范的投机行为可以使得投机者不仅可以利用价格短期波动进行投机，而且还可以利用同一种商品或同类商品在不同时间、不同交易所之间的差价变动来进行套利交易。这种投机，使不同品种之间和不同市场之间的价格，形成一个较为合理的价格结构。

✪**【例 4.9】**某房地产投机商判断 9 月的房地产价格趋涨，于是买入 10 套期房①（每套 200 平方米），价格为每平方米 5 042 元。后来果然上涨到每平方米 5 432 元，于是按该价格卖出 10 套期房，获利 (5 432 − 5 042) ×10 ×200 =780 000 元。

倘若 9 月期房价格跌至 4 969 元/平方米，则该投机商损失

---

① 人们习惯上把在建的、尚未完成建设的、不能交付使用的房屋称为期房。即指开发商从取得商品房预售许可证开始至取得房地产权证止，在这一期间的商品房称为期房。期房与标准远期合约的差异在于，期房要交付定金，具有分期付款的性质，在这里我们将期房近似地看作远期合约。

$$(5\ 042 - 4\ 969) \times 10 \times 200 = 146\ 000\ \text{元}$$

可以说，正是远期交易的高杠杆性吸引了大量投机者的介入，但也正是其高杠杆性容易导致投资者血本无归甚至负债累累，演变出诸如巴林银行等多个事件。但在客观上，因套期保值者和套利者往往不足以维持一个市场需要的流动性，而投机交易可以起到提供流动性的客观作用。从这个意义上说，远期投机者不仅通过承担价格变动的市场风险，也通过承担流动性风险来获取收益。

4.2.2 远期利率协议的投机

投机商之间对于未来市场利率的判断不同，通过交易远期利率协议，判断准确的一方可能获得额外的收益。适度的投机类远期利率协议的交易同样可以有效地平抑市场利率的过度波动，使市场更有效地发现真实利率，有助于市场更加平滑地运行。

✪【**例 4.10**】8 月 5 日，某投机商以 95.45 的价格买进 10 张 11 月到期的 3 个月欧元利率（EURIBOR）远期合约，每份合约 10 000 欧元，保证金比率为 25%。8 月 20 日该投机商以 95.50 的价格将手中的合约平仓（3 个月欧元利率远期合约的变动价值是 1% 代表 25 欧元）。在不考虑其他成本因素的情况下，该投机者的净收益是（95.50 − 95.45）×100×25×10 = 1 250 欧元。

4.2.3 远期外汇合约的投机

外汇市场存在风险，而进出口商和银行大多不愿意承担风险，而愿意将风险转嫁于投机者，投机者从而成为外汇市场上一个重要的组成部分。这也是近年来，外汇市场之所以能为越来越多的投资者所青睐的重要原因。总体而言，外汇投机者一方面对阻止汇率过分波动与维护市场活力起了积极的作用；另一方面，过度投机又容易扰乱金融秩序。

✪【**例 4.11**】在法兰克福外汇市场上，如果某德国外汇投机商预测英镑对美元的汇率将会大幅度上升，他就可以做买空交易，先以当时的 1 英镑 = 1.3550 美元的 3 月期远期汇率买进 100 万 3 个月英镑远期；然后，在 3 个月后，当英镑对美元的即期汇率猛涨到 1 英镑 = 1.5550 美元时，他就在即期市场上卖出 100 万英镑。轧差①后他就会获得 100 万 ×（1.5550 − 1.3550）= 20 万美元的投机利润。

当然，若交割日市场即期汇率的变动与投机者相反，投机者将会遭受损失。若 3 个月后市场即期汇率不升反跌为 1 英镑 = 1.2550 美元，则该投机者将遭受 10 万美元的损失。

✪【**例 4.12**】设 6 个月远期汇率 USD/JPY = 100，美国 ×× 商人预期半年后即期汇率为 USD/JPY = 95.010。若该预期十分准确，在不考虑其他费用的前提下，该投机者买入 1 亿日元 6 个月远期合约，可获多少投机利润？

解：1 亿日元 ÷ 100 = 100 万美元，即美商买进 1 亿日元 6 个月远期合约，半年后要支付 100 万美元。

---

① 轧差的法律机制是利用抵销、合同更新等法律制度，最终取得一方对另一方的一个数额的净债权或净债务，如市场交易者之间，可能互有内容相同、方向相反的多笔交易，在结算或结束交易时，可以将各方债权在相等数额内抵销，仅支付余额。

1 亿日元 ÷95.010 =105.25 万美元，即美商半年后卖掉上述合约，可获得 105.25 万美元的收入。

105.25 万美元 −100 万美元 =5.25 万美元，即该美商可获得 5.25 万美元的投机利润。

4.2.4 远期外汇综合协议的投机

远期外汇综合协议与远期利率协议有很多相似之处，投机商通过对于未来市场汇率的判断，交易远期外汇综合协议，从而获取价差收益。

✪【例 4.13】假定现在市场上的利率和汇率水平如表 4.2 所示。

表 4.2　　零时刻市场上的利率汇率水平

利率/汇率	即期	1 个月	4 个月	1 ×4 个月
英镑/美元	1.8000	53/56	212/215	156/162
英镑利率		6%	6.25%	6.30%
美元利率		9.625%	9.875%	9.88%

某投资者预期目前的“1 ×4”的英镑和美元的利差 3.58% 会进一步扩大，根据此种判断，他考虑利用 SAFE 作为工具，卖出本金为 100 万英镑的“1 ×4”的远期外汇综合协议，对两种货币的利差扩大进行投机。

一个月后的市场利率及汇率水平如表 4.3 所示。

表 4.3　1 个月后的市场利率汇率水平

利率/汇率	即期	3 个月
英镑/美元	1.8000	176/179
英镑利率		6%
美元利率		10%

可以看出，一个月后，虽然即期汇率水平与零时刻一样，但两国货币的利差确实扩大到了 4%，根据利率平价关系，SAFE 报价点数也会相应提高，从原来的 162 点（先出售）提高至 176 点（后买入）。投资者预测正确，则肯定会获利。

依据 $A_m = A_s = GBP\ 1\ 000\ 000$，$CR = 1.8053$，$CS = 0.0162$，$CR + CS = 1.8215$

$SR = 1.8000$，$SS = 0.0176$，$SR + SS = 1.8176$，$i = 10\%$，$D = 90$，

双方的 SAFE 结算金为

$$ERA = A_m \times \frac{CS - SS}{1 + (i \times \frac{D}{360})} = GBP\ 1\ 000\ 000 \times \frac{0.0162 - 0.0176}{1 + (10\% \times \frac{90}{360})} = -\ \$\ 1\ 365.85$$

$$FXA = A_m \times \frac{(CR + CS) - (SR + SS)}{1 + (i \times \frac{D}{360})} - A_s \times (CR - SR)$$

$$= GBP\ 1\ 000\ 000 \times \frac{1.8215 - 1.8176}{1 + (10\% \times \frac{90}{360})} - GBP\ 1\ 000\ 000 \times (1.8053 - 1.80000)$$

$$= -\ \$\ 1\ 495.12$$

无论是 ERA，还是 FXA，结算金结果都为负值，也就是说，作为 SAFE 的卖方就可

以获得结算金。因此，投资者通过出售 SAFE 可以投机获利。

4.3 远期工具的套利策略

4.3.1 套利的基本原理

由此可见，判断一个交易策略是不是严格的套利策略，有三条标准：第一，没有自有资金投入，所需资金通过借款或卖空获得；第二，没有损失风险，最糟糕的情况是终点回到起点，套利者的最终结果（已扣掉借款利息）还是零；第三，存在正的收益。这意味着套利的最终结果可能没赚钱，但只要事前存在赚钱的概率且不存在亏钱的概率就可以了。

> 套利（Arbitrage）是指利用一个或多个市场存在的各种价格差异，在不冒任何损失风险且无需投资者自有资金的情况下就有可能赚取利润的交易策略（或行为）。

套利是利用资产定价的错误、价格联系的失常，以及市场缺乏有效性等其他机会，通过买进价格被低估的资产，同时卖出价格被高估的资产来获取无风险利润的交易策略。套利是市场无效率的产物，而套利的结果则促使市场效率的提高，因此套利对社会的正面效应远超过负面效应，我们应予充分鼓励和肯定。

下面我们分别以商品远期套利、外汇远期套利和远期利率套利为例，来讨论套利的具体形式和操作方法。为表述方便起见，我们假定：

（1）没有交易费用和税收；

（2）套利者可按无风险利率自由借贷；

（3）套利者均可按市场中间价格买卖资产。

4.3.2 商品远期套利

当远期市场与现货市场在价格上出现差距时，交易者就可以利用两个市场的价格差距低买高卖，从而缩小现货市场与远期市场之间的价差，有助于远期价格与现货价格的趋同。当远期价格明显高于现货价格时，就会产生套利机会，买进现货并进行交割，赚取无风险利润。

✪**【例 4.14】** 8 月初，小麦现货市场价是 1 200 元/吨，而当时远期小麦 9 月合约价是 1 500 元/吨。一粮食企业一方面布置在现货市场上买进小麦，同时在远期小麦 9 月合约上以 1 500 元/吨的价格卖出了 100 手。10 天后，该企业收购了 1 000 吨小麦，并在交易所成功注册了 100 张仓单，仓单成本为 1 329 元/吨。

最终顺利交割之后，共获得利润（1 500 − 1 329）×100 手 ×10 吨 = 171 000 元。

4.3.3 外汇远期套利

根据式 $F_t = S_t e^{(r_t - r_f)(T-t)}$，即远期汇率与即期汇率之间的平价关系，我们可以知道，如果 $K > S_t e^{(r_t - r_f)(T-t)}$，套利者就可以通过买入外汇现货、卖出外汇远期来获取无风险利润；如果 $K < S_t e^{(r_t - r_f)(T-t)}$，套利者就可以通过卖出外汇现货、买入外汇远期来获取无风险利润。

✪**【例 4.15】** 假设英镑现货汇率为 1.6550 美元/英镑，6 个月期英镑远期汇率为 1.6600 美元/英镑，6 个月期美元和英镑无风险利率（连续复利）分别为 6% 和 8%，请问投资者应如何套利？

解：套利步骤为：

①以6%的年利率借入1 655万美元，期限6个月；

②按市场汇率将1 655万美元兑换成1 000万英镑；

③将1 000万英镑以8%的无风险利率贷出，期限6个月；

④按1.6600美元/英镑的远期汇率卖出166份6个月期英镑远期①，共计1 037.5万英镑；

⑤ 6个月后收回英镑贷款得到本息1 040.8万英镑（等于$1\ 000e^{0.08\times0.5}$）；

⑥用1 037.5万英镑交割远期合约，换得1 722.3万美元（等于1 037.5×1.66），尚余1 040.8万英镑－1 037.5万英镑＝3.3万英镑；

⑦用1 705.4万美元（等于$1\ 655e^{0.06\times0.5}$）归还贷款本息，尚余1 722.3万美元－1 705.4万美元＝16.9万美元；

⑧此次套利总盈余等于16.9万美元＋3.3万英镑。

✪**【例4.16】** 设英镑兑美元的即期汇率为1英镑＝2美元，若英镑的年利率为10%，美元的年利率为5%，则：

（1）试计算3个月期的远期汇率。

（2）如果市场上3个月的远期汇率为1英镑＝1.900美元，有套利活动出现吗？如何套利？

解：（1）根据公式$F_t = S_t e^{(r_t - r_f)(T-t)}$，英镑兑美元3个月远期汇率为

$$F = 2 \times e^{(5\% - 10\%)\times 0.25} = 1.975 \text{ 美元}$$

（2）根据无套利均衡分析，只要市场上的3个月远期汇率偏离1英镑＝1.975美元，套利活动就可以出现。当市场上3个月的远期汇率为1英镑＝1.900美元时，可构筑套利头寸进行无风险套利。每借入1英镑就可获得0.0775美元的套利利润，具体如表4.4所示。

表4.4　　英镑远期的套利现金流量表

套利头寸	期初现金流	期末现金流
①借入1英镑，期限为3个月	+1英镑	−1×（1+10%×3/12）=1.025英镑
②将借入的1英镑按即期汇率换为美元	−1英镑 +2美元	0
③将兑换1英镑所得的美元存入银行，期限为3个月	−2美元	+2×（1+5%×3/12）=2.025美元
④买入3个月期英镑远期合约，数量为1.025英镑	0	+1.025英镑 −1.025×1.900美元
合计	0	0.0775美元

① 每份合约规模为62 500英镑。

4.3.4 远期利率套利

我们知道，远期利率的计算公式为

$$r_F = \frac{r_L(T^* - t) - r_S(T - t)}{T^* - T} \tag{4.3.1}$$

这里的 r_F 表示理论上的远期利率，如果实际远期利率高于理论远期利率，套利者就可通过借长贷短并做空远期利率协议来获利，如果实际远期利率低于理论远期利率，套利者则可通过借短贷长并做多远期利率协议来获利。

下面简要介绍一下远期利率套利的操作方法：

如果 $r_F\ (T^* - T) > r_L\ (T^* - t) - r_S\ (T - t)$，可以采取借入长期投资短期，并做空远期利率协议的套利策略，获得无风险收益，具体如表 4.5 所示。

表 4.5　　具体的操作策略

	t 时刻	T 时刻	T^* 时刻
策略	(1) 以 r_L 借入到期日为 T^* 的贷款 A 元		
	(2) 将 A 以 r_S 贷出至 T 时刻	收到贷款本息 $A \times e^{r_S(T-t)}$	还长期贷款 $A \times e^{r_L(T^*-t)}$
	(3) 签订期限为 $T^* - T$ 的 FRA，以远期利率 r_F 贷出金额 $A \times e^{r_S(T-t)}$	执行 FRA 将 $A \times e^{r_S(T-t)}$ 按 r_F 贷出	从 FRA 贷款中收回 $A \times e^{r_S(T-t)} \times e^{r_F(T^*-T)}$
现金流	—	—	>0，获得无风险收益

经过以上三个时刻的步骤，r_S 与 r_F 趋于下降，r_L 趋于上升，最终使得式（4.3.1）趋于平衡。

如果 $r_F\ (T^* - T) < r_L\ (T^* - t) - r_S\ (T - t)$，可以采取借短期投资长期、并做多远期利率协议的套利策略来获得无风险收益，具体如表 4.6 所示。

表 4.6　　具体的操作策略

	t 时刻	T 时刻	T^* 时刻
策略	(1) 以 r_S 借入到期日为 T 的贷款 A 元	还第一笔借款 $A \times e^{r_S(T-t)}$	
	(2) 将借入的 A 元以 r_L 贷出至 T^* 时刻		收回长期贷款 $A \times e^{r_L(T^*-t)}$
	(3) 签订一份期限为 $T^* - T$ 的 FRA，约定在 T 时刻以 r_F 借入 $A \times e^{r_S(T-t)}$ 元至 T^* 时刻	执行 FRA 按 r_F 借入 $A \times e^{r_S(T-t)}$	还 FRA 借款本息 $A \times e^{r_S(T-t)} \times e^{r_F(T^*-T)}$
现金流	0	0	>0，获得无风险收益

经过以上三个时刻的套利操作，r_S 与 r_F 趋于上升，r_L 趋于下降，最终使得

式（4.3.1）趋于平衡。

✪【例4.17】假设现在6个月即期年利率为10%（连续复利，下同），6个月到1年的远期利率为11%，1年期即期利率为12%，请问应如何进行套利？

套利步骤为：

①按10%的利率借入一笔6个月期的款项，假定金额为1 000万元；

②以多头的身份签订一份6月×12月远期利率协议，合同利率为11%，金额为1 051万元（等于1 000$e^{0.1\times0.5}$）；

③按12%的利率贷出一笔1年期的款项，金额为1 000万元；

④由于有远期利率协议的保证，因此无论6个月后利率高低，套利者均可按11%的实际借款利率借入6个月的金额为1 051万元的款项，并用于偿还到期债务；

⑤1年后，收回1年期贷款，得到本息1 127万元（等于1 000$e^{0.12\times1}$），并用1 110万元（等于1 051×$e^{0.11\times0.5}$）偿还到期债务，套利者净获利17万元。

【本章小结】

1. 套期保值是指已经面临价格风险的主体利用一种或几种套期保值工具试图抵消其所冒风险的行为。

2. 基于远期工具的套期保值都有多头和空头套期保值之分，前者指运用多头，后者指运用空头进行套期保值。

3. 远期之所以成为良好的投资途径，是因为其进入成本低，具有高杠杆效应。

4. 套利是指利用一个或多个市场存在的各种价格差异，在不冒任何损失风险且无需投资者自有资金的情况下就有可能赚取利润的交易策略（或行为）。

5. 本章限于篇幅，仅介绍了远期工具套利中最基本、最常见的远期利率套利、外汇远期套利和商品远期套利，读者可以触类旁通，充分发挥想象力，利用远期市场定价不合理的各种机会，构建套利组合，一方面可赚取无风险或较低风险利润，另一方面可促进市场效率的提高。

【重要概念】

远期工具　套期保值　多头套期保值　空头套期保值　远期利率协议
直接远期外汇合约　外汇综合协议　套利　利率远期

【参考读物】

[1] 邬瑜骏，黄丽清，汤震宇．金融衍生产品——衍生金融工具理论与应用［M］．北京：清华大学出版社，2007.

[2] 郑振龙，陈蓉．金融工程（第三版）［M］．北京：高等教育出版社，2012.

[3] John Hull,“Optios, Futures and Other Derivatives (9th Edition)”. New Jersy, Prentice Hall, 2014.

【练习题】

1. 交易商拥有1亿日元远期空头，远期汇率为0.008美元/日元。如果合约到期时汇率分别为0.0074美元/日元和0.0090美元/日元，那么该交易商的盈亏如何？

2. 当前黄金价格为500美元/盎司，1年远期价格为700美元/盎司。市场借贷年利率（连续复利）为10%，假设黄金的储藏成本为零，请问有无套利机会？如果存在套利机会，设计套利策略。

3. 中国某企业向美国出口商品，预计3个月后收到10万美元，已知即期汇率为：USD1 = CNY6.6555 ~ 95，3个月远期差价为 −65 ~ −50。为防止美元贬值，该企业如何通过外汇远期交易套期保值？

4. 某只股票预计在2个月和5个月后每股派发1元股息，该股票日前市价等于30元，所有期限的无风险连续复利年利率均为6%，××投资者刚取得该股票6个月期的远期合约空头，请问：（1）该远期价格等于多少？若交割价格等于远期价格，则远期合约的初始值等于多少？

（2）3个月后，该股票价格涨到35元，无风险利率仍为6%，此时远期价格和该合约空头价值等于多少？

5. 某公司计划在3个月之后借入一笔为期6个月的1 000万美元的浮动利率债务。根据该公司的信用状况，该公司能以6个月期的Libor利率水平借入资金，目前6个月期的Libor利率水平为6%，但该公司担心3个月后Libor将上升。假设现在银行挂出的3×9以Libor为参照利率的远期利率协议的报价为6.25%，3个月后6个月期Libor升至7%。那么，公司应该如何操作就可以把借款利率锁定在6.25%的水平上？

6. 接【例4.5】，如果市场利率走势与公司预期相反，即市场利率下降，譬如市场公布参考利率为5.5%，则该公司运用FRA进行套期保值结果又怎样？

7. 假设3个月远期汇率GBP/USD = 1.6000，某美国商人预期3个月后英镑即期汇率为GBP/USD = 1.5510，并进行100万英镑的卖空交易。在不考虑其他费用的前提下，十分准确的预期会给他带来多少投机利润？

8. 8月10日有一家铜材公司与下游企业签订了一份供货合同，承诺在9月10日为该下游企业供应100吨的铜材，此时在远期市场上1个月铜材远期价格为5 000元/吨，铜材公司担心一个月后铜材市场价格会下跌，请问铜材公司应当如何操作避险，如果一个月后铜材价格下降到了4 880元/吨，铜材公司获利如何？

9. 假设45天期短期国债年利率10%，135天期短期国债年利率10.5%，还有45天到期的短期国债远期价格中隐含的远期利率为10.6%（所有的利率均为连续复利率）。求解：（1）"隐含的远期利率"是什么意思，如何得出短期国债本身隐含的45天到135天中的远期利率？（2）短期国债本身隐含远期利率是如何得出的？（3）本例中如何套利，具体如何操作？

10. 假定A公司预期在未来的3个月内将借款100万美元，借款时间为6个月。假定该公司准备以伦敦同业拆借利率（Libor）获得资金。现在Libor利率为6%，公司希望筹资成本不高于6.5%，为了控制筹资成本，该公司与B客户签署了一份远期利率协议。而与之交易的B客户担心未来利率会下降，希望资金利率在6%以上。最终协议约定的利率为6.25%，名义本金100万美元，协议期限为6个月，自现在起3个月内有效。即3×9远期利率协议。请问：(1) 如果在3个月有效期内规定利率正好为6.25%，情况是怎样的？(2) 如果在3个月有效期内市场的Libor涨到了7%，根据远期利率协议，现金流该是怎样？(3) 如果在3个月有效期内，Libor只达到5.75%，根据远期利率协议，现金流又该是怎样的？

高等学校金融学系列教材

21世纪高等学校金融学系列教材

期货篇

第 5 章

期货市场及期货定价

【本章知识结构】

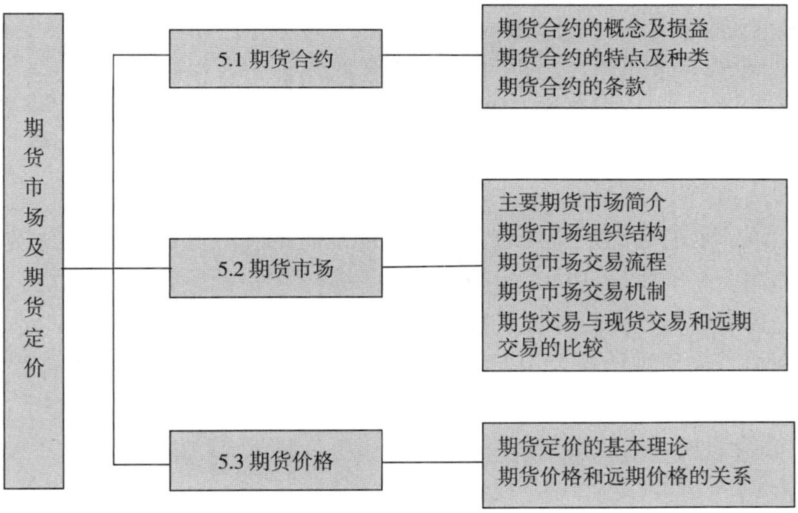

【教学要求】

1. 掌握期货合约的定义和特征；
2. 了解期货市场的构成；
3. 熟悉期货市场的交易机制；
4. 掌握期货合约和远期合约的比较；
5. 掌握期货价格的确定；
6. 明确期货价格和标的资产预期未来即期价格的关系。

期货交易起源于19世纪中期的美国中北部。1848年，芝加哥期货交易所（CBOT）成立，并开始交易远期合约；1865年，在远期合约的基础上推出的标准化合约，促成了期货产品和期货交易的诞生。近百年来，期货交易的对象不断增加，种类日益繁多。从传统的农产品期货、金属期货、能源期货，扩充至金融期货，如外汇、利率、股票指数期货等。近二十年来，期货交易开始从发达国家向发展中国家迅速扩展。1990 年 10 月 12 日，中国郑州粮食批发市场经国务院批准成立，标志着我国商品期货市场的诞生，迈出了中国期货市场发展的第一步。随着我国改革开放的深入，期货市场在国民经济中发挥的作用也日益得到人们的认可和重视。

5.1 期货合约

5.1.1 期货合约的概念及损益

期货交易是一种集中交易期货合约的交易形式。期货交易是一种承诺，合约的买方也称期货多头，承诺在未来交割日按照预先商定的价格购买一定数量的标的资产。合约的卖方也称期货空头，承诺在未来交割日将一定数量的标的资产交付到一个预先指定的地点。标的资产可以是农产品、金属产品、能源产品等实物商品，也可以是利率、外汇、股票指数等金融商品。实物商品可以进行实物交割，也可以进行现金结算，而金融商品一般使用现金结算。交易所制定的标准化合约便利了期货合约的连续买卖，使之具有很强的市场流动性，极大地简化了交易过程，降低了交易成本，提高了交易效率，减少了交易纠纷。

期货合约（Futures Contract）指由期货交易所统一指定的、买卖双方约定在将来某一特定的时间和地点交割一定数量和质量的实物商品或金融商品的标准化的远期合约。

从本质上说，期货合约是远期合约，期货到期日的损益状况和远期的损益状况是完全相同的。如图 5.1 所示，期货多头损益为 S_T-K，价格上涨期货多头盈利，空头亏损，期货空头损益为 $K-S_T$，价格下跌期货空头盈利，多头亏损。与远期合约不同的是，期货合约交易是在交易所进行的，为保证交易的正常进行，交易所对期货合约制定了一些标准化特征，并设定了一套交易机制来确保交易双方履行合约承诺，规避了违约风险。

5.1.2 期货合约的特点及种类

（一）期货合约的特点

1. 条款标准化。期货合约的合约名称、合约规模、交易时间、报价单位、最小变动单位、涨跌停板、交割方式、交割月份、交割时间、交割品级及升贴水、最低保证金、手续费等条款都是既定的、标准化的，唯一的变量是价格。期货合约的标准通常由期货交易所设计，经国家监管机构审批上市。

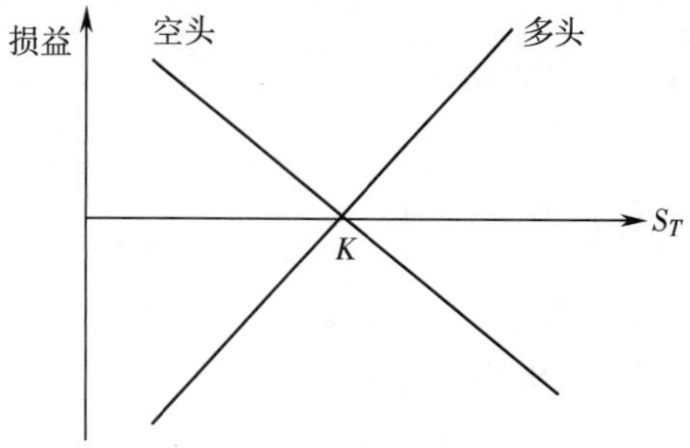

图 5.1 期货合约损益图

2. 交易集中化。期货交易具有组织化和规范化的特征。期货交易在依法建立的交易所内交易，一般不允许在场外交易，期货买卖双方通过经纪公司在交易所以公开喊价或电脑交易两种方式参与竞价交易，具有法律效力。这种交易方式具有交易所向交易参与者收取保证金、同时负责进行清算和承担履约担保责任的特点。此外，由于每个投资者都有不同的需求，交易所事先设计出标准化的金融合同，由投资者选择与自身需求最接近的合同和数量进行交易。在我国，期货交易所汇聚买卖双方并进行期货交易，具有非营利组织的特征，旨在提供期货交易的场所与交易设施，制定交易规则，充当交易的组织者，交易所本身并不介入期货交易活动，也不干预期货价格的形成。

3. 结算统一化。期货交易双方互无关系，都统一以结算机构作为自己的交易对手，即在付款方向上，都只对结算机构，而交易双方之间并没有款项上的来往。这种结算方式大大简化了交易手续和实物交割程序，而且也为投资者在期货合约到期之前，通过“对冲”操作而免除到期交割义务创造了可能。

4. 交易双向化。股票是单向交易，只能先买股票，才能卖出；而期货既可以先买进也可以先卖出，这就是双向交易，熊市也可以赚钱。而且期货是 T+0 交易，每天可以交易数个来回，建仓后，可以马上平仓。

5. 商品特殊化。商品是否能进行期货交易，取决于四个条件：一是商品价格是否波动频繁；二是商品的拥有者和需求者是否渴求避险操作；三是商品能否耐贮藏并运输；四是商品的等级、规格、质量等是否比较容易划分。符合四个基本条件的商品，才有可能作为期货品种进行期货交易。

6. 结束头寸方式灵活化。期货合约可通过实物交割或现金交割、对冲平仓、期转现三种方式了结期货头寸。

（二）期货合约的种类

期货经过100多年的发展，标的资产的范围不断扩大。现在的期货合约根据标的物的不同特点，主要分为两类：商品期货和金融期货。

1. 商品期货：以商品为标的物的期货合约。

农产品期货：1848年美国芝加哥期货交易所（CBOT）诞生后最先出现的期货品种。主要标的物包括小麦、大豆、玉米等谷物，以及棉花、咖啡、可可等经济作物和木材、天然橡胶等林产品。

金属期货：最早出现的是伦敦金属交易所（LME）的铜，目前已发展成以铜、铝、铅、锌、镍为代表的有色金属和黄金、白银等贵金属期货。

能源期货：20世纪70年代发生的石油危机直接导致石油等能源期货的产生。目前市场上主要的能源期货品种有原油、汽油、取暖油、丙烷等。

2. 金融期货：以金融工具作为标的物的期货合约。金融期货包括外汇期货、利率期货和股票指数期货等。

外汇期货：20世纪70年代布雷顿森林体系解体后，浮动汇率制引发的外汇市场剧烈波动促使人们寻找规避风险的工具。1972年5月芝加哥商业交易所率先推出外汇期货合约。目前在国际外汇市场上，交易量最大的货币有美元、欧元、日元、英镑、瑞士法郎和法国法郎等。

利率期货：1975年10月芝加哥期货交易所上市国民抵押协会债券期货合约。利率期货目前主要有两类——短期利率期货合约和中长期利率期货合约，其中后者的交易量更大。

股指期货：随着证券市场的起落，投资者迫切需要一种能规避风险实现保值的工具，在此背景下，1982 年 2 月 24 日，美国堪萨斯期货交易所推出价值线综合指数期货。现在全世界交易规模最大的股指合约是芝加哥商业交易所的 S&P500 指数合约。

5.1.3　期货合约的条款

当开发一项新的合约时，交易所必须详细注明双方协议上的具体条款，尤其是资产品种、合约的规模（即每一合约待交割标的资产的确切数量）、交割地点以及交割时间。有时也会说明交割资产的备选方案，这包括交易标的资产的等级或其他交割地点等。一个常用的规则是：期货的空头方（即现货多头方，未来卖出产品的一方）可以在备选方案中作出选择。当合约的空头方准备选择交割时，要向交易所填写交割意向通知书，这一书面文件会注明资产交割的等级以及交割地点。

（一）标的资产

当期货标的资产为某商品时，这一商品的质量可能有很大差别。因此，当指定标的资产时，交易所对允许交割的资产等级的规定至关重要。美国洲际交易所对冰冻高纯度橙汁期货合约标的的要求是：美国 A 级，而且 Brix 值不低于 62. 5 度的产品。

对于某些商品，在一定等级范围内的商品都可以用于交割，但价格要根据选择的等级进行调整。例如，CME 集团的玉米期货的标准等级为“黄色 2 号”，但按交易所规定，经过价格调整的替代品也可以用于交割。每蒲式耳“黄色 1 号”的价格比“黄色 2 号”的价格要贵 1. 5 美分。

当期货合约中的标的资产为金融资产时，其规定通常很明确。例如，我们不需要定义日元等级。但是，在芝加哥交易所交易的美国中长期国债期货合约有一些有趣的特性。在长期国债期货合约中，标的资产是任何在期货到期时限超过 15 年，并且在 15 年内不可赎回的美国国债。在中期国债期货合约中，标的资产是任何在期货到期时限不少于 6. 5 年但同时不超过 10 年的国债。

（二）交易单位

交易所对每个期货产品都规定了统一的数量和数量单位，统称为“交易单位”或“合约规模”。不同交易所、不同期货品种的交易单位规定各不相同。例如，CME 规定长期国债期货合约的交易单位为面值 100 000 美元的美国长期国债。如果交易者在 CME 买进一张长期国债期货合约并持有到期，其在合约到期日必须买进面值 100 000 美元的美国长期国债。

股指期货合约与普通期货合约又略有不同，其交易单位不是固定的金额，而是由标的股价指数和每个指数点所代表的价值的乘积决定的。例如 CME 交易所的 S&P500 指数期货合约，每点 S&P500 指数代表的价格为 250 美元。假设 2019 年 10 月 24 日，最后结算点数为 3 010. 29 点，所以 2019 年 10 月到期 SPU7 指数期货结算价值就为 $3\ 010.29 \times 250 = 752\ 572.5$ 美元。

（三）到期时间

到期时间是交易所为期货合约规定的另一个标准条款。与到期时间相联系的几个概念包括：到期循环与到期月、交割月、最后交易日。

（1）到期循环与到期月。一般期货合约交易实行到期循环，且大多是3月循环，即每年的3月、6月、9月、12月末到期月。如在CME交易的S&P500指数期货、欧洲美元期货、欧元期货、在CBOT交易的30年美国国债期货等均实行3月到期循环。

（2）交割月、交割日与现金结算日。期货合约的到期交割主要有两种方式：实物交割与现金交割。如果期货合约实行实物交割，合约中就会规定具体的交割月与交割日。如果期货无法实行或不方便实行实物交割，如股指期货，就可以采用计算和划转净盈亏的方式进行结算，称为现金交割或现金结算，这时合约中会规定现金结算日。

（3）最后交易日。最后交易日是指期货合约可以进行交易的最后日期，一般与现金结算日或最后交割日相联系。例如S&P500指数期货合约的最后交易日就是现金结算日的前一个工作日；而CBOT交易的长期国债的最后交易时刻则为交割月最后一个工作日之前的第七个工作日芝加哥时间中午12：01。

（四）最小价格波动值

期货合约中规定了最小的价格波动，交易中买卖双方每次报价时价格的变动必须是这个最小变动价位的整数倍。例如，在上海期货交易所，阴极铜期货、铝期货的最小变动价位是10元/吨，天然橡胶期货的最小变动价位是5元/吨，燃料油期货的最小变动价位是1元/吨。在郑州商品期货交易所小麦期货的最小变动价位是1元/吨，棉花期货的最小变动价位是5元/吨。

（五）价格和头寸的限额

交易所规定每天价格的变动限额和每个交易者可持有的最大合约数量。价格限额分为价格上限（涨停点）、价格下限（跌停点）。通常，价格一旦达到当天的涨跌停限额，该合约当天的交易将会停止。但是，在某些情况下交易所有权干涉并改变每天价格变动的限额。为了防止期货市场风险过度集中于少数投资者，交易所还规定了会员或客户可以持有的，按单边计算的某一合约投机头寸的最大数额，是交易所为防范操纵市场价格行为的措施。

5.2　期货市场

5.2.1　主要期货市场简介

现代有组织的商品期货交易，以美国芝加哥期货交易所（CBOT）的成立为开端。世界主要金融期货市场集中在北美、欧洲和亚太地区。

（一）北美主要期货市场

美国是近代金融期货交易的发源地，交易量占世界金融期货交易量很大一部分。重要的交易所有芝加哥商业交易所集团（简称CME集团）、芝加哥期权交易所集团（简称CBOE）、洲际交易所。加拿大有三个主要的交易所：多伦多股票交易所、多伦多期货交易所和蒙特利尔交易所。其中，芝加哥期货交易所是当前世界上交易规模最大、最具代表性的农产品交易所，芝加哥交易所中的玉米、大豆、小麦等品种的期货价格，不仅是美国农业生产的重要参考价格，而且是国际农产品贸易中的权威价格。2006年10月17日，美国芝加哥城内的两大交易所——芝加哥商业交易所与芝加哥期货交易所——正式合并，由此诞生了迄今为止全球最大的交易所——芝加哥商品交易所集团（CME Group）。2008年纽约商业交易所、纽约商品交易所也并入芝加哥商品交易所集团。合并将使新交易集团在利率期货、指数期货等金融衍生产品交易及农产品期货交易等市场，拥有其他市场难以匹敌的规模优势。芝加哥期权交易所（CBOE）成立于1973年4月26日，是由芝加哥期货交易所（Chicago Board of Trade，CBOT）的会员所组建。在此之前，期权在美国只是少数交易商之间的场外买卖。

（二）欧洲主要期货市场

欧洲地区的期货交易所有英国的伦敦国际金融期货期权交易所（LIFFE）、法国的国际期货交易所以及欧洲期货交易所（EUREX）等。其中LIFFE成立于1982年，是欧洲建立最早、交易最活跃的金融期货交易所，1992年与伦敦期权交易市场合并，1996年收购伦敦商品交易所。交易品种主要有英镑、欧元、美元、日元、瑞士法郎等外汇期货和期权合约，有70种英国股票期权、金融时报100种股票指数期货和期权以及金融时报250种股票指数期货合约等。欧洲期货交易所（EUREX）于1998年秋由德国期货交易所（DTB）和瑞士交易所（Soffex）合并而成。EUREX是世界上最大的期货和期权交易所之一，其2019年的交易量为19.47亿手，在全球交易所中排名第五，占世界总交易量的5.6%。

（三）亚太地区主要期货交易所

亚太地区的主要交易所有日本的大阪证券交易所、东京股票交易所、东京国际金融期货交易所（TIFFE）、新加坡国际金融交易所、香港期货交易所、澳大利亚悉尼期货交易所、新西兰期货交易所。其中TIFFE是一个以短期利率期货为主要交易品种的交易所，成立于1989年4月。由于当时利率和汇率自由浮动，使日本金融机构面临着前所未有的风险。欧洲日元计价的贷款、债券、大额可转让存单和商业票据的大幅度增长，使金融企业迫切地寻找相应的金融保值工具。TIFFE的顺利建立推动了日本金融期货的发展进程，为日本金融期货市场提供了交易平台、中心交易对手、结算交割等服务，并负责维护市场的公平性与透明度。韩国最著名的交易所为韩国证券交易所（KSE），其集团下的KOSPI200指数期货与期权，交易非常活跃，交易量始终排在全球前列。

（四）中国的期货市场

1. 多头监管体制阶段（1990年10月至1998年10月）。我国期货市场起步阶段的起点的标志性事件是1990年中国郑州粮食批发市场的成立，其结束的标志是1993年11月国务院下发《国务院关于坚决制止期货市场盲目发展的通知》。其间深圳有色金属交易所、苏州物资交易所、上海金属交易所等相继成立。1993年12月底，经各部门和各级政府批准开展期货交易的商品交易所达到38家，各地批准成立的期货经纪公司达300余家，期货兼营机构2 000多个。

这一阶段，我国期货市场缺乏专门监管机构，首先，以中国人民银行为主要管制部门，其他各政府部门按期货交易品种划分部门职能的监管格局，同时，还出现了各政府部门都有自己管理的期货交易所的现象。其次，以国务院证券委员会为主管机构，中国证监会为执行机构，国务院各部门和地方政府共同参与的监管阶段（1992年10月至

1998年10月)，1992年10月，专职性的中央政府期货监督管理机关——国务院证券委员会和中国证券监督管理委员会宣告成立，至此，我国形成了一个以国务院证券委员会为主管机构，中国证监会为执行机构，国务院各部门和地方政府共同参与的多元化、多层次的期货市场监管体系。

1998年，以8月1日《国务院关于进一步整顿和规范期货市场的通知》（以下简称《通知》）发布为标志，确定了中国期货市场的新格局，奠定了中国期货市场较完善的监管基本架构。首先《通知》明确了“继续试点，加强监管，依法规范，防范风险”的原则，14家交易所减为上海、郑州、大连3家，取消23个商品期货交易品种，除套期保值功能发挥较好的铜、铝、大豆三品种交易保证金保持5%外，其他9个商品品种的交易保证金提高至10%。

2. 集中型监管体制定型阶段（1998年10月至2000年12月29日）。经过6年的调整和发展，新的证券监管体制构架于1998年10月正式确立。1998年，国务院证券委员会和中国证监会合并，形成现在的中国证券监督管理委员会（CSRC，简称中国证监会）。同时批准了《国务院办公厅关于印发中国证券监督管理委员会职能配置、内设机构和人员编制规定》（简称“三定”方案），“三定”方案明确中国证监会为国务院直属正部级事业单位，对全国期货市场监管机构实行垂直领导，是全国期货市场的主管部门，正式确立了我国集中统一的期货市场监管体制。这时我国期货市场具有如下特点：（1）权力高度集中，中国证监会成为整个期货市场唯一、独立的最高监管机构；（2）垂直管理，由中国证监会及其直属派出机构——地方证券监管办公室两个层面构成，地方证券监管办公室直接受中国证监会管辖，不受地方政府的行政干预。（3）弱自律性，期货交易所只能起到辅助政府监管的作用，且完全受制于中国证监会，其市场监管优势被束缚。另外，由于中国期货业协会尚在筹备之中，其行业自律管理在这一阶段仍处于空缺状态。

3. 三级监管体制阶段（2000年12月29日至2007年）。2000年12月29日，中国期货业协会成立，标志着我国期货市场形成了中国证监会、中国期货业协会和期货交易所监管的三级监管体制，即以中国证监会对市场宏观调控为主，期货交易所内部的一线市场监控、中国期货业协会的行业自律管理为辅，集中监管和市场自律管理相结合的三级监管体制。

从2007年起，我国建立了中国证监会、证监局、期货交易所、中国期货市场监控中心和中国期货业协会“五位一体”的监管体系。2017年国务院颁布了新修订的《期货交易管理条例》，我国期货市场监管体系形成以证监会部门规章和规范性文件为主体，以期货交易所、中国期货市场监控中心及中国期货业协会的规则为补充构成的监管体系框架，完善了“五位一体”的期货监管协调工作机制。

中国目前有四大期货交易所：大连商品交易所、上海期货交易所、郑州商品交易所、中国金融期货交易所。

5.2.2 期货市场组织结构

期货市场包括期货交易所、交易者、结算机构、中介与服务机构、行业自律管理机构以及期货监督管理机构。

（一）期货交易所的性质与职能

期货交易所是为期货交易提供场所、设施、交易规则和相关服务的机构。它自身并不参与期货交易。在现代市场经济条件下，期货交易所已成为具有高度系统性和严密性、高度组织化和规范化的交易服务组织。期货交易所致力于创造安全、有序、高效的市场机制，以营造公开、公平、公正和诚信透明的市场环境与维护投资者的合法权益为基本宗旨。

期货交易所的职能都围绕着上述宗旨展开，通常具有五个重要职能。

1. 提供交易的场所、设施和服务。期货交易实行场内交易，即所有买卖指令必须在交易所内进行集中竞价成交。因此，期货交易所必须为期货交易提供交易场所、必要的设施、先进的通信设备、现代化的信息传递和显示设备等一整套硬件设施，再辅之以完备、周到的配套服务，以保证集中公开的期货交易能够有序运行。

2. 设计合约、安排合约上市。制定标准合约、及时安排合约上市是期货交易所的主要职能之一。期货交易所应结合市场需求开发期货品种，精心设计并选择合适的时间安排新的期货合约上市，增强期货市场服务国民经济的功能，同时科学合理地设计合约的具体条款，满足交易者的投资需求，并安排合约的市场推广。

3. 制定并实施期货市场制度与交易规则。期货交易所通过制定保证金制度、涨跌停板制度、持仓限额制度、大户持仓报告制度、强行平仓制度、当日无负债结算制度、风险准备金制度等一系列制度，从市场的各个环节控制市场风险，保障期货市场的平稳、有序运行。在上述制度的基础上，交易所进一步强化和细化管理，建立健全、统一的期货交易规则，包括交易、风险控制、结算、交割、违约情况管理、信息管理等管理细则，以保证买卖双方交易行为的规范化，保证期货交易顺畅运行。

4. 组织并监督期货交易，监控市场风险。在制定相关期货市场制度与交易规则的基础上，期货交易所组织并监督期货交易，通过实时监控、违规处理、市场异常情况处理等措施，保障相关期货市场制度和交易规则的有效执行，动态监控市场的风险状况，并及时化解与防范市场风险。

5. 发布市场信息。期货交易所需及时把本交易所内形成的期货价格和相关信息向会员、投资者及公众公布，以保证信息的公开透明。

（二）期货结算机构的性质与职能

期货结算机构是负责交易所期货交易的统一结算、保证金管理和结算风险控制的机构。其主要职能包括担保交易履约、结算交易盈亏和控制市场风险。

1. 担保交易履约。当期货交易成交后，买卖双方缴纳一定的保证金，结算机构就承担起保证每笔交易按期履约的责任。交易双方并不发生直接关系，只和结算机构发生关系，结算机构成为所有合约卖方的买方和所有合约买方的卖方。如果交易者一方违约，结算机构将先代替其承担履约责任，由此可大大降低交易的信用风险。也正是由于结算机构替代了原始对手，使得期货交易的对冲平仓方式得以实施。

2. 结算交易盈亏。结算交易盈亏是指每一交易日结束后，期货结算结构对会员的盈亏进行计算。计算完成后，采用发放结算单或电子传输等方式向会员提供当日盈亏等结算数据，会员以此作为对客户结算的依据。

3. 控制市场风险。结算机构担保履约，往往是通过对会员保证金的结算和动态监控实现的。在此过程中，尽管市场状况一直是不断变化的，但结算机构要求会员保证金一直处于规定水平之上。当市场价格不利变化导致亏损使会员保证金一直处于规定的水平以下时，结算机构会向会员发出追加保证金的通知。会员收到通知后必须在下一交易日规定时间内将保证金缴齐，否则结算机构有权对其头寸进行强行平仓。结算机构通过对会员保证金的管理、有效控制市场风险，以保证期货市场平稳运行。

（三）期货中介机构

期货交易所对会员实行总数控制。只有成为交易所会员后，才能取得场内的交易席位，在期货交易所进行交易。非会员须通过期货中介机构进行交易。期货交易所是代理客户进行期货交易并收取交易佣金的中介组织。

期货公司作为场外期货交易者与期货交易所之间的桥梁和纽带，属于非银行金融服务机构。其主要职能包括：根据客户指令代理买卖期货合约，办理结算和交割手续；对客户账户进行管理，控制客户交易风险；为客户提供期货市场信息，进行期货交易咨询，充当客户的交易顾问；等等。

5.2.3　期货市场交易流程

1. 开户。投资者须委托期货经纪公司进行期货或期权交易，在期货经纪公司办理开户登记。开户时，投资者须在期货经纪公司提供的“期货交易风险说明书”上签章确认，并与期货公司签署“期货经纪合同”。

投资者须拥有中华人民共和国居民身份证或具有在中华人民共和国境内注册的企业法人资格的合法证件，期货经纪公司以此为投资者在交易所办理交易编码。

2. 下单。投资者须通过期货经纪公司下达交易指令，下单时可选择书面、电话、网上委托等方式（书面下单，需填写指令单；电话下单，电话通知投资者姓名、交易编码、交易品种、合约、数量、价格、开仓/平仓等；直接通过计算机终端下单，通过互联网直接输入交易指令）。期货经纪公司受理指令后，须及时将投资者交易指令输入交易所计算机终端进行竞价交易。

3. 集合竞价交易。集合竞价采用最大成交量原则，即以此价格成交能够得到最大成交量。高于集合竞价产生的价格的买入申报全部成交；低于集合竞价产生的价格的卖出申报全部成交；等于集合竞价产生的价格的买入或卖出进行申报，根据买入申报量和卖出申报量的多少，按少的一方的申报量成交。若有多个价位满足最大成交量原则，则开盘价取与前一交易日结算价最近的价格。如申报买卖的数量未能一次全部成交，其余量仍存于交易所计算机主机内，继续参加当日竞价交易。

4. 连续竞价交易。交易所计算机自动撮合系统在接受投资者的买卖申报指令后，按“价格优先、时间优先”的原则进行撮合成交。当申报买卖的数量如未能一次全部成交，其余量仍存于交易所计算机主机内，继续参加当日竞价交易。

5. 成交回报。投资者下达的买卖申报经计算机撮合成交即生效。成交信息通过交易所成交回报系统发送至期货公司。期货公司将该成交回报信息及时反馈给投资者。

6. 结算。交易所实行每日无负债结算制度。每日交易结束后，交易所对结算会员结算、结算会员对交易会员结算、交易会员对投资者结算。结算时，即按当日结算价结算所有合约的盈亏、交易保证金及手续费、税金等费用，并对应收应付的款项实行净额一次划转。

7. 交割。期货合约到期时，未平仓合约须进行实物交割。期货合约进入交割月后，交易双方通过合约所载商品所有权的转移，了结未平仓合约。

5.2.4 期货市场交易机制

为维护期货交易的“公开、公平、公正”原则与期货市场的高效运行，对期货市场实施有效的风险管理，期货交易所制定了相关制度与规则。本节重点介绍保证金制度、当日无负债结算制度、涨跌停板制度、持仓限额及大户报告制度、强行平仓制度、风险警示制度、信息披露制度等基本制度。

（一）保证金制度

期货交易实行保证金制度。在期货交易中，期货买方和卖方必须按照其所买卖期货合约价值的一定比率（通常是5%～15%）缴纳资金，用于结算和保证履约。保证金制度是期货市场风险管理的重要手段。保证金分为初始保证金和维持保证金。

✪ **【例5.1】** 2019年5月22日，投资者A以3 629.2点位购买了一份沪深300股指期货合约（IF1905），假设其经纪人的初始保证金要求为150 000元人民币，而维持保证金要求与中国金融期货交易所规定相同，一份沪深300股指期货合约的最低维持保证金为其面值的10%。合约面值为3 629.2×300 = 1 088 760元，则维持保证金额为108 876元。

5月22日交易结束时，IF1905合约结算价为3 622.0点。这意味着A在这一份合约上损失了7.2×300 = 2 160元人民币（合约规定每1点代表300元），则A的保证金账户余额相应减少2 160元人民币，减少至147 840元。

5月23日市场继续下挫，收盘价为3 557.6点。A的保证金账户再次被扣减19 320元人民币，减少至128 520元人民币。

5月29日，IF1905合约价格略有上升，A的保证金账户已经超过了初始的150 000元人民币。按照规定，A可以提取超出150 000元的部分或用于开设新的仓位，在此假设其没有提取。假设5月30日，市场出现大幅下跌，收盘价跌到了3 453.2点，比上一日收盘价3 629.4点下跌了176.2点，A账户的保证金再次被扣减52 860元，扣减至97 200元，已低于经纪人要求的维持保证金水平108 876元，因此他将收到经纪人追加保证金的要求，限时内将保证金追加至初始保证金150 000元（为了使这个例子可以追加保证金，不太会找收盘价上升下降起伏较大的一段时期，在5月30日的这个数据假设一下大幅度降低）。

表5.1给出了具体的计算细节，第二列除了第一行为A建仓时的价格，其他均为每日结算价。

表5.1 2019年5月欧洲美元期货交易的保证金计算与每日盯市结算 单位：元

日期	期货价格	每日盈亏	累计盈亏	保证金账户余额	保证金追加
建仓价格	3 629.2				
5月22日	3 622.0	-2 160	-2 160	147 840	0
5月23日	3 557.6	-19 320	-21 480	128 520	0
5月24日	3 569.4	3 540	-17 940	132 060	0
5月27日	3 607.2	11 340	-6 600	143 400	0
5月28日	3 626.0	5 640	-960	149 040	0
5月29日	3 629.4	1 020	60	150 060	0
5月30日	3 453.2	-52 860	-52 800	150 000	52 800
5月31日	3 574.6	36 420	-16 440	186 420	0

（二）当日无负债结算制度

当日无负债结算制度是指在每个交易日结束后，期货结算机构对期货交易保证金账户当天的盈亏状况进行结算，并根据结算结果进行资金划转。当交易发生亏损，进而导致保证金账户资金不足时，则要求必须在结算机构规定的时间内向账户中追加保证金，以做到“当日无负债”。当日无负债结算制度的实施为及时调整账户资金、控制风险提供了依据，对于控制期货市场风险、维护期货市场的正常运行具有重要作用。

（三）涨跌停板制度

涨跌停板制度又称每日价格最大波动限制制度，即使期货合约在一个交易日中的交易价格波动不得高于或低于规定的涨跌幅度，涨跌停板幅度以上一交易日结算价为基础计算，超过该涨跌幅度的报价将被视为无效报价，不能成交。

专栏5.1

沪深300股指期货涨跌停板

《中国金融期货交易所风险控制管理办法》（2020年12月24日第十三次修订）规定，股指期货合约的涨跌停板幅度为上一交易日结算价的 ±10%。季月合约上市首日涨跌停板幅度为挂盘基准价的 ±20%。上市首日有成交的，于下一交易日恢复到合约规定的涨跌停板幅度；上市首日无成交的，下一交易日继续执行前一交易日的涨跌停板幅度。股指期货的结算价是收市前某一个时间段加权平均价，同一个交易日的收盘价与结算价一般是不同的。

（四）持仓限额及大户报告制度

持仓限额制度是指交易所规定会员或客户可以持有的、按单边计算的某一合约投机头寸的最大数额。大户报告制度则是指当交易所会员或客户某品种某合约持仓达到交易所规定的持仓报告标准时，会员或客户应向交易所报告。

通过实施持仓限额及大户报告制度，可以对交易所持仓量较大的会员或客户进行重点监控，了解其持仓动向、意图，有效防范操纵市场价格的行为；同时，也可以防范期货市场风险过度集中于少数投资者。

在具体实施中，我国还有如下规定：采用限制会员持仓和限制客户持仓相结合的办法，控制市场风险；各交易所对套期保值交易头寸实行审批制，其持仓不受限制，而在中国金融期货交易所，套期保值和套利交易的持仓均不受限制；同一客户在不同期货公司会员处开仓交易，其在某一合约的持仓合计不得超出该客户的持仓限额；会员、客户持仓达到或者超过持仓限额的，不得同方向开仓交易。

（五）强行平仓制度

强行平仓是指按照有关规定对会员或客户的持仓实行平仓的一种强制措施，其目的是控制期货交易风险。强行平仓分为两种情况：一是交易所对会员持仓实行的强行平仓；二是期货公司对其客户持仓实行的强行平仓。

（六）信息披露制度

信息披露制度是指期货交易所按有关规定公布期货交易有关信息的制度。

我国《期货交易管理条例》规定，期货交易所应当及时公布上市品种合约的成交量、成交价、持仓量、最高价与最低价、开盘价与收盘价和其他应当公布的即时行情，并保证即时行情的真实性、准确性。期货交易所不得发布价格预测信息。未经期货交易所许可，任何单位和个人不得发布期货交易即时行情。

《期货交易所管理办法》规定，期货交易所应当以适当方式发布下列信息：（1）即时行情。（2）持仓量、成交量排名情况。（3）期货交易所交易规则及其实施细则规定的其他信息。期货交易涉及商品实物交割的，期货交易所还应当发布标准仓单数量和可用库容情况。期货交易所应当编制交易情况周报表、月报表和年报表，并及时公布。期货交易所对期货交易、结算、交割资料的保存期限应当不少于20年。

5.2.5 期货交易与现货交易和远期交易的比较

（一）期货交易与现货交易的比较

期货交易与现货交易不同，可以从买卖对象、交易目的、交易方式、交易场所、商品范围、信用风险等方面加以区别，具体如表5.2所示。

表5.2 期货交易与现货交易的区别

项目	现货交易	期货交易
买卖对象	实物商品	标准化合约
交易目的	获取所有权	套期保值或获取风险利润
交易方式	议价谈判（一对一）	以公开、公平竞争的方式进行交易
交易场所	不受交易时间、地点、对象的限制	必须在交易所内依法进行公开、集中交易
商品范围	无限制	主要是农产品、石油、金属商品以及一些初级原材料和金融产品
信用风险	较大	很小（每日无负债结算制度）

（二）期货交易与远期交易的比较

虽说期货合约与远期合约都是在交易时约定在将来某一时间按约定的条件买卖一定数量某种标的资产的合约，在本质上是一样的，但两者仍存在很多差异，具体如表5.3所示。

表 5.3 远期交易与期货交易的比较

项目	远期交易	期货交易
交易场所	无固定场所	有固定交易所
标准化程度	非标准化	标准化
违约风险	有信用风险	几乎没有信用风险
价格确定方式	交易双方谈判并私下确定	交易所中公开竞价或做市商报价
合约双方关系	知道对方	不知道对方
结算方式	到期结算	每日结算
结清方式	大多数通过到期实物交割或现金结算	到期交割结算、平仓和期货转现

1. 交易场所不同。远期合约没有固定的场所，交易双方各自寻找合适的对象，因而是一个无严格组织的分散市场。例如高度发达的外汇远期市场就是一个全球范围内的由许多大银行、大经纪公司所组成的电子网络。在金融远期交易中，金融机构（尤其是银行）充当着很重要的角色。由于金融远期合约交割比较方便，标的资产的同质性较好，很多银行都提供重要标的资产的远期买卖报价供客户选择，从而有力地推动了远期交易的发展。

期货合约则在交易所内交易，一般不允许场外交易。交易所不仅为期货交易提供了交易场所和统一清算，还为期货交易制定了许多严格的交易规则，并为期货交易提供信用担保。可以说期货市场是一个有组织、有秩序的统一市场。

2. 标准化程度不同。远期合约遵循契约自由原则，合约中的相关条件如标的物的质量、数量、交割地点和交割时间都是依据双方的需要确定的，其条款的具体内容往往体现出很强的个性化特征。这使得远期合约具有很大的灵活性，但也给合约的转手和流通造成很大麻烦，导致远期合约二级市场的不发达。

期货合约则是标准化的，期货交易所为各种标的物的期货合约制定了标准化的数量、质量、交割地点、交割时间、交割方式、合约规模等条款，只有价格是在成交时根据市场行情确定的。标准化条款使得期货难以满足特殊的交易需求，但却大大便利了期货合约的订立和转让，使期货合约具有极强的流动性，并因此吸引了众多的交易者。

3. 违约风险不同。远期合约的履行仅以签约双方的信誉为担保，一旦一方无力或不愿履约时，另一方就得蒙受损失。目前国际主要远期市场的参与者大多须达到一定的资质，并通过第三方或资产担保等方式降低远期交易的违约风险。而期货合约的履行则由交易所或清算公司提供担保，交易双方直接面对的都是交易所，即使一方违约，另一方也几乎不会受到影响，可以说交易所机制完善的期货交易的违约风险几乎是零。

4. 价格确定方式不同。远期合约的交割价格是由交易双方直接谈判并私下确定的。期货交易的价格则是在交易所中通过公开竞价或根据做市商报价确定。

5. 合约双方关系不同。远期合约是交易双方直接签订的，且由于远期合约的违约风险主要取决于交易对手的信用，因此签约前通常要对交易对手的信誉和实力等方面作充分的了解。而期货合约的履行完全不取决于对方而只取决于交易所或清算机构，交易所是所有买方的卖者和所有卖方的买者。在期货交易中，交易者根本无须知道对方是谁，市场信息成本很低。

6. 结算方式不同。远期合约签订后，只有到期才进行交割清算，其间均不进行结算。所以在远期存续期内，实际交割价格始终不变，标的资产市场价格的变化给投资者带来的是账面浮动盈亏，到期结算时标的资产的市场价格与交割价格的差异才是投资者的真实盈亏。

期货交易则是每天结算的。当同品种的期货市场价格发生变动时，就会对所有该品种期货合约的多头和空头产生浮动盈余或浮动亏损，并在当天晚上就在其保证金账户体现出来。由于期货是每日盯市结算实现真实盈亏的，因此可以把期货看做一个每日以结算价平仓结算并以该结算价重新开立的合约，每日结算价格就是不断变动的期货交割价格。

7. 结清方式不同。由于远期合约是非标准合约化的，不易找到转让对象，并要征得原交易对手的同意，因此绝大多数远期合约只能通过到期实物交割或现金结算来结束。

期货合约则可以通过到期交割结算、平仓和期货转现三种方式结清。由于交易便利，当期货交易一方的目的（如投机、套期保值和套利）达到时，无须征得对方同意就可以通过平仓来结算自己的头寸，并把履约权利和义务转让给第三方。在实际中，绝大多数期货合约都是通过平仓了结的。

从上述比较可以看到，从交易机制来看，无论是在提高流动性、降低违约风险，还是在降低交易成本等方面，期货都比远期要优越得多。但这并不意味着远期的消亡。事实上，远期市场仍然非常庞大，其最大的吸引力就在于其灵活性以及零交易成本。出于经营成本的考虑，期货交易所不可能提供那些成交量不大和特殊性强的期货交易品种，这正是远期市场得以不断生存和发展的基础。此外，远期交易难以监管，也是远期与期货同时并存的重要原因。特别是随着信息技术的进步和电子报价系统的运用，远期交易在信息方面的弱势已逐渐消失。加上在改进清算系统等降低信用风险方面的努力，远期市场的零成本优势正在吸引大批机构从交易所市场转向远期市场，从而使远期市场获得很大的竞争优势。其中最典型的例子就是外汇远期交易已经大大超过了外汇期货交易，很多国家的外汇期货交易由于交易过于清淡而被迫关闭。

5.3 期货价格

5.3.1 期货定价的基本理论

（一）持有成本理论

持有成本理论表明的是期货价格与现货价格的关系。期货价格等于现货价格加上持有该现货商品至期货合约到交割日的持有成本，主要包括利息成本、仓储成本等。用公式表达为

$$F = S + B$$

其中，F 表示期货价格，S 表示现货价格，B 表示持有现货成本（=成本利息支出+仓储成本-利息收入）。如果将上式改成复利计算的形式，可改写为

$$F = S + B = Se^{bT}$$

其中，b 是成本比率，T 表示期货到期的期限。

就像远期价格到期收敛于现货价格一样，随着期货合约交割月份的逼近，T 会接近于零，期货价格会逐渐收敛到标的资产的即期价格。图5.2说明了期货价格收敛于即期价格。图5.2（a）中，在交割期之前，期货价格高于即期价格；图5.2（b）中，在交割期之前，期货价格低于即期价格。

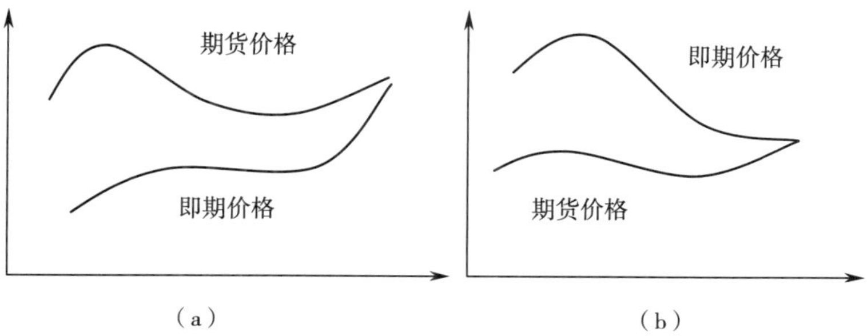

图5.2 随着交割日临近，期货价格与即期价格之间的关系

（二）预期理论

预期理论表明的是期货价格与预期到期的现货价格的关系。在标的资产的收益与股票市场无关时，$k=r$，该理论认为期货价格是对未来交易日现货价格的预期。

$$F_0 = E(S_T)$$

其中，F_0 表示期货价格，$E(S_T)$ 表示到期日 T 的现货价格的预期值，k 为标的资产的收益率。

（三）正常逆价理论

经济学家凯恩斯认为，套保者如果在期货市场上以空头出现，必须诱使投机者以多头角色出现，只有期货价格低于将来的现货价格，才能以较高的预期回报率吸引投资者充当多头角色，当交割来临时，现货价格比期货市场预测的价格高一些，其差额是对投机者承担风险的一种补偿。又根据远期定价中的分析，当一项资产价格与股票市场正相关性时，由 $k>r$ 和 $F_0=E(S_T)e^{(r-k)T}$ 得出，$F_0<E(S_T)$，我们把期货价格低于将来预期即期价格的理论称为正常逆价理论。

（四）反向倒贴理论

同理，如果套保者计划在期货市场上做多头，必须诱使投机者做空，只有期货价格比预期的现货价格高，才能以较高的预期回报率吸引投资者充当空头角色，当交割来临时，现货价格比期货预测价格低一些，其差额是对投机者承担风险的补偿。又根据远期定价中的分析：如果资产收益与股票市场有负相关性时，由 $k<r$ 及 $F_0=E(S_T)e^{(r-k)T}$ 得出 $F_0>E(S_T)$，我们把期货价格高于预期未来即期价格的理论称为反向倒贴理论。

5.3.2　期货价格和远期价格的关系

（一）利率为常数时远期价格与期货价格是相等的

远期价格与期货价格之间的区别就好像债券市场中“长期”债券和“滚动短期”债券之间的区别。两种合约的价格都是在到期日支付特定数目标的资产。对于远期价格，支付的数目是投资于一个以 T 为到期日的折现债券所获得的收益；而对于期货价格，支付数目则是连续再投资于单期债券到期日为 T 的策略所获得的收益。这个特点决定了远期和期货的区别：期货价格决定于标的资产价格与利率期限结构之间的关系，而远期价格则只与长期固定利率有关。所以在常数利率条件下，远期和期货合约都可以构造在到期日有固定收益的资产组合。

证明：一份 n 天的期货合约，F_i 为第 i 天末的期货价格（$0<i<n$），γ 为日无风险利率（常数），投资策略为在第 $i-1$ 天持有 $e^{i\gamma}$ 的期货多头头寸（见表 5.4）。

表 5.4　　每日无负债对期货价格的影响

第 0 天	第 1 天	第 2 天	…	第 $n-1$ 天	第 n 天
F_0e^{γ}	$F_1e^{2\gamma}$	$F_2e^{3\gamma}$	…	$F_ne^{n\gamma}$	F_n
以 F_0 买入 e^{γ} 手	以 F_1 卖出 e^{γ} 手平仓， 以 F_1 买入 $e^{2\gamma}$ 手开仓， 收益 $(F_1-F_0)e^{\gamma}$	→			$(F_1-F_0)e^{\gamma}e^{(n-1)\gamma}$ $=(F_1-F_0)e^{n\gamma}$
		以 F_2 卖出 $e^{2\gamma}$ 手平仓， 以 F_2 买入 $e^{3\gamma}$ 手开仓， 收益 $(F_2-F_1)e^{2\gamma}$	→		$(F_2-F_1)e^{2\gamma}e^{(n-2)\gamma}$ $=(F_2-F_1)e^{n\gamma}$
				…	
				以 F_{n-1} 卖出 $e^{(n-1)\gamma}$ 手平仓， 以 F_{n-1} 买入 $e^{n\gamma}$ 手开仓，→ 收益 $(F_{n-1}-F_{n-2})e^{(n-1)\gamma}$	$(F_{n-1}-F_{n-2})e^{(n-1)\gamma}e^{\gamma}$ $=(F_{n-1}-F_{n-2})e^{n\gamma}$
					以 F_n 卖出 $e^{n\gamma}$ 手平仓 收益 $(F_n-F_{n-1})e^{n\gamma}$
					总收益：$(F_n-F_0)e^{n\gamma}$

分析：期货的每日无负债制度，相当于每日按照新的结算价卖出平仓，再以结算价新开仓，为了考虑时间价值对期货头寸的影响，设在第 $i-1$ 天持有 $e^{i\gamma}$ 的期货多头头寸，并将每日的价差进行无风险投资，将第 i 天的期货价差收益（F_i-F_{i-1}）$e^{i\gamma}$，按无风险利率投资到第 n 天末，得

$$(F_i-F_{i-1})e^{i\gamma}e^{(n-i)\gamma}=(F_i-F_{i-1})e^{n\gamma}$$

则第 n 天末整个投资中价差收益的总和为

$$\sum_{i=1}^{n}(F_i - F_{i-1})e^{n\gamma} = (F_n - F_0)e^{n\gamma} = (S_T - F_0)e^{n\gamma}$$

又本金 F_0 按无风险利率投资到期末为 $F_0e^{n\gamma}$，价差收益为（$S_T - F_0$） $e^{n\gamma}$，则在 T 时刻的总资金为：$F_0e^{n\gamma}$ +（$S_T - F_0$） $e^{n\gamma} = S_Te^{n\gamma}$，即初始 F_0 的投资，期末价值变为 S_Te^{nr}。

设第 0 天的远期价格为 G_0，将资金 G_0 按无风险利率投资，并持有 $e^{n\gamma}$份远期合约多头头寸，则在 T 时刻的总收益为 $G_0e^{n\gamma}$ +（$S_T - G_0$） $e^{n\gamma} = S_Te^{n\gamma}$，即初始 G_0 的投资，期末价值同样也为 S_Te^{nr}。

结论：利率为常数时远期价格与期货价格是相等的，期货的每日无负债制度不影响投资者的收益，不影响期货的定价。

（二）当利率不确定时在理论上两者有轻微差异

利率和资产价格间强烈正相关，期货价格比远期价格稍高。

利率和资产价格间强烈负相关，期货价格比远期价格稍低。

表 5.5　　期货多头头寸随时间变化的现金流

时刻 t	期货价格	时刻 t 的盯市收益或亏损	时刻 T 收益/损失的数值
0	F_0		
1	$\tilde{F}_1$	$\tilde{F}_1 - F_0$	$(\tilde{F}_1 - F_0)e^{r_1(T-1)}$
2	$\tilde{F}_2$	$\tilde{F}_2 - \tilde{F}_1$	$(\tilde{F}_2 - \tilde{F}_1)e^{r_2(T-2)}$
…	…	…	…
t	$\tilde{F}_t$	$\tilde{F}_t - \tilde{F}_{t-1}$	$(\tilde{F}_t - \tilde{F}_{t-1})e^{r_t(T-t)}$
…	…	…	…
$T-1$	$\tilde{F}_{T-1}$	$\tilde{F}_{T-1} - \tilde{F}_{T-2}$	$(\tilde{F}_{T-1} - \tilde{F}_{T-2})e^{r_{T-1}\cdot 1}$
T	$\tilde{F}_T$	$\tilde{F}_T - \tilde{F}_{T-1}$	$(\tilde{F}_T - \tilde{F}_{T-1})$
总计		$\tilde{F}_T - F_0 = \tilde{S}_T - F_0$	$\sum_{t=1}^{n}(\tilde{F}_t - \tilde{F}_{t-1})e^{r_t(T-t)}$

考虑表 5.5 中列出的期货头寸现金流，表中第三列即为不考虑货币的时间价值的和，与没有每日结算过程的远期价格相等，在时刻 T 的价格均为 $\tilde{S}_T - F$。但第四列是考

虑时间价值的一列，即考虑每日无负债结算过程的，每天的收益/亏损可带来收入，如果无风险利率和资产价格正相关，资产价格上升利率也上升，则期货头寸在时刻 T 的价格可能大于远期合约头寸的终值，如果无风险利率和资产价格负相关，资产价格上升而利率下降，则期货头寸在时刻 T 的价格可能小于远期合约头寸的终值。

结论：当利率不确定时多头远期合约的终值和多头期货合约的终值是不同的。

✪【例 5.2】假如 3 天后你需要 100 万英镑，并想把价格锁定在今天的水平上。假设 3 天的英镑远期合约价格为每英镑 1.60 美元，还差 3 天到期的英镑期货合约价格也是 1.60 美元。假设无风险利率为 5%，比较多头远期合约头寸和多头期货合约头寸在 3 天后的终值。假设未来 3 天的期货价格分别为 1.71 美元、1.67 美元和 1.70 美元。

多头远期合约头寸的终值就是第 3 天的汇率 1.70 美元减去远期合约价格 1.60 美元，乘以 100 万，即 10 万美元，恰好等于多头期货头寸每日结算收益/亏损的总和。当把每日结算收益/亏损按无风险利率投资时，多头期货合约的终值为 100 024.66 美元，如下表所示。一般来说，多头远期合约的终值和多头期货合约的终值是不同的。

时刻 t	期货价格	时刻 t 的盯市收益或亏损	时刻 T 收益或损失的数值
0	1.6		
1	1.71	110 000.00	110 030.14
2	1.67	-40 000.00	-40 005.48
3	1.7	30 000.00	30 000.00
总计		100 000.00	100 024.66

两个终值不同的原因是期货合约的终值取决于期货价格在有效期内的变化，不同的期货价格变化路径会导致不同的终值。例如，如果期货价格在第一天为 1.51 美元，而非 1.71 美元，期货头寸的终值将是 99 997.26 美元，低于多头远期合约的终值 100 000 美元。

在期限小于几个月时，期货及远期价格的理论差异可以忽略不计。在实践中，理论模型中有几个因素会造成远期和期货价格的不同，包括税务、交易费用及对于保证金的处理等。因为交易所清算中心的作用，期货合约中的对手违约风险很小。另外，有时期货合约的市场流动性也比远期合约好。虽然有很多不确定因素，对于大多数情形，我们仍然可以假设远期的价格等于期货的价格。

【本章小结】

1. 期货合约（Futures Contract）就是一份以法律维系的在未来买入或卖出某种标的资产的协议。期货合约是一种承诺，最初卖出合约的人承诺在未来交割日将一定数量的标准化商品交付到一个预先指定的地点。交易的另一方承诺为交割的产品支付预先商定的价格。

2. 根据标的资产的不同，常见的期货合约主要分为商品期货合约和金融期货合约。其中，商品期货合约包括农产品期货、金属期货、能源期货；金融期货合约包括外汇期货、利率期货和股票指数期货等。

3. 远期合约与期货合约均为在将来时可以以某种价格买入或卖出某种资产的协议。远期合约的交易在场外市场进行，并且没有标准的合约规模与交割安排，这种合约通常会指定一个交割日期，并且一般会持有至到期日，然后交割。期货合约是在交易所交易的标准合约，交割日期通常为一段时间，这种合约会每天结算，并且一般在到期日前会平仓。

4. 不同期货标的资产的自身特点不同，其期货价格也不相同。股指一般被看作是支付一定股息的投资资产，其期货价格是 $F_0 = S_0 e^{(r-q)T}$；货币期货价格是 $F_0 = S_0 e^{(r-r_f)T}$；商品期货价格是 $F_0 = (S_0 + U)e^{rT}$。

5. 期货价格与即期价格的关系（见图5.2）。

【重要概念】

期货交易所　期货合约　期货的交易制度　期货合约价格　预期未来即期价格

【参考读物】

[1] 邬瑜骏，黄丽清，汤震宇．金融衍生产品——衍生金融工具理论与应用［M］．北京：清华大学出版社，2007.

[2] 郑振龙，陈蓉．金融工程（第三版）［M］．北京：高等教育出版社，2012.

[3] 中国期货业协会．期货市场教程（第七版）［M］．北京：中国财政经济出版社，2012.

[4] John C. Hull, "Options, Futures and Other Derivatives (9th edition)", New Jersy, Prentice Hall, 2014.

【练习题】

1. 期货合约的概念、分类是什么？

2. 期货合约与远期合约的异同点是什么？

3. 简述期货的交易制度。

4. 一个喂养牲畜的农场主将在4个月后卖出100 000磅活牛。在CME集团的4个月期限的活牛期货合约的规模为25 000磅活牛。你将如何采用期货合约来对冲风险？从这一农场主的角度来看，对冲的好处和坏处分别是什么？

5. 一个股指的当前价格为350美元，无风险利率为每年8%（连续复利），股指的股息收益率为每年4%。3个月期的期货价格为多少？

6. 假定无风险利率为每年9%（连续复利），股指股息收益率为每年6%。股指的当前价格为600美元，在4个月支付的期货价格为605美元。这时存在什么样的套利机会？

7. 瑞士和美国的连续复利的两个月期限的利率分别为每年2%和每年5%。瑞士法郎的即期价格为0.8美元。在2个月后交割的期货价格为0.82美元，这时存在什么样的套利机会？

8. 原油现货价格为每桶 80 美元，存储一年的费用为每桶 3 美元，年底支付；无风险利率为每年 5%，连续复利。一年期原油期货价格的上限是多少？

9. 良楚公司购入 500 吨小麦，价格为 1 300 元/吨，为避免价格风险，该公司以 1 330元/吨的价格在郑州小麦 3 个月后交割的期货合约上作卖出保值并成交。2 个月后，该公司以 1 260 元/吨的价格将该批小麦卖出，同时以 1 270 元/吨的成交价格将持有的期货合约平仓。该公司该笔保值交易的结果（其他费用忽略）为多少？

10. 6 月 5 日某投机者以 95.45 欧元的价格买进 10 张 9 月到期的 3 个月欧元利率（Euribor）期货合约，6 月 20 日该投机者以 95.40 欧元的价格将手中的合约平仓。在不考虑其他成本因素的情况下，该投机者的净收益是多少？

第6章

主要期货合约

【本章知识结构】

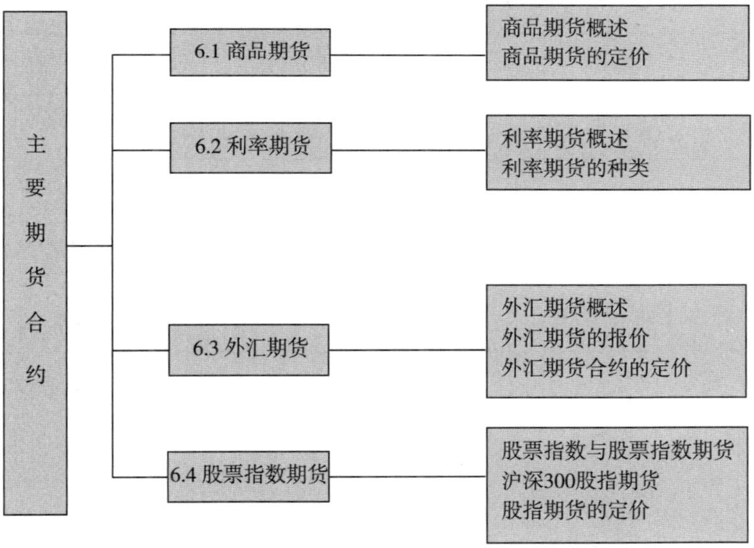

教学要求

1. 了解几种主要期货合约的概念；
2. 掌握几种主要期货合约品种；
3. 掌握几种主要期货的定价；
4. 掌握利率期货报价、定价、现金价格的计算。

6.1 商品期货

6.1.1 商品期货概述

（一）商品风险与商品期货

商品期货是指标的物为实物商品的期货合约，商品期货历史悠久、种类繁多，主要包括农副产品、金属产品、能源产品等几大类。

经济组织或单位受某些商品价格波动影响时，就面临商品价格风险。面临商品价格风险比较明显的行业有石油公司、航空、汽车制造及食品加工等行业。除了比较明显的商品价格风险外，有些商品价格风险具有不明显的间接效应，这种效应有时候具有同等的危害性。

商品期货的出现，帮助了这些经济组织或单位在面临商品价格急剧波动时，减轻由此造成的不利影响。在实际的生产经营过程中，可以在期货市场上买进或卖出与现货市场上数量相等但交易方向相反的商品期货，使两个市场交易的损益相互抵补。商品期货合约的标的物就是某一商品，主要包括农产品期货、金属期货、能源期货。

表 6.1　全球主要商品期货品种及上市交易所

	类型	主要上市交易所	品种
商品期货	农产品	芝加哥期货交易所	玉米、大豆、小麦、豆粕
	林产品	芝加哥期货交易所	木材
	经济作物	纽约期货交易所	棉花、糖、咖啡、可可、天然橡胶
	畜产品	芝加哥期货交易所	生猪、活牛
	有色金属	纽约期货交易所	黄金、白银、钯
		伦敦金属交易所	铜、铝、铅、锌
	能源	纽约期货交易所	石油、天然气

（二）我国上市的商品期货

从各交易所表现来看，2019 年我国商品期货成交量居于前三的是上海期货交易所、大连商品交易所和郑州商品交易所。随着经济的发展，我国期货市场规模和容量发展迅速，目前期货市场已成为我国现代市场体系的重要组成部分。美国期货行业协会（FIA）公布的2019 年全球衍生品交易所期货期权成交量排行榜中，上海期货交易所、大连商品交易所、郑州商品交易所分别位列第 10 位、第 11 位、第 12 位。

1. 大连商品交易所。大连商品交易所上市的期货品种以农产品、工业品为主，各品种上市时间如表 6.2 所示。

表 6.2　　　　大连商品交易所期货品种及上市时间

期货品种	上市时间
豆粕（M）	2000 年 7 月 17 日
豆油（Y）	2006 年 1 月 9 日
玉米（C）	2004 年 9 月 22 日
玉米淀粉（CS）	2014 年 12 月 19 日
棕榈油（P）	2007 年 10 月 29 日
聚乙烯（LLDPE）（L）	2007 年 7 月 31 日
聚氯乙烯（PVC）（V）	2009 年 5 月 25 日
胶合板（BB）	2013 年 12 月 6 日
纤维板（FB）	2013 年 12 月 6 日
苯乙烯（EB）	2019 年 9 月 26 日
乙二醇（EG）	2018 年 12 月 10 日
聚丙烯（PP）	2014 年 2 月 28 日
黄大豆 1 号（A）	2002 年 3 月 15 日
黄大豆 2 号（B）	2004 年 12 月 22 日
焦炭（J）	2011 年 4 月 15 日
焦煤（JM）	2013 年 3 月 22 日
铁矿石（I）	2013 年 10 月 18 日
鸡蛋（JD）	2013 年 11 月 8 日
粳米（RR）	2019 年 8 月 16 日

大连商品交易所是全球最大的农产品、塑料、煤炭、铁矿石期货市场。截至 2020 年 2 月，大连商品交易所共有会员 162 家和指定交割库 341 个，它们分别分布于全国 26 个省、自治区、直辖市。据统计，2019 年大连商品交易所期货年成交量为 13.31 亿手，年成交额为 68.92 万亿元。

表 6.3　　　　大连商品交易所的豆油期货合约

交易品种	大豆原油
交易单位	10 吨/手
报价单位	元（人民币）/吨
最小变动价位	2 元/吨
涨跌停板幅度	上一交易日结算价的 4%
合约月份	1 月、3 月、5 月、7 月、8 月、9 月、11 月、12 月
交易时间	每周一至周五上午 9：00 ~ 11：30，下午 13：30 ~ 15：00
最后交易日	合约月份第 10 个交易日
最后交割日	最后交易日后第 3 个交易日
交割等级	大连商品交易所豆油交割质量标准
交割地点	大连商品交易所指定交割仓库
最低交易保证金	合约价值的 5%
交易手续费	不超过 6 元/手（当前暂为 2.5 元/手）
交割方式	实物交割
交易代码	Y
上市交易所	大连商品交易所

2. 郑州商品交易所。郑州商品交易所上市的产品以农产品、非农产品以及各类期权为主，各品种上市时间如表6.4所示。

表6.4　　郑州商品交易所期货品种及上市时间

期货品种	上市时间
棉花（CF）	2004年6月1日
棉纱（CY）	2017年8月18日
白糖（SR）	2006年1月6日
PTA（TA）	2006年12月18日
油菜籽（RS）	2012年12月28日
菜籽油（RO）	2007年6月8日
菜籽粕（RM）	2012年12月28日
早籼稻（ER）	2009年4月20日
晚籼稻（LR）	2014年7月8日
粳稻（JR）	2013年11月18日
苹果（AP）	2017年12月22日
红枣（CJ）	2019年4月30日
动力煤（TC）	2013年9月26日
强麦（WS）	2003年3月28日
新硬麦（WT）	2008年3月24日
甲醇（ME）	2011年10月28日
铁合金（SF）	2014年8月8日
玻璃（FG）	2012年12月3日
锰硅（SM）	2014年8月8日
尿素（UR）	2019年8月9日
纯碱（SA）	2019年12月6日
短纤（PF）	2020年10月12日
白糖期货期权	2017年4月19日
棉花期权	2019年1月28日
PTA期权	2019年12月16日
甲醇期权	2019年12月16日
菜籽粕期权	2020年1月16日
动力煤期权	2020年6月30日

截至2020年9月底，郑州商品交易所共有会员164家，分布在全国27个省（市）、自治区；指定交割仓（厂）库333家；指定保证金存管银行14家。2019年郑州商品交易所期货年成交量为10.92亿手，年成交额为39.54万亿元。

表6.5 郑州商品交易所一号棉花期货合约

交易品种	一号棉花
交易单位	5 吨/手（公定重量）
报价单位	元（人民币）/吨
最小变动价位	5 元/吨
每日价格最大波动限制	上一交易日结算价 ±4% 及《郑州商品交易所期货交易风险控制管理办法》相关规定
合约交割月份	1 月、3 月、5 月、7 月、9 月、11 月
交易时间	每周一至周五上午 9：00～11：30，下午 1：30～3：00 及交易所规定的其他交易时间
最后交易日	合约交割月份第 10 个交易日
最后交割日	合约交割月份的第 13 个交易日
交割等级	328B 级国产锯齿细绒白棉（符合 GB 1103—2007）
交割地点	交易所指定棉花交割仓库
最低交易保证金	合约价值的 5%
交割方式	实物交割
交易代码	CF
上市交易所	郑州商品交易所

3. 上海期货交易所。上海期货交易所上市的期货以金属和能源化工等为主，各品种上市时间如表6.6所示。

表6.6 上海期货交易所期货品种及上市时间

期货品种	上市时间
锌（Zn）	2007 年 3 月 26 日
黄金（Au）	2008 年 1 月 9 日
螺纹钢（RB）	2009 年 3 月 27 日
线材（WR）	2009 年 3 月 27 日
燃料油（FU）	2004 年 8 月 25 日
铜（Cu）	1993 年
铝（Al）	1992 年
天然橡胶（Ru）	1993 年 11 月
铅（PB）	2011 年 3 月 24 日
白银（AG）	2012 年 5 月 10 日
沥青（Bu）	2013 年 10 月 9 日
热轧卷板（HC）	2014 年 3 月 21 日
镍、锡（NI、SN）	2015 年 3 月 27 日
原油（SC）	2018 年 3 月 26 日
纸浆（SP）	2018 年 11 月 27 日
20 号胶（NR）	2019 年 8 月 12 日
不锈钢（SS）	2019 年 9 月 25 日
低硫燃料油（LU）	2020 年 6 月 22 日

2019 年，在全球前 20 的能源期货和期权成交量排名中，全球前 3 位的能源类衍生品分别为莫斯科交易所（MOEX）的布伦特原油期货、纽约商业交易所（NYMEX）的 WTI 原油期货和 ICE 的布伦特原油期货。上海期货交易所燃料油以 1.77 亿手成交量位列第 4，石油沥青期货以 1.03 亿手成交量位列第 7，其子公司上海国际能源中心的原油期货以 3 464 万手成交量也跻身其中，居第 14 位。

表 6.7　上海期货交易所螺纹钢期货合约（2020 年 8 月 31 日发布）

交易品种	螺纹钢
交易单位	10 吨/手
报价单位	元（人民币）/吨
最小变动价位	1 元/吨
涨跌停板幅度	上一交易日结算价 ±3%
合约月份	1～12 月
交易时间	上午 9：00～11：30，下午 1：30～3：00 和交易所规定的其他交易时间
最后交易日	合约月份的 15 日（遇国家法定节假日顺延，春节月份等最后交易日交易所可另行调整并通知）
交割日期	最后交易日后连续三个工作日
交割品级	标准品：符合国标 GB/T 1499.2—2018《钢筋混凝土用钢 第 2 部分：热轧带肋钢筋》HRB400 牌号的 Φ16mm、Φ18mm、Φ20mm、Φ22mm、Φ25mm 螺纹钢 替代品：符合国标 GB/T 1499.2—2018《钢筋混凝土用钢 第 2 部分：热轧带肋钢筋》的 HRB400E 牌号的 Φ16mm、Φ18mm、Φ20mm、Φ22mm、Φ25mm 螺纹钢
交割地点	交易所指定交割仓库
最低交易保证金	合约价值的 5%
交割方式	实物交割
交割单位	300 吨
交易代码	RB
上市交易所	上海期货交易所

6.1.2　商品期货的定价

（一）黄金和白银

黄金、白银是众多投资者所拥有的贵金属资产，如果不考虑存储成本，黄金和白银类似于无收益证券。设 S 表示黄金的现货价格，则期货价格 F 为

$$F = Se^{r(T-t)}$$

存储成本可看作负收益，设 U 为期货合约有效期间所有存储成本的现值，则期货价格 F 为

$$F = (S + U)e^{r(T-t)}$$

若任何时刻的存储成本与商品价格成一定的比例，存储成本可看作负的收益率。在这种情况下，期货价格 F 调整为

$$F = Se^{(r+u)(T-t)}$$

这里，u 表示每年的存储成本与现货价格的比例。

（二）其他商品

对于持有目的主要不是投资的商品来说，以上讨论不再适用。个人或公司保留的库存是因为其有消费价值，并非投资价值。因此，他们不会积极主动地出售商品购买期货合约，因为期货合约不能消费。因此 $F<(S+U)e^{r(T-t)}$ 可以长久存在下去，而 $F>(S+U)e^{r(T-t)}$ 不能长久成立，故有：$F\leqslant(S+U)e^{r(T-t)}$，若存储成本用现货价格的比例 u 来表示，则有 $F\leqslant Se^{(r+u)(T-t)}$。

（三）便利收益

当 $F<Se^{(r+u)(T-t)}$ 时，商品使用者会认为持有实物的商品比持有期货合约更有吸引力。这些好处可包括：从暂时的当地商品短缺中获利或者具有维持生产线运行的能力，这些好处有时称为商品的便利收益（Convenience Yield）。

如果存储成本已知，且现值为 U，便利收益率为 y，则

$$Fe^{y(T-t)} = (S+U)e^{r(T-t)}$$

如果存储成本为现货价格的固定比例 u，便利收益率为 y，则

$$F = Se^{(r+u-y)(T-t)}$$

6.2 利率期货

6.2.1 利率期货概述

（一）利率期货的概念

利率期货是指以债券等利率敏感类证券为标的物的期货合约，它可以规避银行利率波动所引起的证券价格变动的风险。如果把这个定义应用到短期利率期货时，它的基础资产是利率，也就是说，我们可以把“交易”的对象想象成一份名义定期存款；而交易的“价格”则是整个存款期的固定利率，并且这个存款期为未来的某个特定时期。买入一份利率期货合约相当于存入一笔存款，是一笔投资；卖出一份期货合约，则相当于借款，是一笔融资。

利率期货是指以债券等利率敏感类证券为标的物的期货合约，它可以规避银行利率波动所引起的证券价格变动的风险。

专栏 6.1

利率远期与利率期货的区别

1. 远期利率协议的买方是担心利率上升的借款人，规避利率上升的风险，而利率期货的买方是担心利率下跌的投资人，规避利率下跌的风险；相反，远期利率协议的卖方是担心利率下跌的投资人，规避利率下降的风险，而利率期货的卖方是担心利率上升的借款人，规避利率上升的风险。

2. 远期利率协议报出的是远期利率，而利率期货所报出的通常并非期货利率，而是与期货利率反向变动的特定价格，期货利率隐含在报价中。

3. 由于上述区别，利率期货结算金额为协议价与市场结算价之差，远期利率的结算价则为利差的贴现值。

4. 利率期货存在每日盯市结算与保证金要求，加上结算金额计算方式的不同，决定了远期利率与期货利率的差异。

5. 远期利率协议通常采用现金结算，而利率期货可能需要实物交割，期货交易所通常规定多种符合标准的不同证券均可用于交割，也可能需要现金结算，使得利率期货相对复杂。

（二）影响利率期货价格的主要因素

通常利率期货的价格和市场利率呈反方向变动。一般地，如果市场利率上升，利率期货的价格将会下跌，反之，如果市场利率下降，利率期货价格将会上涨。

影响市场利率以及利率期货价格的主要因素包括：（1）货币供应量。当货币供应量不足时，利率上升；相反，当货币供应量过剩时，利率就会下降。（2）经济发展状况。当经济发展速度较快，贷款需求旺盛时，利率会升高；当经济发展速度放慢，贷款需求减少时，利率会下跌。（3）政府的财政状况。当政府出现赤字的时候，利率会受到一定的影响。（4）其他国家利率水平。由于各国间资本流动十分频繁，因此一国的利率水平很容易受到其他国家利率水平的影响。（5）其他因素。社会政治环境、失业率等也会对利率造成一定的影响。

6.2.2 利率期货的种类

利率期货交易对象并不是利率，而是某种与利率相关的特定的金融证券或支付凭证，如国库券、债券、大额定期存单、欧洲美元存款证等，其标的资产的价格通常与实际利率成反方向变动。根据利率期货合约标的期限的不同，利率期货可以分为短期利率期货和中长期利率期货两类。

（一）短期利率期货

短期利率期货是指期货合约标的的期限在一年以内的各种利率期货，如短期国库券（Treasury Bill）期货合约、欧洲美元期货合约、商业票据期货合约、大额可转让存单（CDs）期货合约等。

1. 短期利率期货的种类。目前市场上常见的短期利率期货的标的有 3 个月欧元银行间拆放利率、3 个月英镑利率、13 周美国国债等。

（1）13 周美国短期国债期货合约。CME 上市的 13 周美国短期国债期货合约产生于 1976 年 1 月，该合约一经推出立即得到迅速的发展。

13 周美国短期国债期货合约的标的资产为面值 1 000 000 美元的 3 个月期的美国短期国债，合约月份则为每年的 3 月、6 月、9 月和 12 月。但根据芝加哥商业交易所国际货币市场（IMM）的规定，合约到期时，卖方必须在 3 个连续的营业日内完成交割，使可用于交割的既可以是新发行的 3 个月期国债，也可以是尚有 90 天剩余期限的原来发行的 6 个月期或 1 年期的国债。

表6.8 13周美国国债期货合约

交易单位	面值1 000 000美元的3个月期美国国债
最小变动价位	0.005（1/2点），每张合约12.50美元
报价方式	100减去国库券年贴现率（例如，贴现率5.25%可表示为94.75）
每日波动限价	无
合约月份	三个自然月份加四个季末循环月份（3月、6月、9月、12月）
交易时间	芝加哥时间上午7：20至下午2：00，最后交易日于中午12：00收盘
最后交易日	到期合约于该月份第一交割日前的那个营业日停止交易
交割日	交割将于连续3个营业日内进行；第一交割日是现货月份的第一天，那天正是新的13周国债发行，而原来发行的1年期国债尚有13周剩余期限的1天
交割等级	新发行的3个月期美国国债与原来发行的、尚有90天剩余期限的1年期和6个月期的美国国债
交割方式	实物交收

（2）英镑定期存款合约。以伦敦国际金融交易所（LIFFE）交易的3个月期英镑定期存款合约为例，来说明利率期货合约的主要内容。

表6.9 3个月期英镑定期存款合约

交易单位	£500 000的3个月期利率
最小价格变动价位幅度	0.005［£500 000×0.005%×（3/12）=£6.25］
合约报价	100减去利率
交割月份	交割月为3月、6月、9月、12月，挂牌数为23个交割月
最后交易日	交割月的第三个星期三
交割日	最后交易日之后的第一个营业日
交易时间	07：30～18：00

（3）欧洲美元期货合约。1981年12月，IMM推出了具有“里程碑”意义的期货品种，即3个月期欧洲美元期货。欧洲美元是指存放在美国境外的美国银行或外国银行的美元，欧洲美元利率是指银行间存放欧洲美元的利率。3个月期欧洲美元期货合约可以使得投资者锁定未来名义本金为100万美元的3个月的利率，合约到期月份包括未来10年的3月、6月、9月和12月，投资者可以使用欧洲美元期货锁定10年后的3个月期的利率水平。有效期较短的合约到期月份不限于四个季月。

表6.10 3个月期欧洲美元期货合约

交易单位	本金为1 000 000美元，期限为3个月期欧洲美元定期存款
报价方式	100减去年利率
最小变动价位	0.01%（一个基点），每张合约25美元
每日波动限价	无
合约月份	按3月、6月、9月、12月循环的40个月份，以及4个系列月份

续表

交易单位	本金为 1 000 000 美元，期限为 3 个月期欧洲美元定期存款
交易时间	芝加哥时间周一至周五上午 7：00 到下午 2：00，最后交易日于上午 9：30 停止交易
最后交易日	合约到期月份第三个星期三之前的第二个伦敦营业日，若该日为纽约或芝加哥银行的加入，则最后交易日为合约到期月份第三个星期三之前的第一个伦敦营业日
交割日	最后交易日
交割方式	现金结算

由于欧洲美元定期存款无法转让，也不能作为贷款的抵押品或担保物，因此欧洲美元期货合约在到期时无法进行实物的交割，而是采用现金结算的方式来结清头寸。即期货合约到期时不进行实物交割，而是根据最后交易日的结算价格计算交易双方的盈亏，并直接划转双方的保证金以结清头寸。

专栏 6.2

欧洲美元期货合约与短期国债期货合约的重要差别

1. 短期国债期货合约如果持有到期，会进行交割，而欧洲美元期货合约是在到期月的第三个星期三用现金进行结算。

2. 欧洲美元期货合约的最后盯市结算利率不是贴现利率，而是欧洲美元存款利率。因此欧洲美元期货合约是基于利率的期货合约，而短期国债期货合约是基于短期国债价格的期货合约。

2. 短期利率期货的报价。若短期国债期货合约的标的资产为 90 天的国库券，以贴现的形式发行，到期时得到相当于面值的价值，期货合约到期日前，标的资产是期限长于 90 天的短期国债，如：期货合约 160 天到期，则标的资产是期限 250 天的国库券。

短期国债现货的报价是以面值为 $ 100 的国库券的年贴现率报价。假设 Y 为距到期日还有 n 天时间的短期国债的现货价格，其报价 $S=360/n\ (100-Y)$。

专栏 6.3

贴现率

贴现利率是贴现利息与贷款或证券到期时应得款项金额的比率，借款双方首先确定贷款的到期偿还额，即贷款的期末值 P_1，再确定贷款利率 i，然后根据贷款的期末价值 P_1 计算出利息额 $P_1\times i$，最后，按先行扣收利息的方式把贷款的期末价值和利息额间的差额作为贷款额 P_0 贷给借款人，这种贷款叫贴现贷款，这种借贷程序下的利率关系，不再是 $P_1=P_0\ (1+i)$ 的关系，而是 $P_0=P_1-P_1\times i$ 的关系。例如：购买一张面额为 10 000 元的一年期国库券，贴现利率为 10%，则购买人实际付出价款 9 000 元，到期收回 10 000 元，如按照正常贷款程序，则 10 000 = 9 000（$1+i$），则 $i=11.1\%$。

✪【例6.1】对于一个90天的短期国债来说，若现货价格 Y 为98，则报价为 $360/90\times(100-98)=8$。

注意：这里的8表示100元面值的一年收益是8元，以及1元的年贴现率为8%的意思。换句话说，如果市场上短期国债报价为8，就可以根据 $Y=100-S\times n/360$ 倒算出实际应该用98元购买债券，90天后收到100元本金，其中2元就是100元的面值90天的盈利，那么一年盈利8元。

按照前面的定义，利率期货可理解为固定利率的存款，买入一份利率期货合约相当于存入一笔存款（高利率）；卖出一份期货合约，则相当于借款（低利率）。如果某人要利用利率期货进行投机，他会希望以低利率借入资金（在这里，相当于出售期货），以高利率存入资金（相当于买入期货）。但这样一种交易原则在利率期货上反映成“高买，低卖”的形式，与我们日常的交易战略是相反的。尤其是在交易节奏非常快的交易池内，许多交易商是凭直觉操作买卖交易的完成的，这种反常的交易报价方法会使人们轻易就出错，带来不必要的损失。

因此，短期国债期货的报价采用指数化报价：短期国债期货报价 $=100-S=100(1-i)$。

即 $Z=100-360/n\times(100-Y)$（例如90天国债期货则为 $Z=100-4\times(100-Y)$）其中，$Z=$ 短期国债期货报价，S 为相应短期国债的报价，i 为期货利率或国债贴现率，$Y=$ 期货合约的现金价格。

✪【例6.2】假定某利率期货合约以92.00英镑的价格成交，则相应的利率为8%。××交易商认为利率水平还会下跌，也即期货合约的价格还会上涨，因此他买入10份这种期货，并耐心等待预期变为现实。几天之后，利率果然下跌至7.95%，期货价格上升到92.05英镑。交易商结清头寸，从每份期货合约上获得5个价格变动单位的利润。如果一个变动单位价值£12.5，这笔交易共盈利 $10\times5\times12.5=£625$。

利率期货的这种报价方式仅仅是改变了当利率发生变动时，期货价格变动的方向。当利率上涨时（相当于存款利率上升），期货价格下降，投资者可以卖出利率期货；反之，当利率下降时（相当于借入资金利率下降），期货价格上升，投资者可以买入利率期货。这样，经过报价的调整，交易者就又可以重新按常规的“逢低买入，逢高抛出”的原则来进行交易了。

3. 短期利率期货的定价。短期国债期货定价就是指根据期货到期时的短期国债的无套利均衡现金价格，来寻找期货理论报价。

✪【例6.3】期货合约160天到期，则标的资产是期限250天的国库券，假设期货合约到期日 T，标的资产的短期国债的到期期限为 T^*，$T^*-T=90$，到期日 T 与 T^* 的无风险复利率分别为 r_S 和 r_L，若合约标的面值为 \$100，其现值 $V=100\,e^{-r_L\times T^*}$。

由于在此期间短期国债没有支付收益，由期货定价公式知：

$$F=V\times e^{r_S\times T}=100\,e^{-r_L\times T^*}e^{r_S\times T}$$

又远期篇介绍过远期利率 $r_f=\dfrac{r_L\times T^*-r_S\times T}{T^*-T}$，所以 $F=100e^{-r_f\times(T^*-T)}$。

结论：期货到期时的短期国债的无套利均衡现金价格即为 100 元在 T 时刻的贴现值。又根据理论价格计算出的理论报价为 $Z = 100 - 4(100 - F)$。

✪【例 6.4】假定 140 天国债期货的年利率为 8%，230 天国债期货的年利率为 8.25%（连续复利），则 140 天到 230 天的远期利率为

$$r_f = \frac{r_L \times T^* - r_S \times T}{T^* - T} = (0.0825 \times 230 - 0.08 \times 140)/90 = 8.64\%$$

则 140 天后交割的面值为 100 的 90 天期的国债期货的现金价格为

$$100e^{-r_f \times (T^* - T)} = 100e^{-0.0864 \times \frac{90}{365}} = 100e^{-0.0864 \times 0.2466} = 97.89$$

所以，根据理论价格计算出的理论报价为

$Z = 100 - 4 \times (100 - Y) = 100 - 4 \times (100 - 97.89) = 91.56$

如果市场报价高于或者低于该价格，在不考虑交易费用的情况下，就有套利机会了。

✪【例 6.5】假定今天是 2018 年 2 月 6 日（星期二），TSPOT（起息日）就是 2 月 8 日（星期四）。2018 年 3 月期货合约的到期日为 3 月的第 3 个星期三，即 3 月 14 日（星期三），所以合约到期日 TS 就是 3 月 16 日（星期五）。标的资产到期日 T_L 为 6 月 18 日（星期一），由此就可以求出 $DS = 36$ 天，$DL = 130$ 天，$DF = 94$ 天。设 36 天的利率为 7.55%，130 天的利率为 7.81%，求该 3 月期期货合约的价格。

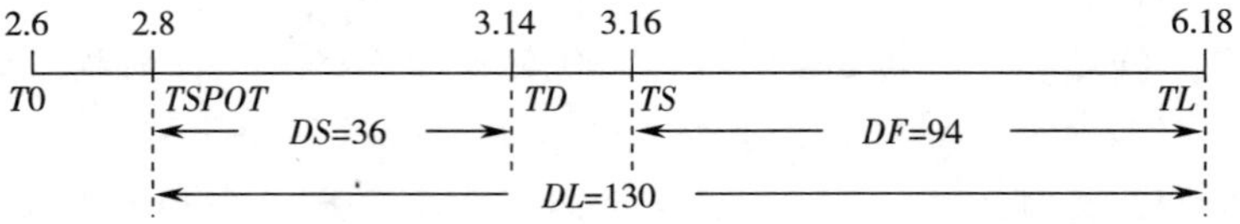

假定 36 天的利率为 7.55%，130 天的利率为 7.81%，把这些数值代入公式（3.2.3），可求出 3 月期远期利率为 7.85%。又由于 $P = 100(1 - i) = 100(1 - 7.85\%) = 92.15$，所以，利率期货的合理价格就应该是 92.15。

注意：欧洲美元期货最长有 10 年以后到期的，由于时间较长，远期价格并不等于期货价格。因此，对于欧洲美元期货，不能假定远期利率等于期货利率。

（二）中长期利率期货

中长期利率期货是指期货合约标的的期限在一年以上的各种利率期货，即以资本市场的各类债务凭证为标的的利率期货均属中长期利率期货。在 CME 交易的中长期利率期货的标准券是面值为 1 美元，息票率为 6%，在交割月的第一天时的剩余到期期限为 15 年整的虚拟债券，是其他实际可交割债券价值的衡量标准。在实际交割的过程中可以选择其他债券交割，涉及价值的转化和便宜债券的选择。

1. 中长期利率期货的种类。中长期利率期货包括各种期限的中长期国库券期货和市政公债指数期货等。

（1）10 年期美国国债期货。1977 年后，CBOT 又相继推出了一些中长期国债期货，同样获得了空前的成功。目前，在 CBOT 市场上交易的中期国债期货合约主要有四种：10 年期、5 年期、3 年期和 2 年期的。其中，最具代表性的是 10 年期美国国债期货。

表 6.11 10年期美国国债期货合约

交易单位	面值为1 000 000美元的美国政府中期国债
报价方式	1个基点（1 000美元）以及一个基点的1/32的1/2。例如126－16表示126＋16/32，126－16.5表示126＋16.5/32
最小波动价位	1/32点的1/2（即15.625美元，合约价格保留两位小数）；跨月价差交易的最小波动价位可能达到1/32的1/4（每合约7.8125美元）
每日波动限价	无
合约月份	最近到期的5个连续循环季月（3月、6月、9月、12月）
交易时间	公开市场：芝加哥时间周一至周五上午7：20～下午2：00 GLOBEX：芝加哥时间周日下午5：30～周五下午4：00
最后交易日	合约月份最后营业日之前的第七个营业日，到期合约交易截止日期为当日中午12：01
最后交割日	交割月份的最后营业日
交割等级	剩余期限离交割月首日为6年零6个月到10年的美国中期国债；发行价格等于结算价格乘以转换因子再加上应计利息；该转换因子是将面值1美元的可交割债券折成6%的标准息票利率时的现值
交割方式	实物交割

（2）30年期美国国债期货合约。CBOT长期国债期货合约的标的资产为1 000 000美元等值的美国长期政府债券。由于长期国债的信用等级高，流动性强，对利率变动的敏感度高，且交割简便，因此，长期国债期货合约自1977年CBOT首次推出以来，便获得了空前的成功，成为世界上交易量最大的一个合约。美国长期国债期货最初由CBOT推出，后来国内外的其他交易所也开始交易该期货品种。但是，同一期货品种在不同的交易所上市，也会在具体的交易规则上有所不同。

表 6.12 30年期美国国债期货合约

交易单位	面值为100 000美元的美国政府长期国债
报价方式	1个基点（1 000美元）以及一个基点的1/32。例如，134－16表示134＋16/32
最小波动价位	最小波动价位1/32点；（即31.25美元）；跨月价差交易的最小波动价位可能达到1/32点的1/4（每合约7.8125美元）
每日波动限价	无
合约月份	最近的3个连续的季末循环月份（3月、6月、9月、12月）
交易时间	公开市场：芝加哥时间周一至周五上午7：20～下午2：00 GLOBEX：芝加哥时间周日下午5：30～周五下午4：00
最后交易日	合约月份最后营业日之前的第七个营业日，到期合约交易截止时间为当日中午12：01
最后交割日	交割月份的最后营业日
交割等级	对于可提前偿还的美国长期债券，其剩余期限离交割月首日应至少为15年；对于不可偿还的美国长期债券，其剩余期限离交割月首日应至少为15年；发行价格等于结算价格乘以转换因子再加上应计利息；该转换因子是将面值1美元的可交割债券折成6%的标准息票利率时的现值
交割方式	联储电汇转账系统

（3）5年期中国国债期货合约。2013年9月6日，我国推出5年期国债期货交易。5年期国债期货合约摘要见表6.13。

表6.13　5年期中国国债期货合约

合约标的	面值为100万元人民币，票面利率为3%的名义中期国债
可交割国债	发行期限不高于7年、合约到期月份首日剩余期限为4～5.25年的记账式附息国债
报价方式	百元净价报价
最小变动价位	0.005元
合约月份	最近的三个季月（3月、6月、9月、12月中的最近三个月循环）
交易时间	09：30～11：30，13：00～15：15
最后交易日交易时间	09：30～11：30
每日价格最大波动限制	上一交易日结算价的±1.2%
最低交易保证金	合约价值的1%
最后交易日	合约到期月份的第二个星期五
最后交割日	最后交易日后的第三个交易日
交割方式	实物交割
交易代码	TF
上市交易所	中国金融期货交易所

（4）10年期中国国债期货合约。2015年3月20日，我国推出10年期国债期货交易。10年期国债期货合约摘要见表6.14。

表6.14　10年期中国国债期货合约

合约标的	面值为100万元人民币，票面利率为3%的名义长期国债
可交割国债	发行期限不高于10年、合约到期月份首日剩余期限不低于6.5年的记账式附息国债
报价方式	百元净价报价
最小变动价位	0.005元
合约月份	最近的三个季月（3月、6月、9月、12月中的最近三个月循环）
交易时间	09：30～11：30，13：00～15：15
最后交易日交易时间	09：30～11：30
每日价格最大波动限制	上一交易日结算价的±2%
最低交易保证金	合约价值的2%
最后交易日	合约到期月份的第二个星期五
最后交割日	最后交易日后的第三个交易日
交割方式	实物交割
交易代码	T
上市交易所	中国金融期货交易所

2. 中长期利率期货的报价与现金价格。中长期国债期货的报价和国债现货报价方式相同，均以美元和1/32美元报出面值为100美元债券的价格。如：90－05的报价意味着面值为10万美元债券的报价为（90＋05/32）/100×10万＝90 156.25。注意：报价与购买者支付的现金价格不相同，现金价格与报价间的关系为：期货（现货）现金价格＝报价＋上一个付息日以来的累计利息。

✪【例6.6】假设现在是2018年11月5日，2045年8月15日到期，息票利率为12%的长期国债的报价为94－28（即94.875）。由于美国政府债券均为半年付一次利息，从到期日可以判断，上次付息日是2018年8月15日，下一次付息日是2019年2月15日。由于2018年8月15日到11月5日之间的天数为82天，2018年11月5日到2019年2月15日之间的天数为102天，因此累计利息为6美元×$\frac{82}{184}$＝2.674美元。该国债的现金价格为：94.875美元＋2.674美元＝97.549美元。

3. 中长期利率期货的转换因子。芝加哥交易所规定，空头方可以选择期限长于15年且在15年内不可赎回的任何国家债券用于交割。由于各种债券息票率不同，期限也不同，因此芝加哥交易所规定交割的标准为期限15年、息票率为6%的国债，其他券种均按一定的比例折算成标准券。这个比例称为转换因子（Conversion Factor）。

转换因子的计算公式：$CF = (1+r)^{-\frac{d}{y}} \times PV - \frac{C}{2} \times \frac{y-d}{y}$

其中，CF表示转换因子；r表示到期收益率对应的半年度利率，如半年付息一次，$r = 3\%$；PV表示利息和本金的贴现值，$PV = C \times \sum_{t=0}^{n-1} \frac{1}{(1+r)^t} + \frac{1}{(1+r)^{n-1}}$；$C$表示可交割债券的息票率；$y$表示交割日前一次与下一次付息日之间的实际天数；$d$表示交割日至下一次付息日之间的实际天数；$n$表示可交割债券的剩余付息次数。

在计算转换因子时，债券的剩余期限只取3个月的整数倍，多余的月份舍掉（二舍三入）。如果取整数后，债券的剩余期限为半年的倍数，就假定下一次付息是在6个月之后，否则就假定在3个月后付息，此时累计利息应从贴现值中扣掉，以免重复计算。

✪【例6.7】2019年3月，长期国债期货到期。当时有一2040年6月21日到期、息票率为8%的长期国债在2019年3月1日时的剩余期限为21年3个月又21天且不可提前赎回，所以该国债可作为长期国债期货的可交割债券。为了计算转换因子，假定该债券的剩余期限为21年3个月，下一次付息日近似假设为2019年6月1日。则面值每1美元的该债券未来现金流按6%的年到期收益率贴现到2019年6月1日（半年复利一次），债券价格为

$$\sum_{i=0}^{42} \frac{\frac{8\%}{2}}{1.03^i} + \frac{1}{1.03^{42}} = 1.2770(\text{美元})$$

3个月的利率为$\sqrt{1.03} - 1 = 0.014889$。因而将以上债券价值贴现到2019年3月的价值为1.2770/1.014889＝1.2583美元。根据转换因子的定义，转换因子等于该现值减去应计利息，在计算转换因子的假设条件下，该债券有3个月的应计利息。因而对于

2019 年 3 月到期的长期国债期货而言，这个债券的转换因子等于 $1.2583-\frac{8\%}{4}=$ 1.2383。

考虑了转换因子后的现金价格，也称发票金额，现金价格 = 期货报价 × 交割债券的转换因子 + 交割债券的应计利息。

✪ **【例 6.8】** 2019 年 1 月 9 日，假设【例 6.7】中长期国债期货报价为 128.45 美元。假设空方定于 2019 年 3 月 3 日用债券进行交割，则一份国债期货的实际现金价格为

$$1\ 000\times(128.45\times1.2383+\text{应计利息})$$

在上式中，由于一份国债期货合约面值为 100 000 美元，故需乘以 1 000。需要注意的是，这里的应计利息是债券在交割日 2019 年 3 月 3 日的应计利息。根据债券在 2040 年 6 月 21 日到期，可推测付息日为每年的 6 月 21 日和 12 月 21 日。此时距上一次付息日 2018 年 12 月 21 日天数为 72 天，前后两次付息日 2018 年 12 月 21 日与 2019 年 6 月 21 日之间的天数为 182 天。因此 2012 年 11 月 3 日，债券每 100 美元面值的应计利息为

$$\frac{100\times8\%}{2}\times\frac{72}{182}=1.582$$

$$1\ 000\times(128.45\times1.2383+1.582)=160\ 641(\text{美元})$$

所以，空方交割债券得到的现金收入为 160 641 美元。

4. 最便宜交割债券。交割最合算的债券就是购买交割债券所付的价格与交割期货时空方收到的现金之差最小的那个债券。

$$\begin{aligned}\text{交割成本}&=\text{债券报价}+\text{应计利息}-(\text{期货报价}\times\text{转换因子}+\text{应计利息})\\&=\text{债券报价}-(\text{期货报价}\times\text{转换因子})\end{aligned}$$

✪ **【例 6.9】** 假设在期货空头方决定交割时，空头方可以从下表的 5 种债券中选出最便宜的交割债券。假定最新成交的期货价格为 97.50 美元。

债券	债券报价（美元）	转换因子
1	96.82	0.8638
2	134.35	1.3183
3	119.09	1.1150
4	121.47	1.1428
5	107.08	0.9226

交割每种债券的成本计算如下所示：

债券 1：96.82 －（97.50 × 0.8638）= 12.60（美元）

债券 2：134.35 －（97.50 × 1.3183）= 5.82（美元）

债券 3：119.09 －（97.50 × 1.1150）= 10.38（美元）

债券 4：121.47 －（97.50 × 1.1428）= 10.05（美元）

债券 5：107.08 －（97.50 ×0.9226）＝17.13（美元）

综合以上分析，可知最便宜交割债券为债券 2。需要说明的是，随着每日价格的变动，交割最合算的债券可能发生变化。

5. 中长期国债期货的定价。假定最便宜交割债券和交割日期已知，国债期货价格可通过以下几个步骤来确定。第一，根据最便宜交割债券现货报价计算出最便宜交割债券的现金价格；第二，根据债券的现金价格计算期货的现金价格 $F = (S - I)e^{r(T-t)}$；第三，根据期货的现金价格计算出期货的理论报价：现金价格 = 期货报价 × 最便宜交割债券的转换因子 + 交割债券的应计利息，因而有期货报价 × 交割债券的转换因子 = 现金价格 − 交割债券的应计利息，从而得出交割债券期货的理论报价；第四，考虑到最便宜交割债券和标准的 15 年期 6% 的标准券的区别，将以上求得的期货报价除以转换因子，得出标准券期货理论报价。

✪[①]【**例 6.10**】假定对于某一国债期货已知最便宜可交割债券的息票率为 10%，转换因子为 1.4235。再假定已知期货交割日期为 250 天后，每半年一次付息。上一次利息支付为 50 天前，下一次利息支付为 132 天后，再下一次利息支付为 315 天后。具体时间关系如下图所示：

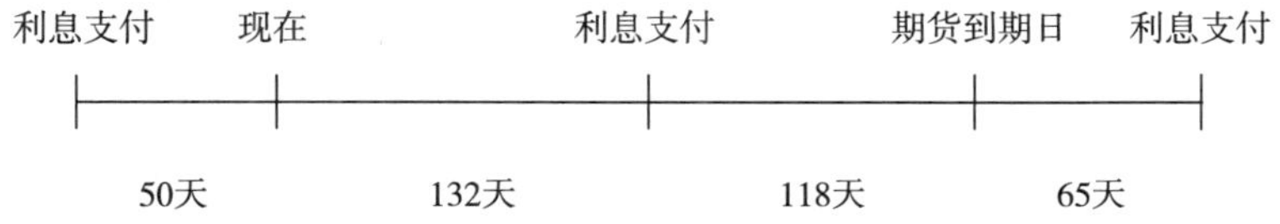

假定债券的当前报价为 118.11 美元。利率期限结构为水平，每年 8%（连续复利）。要求根据以上已知信息计算期货的价格。

首先，债券的现金价格等于债券报价 118.11 美元加上从上一次付息到今天的累计利息，债券的现金价格为

$$118.11 + \frac{50}{50 + 132} \times 10\% \times 100 \times \frac{1}{2} = 119.484(\text{美元})$$

其次，在 132 天，即 132/365 = 0.3616 年后（注意这次付息在期货到期日之前），债券持有者将收到利息，金额为 5 美元，贴现到现在时刻得

$$5 \times e^{-0.08 \times 0.3616} = 4.857(\text{美元})$$

期货合约将持续 250 天，即 250/365 = 0.6849 年。如果期货合约是关于息票率为 10% 的债券，期货的现金价格为

$$(119.484 - 4.857) \times e^{0.08 \times 0.6849} = 121.083(\text{美元})$$

再次，在债券交割时会有 118 天的累计利息。则关于息票率为 10% 的债券的期货合约的报价为

$$121.083 - 5 \times \frac{118}{118 + 65} = 117.859(\text{美元})$$

---

① 参考郑振龙，陈蓉．金融工程（第二版）[M]．北京：高等教育出版社，2008.

最后，由转换因子的定义可知 1.4235 倍的标准债券等价于息票率为 10% 的债券。因此，期货的报价应为

$$\frac{117.859}{1.4235} = 82.80(\text{美元})$$

专栏 6.4

"327" 国债期货事件

"327"国债期货事件，可以说是新中国成立以来罕见的金融地震。中国国债期货交易始于 1992 年 12 月 28 日。"327"是国债期货合约 F92306 的代号，对应 1992 年发行 1995 年 6 月到期兑付的 3 年期国库券，该券发行总量是 240 亿元人民币。

1994 年 10 月以后，中国人民银行提高了 3 年期以上储蓄存款利率和恢复存款保值贴补，国库券利率也同样保值贴补，保值贴补率的不确定性为炒作国债期货提供了空间。

中经开和绝大部分的中小散户及部分机构是多头，辽宁辽国发和万国证券是空头。1995 年 2 月，"327"合约的价格一直在 147.80 元至 148.30 元徘徊。1995 年 2 月 23 日，财政部发布公告称，"327"国债将按 148.50 元兑付，中经开公司率领多方借利好掩杀过来，一直攻到 151.98 元，做空的辽国发由做空改为做多，"327"国债在 1 分钟内涨了 2 元，10 分钟后涨了 3.77 元！"327"国债每涨 1 元，万国证券就要赔进十几亿元！下午 16 时 22 分 13 秒，空方万国证券突然发难，先以 50 万口把价位从 151.30 元轰到 150 元，然后把价位打到 148 元，最后一个 730 万口的巨大卖单把价位打到 147.40 元，这笔 730 万口卖单面值 1.46 万亿元，接近中国 1994 年国民生产总值的 1/3，使当日开仓的多头全线爆仓。当日晚上，上交所确认空方主力恶意违规，宣布最后 8 分钟所有的"327"品种期货交易无效，该部分不计入当日结算价、成交量和持仓量的范围，经过此调整当日国债成交额为 5 400 亿元，当日"327"品种的收盘价为违规前最后签订的一笔交易价格 151.30 元，各会员之间实行协议平仓，这意味着万国证券的损失高达 60 亿元人民币。

鉴于"327"国债违规事件的恶劣影响，1995 年 5 月 17 日，中国证监会发出《关于暂停中国范围内国债期货交易试点的紧急通知》，开市仅 2 年零 6 个月的国债期货结束。中国第一个金融期货品种宣告夭折。

6.3 外汇期货

6.3.1 外汇期货概述

（一）外汇期货的概念

一般来说，两种货币中的一种货币为美元，这种情况下，期货价格将以"x 美元每另一货币"的形式表现。一些货币的期货价格的表示形式可能与对应的外汇现货汇率的表示形式不同。1972 年 5

外汇期货，又称为货币期货，是一种在既定交易日，按照约定的汇率将一种货币兑换成另外一种货币的期货合约。

月，芝加哥商业交易所正式成立国际货币市场分部，推出七种外汇期货合约，从而揭开了期货市场创新发展的序幕。从1976年以来，外汇期货市场迅速发展，交易量激增了数十倍。1978年纽约商品交易所也增加了外汇期货业务，1979年，纽约证券交易所亦宣布，设立一个新的交易所来专门从事外币和金融期货。1981年2月，芝加哥商业交易所首次开设了欧洲美元期货交易。随后，澳大利亚、加拿大、荷兰、新加坡等国家和地区也开设了外汇期货交易市场，从此，外汇期货市场便蓬勃发展起来。

专栏6.5

外汇期货交易与外汇保证金交易的联系和区别

外汇保证金交易，也称为按金交易，它是指利用杠杆投资的原理，在金融机构之间以及金融机构与个人投资者之间通过银行或外汇经纪商进行的一种即期或远期外汇买卖方式。

联系：（1）这两种外汇交易都采用固定合约的形式，即所有的交易品种的数量、品质等合约要素都是固定的，合约中唯一可变的是价格。

（2）两种外汇交易都实行保证金制度，利用杠杆方式投资，做到以小博大。

（3）这两种外汇交易方式都可以进行双向操作，即投资者既可以看涨也可以看跌；既可以在低价买入、高价卖出中获利，也可以在高价先卖出，然后在低价买入而获利。

区别：（1）在外汇期货交易中通过期货交易所的会员参与交易。而外汇保证金交易都在投资者与金融机构以及金融机构之间通过各银行或外汇经纪公司进行。

（2）外汇保证金交易不像外汇期货一样涉及交割日、交割月的概念，它没有到期日，交易者可以无限期持有头寸。

（3）相对外汇期货而言，外汇保证金交易的币种更丰富，任何国际上可兑换的货币都能成为交易品种。

（4）外汇保证金交易的交易时间是24小时不间断地进行交易（除周末全球休市）。投资者可以根据及时的信息在任一时间进入外汇市场进行买卖，并即时作出反应。而进行外汇期货交易的交易所的营业时间则都有一定的限制。

（二）外汇期货的交易品种

目前，外汇期货交易的主要品种有：美元、英镑、日元、瑞士法郎、加拿大元、澳大利亚元等。从世界范围看，外汇期货的主要市场在美国，其中又基本上集中在芝加哥商业交易所国际货币市场（IMM）和费城期货交易所（PBOT）。

芝加哥商业交易所国际货币市场主要进行澳大利亚元、英镑、加拿大元、日元和瑞士法郎的期货合约交易；费城期货交易所主要交易英镑、加拿大元、澳大利亚元、日元、瑞士法郎等。

此外，外汇期货的主要交易所还有伦敦国际金融期货交易所（LIFFE）、新加坡国际货币交易所（SIMEX）、东京国际金融期货交易所（TIFFE）、法国国际期货交易所（MATIF）等，每个交易所基本都有本国货币与其他主要货币交易的期货合约。

芝加哥商业交易所是最早开设外汇期货交易的场所，也是美国乃至世界上最重要的外汇期货交易所。这里主要介绍芝加哥商业交易所的主要外汇期货合约。

表 6.15　　各大交易所主要交易的外汇品种

国家	交易所	外汇期货品种
美国	芝加哥商业交易所	欧元、日元、澳大利亚元、英镑、加拿大元、瑞士法郎、瑞典克朗、挪威克朗、巴西雷亚尔、墨西哥比索、新西兰元、俄罗斯卢布、南非兰特、小型欧元、小型日元
	费城证券交易所	瑞士法郎、英镑、加拿大元、日元、澳大利亚元
	纽约棉花交易所	欧元、日元、加拿大元、英镑、澳大利亚元、瑞士法郎、新西兰元
英国	伦敦国际金融期货交易所	3个月期欧元、3个月期英镑、3个月期瑞士法郎
澳大利亚	悉尼期货交易所	澳大利亚元
新加坡	新加坡交易所	欧洲美元

1. 欧元/美元期货合约（EC）。

表 6.16　　CME 欧元/美元期货合约

合约单位	125 000 欧元	
交易月份	6 个季月（3 月、6 月、9 月、12 月）	
结算程序	实物交割	
持仓限制	€100 000	
合约代码	CME Globex 电子市场：6E 公开喊价：（只能全要或全不要）EC AON 合约代码：UG	
最小价格增幅	\$ 0.0001/欧元增幅（\$ 12.50/€） \$ 0.00005 /欧元增幅（\$ 6.25/€）——适用于人工交易、电子盘交易以及 AON 系统交易执行欧元/美元期货内部利差者	
交易时间	公开喊价	美中时间 7：20～14：00
	GLOBEX	周日：美中时间 17：00～隔日 16：00 周一至周五：美中时间 17：00～隔日 16：00，周五于 16：00 关闭，周日 17：00 重开
	CME ClearPort	周日 17：00～周五 16：15；每天于美中时间 16：15 开始休息 45 分钟
最后交易日/时间	时间：美中时间 9：16 日期：合约月份的第三个星期三之前第二个营业日（通常是周一）	
交易规则	该等合约 CME 上市，受制于 CME 规范和规则	
巨额交易	是	
最小巨额交易规模	€150	
EFP	是	

2. 英镑期货合约（BP）。

表 6.17 CME 英镑期货合约

<table>
<tr><td>合约单位</td><td colspan="2">62 500 英镑</td></tr>
<tr><td>可交易月份</td><td colspan="2">3 月开始每季（3 月、6 月、9 月、12 月）</td></tr>
<tr><td>结算程序</td><td colspan="2">实物交割</td></tr>
<tr><td>可计算部位</td><td colspan="2">£ 10 000</td></tr>
<tr><td>合约代码</td><td colspan="2">CME Globex 电子市场：6B
公开喊价：BP
AON 合约代码：LP</td></tr>
<tr><td>最小跳动点</td><td colspan="2">英镑每一跳动点 $ 0.0001（ $ 6.25/£ ）</td></tr>
<tr><td rowspan="3">交易时间</td><td>公开喊价</td><td>美中时间 7：20 ~ 14：00</td></tr>
<tr><td>GLOBEX（ETH）</td><td>周日：美中时间 17：00 ~ 隔日 16：00
周一至周五：美中时间 17：00 ~ 隔日 16：00，周五除外于 16：00 关闭，周日 17：00 重开</td></tr>
<tr><td>CME ClearPort</td><td>周日 17：00 ~ 周五 16：15 ；每天于美中时间 16：15 休息 45 分钟</td></tr>
<tr><td>最后交易日/时间</td><td colspan="2">时间：美中时间 9：16
日期：契约到期月份的当月第三个星期三之前第二个营业日（通常是周一）</td></tr>
<tr><td>交易规则</td><td colspan="2">合约需符合 CME 规范</td></tr>
<tr><td>巨额交易</td><td colspan="2">是</td></tr>
<tr><td>最小巨额交易规模</td><td colspan="2">£ 100</td></tr>
<tr><td>EFP</td><td colspan="2">是</td></tr>
</table>

3. 人民币货币期货。2006 年 8 月 28 日，芝加哥商品交易所（CME）首次以无本金交割的标准化合约的形式推出人民币兑美元、人民币兑欧元以及人民币兑日元的期货和期权三对人民币衍生品。

2011 年 8 月 22 日，为了满足全球客户对于人民币计价产品的越来越大的需求，在 CME 国际货币市场（IMM）推出新的人民币货币期货合约，于 2011 年 9 月交割。这些创新性的期货合约将按银行间（欧洲）条款报价，体现 1 美元兑换人民币的数量。这些期货产品遵守场外市场无本金交割远期合约的规范，同时可降低交易所衍生品交易的对手风险。

2012 年 9 月 17 日，香港交易所推出全球首只交易所买卖的可交收人民币货币期货，挂牌首日总成交 415 张合约，名义成交总额 4 150 万美元，各种期限的合约均有交易。香港交易所的总体战略是要提供多元化的人民币相关产品，同时发展股票及股票相关衍生产品以外的业务，开拓定息产品、货币及商品业务，推出美元兑人民币货币期货正是这项战略的其中一个重点，该新产品有助于推动人民币国际化及香港进一步发展为人民币离岸中心。

2016 年 5 月 30 日，香港交易所推出新一批人民币货币期货，即欧元兑人民币、日元兑人民币、澳大利亚元兑人民币和人民币兑美元期货。新增货币期货的潜在用家与现有的美元兑人民币期货的用家类似，即包括专业投资者、外汇自营交易公司、中小企业和进出口公司、合格境内机构投资基金以及货币基金和内地及区域性银行等。2019 年 11 月 4 日，香港交易所推出印度卢比兑美元期货及印度卢比兑人民币（香港）期货两项新期货合约，后者也是全球首只同类产品。2021 年 4 月 26 日，香港交易所推出以现金结算的全新小型美元兑人民币（香港）期货合约。该产品推出后将进一步丰富香港交易所货币衍生产品种类，满足投资者的风险管理需求。

表 6.18　　美元兑人民币（香港）期货合约

合约	美元兑人民币（香港）期货
交易代码	CUS
每日波动限价	无
合约月份	即月、下三个历月及之后的三个季月
合约金额	100 000 美元
报价单位	每美元兑人民币（如 1 美元兑人民币 6.2486 元）
最低波幅	人民币 0.0001（小数点后第 4 个位）
交易时间	上午 9 时整至下午 4 时 15 分 （到期合约月份在最后交易日收市时间为上午 11 时整）
最后结算日	合约月份的第三个星期三
最后交易日	最后结算日之前两个营业日
最后结算价	香港财资市场公会在最后交易日上午 11 时 15 分公布的美元兑人民币（香港）即期汇率定盘价
结算方式	由卖方缴付合约指定的美元金额，而买方则缴付以最后结算价计算的人民币金额
交易所费用	人民币 8.00 元

6.3.2　外汇期货的报价

表 6.19 为某日芝加哥商业交易所集团（CME）日元期货交易行情。

表 6.19　　某日 CME 日元期货收市后的交易行情

Japan Yen－12.5million　　$ per Yen（.00）				Life time　　Open interest				
	Open	High	Low	Settle	Change	High	Low	
Mar	1.0076	1.0082	1.0057	1.0069	－0.0008	1.0560	0.9680	71 005
June	1.0200	1.0207	1.0189	1.0194	－0.0009	1.0670	0.9915	2 325
Sept	…	…	…	1.0322	－0.0009	1.0775	1.0200	327
Dec	1.0462	1.0462	1.0450	1.0450	－0.0009	1.0760	1.0420	117

外汇期货市场汇率的报价有两种方式。

（1）直接报价法。它与现汇报价相同，即直接标出期货外汇的汇率。例如，某日在日本东京外汇市场上，现汇汇率为 1 美元等于日元 237.00 ~ 237.05；3 个月外汇期货 233.75 ~ 233.85，6 个月的为 230.90 ~ 231.05。所有 CME 以美元为基准的外汇期货价格都是直接按照美元计价的，价格就是未来购买 1 单位外币需要的美元数量，以 6 月的欧元期货成交价格在 1.2619 美元为例，表示 1.2619 美元可以购买 1 欧元。而在 OTC 市场，一些货币是间接计价的，即 1 美元可以购买多少外币。

（2）报点数法。它是以报出期货外汇比现汇高或低若干点来表示的。比现汇高者称为升水；比现汇低者称为贴水；期货汇率与现汇汇率相同者称为平价。

报点数法可换算为直接报价，现汇汇率加升水，或现汇汇率减贴水，即为期货汇率。换算时，须先确定所报点为升水还是贴水。其识别原则是：直接标价时，期货汇率前高后低是贴水，前低后高是升水；间接汇率时，期货汇率前高后低是升水，前低后高是贴水。具体说，期货汇率是用现汇汇率加或减升水及贴水来表示的。

专栏 6.6

汇率的标价方法

（1）直接标价法。

直接标价法是指以本币表示外币的价格，即以一定单位（1 个、100 个或 1 000 个单位）的外国货币作为标准，折算为一定数额本国货币的标价方法。

直接标价法是包括中国在内的世界上绝大多数国家目前都采用的汇率标价方法。例如，100 美元/人民币为 679.73 元、100 欧元/人民币为 870.94 元。

本国货币标价数的提高就表示外汇汇率的上涨；本国货币标价数的减少就表示外汇汇率的下降。如汇率标价 100 美元/人民币由 679.73 元变为 681.26 元，表明外汇汇率上升，本国货币贬值。

（2）间接标价法。

间接标价法是指以一定单位（1 个、100 个或 1 000 个单位）的本国货币作为标准，折算为一定数额外国货币的标价方法。

英国、美国和欧元区均采用间接标价法。如 1 美元/英镑为 0.6433；1 美元/日元为 83.31。

外国货币标价数的提高就表示外汇汇率的下跌；反之则相反。如 1 英镑/美元由 1.5406 变为 1.5544，表明外汇汇率下跌，本币升值。

6.3.3 外汇期货合约的定价

我们现在从美国投资者的角度来考虑外汇的远期和期货合约，这里的标的资产为一定单位的外币。因此，我们定义变量 S_0 为一单位外币在 $t=0$ 时刻的美元价格，F_0 为一单位外币在 $t=0$ 时刻的远期或期货价格。除英镑、欧元、澳大利亚元和新西兰元之外的主要货币的即期和远期的报价通常是 1 美元所对应的外币数量。

外币具有以下性质：外币持有人可以取得货币发行国的无风险利率。例如，外币持有人可将货币投资于以外币计价的债券。我们定义 r_f 为期限为 $T-t$ 的外币无风险利率，变量 r 为对应于同样期限的美元无风险利率。

F_0和S_0有以下关系式：

外汇期货的价格$F_0 = S_0 e^{(r-r_f)(T-t)}$，这就是著名的利率平价关系式。

外汇期货合约的价值$f = Se^{-r_f(T-t)} - Ke^{-r(T-t)}$。

注意：外汇期货定价简化公式的隐含条件：

①F与S同为直接标价法；

②外汇期货的价格F与货币远期合约的价格是一致的；

③期货市场为完全市场，即无直接交易费用，无借贷利率差异，无现货市场卖空限制。

✪【例6.11】假定澳大利亚元兑美元的2年期无风险利率分别为5%及7%，且澳大利亚元兑美元的汇率为0.62（即1澳大利亚元所对应的美元数量）。则2年期的远期汇率应该等于

$$0.62e^{(0.07-0.05)\times 2} = 0.6453$$

首先假定2年期的远期汇率小于这一数字，为0.63。则一个套利者可以进行以下交易：

（A）以5%利率借入1 000澳大利亚元（未来偿还澳大利亚元$1\,000e^{0.05\times 2} = 1\,105.17$澳大利亚元），期限为2年。将澳大利亚元转化为620美元，并以7%的美元利率投资2年（两个利率均为连续复利）得：$620e^{0.07\times 2} = 713.17$美元。

（B）进入一个远期合约，在合约中以$1\,105.17\times 0.63 = 696.26$美元的价格买入1 105.07澳大利亚元用于偿还澳大利亚元负债。

这种策略所产生的无风险盈利为$713.17 - 696.26 = 16.91$美元。

如果假定2年期远期的价格为0.6600。这时，一个套利者可以进行以下交易：

（A）以7%利率借入1 000美元（到期偿还$1\,000e^{0.07\times 2} = 1\,150.27$美元），期限为2年，将资金转化为$1\,000/0.62 = 1\,612.90$澳大利亚元，然后将澳大利亚元以5%的利率进行投资，到期收回$1\,612.90e^{0.07\times 2} = 1\,782.53$澳大利亚元。

（B）进入2年期的远期合约，在合约中卖出1 782.53澳大利亚元，收入$1\,782.53\times 0.66 = 1\,176.47$美元。

因此，这种交易策略会产生$1\,176.47 - 1\,150.27 = 26.20$美元的无风险盈利。

6.4 股票指数期货

6.4.1 股票指数与股票指数期货

股票指数即股票价格指数，是由证券交易所或金融服务机构编制的表明股票行市变动的一种供参考的指示数字。由于股票价格起伏无常，投资者必然面临市场价格风险。一些金融服务机构就利用自己的业务知识和熟悉市场的优势，编制出股票价格指数，公开发布，作为市场价格变动的指标。投资者据此就可以检验自己投资的效果，并用于预测股票市场的动向。它的主要功能是，能够综合反映股票市场价格的变动方向和幅度，是预测国家经济形势的最敏感的工具，是一个国家或地区政治、经济、社会情况的“晴雨表”。

当前主要的股票指数有以下几种。

1. 道·琼斯股价平均指数。道·琼斯股价平均指数简称道·琼斯指数，是世界上影响最大的股票价格指数之一。1884 年，道·琼斯公司创始人查理斯开始编制道·琼斯股票价格平均指数，并刊登在当时出版的《每日通讯》上。该指数所选用的代表性公司股票涉及工业、运输业、公用事业等所有重要行业。

2. 标准·普尔股价指数。标准·普尔股价指数是美国最大的证券研究机构标准·普尔公司编制和公布的股票价格指数。1957 年标准·普尔公司把最初采样的 233 种股票扩大为 500 种，交易额占纽约股票交易所交易总额的 80% 左右，因而具有很强的代表性。

道·琼斯股价指数与标准·普尔 500 指数相比，道·琼斯指数采用算术平均法计算，选用样本侧重于股票品质，反映优等股概貌，但没有考虑公司规模问题。标准·普尔 500 指数采用市值加权法计算，选用样本交易额占绝大部分市场总额，避免了道·琼斯指数在股票拆分时调整分母的麻烦，但由于其涵盖股票很多，波动程度经常偏高，对于不熟悉美国股市的投资人来说，主要以道·琼斯指数来衡量股市表现，因此，美国股市有句俗话："最佳的指数是人们最经常使用的指数。"

3. 英国金融时报股价指数。英国金融时报股价指数，由《金融时报》编制发表描述伦敦证券交易所市场的股价指数。这一指数包括金融时报 30 种股价指数（FT30）、金融时报精算（FTA）所有指数和金融时报股票交易所 100 种股价指数（FT—SE100）等三种。

FT30、FTA 所有股价指数与 FT—SE100 相比，在多年的运行趋势上，三者具有高度的一致性，而 FTA 所有股票价格指数的绩效最理想，因为它包含成长较快的中小企业，这是另外二者望尘莫及的；FT30 由于其构成中大多是稳定的绩优股，它的整体走势多与英国经济长期走跌相同，因此表现欠佳；FT—SE100 的即时性有目共睹，而且它在公布之初，即以市值最大的百种股票构成，与 FTA 所有股票的相关性极高，也具有极大的动态性。

4. 日经 225 股价指数。日经 225 股价指数，全称是日本经济新闻社道·琼斯股票平均价格指数，它是由日本经济新闻社编制发布的在日本股票市场上最具代表性的股价指数，选用东京证券交易所第一市场上市的 225 种股票，用于观察股价的长期性变动极为便利，至今仍是最常用的分析指标。日经股价指数又称日经道·琼斯指数，该指数与美国道·琼斯股价平均指数相比，有一定差别，因为它没有设定基期，没有基期值，是严格意义上的股价平均数，离指数化还有一定距离。

5. 香港恒生指数。香港恒生指数，是香港股票市场上历史最久的一种股价指数。它由恒生银行于 1969 年 11 月 24 日起每日公布，采样 33 种成分股，由下列行业组成：金融业股票 4 种，公用事业 6 种，地产业 9 种，其他工商业包括航运及酒店 14 种，这些成分股分布在香港主要行业，都是具有代表性、经济实力雄厚的大公司。

6. 沪深 300 指数。沪深 300 指数是由中证指数有限公司编制发布的。它是以 2004 年 12 月 31 日为基期，由上海和深圳证券市场中选取 300 只 A 股作为样本，其中沪市有

179 只，深市有 121 只，样本选择标准为规模大、流动性好的股票，基点为 1 000 点。其计算是以调整股本为权重，采用派许加权综合价格指数公式进行计算。其中，调整股本根据分级靠档方法获得。沪深 300 指数样本覆盖了沪深市场 70% 左右的市值，具有良好的市场代表性和可投资性。

6.4.2 沪深 300 股指期货

（一）沪深 300 指数期货合约

1. 沪深 300 指数期货合约。沪深 300 股指期货是以沪深 300 指数作为标的物的期货品种，在 2010 年 4 月由中国金融期货交易所推出。

表 6.20 沪深 300 指数期货合约

合约标的	沪深 300 指数
合约乘数	每点 300 元
报价单位	指数点
最小变动价位	0.2 点
合约月份	当月、下月及随后两个季月
交易时间	上午：9：15～11：30，下午：13：00～15：15
最后交易日交易时间	上午：9：15～11：30，下午：13：00～15：00
每日价格最大波动限制	上一个交易日结算价的 ±10%
最低交易保证金	合约价值的 12%
最后交易日	合约到期月份的第三个周五，遇法定节假日顺延
交割日期	同最后交易日
交割方式	现金交割
交易代码	IF
上市交易所	中国金融期货交易所

2. 沪深 300 指数期货与股票交易的区别。沪深 300 股指期货合约有到期日，不能无限期持有。股票买入后正常情况下一直持有，但沪深 300 股指期货合约有确定的到期日。因此交易沪深 300 股指期货必须注意合约到期日，以决定是提前平仓了结持仓，还是等待合约到期进行现金交割。

沪深 300 股指期货交易采取保证金制度，即在进行沪深 300 股指期货交易时，投资者不需要支付合约价值的全额资金，只需支付一定比例的资金作为履约保证。而股票交易则需要支付股票价值的全部金额。

在交易方向上，沪深 300 股指期货交易是双向交易，既可以做空，也可以做多。而现在股票交易却是单向交易。

结算方式上，股指期货交易采用当日无负债结算制度，交易所当日要对交易保证金进行结算，如果账户保证金不足，必须在规定的时间内补足，否则可能会被强行平仓。而股票交易采取全额交易，并不需要投资者追加资金，并且买入股票后在卖出之前，账面盈亏都是不结算的。

（二）沪深300指数期货交易规则

沪深300股指期货首批上市合约为2010年5月、6月、9月和12月合约。交易保证金：5月、6月合约暂定为合约价值的15%，9月、12月合约暂定为合约价值的18%。涨跌停板幅度通常为上一交易日结算价的±10%，最后交易日涨跌停板幅度为上一交易日结算价的±20%。上市当日涨跌停板幅度：5月、6月合约为挂盘基准价的±10%；9月、12月合约为挂盘基准价的±20%。股指期货采用集合竞价和连续竞价两种方式撮合成交，正常交易日9：10～9：15为集合竞价时间。其中，9：10～9：14为指令申报时间，9：14～9：15为指令撮合时间。集合竞价指令申报时间不接受市价指令申报，集合竞价指令撮合时间不接受指令申报。

股指期货采取现金交割，在最后交易日收市后，交易所以交割结算价为基准，划付持仓双方的盈亏，了结所有未平仓合约。股指期货交割结算价为最后交易日标的指数最后2小时的算术平均价。

股指期货投机交易的客户某一合约单边持仓限额为100手。进行套期保值交易和套利交易的客户的持仓按照交易所有关规定执行，不受此项限制。某一合约结算后单边总持仓量超过10万手的，结算会员下一交易日该合约单边持仓量不得超过该合约单边总持仓量的25%。会员和客户超过持仓限额的，不得同方向开仓交易。

6.4.3　股指期货的定价

股指一般被看作是支付一定股息的投资资产，投资资产为构成股指的股票组合，投资资产股息等于构成资产所支付的股息。常假定股息为已知收益率，而不是现金收入。假设 q 为股息收益率，则期货价格 F_0 为

$$F_0 = S_0 e^{(r-q)T}$$

这说明期货价格以 $r-q$ 的比率随期货合约期限而增长。

✪【例6.12】考虑一个S&P500的3个月期的期货合约。假定构成股指的股票提供1%的收益率，股指的当前价格为1 200，连续复利的无风险利率为年率4%，这时 $r=0.04$，$S_0=1\ 200$，$T=0.25$，$q=0.01$，因此期货价格 F_0 等于

$$F_0 = 1\ 200e^{(0.04-0.01)\times 0.25} = 1\ 209.034$$

实际中，组成股指的股票组合的股息收益率在一年当中每周都会变化。例如，NYSE股票大部分股息都是在每年的2月、5月、8月和11月的第一个星期内支付。股息收益率 q 应为在期货合约期限中平均的股息年收益率。用于估计 q 的股息的除息日应在期货的期限之内。

【本章小结】

1. 商品期货是指标的物为实物商品的期货合约。商品期货历史悠久、种类繁多，主要包括农产品期货、金属期货和能源期货等。我国期货市场先后推出了27个期货品种，涵盖了农产品、金属、化工和能源等国民经济的主要产业领域。

2. 影响利率期货价格的主要因素有：(1) 货币供应量。当货币供应量不足时，利率上升；相反，当货币供应量过剩时，利率就会下降。(2) 经济发展状况。当经济发展速

度较快，贷款需求旺盛时，利率会升高；当经济发展速度放慢，贷款需求减少时，利率会下跌。（3）政府的财政状况。当政府出现赤字的时候，利率会受到一定的影响。（4）其他国家利率水平。由于各国间资本流动十分频繁，因此一国的利率水平很容易受到其他国家利率水平的影响。（5）其他因素。社会政治环境、失业率等也会对利率造成一定的影响。

3. 外汇期货是交易双方约定在未来某一时间，依据现在约定的比例，以一种货币交换另一种货币的标准化合约的交易。它是指以汇率为标的物的期货合约，用来规避汇率风险，是金融期货中最早出现的品种。

4. 主要的股票指数有道·琼斯股价平均指数、标准·普尔股价指数、英国金融时报股价指数、日经225股价指数、香港恒生指数、沪深300指数。沪深300股指期货是以沪深300指数作为标的物的期货品种。

5. 不同期货的自身特点不同，因此其期货价格也不相同。商品期货价格是 $F_0=(S_0+U)e^{rT}$；货币（外汇）期货合约的价格是 $F_0=S_0e^{(r-r_f)T}$；股指一般被看作是支付一定股息的投资资产，其期货的价格是 $F_0=S_0e^{(r-q)T}$。

【重要概念】

商品期货　利率期货　外汇期货　股指期货

【参考读物】

[1] 中国期货业协会．期货市场教程（第七版）[M]．北京：中国财政经济出版社，2012.

[2] 郑振龙，陈蓉．金融工程（第二版）[M]．北京：高等教育出版社，2008.

[3] 约翰·C. 赫尔（John C. Hull）．期货与期权市场导论 [M]．北京：北京大学出版社，2006.

[4] 叶永刚．衍生金融工具 [M]．北京：中国金融出版社，2004.

[5] 叶永刚．金融工程学 [M]．大连：东北财经大学出版社，2002.

[6] John C. Hull, " Options, Futures and Other Derivatives (9 edition)", New Jersy, *Prentice Hall*, 2014.

【练习题】

1. 请简述我国上市的商品期货品种。

2. 请简述影响利率期货价格的主要因素。

3. 无风险年利率为7%（连续复利计息），某股票指数的红利年支付率为3.2%．指数现值为150。六个月期限的期货合约的期货价格为多少？

4. 假设无风险年利率为9%（连续复利计息），某股票指数的红利支付率在年内经常发生变化。在2月、5月及11月红利支付率为5%。其他月份红利年支付率为2%。假设1996年7月31日的指数价值为300，那么1996年12月31日交割的期货合约的期货价格为多少？

5. 假设无风险年利率为 10%（连续复利计息），某股票指数的红利支付率为 4%。现在指数为 400，四个月后交割的期货合约的期货价格为 405。请问存在什么样的套利机会？

6. 瑞士和美国按连续复利计息的两个月期的年利率分别为 3% 和 8%。瑞士法郎即期价格为 \$ 0.6500。两个月后交割的合约的期货价格为 \$ 0.6600。请问存在怎样的套利机会？

7. 银的现价为每盎司 \$ 9。储存费用为每盎司每年 \$ 0.24，每季度支付一次而且要预先支付，假设所有期限的利率均为每年 10%（连续复利计息），计算 9 个月到期的银的期货价格？

8. 汇丰控股（HSBC Holdings）2005 年 3 月 15 日收市价为 HKD128.00，汇丰控股已经宣布将在 5 月 15 日发放红利每股 HKD2.00，无风险连续利率为 0.03，你认为 6 月 15 日到期的汇丰控股远期股票合约的价格应该是多少？

9. 道·琼斯工业平均指数（Dow Jones）2005 年 3 月 15 日收市为 10 745 点，假设道·琼斯指数在将来 3 个月内平均红利收益为 0.005，无风险连续利率为 0.03，你认为 3 个月以后交割的道·琼斯指数期货合约价格应该为多少？

10. 某股票指数为 1 452.45，该指数的期货将于 3 个月后到期，无风险利率为 5.5%。期货有效期内股息再投资得到的值为 7.26。问：股指期货价格是多少？

第7章

期货工具的应用策略

【本章知识结构】

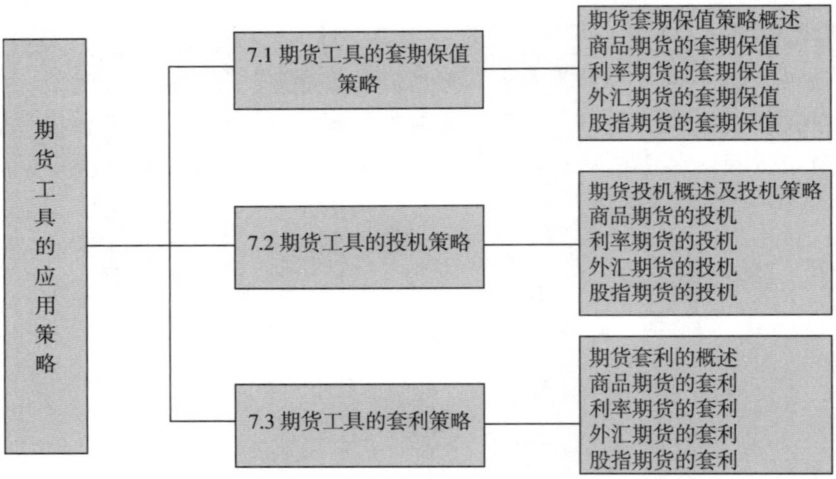

【教学要求】

1. 掌握期货工具套期保值策略；
2. 掌握期货工具的套利策略；
3. 掌握期货工具的投机策略。

7.1 期货工具的套期保值策略

7.1.1 期货套期保值策略概述

期货市场的建立，不仅使企业能通过期货市场获取未来市场的供求信息，提高企业生产经营决策的科学合理性，真正做到以需定产，而且为企业通过套期保值来规避市场价格风险提供了场所，在增进企业经济效益方面发挥着重要的作用。

（一）套期保值概述及原理

套期保值本质是一种风险转移的方式，是由企业通过衍生工具的买卖，将风险转移给其他交易者。它主要是转移价格风险和信用风险，其中，价格风险包括商品价格风险、汇率风险、利率风险和股票价格风险等。本章我们主要讨论如何利用套期保值转移价格风险，信用风险的转移将在信用衍生工具章节介绍。

套期保值是指期货市场上买进或卖出与现货商品或资产相同或相关、数量相等或相当、方向相反、月份相同或相近的期货合约，从而在期货和现货两个市场之间建立盈亏冲抵机制，以规避价格风险的一种交易方式。

正是由于同种商品的期货价格走势与现货价格走势的一致性，现货市场与期货市场价格随期货合约到期日的临近的趋同性，使得套期保值能够实现风险转移。

（二）套期保值的操作原则

（1）商品种类相同原则，指在做套期保值交易时，所选择的期货商品必须和套期保值者将在现货市场中买进或卖出的现货商品在种类上相同。

（2）商品数量相等原则，指在做套期保值交易时，所买卖的期货合约上所载商品的数量必须与交易者将要在现货市场上买进或卖出的商品数量相等。

（3）月份相同或相近原则，指在做套期保值交易时，所选用的期货合约的交割月份最好与交易者将来在现货市场上实际买进或卖出现货商品的时间相同或相近。

（4）交易方向相反原则，指在做套期保值交易时，套期保值者必须同时或在相近时间内在现货市场上和期货市场上采取相反的买卖行动，即进行反向操作，在两个市场上处于相反的买卖位置。

（三）套期保值的分类

1. 根据套期保值效果分为完全套期保值与不完全套期保值。

完全套期保值或理想套期保值是指期货头寸盈（亏）与现货头寸亏（盈）幅度完全相同，两个市场的盈亏是完全冲抵的。

不完全套期保值即两个市场盈亏只是在一定程度上相抵，而非刚好完全相抵。

导致不完全套期保值的原因：

第一，期货价格与现货价格变动幅度并不完全一致。

第二，由于期货合约标的物可能与套期保值者在现货市场上交易的商品等级存在差异，当不同等级的商品在供求关系上出现差异时，虽然两个市场价格变动趋势相近，但在变动程度上会出现差异性。

第三，期货市场建立的头寸数量与被套期保值的现货数量之间存在差异时，即使两个市场价格变动幅度完全一致，也会出现两个市场盈亏不一致的情况。

第四，因缺少对应的期货品种，一些加工企业无法直接对其所加工的产成品进行套期保值。

2. 根据套期保值品种分为直接套期保值与交叉套期保值。

直接套期保值是指投资者用一种金融工具的期货合约为该种金融工具本身的现货部位实施套期保值。

交叉套期保值是指投资者用一种金融工具的期货合约为另一种金融工具的现货部位实施套期保值。

3. 根据期货头寸分为多头套期保值与空头套期保值。

多头套期保值是指套期保值者在套期保值开始时买入一定数量的期货合约，而在套期保值结束时再卖出其原先买进的期货合约以结清部位的策略。

空头套期保值是指套期保值者在套期保值开始时卖出一定数量的某种期货合约，而在套期保值结束时再买回其原先卖出的期货合约以结清部位的策略。

4. 按期货头寸的了结方式分为平仓式套期保值和实物交割式套期保值。

平仓式套期保值是指在期货市场上买进或卖出与现货市场相应或相关商品的相同数量的期货合约，以期在未来某一时间在现货市场上买进或卖出商品时，能够通过期货市场上持有的合约的平仓来冲抵因现货市场上价格变动所带来的风险。

实物交割式套期保值就是以期货头寸的实际交割来规避现货价格不利带来损失的风险。

5. 根据套保比率分为动态套期保值和静态套期保值。

动态套保策略，就是每一交易日，根据当天的个股行情，计算投资组合的 Beta 值，然后再根据当日该投资组合的市值和股指期货价格，计算当天需要用来进行套保的期货头寸，然后在期货市场上对该套保头寸进行动态的调整，以达到更好的套保效果。

静态的套期保值指在套期保值初期对现货资产一定的比例完成建立期货头寸，并保持该头寸于合约的整个持有期内不变，等到期末时将该头寸对冲平仓。

（四）影响套期保值效果的因素

1. 基差对套期保值效果的影响。基差是某一特定地点某种商品或资产的现货价格与相同商品或资产的某一特定期货合约价格间的价差。用公式表示：基差 = 拟套期保值资产的现货价格 - 期货合约的期货价格，即 $b = S - F_0$。在合约到期日时，基差可以是正值、负值或零。

表 7.1　　基差

时间	现货市场	期货市场	基差
T_1（入市开仓）	S_1	F_1	$b_1 = S_1 - F_1$
T_2（平仓出市）	S_2	F_2	$b_2 = S_2 - F_2$

多头套期保值买入现货支付的有效价格为：$S_2 - (F_2 - F_1) = F_1 + (S_2 - F_2) = F_1 + b_2$。

空头套期保值卖出现货收到的有效价格为：$S_2 + (F_1 - F_2) = F_1 + (S_2 - F_2) = F_1 + b_2$。

由于 b_2 的不确定性给套期保值者所带来的风险称为基差风险。

分析：如果 $S_2 = F_2$，则 $b_2 = 0$，这时套保没有风险，这是最理想化的套保，也称完美套保，但只有期货标的资产和被套保的现货相同，期货到期日和现货交易日相同时，才会实现这种情况。而现实生活中，由于期货到期时间、期货品种不可能和现货到期时间、现货品种完全相同，所以这种完美套保不易实现。

空头套期保值的避险程度：$F_1 - F_2 + S_2 - S_1 = (S_2 - F_2) - (S_1 - F_1) = b_2 - b_1$。$b_2 - b_1 > 0$，套期保值之后有盈利；$b_2 - b_1 < 0$，套期保值之后有亏损；$b_2 - b_1 = 0$，完全套期保值。

多头套期保值的避险程度：$F_2 - F_1 + S_1 - S_2 = (F_2 - S_2) - (F_1 - S_1) = b_1 - b_2$。$b_1 - b_2 > 0$，套期保值之后有盈利；$b_1 - b_2 < 0$，套期保值之后有亏损；$b_1 - b_2 = 0$，完全套期保值。

图 7.1 是基差的变化图，指基差从 b_1 到 b_2 的变化，基差沿着左边的线移动，如：从 $b_1 = -200$ 到 $b_2 = -100$，从 $b_1 = -100$ 到 $b_2 = 100$，从 $b_1 = 100$ 到 $b_2 = 200$，都叫基差变强。基差沿着右边的线移动，如：从 $b_1 = 200$ 到 $b_2 = 100$，从 $b_1 = 100$ 到 $b_2 = -100$，从 $b_1 = -100$ 到 $b_2 = -200$，都叫基差变弱。基差变强能实现 $b_2 - b_1 > 0$，基差变弱能实现 $b_1 - b_2 > 0$。

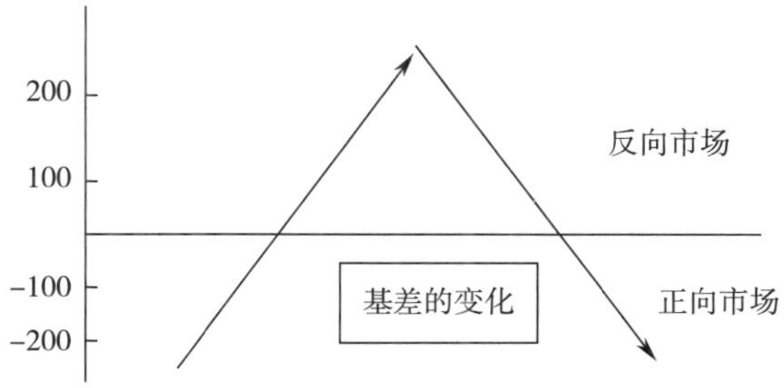

图 7.1　基差变化图

基差变强对空头套期保值有利；基差变弱对多头套期保值有利；基差不变为持平保值。因为，如果 $b_1 = b_2$，则会实现期货头寸盈（亏）与现货头寸亏（盈）幅度完全相同，两个市场的盈亏是完全冲抵的，这就是我们前面提到的完全套期保值，但让 $b_1 = b_2$，就是让现货和期货涨幅或跌幅完全相同，虽然同种商品期货现货两个市场影响因素相同，但受供求关系和投机操作的影响，两个市场的相关系数不可能为 1，再加上期货数量和现货数量的不尽匹配，$b_1 = b_2$ 也是理想模型。所以，基差变化是客观存在的，基差风险也是客观存在的。基差风险描述了运用远期（期货）进行套期保值时无法完全对冲的价格风险。但通过套期保值，投资者将其所承担的风险由现货价格的不确定变化转变为基差的不确定变化，而基差变动的程度总是远远小于现货价格的变动程度，因此不完美的套期保值虽然无法完全对冲风险，但还是在很大程度上降低了风险。所以，正确认识套期保值，合理规避基差风险，利用基差变强对空头套期保值有利，基差变弱对多头套期保值有利的结论，对提高套保效果至关重要。

2. 套保比率对套保效果的影响。套期保值比率是指期货合约的头寸规模与套期保值规模之间的比率。当套期保值资产价格与标的资产期货价格相关系数等于 1 时，为了使套期保值后的风险最小，套期保值比率应该等于 1。而当相关系数不等于 1 时，套期保值比率就不等于 1。由于期货品种、期货到期时间和现货的差别，所以一般相关系数不等于 1，因此套保比率等于 1 并不是最优的。那么最优套保比率多少为最优呢?

最优套期保值比率是能够最大限度地消除被保值对象价格变动风险的套保比率。存在基差风险时，最优套期保值比率几乎不可能为 1。将风险定义为“方差”时，以最小方差套期保值比率为最优。

我们令 ΔS 和 ΔF 表示套期保值内保值资产现货价格 S 的变化和期货价格 F 的变化，σ_S、σ_F 和 σ_ρ 分别表示 ΔS、ΔF 和套期保值组合的标准差，ρ 表示 ΔS 和 ΔF 的相关系数，$Cov(\Delta S$ 和 $\Delta F)$ 是 ΔS 和 ΔF 的协方差。Q_S 表示现货交易量，Q_F 表示一份期货合约交易量，n 表示 1 单位的现货需要 n 单位的期货头寸对其进行套期保值，才能达到最优。

对于空头套期保值组合来说，在套期保值期内组合价值的变化 ΔV 可表示为 $\Delta V = \Delta S - n\Delta F$；对于多头套期保值组合来说，$\Delta V = n\Delta F - \Delta S$。

$$
\begin{aligned}
V &= Var(n\Delta F - \Delta S) = Var(\Delta S - n\Delta F) \\
&= E[(\Delta S - n\Delta F) - E(\Delta S - n\Delta F)]^2 \\
&= E[(\Delta S - E\Delta S) - n(\Delta F - E\Delta F)]^2 \\
&= E(\Delta S - E\Delta S)^2 + n^2E(\Delta F - E\Delta F)^2 - 2nE(\Delta S - E\Delta S)(\Delta F - E\Delta F) \\
&= Var\Delta S + n^2 Var\Delta F - 2nCov(\Delta S, \Delta F) \\
&= {\sigma_S}^2 + n^2\sigma_F^2 - 2n\rho\sigma_S\sigma_F
\end{aligned}
$$

由于最佳套期保值比率必须使$\frac{\mathrm{d}V}{\mathrm{d}n}$最小，即 d$V$ 对 n 的一阶偏导等于零，同时二阶偏导必须大于零，即

$$\frac{\mathrm{d}V}{\mathrm{d}n} = 2n\sigma_F^2 - 2\rho\sigma_S\sigma_F = 0$$

$$\frac{\mathrm{d}V^2}{\mathrm{d}n^2} = 2{\sigma_F}^2 > 0$$

因此得出最优套期保值比率 $n = \rho\frac{\sigma_S}{\sigma_F}$，此式表明，最佳的套期保值比率等于 ΔS 和 ΔF 之间的相关系数乘以 ΔS 的标准差与 ΔF 的标准差的比率。当 ΔS 和 ΔF 之间的相关系数等于 1，ΔS 的标准差与 ΔF 的标准差相等时，最优的套期保值比率等于 1。

n 仅针对单位价值变动，实际最小方差套保数量 N 还要具体考虑头寸规模。

$$N = n\frac{Q_S}{Q_F}$$

实际操作中，寻找最小方差套保比率 n，可以用 ΔS 和 ΔF 的一元线性回归方程 $\Delta S = \alpha + b\Delta F + \varepsilon$ 中的 b 估计 n，即 $N = b\frac{Q_S}{Q_F}$，又 ΔS 和 ΔF 多数不是平稳序列，而收益率多数为平稳序列，可以用收益率 r_S 和 r_F 的一元线性回归方程 $r_S = \alpha + b' r_F + \varepsilon$ 中的 b' 估计 n，则 $N = b'\frac{V_S}{V_F}$，其中 V_S 表示现货价值，V_F 表示每份期货合约的合约规模。

✪【例 7.1】假设投资者王××持有一种现货资产，其资产价值 1 500 000 元，根据市场信息了解现货市场价格为 200 元。现运用与该资产相似的期货合约对此资产进行 6 个月期的套期保值。如果现货资产价格半年期变化的标准差为 0.55 元，该期货价格半年期变化的标准差为 0.78 元，两者相关系数为 0.85，每份期货合约规模为 100 000 元，期货价格为 60 元。

请问 3 个月期货合约的最优套期保值比率是多少？应如何进行套期保值操作？

解：最优套保比率为

$$n = \rho \frac{\sigma_S}{\sigma_F} = 0.85 \times \frac{0.55}{0.78} = 0.599$$

投资者应持有的期货头寸为

$$N = n \frac{Q_S}{Q_F} = 0.599 \times \frac{1\ 500\ 000/200}{100\ 000/60} = 2.695 \text{ 份}$$

3. 影响套期保值的其他因素。导致现货价格与期货价格的差异变化的因素是多种多样的。第一，现货市场中每种商品有许多种等级，每种等级价格的变动情况不一样。可是期货合约却限定了一个或几个特定等级，这样，也许套期保值的商品等级的价格在现货市场中变动快于合约规定的那种等级。第二，当地现货价格反映了当地市场状况，而这些状况可能并不影响显示全国或国际市场状况的期货合约价格。例如，巴西、阿根廷等南美国家的大豆现货价格反映的是当地市场状况，对美国芝加哥期货交易所的大豆期货价格影响较小。第三，当前市场的供求状况对更远交割月份的期货价格的影响小于对现货市场价格的影响。第四，需套期保值的商品可能与期货合约规定的商品不一致。比如布匹生产商，可能用棉花期货代替纱线进行套期保值交易，但纱线的生产成本、供求关系并不与棉花的一样，因此其价格波动可能与棉花价格不一致。

套期保值的另一个限制是期货合约规定具体交易量，它可能与所需套期保值的数量存在差异。比如，有一家油脂厂希望出售 184 吨豆粕，这时，这家工厂只能通过卖出 18 手豆粕合约对 184 吨进行保值，有 4 吨不能保值，如果这家工厂决定卖出 19 手合约，那么多出来的 6 吨将成为投机性交易。不管怎样，总有一些风险不能转移。

（五）制定套期保值策略的程序

1. 判断是否需要套期保值。套期保值本身并不产生收益，而是管理风险的最有效的操作方式。在进行套期保值之前，投资者需要通过对投资风险进行评估，确定哪些风险需要通过套期保值手段进行规避。根据风险特征的不同，可以将套期保值业务区分为低估值组合的成本保值、高估值组合的减持净值保护、高收益组合的减持净值锁定、节假日保值等。

2. 选择套期保值策略。套期保值策略可以分为静态套期保值策略和动态套期保值策略。前者是在套期保值开始时就建立期货头寸，并在结束时将该头寸了结。后者是指根据企业生产经营及期货市场价格波动情况，对套期保值方案不断进行调整，这种方法通过效用最大化来制定套期保值策略，既考虑风险，又顾及收益，通常操作难度较大，对保值人员素质及知识结构要求高。

3. 确定套保期限及期货合约。生产企业可根据本身的生产能力及进程确定套保期限，尽量选择最接近于到期日的期货合约，避免在期货到期的月份中持有期货头寸，所需套期保值时间较长时，可使用套期保值展期，但可能给套期保值者带来额外的风险。然后选择期货合约，同一时间同一个期货品种有到期日不同的多个合约进行交易，企业可选择其中一个或多个合约进行套保，要选择有足够流动性的、且标的物与现货金融工具具有高度相关性的期货合约。

4. 确定套期保值比率。首先企业确定套保程度，即完全套保和部分套保，其次确定套保比率。传统套期保值要求以“商品数量相等”原则进行保值，由于市场存在基差风险，效果不是最优的。我们可以选择合适的最优套保比率模型，计算最优套保比率，最优套保比率模型分为静态模型和动态模型，根据最优套保比率即可计算套保所需的期货合约数量。

当然，套保比例调整也需根据当地现货与期货市场的基差波动来作为一个参考，企业最好建立期现货基差表进行追踪，以确定卖期、还是卖现的相对良好时间。

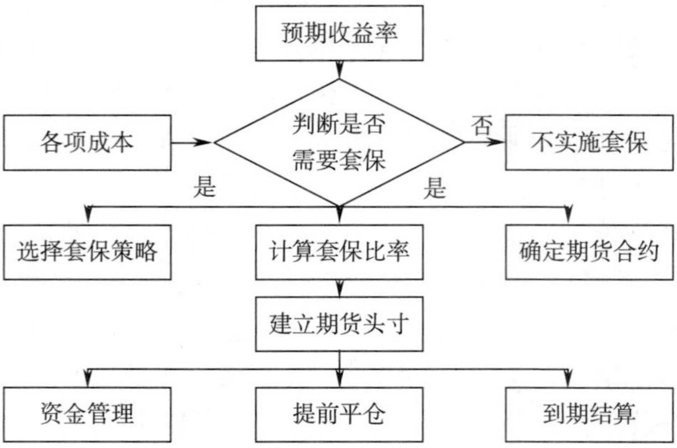

图 7.2　套期保值流程图

5. 选择套期保值开仓时机。企业在确定套保期限时确定了开仓的大致日期范围，可以通过对基差的分析更为精确地确定开仓的日期和具体某一交易日的某个时点。

6. 加强套期保值资金管理。期货交易是保证金交易，企业首先要根据期货合约数量确定一定量的资金作为交易保证金。由于期货市场的剧烈波动和每日结算制度，企业必须留取一定的准备金来维持期货头寸，而且期货交易所通常根据市场情况调整保证金比率，导致持仓成本的增加，因此，在套期保值的资金管理中，企业需为套期保值准备包括交易保证金和合适的准备金两部分资金。

7. 注重套期保值风险管理。利用期货市场进行套期保值，并不等同于风险波动率为零，在极端情况下发生时还会导致套保失败，市场呈现连续单边市的情况，亏损套保头寸也有可能被强行平仓。因此，需要对套保组合进行包括市场风险、流动性风险和制度风险等方面的分析和管理，要及时对套期保值策略作出调整。另外还有操作过程中的人为因素，如个人的心理素质等造成不可避免的风险，建议在具体的操作过程中尽量实现指令和操作分别实施的策略来进行操作。

8. 注意套期保值绩效评估。在每次操作结束后，对套保效率和套保绩效进行评估，积累套保过程中的经验与教训。可以比较套期保值的结果与套期保值目标，反映其效率，也可以用期货部位的损益除以现货部位的损益，以得出避免风险的百分比。

7.1.2　商品期货的套期保值

（一）卖出套期保值策略的应用（担心价格下跌）

当该套期保值者在现货市场上实际卖出该种现货商品的同时或前后，在期货市场上进行对冲，为其在现货市场上卖出的现货保值。因其在期货市场上首先建立空头的交易部位，故又称为空头保值或卖空保值。

✪【例7.2】春耕时，某粮食企业与农民签订了当年以1 000元/吨的价格在收割时收购玉米10 000吨的合同，该企业担心到收割时玉米价格会下跌，于是决定以7月期货合约进行套期保值，因此，在期货市场上以1 080元/吨的价格卖出1 000手7月期货合约，到7月收割时，玉米价格果然下跌到900元/吨，该企业将以1 000元/吨的价格从农民那里收购的现货10 000吨玉米以900元/吨的价格出售给饲料厂。但同时，期货价格也同样下跌，跌至980元/吨。

日期	现货市场	期货市场	基差
3月	玉米价格1 000元/吨	卖1 000手[1]7月玉米合约，价格为1 080元/吨	-80
7月	卖1万吨玉米，价格为900元/吨	买1 000手7月玉米合约，价格为980元/吨	-80
结果	损失100元/吨	盈利100元/吨	

分析：粮食企业如果实行平仓式套保，由于基差不变，属于持平套保，则正好用期货的盈利弥补了现货的亏损，套保的有效价格为$F_1+b_2=1\ 080-80=1\ 000$元/吨，正好弥补了现货市场价格下跌的风险，但和购进价相等，没有盈利。但如果采用交割式套保，在不考虑交割费用、手续费的情况下，有效价格是1 080元/吨，更有吸引力，当然，现实生活中是采取平仓合适还是交割合适，需要把费用考虑了之后权衡。

卖出（空头）套期保值的操作适用于以下三种情况：

第一，持有某种商品或资产（此时持有现货多头头寸），担心市场价格下跌，使其持有的商品或资产市场价值下降，或者其销售收益下降。

第二，已经按固定价格买入未来交收的商品或资产（此时持有现货多头头寸），担心市场价格下跌，使其商品或资产市场价值下降或其销售收益下降。

第三，预计在未来要销售某种商品或资产，但销售价格尚未确定，担心市场价格下跌，使其销售收益下降。

卖出套期保值策略的利弊分析：卖出保值能够回避未来现货价格下跌的风险；经营企业通过卖出保值，可以使保值者能够按照原先的经营计划，强化管理、认真组织货源，顺利完成销售计划；有利于现货合约的顺利签订，但是一旦采用套期保值策略，保值者就放弃了日后出现有利价格时获得更高利润的机会。

（二）买入套期保值策略的应用（担心价格上涨）

买入套保预先在期货市场上买空，持有多头头寸，然后，当该套期保值者在现货市场上买入现货商品的同时，在期货市场上卖出原先买进的该商品的期货合约，进而为其

① 注：1手=10吨。

在现货市场上买进的现货商品进行保值。

✪【例 7.3】7 月 1 日，大豆的现货价格为每吨 2 040 元，某加工商为了避免将来买入大豆时现货价格可能上升，从而使原材料的成本提高，因此决定在大连商品交易所进行大豆套期保值交易。7 月 1 日大豆 9 月期货合约的价格为每吨 2 010 元，该加工商在期货市场上买入 10 手 9 月大豆合约。8 月 1 日，他在现货市场上以每吨 2 080 元的价格买入大豆 100 吨，同时在期货市场上以每吨 2 050 元卖出 10 手 9 月大豆合约，来对冲 7 月 1 日建立的多头头寸。①

日期	现货市场	期货市场	基差
7 月	大豆价格 2 040 元/吨	买 10 手 9 月大豆合约，价格为 2 010 元/吨	30
8 月	买 100 吨大豆，价格为 2 080 元/吨	卖 10 手 9 月大豆合约，价格为 2 050 元/吨	30
结果	损失 40 元/吨	盈利 40 元/吨	

分析：这也是一个基差不变的案例，期货的盈利正好完全弥补了现货的亏损，套保的有效价格为 $F_1+b_2=2\ 010+30=2\ 040$ 元/吨，规避了现货市场价格上涨的风险。

买入（多头）套期保值的操作适用于以下三种情况：

第一，预计在未来要购买某种商品或资产，购买价格尚未确定时，担心市场价格上涨，使其购入成本提高。

第二，目前尚未持有某种商品或资产，但已按固定价格将该商品或资产卖出（此时处于现货空头头寸），担心市场价格上涨，影响其销售收益或采购成本。

第三，按固定价格销售某商品的产成品或其副产品，但尚未购买该商品进行生产（此时处于现货空头头寸），担心市场价格上涨，购入成本提高。

买入套期保值策略的利弊分析：买入套期保值能够回避价格上涨所带来的风险；提高了企业资金的使用效率；对需要库存的商品来说，节省了一些仓储费用、保险费用和损耗费；能够促使现货合同的早日签订。但是一旦采用套期保值策略，则失去了由于价格向相反方向变动而可能获利的机会。

7.1.3 利率期货的套期保值

利率套期保值是指金融市场上借贷者采取与其现货市场相对的立场买卖利率期货，以确保自己现在拥有或将来拥有将要买卖的有价证券的价格（或收益率）。其基本原理是利率下跌时各种有价证券的价格会升高，利率上升时各种有价证券的价格将下跌。

（一）卖出套期保值策略的应用

利率期货卖出套期保值是通过期货市场开仓卖出利率期货合约，以期在现货和期货两个市场建立盈亏冲抵机制，规避市场利率上升的风险。

---

① 注：1 手 =10 吨。

✪【例 7.4】5 月 3 日，市场贷款利率为 2.75%。根据经营需要，某公司预计在 8 月要借入 3 个月期的 2 000 万美元资金。因担心利率上升，借款成本增加，该公司在芝加哥商业交易所（CME）以 98.300 美元的价格卖出 20 张 9 月到期的欧洲美元期货合约；8 月 3 日，因利率上升，9 月合约价格跌至 96 美元，该公司以此价格平仓 20 张 9 月合约，同时以 5% 的利率借入 2 000 万美元。套期保值操作及结果如下表所示。

利率期货卖出套期保值

日期	现货市场	期货市场	基差
5 月 3 日	如果以市场贷款利率 2.75% 借入 2 000万美元，3 个月的利息成本为 2 000 ×2.75% ×3/12 =13.75 万美元	卖出 20 张 9 月到期的欧洲美元期货合约，成交价为 98.300 美元（利率：1.7%）	以利率为基准：1.05% 以指数为基准：－1.05
8 月 3 日	借入 2 000 万美元，借款利率为 5% 的 3 个月的利息 成本为 2 000 ×5% ×3/12 =25 万美元	买入 20 张 9 月到期的欧洲美元期货合约平仓，成交价为 96 美元（利率：4%）	以利率为基准：1% 以指数为基准：－1
损益	多支付的利息： 13.75 －25 = －11.25 万美元	盈利：20 ×（98.300 －96） ×100 × 25 =11.5 万美元	

分析：这是一个基差变强的案例，对于卖出套保来说属于盈利保值，期货市场卖价 98.3 美元，平仓价 96 美元，0.01% 为 1 点，则下跌了 230 点，每点 25 美元，则盈利 20 ×（98.300 －96） ×100 ×25 =11.5 万美元，弥补了现货市场的亏损后，还有额外的盈利，所以，通过套保，实际借款利率锁定在 $F_1 + b_2 = 1.7\% + 1\% = 2.7\%$，套保效果较好。

卖出套期保值适用的情形主要有：持有固定收益债券，担心利率上升、债券价格下跌或者收益率相对下降；利用债券融资的筹资人，担心利率上升，导致融资成本上升；资金的借方，担心利率上升，导致借入成本增加。

（二）买入套期保值策略的应用

利率期货买入套期保值是通过期货市场开仓买入利率期货合约，以期在现货和期货两个市场建立盈亏冲抵机制，规避市场利率下降的风险。

✪【例 7.5】3 月 15 日，某欧洲财务公司预计 6 月 10 日收到 1 000 万欧元，该公司打算将其投资于 3 个月期的定期存款，当时存款利率为 2.65%。该公司担心未来利率会下跌，于是利用纽约泛欧交易所集团伦敦国际金融交易所的 Euribot 期货合约进行买入套期保值交易，即以 97.40 欧元的价格买进 10 张 9 月到期的 3 个月欧元利率期货合约。6 月10 日，存款利率跌至 1.75%，此时收到 1 000 万欧元，以此利率存入银行，同时，以 98.29 欧元的价格卖出 10 张 9 月到期的 3 个月欧元利率期货合约，平仓套期保值操作及结果如下表所示。

利率期货买入套期保值

日期	现货市场	期货市场	基差
3 月 15 日	当时存款利率为 2.65%	以 97.40 欧元（利率：2.6%）的价格买进 10 张 9 月到期的 3 个月欧元利率期货合约	以利率为基准：0.05% 以指数为基准：－0.05
6 月 10 日	存款利率跌至 1.75%，收到 1 000 万欧元，以此利率存入银行	以 98.29 欧元（利率：1.71%）的价格卖出 10 张 9 月到期的 3 个月欧元利率期货合约平仓	以利率为基准：0.04% 以指数为基准：－0.04
损益	损失： 1 000 万×（1.75%－2.65%）×3/12＝－22 500 欧元	盈利： 10×（98.29－97.40）×100×25＝22 250 欧元	

分析：这是一个基差略微变强的案例，对于买入套保来说属于亏损保值（也称为减亏保值），不能完全弥补现货市场的亏损。所以，通过套保，实际存款利率锁定在 $F_1+b_2=2.6\%+0.04\%=2.64\%$，套保效果较好。

买入套期保值适用的情形主要有：计划未来持有固定收益债券，担心利率下降、债券价格下跌或者收益率相对上升；承担按固定利率计息的借款人，担心利率下降，导致资金成本相对增加；资金的贷方，担心利率下降，导致贷款利息和收益下降。

7.1.4 外汇期货的套期保值

（一）买入套期保值策略的应用

外汇期货的买入套期保值，是对于在未来有外币支付的企业，需要规避外币升值带来的风险，因为外币升值会导致未来购汇的本币成本增加。提前买入外汇期货多头，可以锁定未来汇率变化风险。

✪【例 7.6】在 6 月 1 日，某美国进口商预计 3 个月后需支付进口货款 2.5 亿日元，目前即期汇率 USD/JPY＝146.70，该进口商为避免 3 个月后因日元升值而需要付出更多的美元来兑换成日元，就在 CME 外汇期货市场买入 20 手 9 月到期的日元期货合约，进行多头套期保值，每手日元期货合约代表 1 250 万日元，具体操作过程及损益情况如下表所示。

外汇期货买入套期保值

日期	即期市场	期货市场	基差
6 月 1 日	当日美元即期汇率为 USD/JPY＝146.70（折算为 JPY/USD＝0.006817，即 6 817 点），2.5 亿日元价值 1 704 250 美元	买入 20 手 9 月到期的日元期货合约，成交价为 JPY/USD＝0.006835，即 6 835点（折算为 USD/JPY＝146.31）	USD/JPY＝0.39 JPY/USD＝－18

续表

日期	即期市场	期货市场	基差
9 月 1 日	当日美元即期汇率为 USD/JPY = 142.35（折算为 JPY/USD = 0.007 025，即 7 025 点），买入 2.5 亿日元，需付出 1 756 250 美元	卖出 20 手 9 月到期的日元期货合约对冲平仓，成交价格为 7 030 点，（折算为 USD/JPY = 142.25）	USD/JPY = 0.1 JPY/USD = −5
损益结果	成本增加 52 000 美元	期货市场每手日元合约共获利 195 点，每点代表 12.5 美元，共 20 手合约，共盈利 48 750 美元	

分析：基差变强，对买入套保属于亏损保值，期货市场的盈利不足以弥补现货市场的亏损，实际套保有效价为：$F_1 + b_2 = 146.31 + 0.1 = 146.41$USD/JPY。

适合做外汇期货买入套期保值的情形主要包括：外汇短期负债者担心未来货币升值；国际贸易中的进口商担心付汇时外汇汇率上升造成损失。

（二）卖出套期保值的应用

外汇期货的卖出套期保值，是对于在未来有外币收入的企业，需要规避外币贬值带来的风险，因为外币贬值会导致未来外币收入兑换成本币时所获得本币数额的减少。提前卖出外汇期货空头，同样可以锁定未来汇率变化风险。

✪【例 7.7】某美国投资者发现欧元的利率高于美元利率，于是他想购买 50 万欧元以获高息，计划投资 3 个月，又担心在此期间欧元兑美元贬值。为避免欧元汇价贬值的风险，该投资者利用芝加哥商业交易所外汇期货市场进行空头套期保值，具体操作过程及套期保值结果如下表所示。

外汇期货卖出套期保值

日期	即期市场	期货市场	基差
3 月 1 日	当日欧元即期汇率为 EUR/USD = 1.3432，购买 50 万欧元，付出 67.16 万美元	卖出 4 手 6 月到期的欧元期货合约，成交价格为 EUR/USD = 1.3450	−0.0018
6 月 1 日	当日欧元即期汇率为 EUR/USD = 1.2120，出售 50 万欧元，付出 60.6 万美元	买入 4 手 6 月到期的欧元期货合约对冲平仓，成交价格为 EUR/USD = 1.2101	0.0019
损益结果	损失 6.56 万美元	期货合约下跌 1 348 个点，即 1.3450 − 1.2102 = 0.1348，每点的合约价格为 12.5 美元，4 手合约共获利 1 349 × 12.5 × 4 = 6.745 万美元	

分析：这是一个基差变强的案例，对于卖出套保属于盈利保值，期货市场的盈利弥补了现货市场的损失之后还有盈余，套保有效价格为：$F_1 + b_2 = 1.3450 + 0.0019 = 1.3469$。

适合做外汇期货卖出套期保值的情形主要包括：持有外汇资产者，担心未来货币贬值；出口商和从事国际业务的银行预计未来某一时间将会得到一笔外汇，为了避免外汇汇率下跌造成损失。

7.1.5 股指期货的套期保值

股指期货的套期保值是同时在期货市场和股票市场进行反向的操作，最终达到转移系统性风险的目的。

（一）β 系数与最佳套期保值比率

股指期货与商品期货在套期保值操作中有一个很大的差别。在商品期货中，需要套期保值的商品数总是几乎整数倍地对应期货合约张数，然而在股指期货中，只有买卖指数基金或者严格按照指数的构成购买一揽子股票，才能做到完全对应。在实际操作中，绝大多数股市投资者很少能做到按照指数成分股来构造股票组合。因此，想有效地进行套期保值，需要确定一个合理买卖股票指数期货合约的数量，这就需要引进 β 系数这一概念。

β 系数代表了一种证券对于未来市场变化的敏感度，在国内外金融市场上被广泛应用于测定某种证券或证券组合的相对风险，它代表了一种证券或证券组合在证券市场上其市场风险的相对大小。某种股票的 β 系数较大，说明该股票在证券市场发生变化时，其价格上下波动剧烈，也就是通常所说的风险较大。例如，一只个股 β 系数为 1.3，说明当大盘涨 1% 时，它有可能涨 1.3%，同理大盘跌 1% 时，它有可能跌 1.3%；但如果一只个股 β 系数为 −1.3 时，说明当大盘涨 1% 时，它有可能跌 1.3%，同理大盘跌 1% 时，它有可能涨 1.3%。β 系数通常应用于证券投资组合和资本资产定价模型里（CAPM）。

专栏7.1

资本资产定价模型（CAPM）

资本资产定价模型为

$$R_p = R_f + \beta(R_m - R_f)$$

式中，R_p 表示投资组合的收益率，R_m 表示市场组合的收益率，R_f 表示无风险收益率，β 表示投资组合的贝塔系数。

---

1. 单只股票的 β 系数。单只股票的 β 系数为：$\beta = \rho_{R_iR_m}\dfrac{\sigma_{R_i}}{\sigma_{R_m}}$，其中 R_i 表示单只股票 i 的收益率，R_m 表示市场指数的收益率。

实际操作中，R_i 与 R_m 的关系可以用一条直线来拟合：$R_i = \alpha + \beta R_m + \varepsilon$，$\beta$ 系数是该直线的斜率。如果 β 系数等于 1，则表明股票收益的增减幅度与指数收益率的增减幅度保持一致；当 β 系数大于 1 时，说明股票的波动或风险程度高于以指数衡量的整个市场；当 β 系数小于 1 时，则说明股票的波动或风险程度低于以指数衡量的整个市场。

✪【例7.8】已知某公司股票的β系数为0.5，短期国债收益率为6%，市场组合收益率为10%，则公司的必要收益率为多少？

解：根据CAPM模型，公司的必要收益率=6%+0.5×（10%-6%）=8%。

2. 股票组合的β系数。当投资者拥有一个股票组合时，就要计算这个组合的β系数。假定一个组合P由n个股票组成，第i个股票的资金比例为P_i；β_i为第i个股票的β系数。则有：$\beta=\sum_{i=1}^{n}P_i\beta_i$。股票组合的$\beta$系数比单个股票的$\beta$系数可靠性要高，这一点对于预测应用的效果来说是一样的。

✪【例7.9】假设一投资者持有A、B、C三只股票，三只股票的β系数分别为1.2、0.9和1.05，其资金是平均分配在这三只股票上，则该股票组合的β系数为多少？

解：股票组合的β系数=1/3×1.2+1/3×0.9+1/3×1.05=1.05

3. 股票指数期货套期保值中合约张数的确定。如前所述，最小方差套保比率n可以用β估计，β虽然是股票组合与股票现货市场的β系数，但由于股票现货市场与股票期货市场高度相关，所以，β可以近似地认为是股票组合与股指期货的β系数。

又$N=n\dfrac{Q_S}{Q_F}$，n在商品期货中以价格计算，在股指期货中是以点数计算的，所以，股指期货合约数量$N=\beta\dfrac{V_S}{V_F}$=［现货总价值/（期货指数点×每点乘数）］×β系数，其中，公式中的“期货指数点×每点乘数”实际上就是一张期货合约的价值。

注意：公式$N=\beta\dfrac{V_S}{V_F}$可以理解为将β系数调整为零的套期保值，现实生活中，可以将β系数调整为β^*，即$N=(\beta^*-\beta)\dfrac{V_S}{V_F}$，$\beta^*-\beta>0$，说明风险偏好投资者在持有股票时，还想获得股指期货的收益，在股指期货上做多，增加了系统性风险，当$\beta^*-\beta<0$，说明投资者在手中持有股票时，股指期货做空，适当地降低了系统性风险，但没有完全消除。

（二）卖出套期保值策略的应用

股票指数卖出套期保值，是交易者为了规避股票市场价格下跌的风险，通过在股指期货市场卖出股指期货的操作，而在股票市场和股指期货市场上建立盈亏冲抵机制。卖出套期保值的情形主要是：投资者持有股票组合，担心股市大盘下跌而影响股票组合的收益。

✪【例7.10】国内某证券投资基金在某年9月2日时，其收益率已达到26%，鉴于后市不太明朗，下跌的可能性很大，为了保持这一业绩到12月，决定利用沪深300股指期货实行保值。假定其股票组合的现值为2.24亿元，并且其股票组合与沪深300指数的β系数为0.9。假定9月2日时的现货指数为5 400点，而到12月到期的期货合约为5 650点。该基金首先要计算卖出多少期货合约才能使2.24亿元的股票组合得到有效保护。

应该卖出的期货合约数=224 000 000/（5 650×300）×0.9≈119张

12 月 12 日，现货指数跌到 4 200 点，而期货指数跌到 4 290 点（现货指数跌 1 200 点，跌幅约为 22.22%，期货指数跌 1 360 点，跌幅大致为 24%），这时该基金买进 119 张期货合约进行平仓，则该基金的损益情况为：股票组合市值缩水 22.22% ×0.9 = 20%，市值减少为 1.792 亿元，减少市值 0.448 亿元；期货合约上赢得 119 ×1 360 × 300 =0.4855 亿元，两者基本相等，实现避险目的。具体操作如下表所示。

股指期货卖出套期保值

日期	现货市场	期货市场	基差
9 月 2 日	股票总价值 2.24 亿元，沪深 300 现指为 5 400 点	卖出 119 张 12 月到期的沪深 300 股指期货合约，股指为 5 650 点，合约总收益为： 119 ×5 650 ×300 =2.01705 亿元	-250
12 月 2 日	沪深 300 现指跌至 4 200 点，该基金持有的股票价值缩水至 1.792 亿元	买进 119 张 12 月到期的沪深 300 股指期货合约平仓，股指为 4 290 点，合约总收益为： 119 ×4 290 ×300 =1.53153 亿元	-90
损益	-0.448 亿元	0.48552 亿元	

分析：基差变强对卖出套保属于盈利保值，期货盈利弥补现货亏损后有额外盈利，实际套保价：$F_1 + b_2 = 5\ 650 - 90 = 5\ 560$。

卖出套期保值适用于以下四种情况。

（1）机构大户手中持有大量股票，也准备长期持有，但却看空大盘。此时，如果选择在股票市场上卖出，由于数量较多，会对股票价格形成较大压力导致出货成本较高，同时要承担相应的交易费用。此时，最好的选择是卖出相应的股指期货合约来对冲短期内价格下跌的风险。

（2）持有大量股票的战略投资者，由于看空后市，但却不愿意因卖出股票而失去大股东地位，此时，这些股票持有者也可以通过卖出相应的股指期货合约来对冲价格下跌的风险。

（3）投资银行与股票包销商有时也需要使用卖出套期保值策略。对于投资银行和包销商而言，能否将包销股票按照预期价格销售完毕，在很大程度上和股市的整体状况很有关系。如果预期未来股市整体情况不乐观，可以采取卖出相应股指期货合约来规避因股票价格下跌带来的损失。

（4）投资者在股票期权或股指期权上卖出看跌期权，一旦股票价格下跌，将面临很大的亏损风险，此时，通过卖出相应股指期货合约可以在一定程度上对冲风险。

（三）买入套期保值策略的应用

买入套期保值是指交易者为了规避股票市场价格上涨的风险，通过在股指期货市场买入股票指数的操作，而在股票市场和股指期货市场上建立盈亏冲抵机制。买入套期保值的情形主要是：投资者在未来计划持有股票组合，担心股市大盘上涨而使购买股票组合的成本上升。

✪【例 7.11】某机构在 4 月 15 日得到承诺，6 月 10 日会有 300 万元资金到账。该机构看中 A、B、C 三只股票，现在价格分别为 20 元、25 元、50 元，如果现在就有资金，每只股票投入 100 万元就可以分别买进 5 万股、4 万股、2 万股。由于现在处于行情看涨期，他们担心资金到账时，股价已上涨，就买不到那么多股票了。于是，采取买进股指期货合约的方法锁定成本。

假定相应的 6 月到期的期指为 1 500 点，每点乘数为 100 元。三只股票的 β 系数分别为：1.5、1.3 和 0.8，则首先计算应该买进多少期指合约。

三只股票组合的 β 系数 =（1.5 ×1 +1.3 ×1 +0.8 ×1）÷3 =1.2

应该买进期指合约数 =3 000 000/（1 500 ×100）×1.2 =24 张

股指期货买入套期保值

日期	现货市场	期货市场
4 月 15 日	预计 6 月 10 日可收到 300 万元，准备购进 A、B、C 三只股票，当天三只股票的市价： A 股票 20 元，β 系数 1.5； B 股票 25 元，β 系数 1.3； C 股票 50 元，β 系数 0.8 按此价格，各投资 100 万元，可购买： A 股票 5 万股； B 股票 4 万股； C 股票 2 万股	买进 24 张 6 月到期的指数期货合约，期货指数为 1 500 点，合约价值为：24 ×1 500 ×100 =360 万元
6 月 10 日	收到 300 万元，但股票价格已上涨至： A 股票 23 元（上涨 15%）； B 股票 28.25 元（上涨 13%）； C 股票 54 元（上涨 8%）	买进 24 张 6 月到期的指数期货合约平仓，期货指数为 1 650 点，合约价值为：24 ×1 650 ×100 =396 万元
损益	−36 万元	36 万元

分析：6 月 10 日，该机构如期收到 300 万元，这时现指与期指均已涨了 10%，即期指已涨至 1 650 点，而三只股票分别上涨至 23 元（上涨 15%）、28.25 元（上涨 13%）、54 元（上涨 8%）。如果仍旧分别买进 5 万股、4 万股、2 万股，则共需资金：23 ×5 +28.25 ×4 +54 ×2 =336 万元，显然，资金缺口为 36 万元。

由于他们在指数期货上做了多头保值，6 月 10 日将期指合约卖出平仓，共计可得 24 ×（1 650 −1 500）×100 =36 万元，正好与资金缺口相等。可见，通过套期保值，该机构实际上已把一个多月后买进股票的价格锁定在 4 月 15 日的水平上了。同样，如果到时股指和股票价格都跌了，实际效果仍旧如此。这时，该机构在期指合约上亏了，但由于股价低了，扣除亏损的钱后，余额仍旧可以买到足额的股票数量。

买入套期保值适用于下列情况：

(1) 投资者预期未来一段时间内可收到大笔资金，准备投入股市，但经研究认为股市在资金到位前会逐步上涨，若等到资金到位再建仓，势必会提高建仓成本。这时，可买入股指期货合约便能对冲股票价格上涨的风险，由于股指期货交易具有杠杆机制，买入股指期货合约所需的资金量较小。

(2) 机构投资者现在拥有大量资金，计划按当前价格买进一组股票，由于需要买进的股票数额较大，短期内完成建仓必然推高股价，提高建仓成本；如逐步分批进行建仓，则担心价格上涨。此时买入股指期货合约则是解决问题的方式。具体操作方法是先买进对应数量的股指期货合约，然后再分步逐批买进股票，在分批建仓的同时，逐批将这些对应的股指期货合约卖出平仓。

(3) 在允许交易者进行融券做空的股票市场中，由于融券具有确定的归还时间，融券必须在预定日期前将做空的股票如数买回，再加上一定的费用归还给出借者。当融券者做空股票后，如果价格与预期相反，出现上涨，为归还股票投资者不得不用更高的价格买回股票，此时，买进相应的股指期货合约则可以起到对冲风险的作用。

(4) 投资者在股票期权或股指期权上卖出看涨期权，一旦价格上涨，将面临较大的亏损。此时，投资者可通过买进相应股指期货合约，在一定程度上对冲因此产生的风险。

7.2 期货工具的投机策略

7.2.1 期货投机概述及投机策略

（一）投机的概念

期货投机是期货市场的一种重要交易方式，同时也是交易者的一种投资手段。期货交易实行保证金制度，即交易者可以用少量资金数倍于其交易额，以此寻找获取高额利润的机会，同时由于期货市场价格波动频繁，存在着极大的不确定性，投机交易者希望通过价差来实现利润。

期货投机是指根据对市场的判断，利用市场上出现的价差进行买卖，并从中获得利润的交易行为；期货投机是期货市场的一种重要交易方式，同时也是交易者的一种投资手段。

由于交易目的不同，期货投机与套期保值之间存在着一定的区别，主要区别如表7.2所示。

表7.2 期货投机与套期保值的区别

项目	期货投机	套期保值
交易目的	赚取价差收益	利用期货市场规避现货价格波动的风险
交易方式	在期货市场上进行买空卖空，以获得价差收益	在现货市场与期货市场上同时操作，以期达到对冲现货市场价格风险的目的
交易风险	投机者是风险承担者	套期保值者是风险转移者

期货投机分为多头投机和空头投机，多头投机交易是指投机者预测期货价格将要上涨，从而先买后卖，希望低价买入，高价卖出对冲的交易行为。空头投机交易是指投机者预测期货价格将要下跌，从而先卖后买，希望高价卖出、低价买入对冲的交易行为。

（二）期货投机注意事项

1. 了解相关品种的供需关系和相关概念。投资者应该于日常生活中了解相关商品的库存、国内外产量、国内外消费、进出口等数据。除了由现货的供需关系决定价格的长期走势以外，一些相关概念会对价格产生短期的波动。如天气、国家的宏观调控、地缘政治、金融市场的波动等。投资者进行交易前最好对相关品种的基本面即供需关系和相关概念有所了解，做到胸有成竹，降低交易的盲目性。

2. 注意外盘的涨跌和异动。大多数的商品都在全球各地生产或者使用，商品的强同质性决定其价格具有同一性，因此各地交易的商品期货价格具有很强的相关性和联动性。许多商品的定价权都掌握在国外交易所的手上，如国内的金属期货容易受伦敦金属交易所的影响，农产品期货容易受美国 CBOT 的影响，能源期货容易受美国 NYMEX 的影响，当这些交易所的价格有所异动时，国内相同或相关的期货价格往往容易跟随变动。

3. 注意心态、止损和资金管理。交易时必须心平气和，有能力控制自己的怀疑，不会因为未来的买卖而不能入睡。投资者要想成功必须去掉害怕失败的心理，做到亏损时不感到自尊心受创，情绪仍能保持稳定。学习接受失败，不要持有亏损的头寸不放，亏损时注意止损，不要贸然补仓。不要满仓操作，入市时尽量将仓位控制在 1/3 以下。

4. 关注主流资金的入场和出场。资金优势者往往容易在期货市场上获胜，因此短线投资者应该主动获取主流资金进出以及多空偏向的信息，增加获胜的概率。建议投资者从主要交易所网站上获取多空双方前 20 名会员的持仓状况和变化。

5. 注意合约的选择。在正向市场上，由于较近月份交割的期货合约的价格小于较远月份交割的期货合约的价格，所以，做多头的投机者应买入近期月份合约，做空头的投机者应卖出远期月份合约。在反向市场上，由于较近月份交割的期货合约的价格大于较远月份交割的期货合约的价格，所以，做多头的投机者应买入交割月份较远的期货合约，做空头的投机者应卖出交割月份较近的月份合约。

7.2.2　商品期货的投机

商品期货投机是利用商品期货市场上出现的价差进行买空卖空，并从中获得利润的期货交易行为。预测价格涨时，先买入后卖出平仓获利，预测价格跌时，先卖出后买入平仓获利。

✪ **【例 7.12】** 某投机者判断某个月份的棉花价格趋涨，于是买入 10 张合约（每张 5 吨），价格为每吨 14 200 元，后来棉花期货价格上涨到每吨 14 250 元，于是按该价格卖出 10 张合约。获利：（14 250 元/吨 − 14 200 元/吨）× 5 吨/张 × 10 张 = 2 500元。

专栏7.2

海南棕榈油M506事件

这是一个由于过度投机、监管不力而导致期货交易品种最后消亡的典型事件。棕榈油作为国内期市较早推出的大品种，一度成为期货市场的热门炒作对象，吸引了大量的投机者和套期保值者参与，市场容量相当大。早期国内外棕榈油市场由于供求不平衡，全球植物油产量下降，而同期需求却持续旺盛，导致棕榈油的价格不断上涨。但到了1995年，国内外棕榈油市场行情却出现了较大的变化，棕榈油价格在达到高峰后，逐渐形成回落趋势。1995年第一季度海南棕榈油期价一直处于9 300元/吨以上横盘，但在M506合约上，市场投机者组成的多头阵营仍想凭资金实力拉抬期价。而此时又遇到了一批来自以进口商为主的空头势力，在国内外棕榈油价格下跌的情况下，以现货抛售套利，由此点燃了M506合约上的多空战火。1995年3月以后，多空的激烈争夺令M506合约上的成交量和持仓量急剧放大，3月28日持仓一度达到47 944手的历史最高位。与此同时，有关部门发出了期货监管工作必须紧密围绕抑制通货膨胀、抑制过度投机、加大监管力度、促使期货市场健康发展的通知。国家的宏观调控政策是不允许原料价格上涨过猛，对粮油价格的重视程度也可想而知。这就给期货市场上的投机商发出了明确的信号，而此时，M506合约上的多空争夺硝烟正浓。多头在来自管理层监控及国内外棕榈油价格下跌的双重打压下匆忙撤身，而空方则借助有利之势乘机打压，使出得势不饶人的凶悍操作手法，在1995年4月，将期价由9 500元/吨以上高位以连续跌停的方式打到7 500元/吨一线。而此时的海南中商所施行全面放开棕榈油合约上的涨跌停板限制，让市场在绝对自由的运动中寻求价格。多头在此前期价暴跌之中亏损严重，此时哪有还手之力。这又给空方以可乘之机，利用手中的获利筹码继续打低期价，在M506临近现货月跌到了7 200元/吨的水平。至此，M506事件也告结束。此后的棕榈油合约中虽有交易，但已是江河日下，到1996年已难再有生机了。

7.2.3 利率期货的投机

若投机者预期未来利率水平将下降，利率期货价格将上涨，便可买入期货合约，待利率期货价格上涨后平仓获利；若投机者预期未来利率水平将上升，利率期货价格将下跌，则可卖出期货合约，待利率期货价格下跌后平仓。

✪【例7.13】10月20日，某投资者认为未来的市场利率水平将会下降，于是以97.300价格买入50手12月到期的欧洲美元期货合约。一周之后，该期货合约价格涨到97.800，投资者以此价格平仓。若不计交易费用，该投资者将获利50个点，即1 250美元/手，总盈利为62 500美元。

利率期货投机交易的优点在于，投资者可以通过正确预测未来的利率，从期货价格走势中获利，而不必占用资金购买债券。同现货市场相比，利率期货头寸只需要占用少量的保证金即可。同时，利率期货买卖所需支付的手续费比债券现货买卖所需支付的手续费也要低很多。但是，如果投资者对市场预测失误，那么在期货头寸上遭遇亏损的投资者必须立即全额支付相应的损失。

7.2.4 外汇期货的投机

外汇期货投机交易是指通过买卖外汇期货合约，从外汇期货价格的变动中获利并同时承担风险的交易行为。投机者根据对外汇期货价格走势的预测，购买或出售一定数量的某一交割月份的外汇期货合约，有意识地使自己处于风险暴露之中。一旦外汇期货价格走势与自己预测的一致，则出售或购买以上合约进行对冲，可以从中赚取买卖价差。如果外汇期货价格的走势与自己预测的相反，投机者则要承担相应的风险损失。外汇期货投机交易可以分为空头投机交易和多头投机交易两种类型。

✪【例7.14】3月10日，某位投机者预测英镑期货将进入熊市，于是在1英镑=1.4967美元的价位卖出4手3月期英镑合约。3月15日，英镑期货价格果然下跌。该投机者在1英镑=1.4714美元的价位买入2手3月期英镑期货合约平仓。此后，英镑期货进入牛市，该投机者只得在1英镑=1.5174美元的价位买入另外2手3月期英镑期货合约平仓。其盈亏如下：

(1.4967－1.4714) ×62 500×2=3 162.5美元

(1.4967－1.5174) ×62 500×2=－2 587.5美元

在不计算手续费的情况下，该投机者从英镑期货的空头投机交易中获利575美元。

✪【例7.15】6月10日，某投机者预测瑞士法郎将进入牛市，于是在1瑞士法郎=0.8774美元的价位买入2手6月期瑞士法郎期货合约。6月20日，瑞士法郎期货果然上升。该投机者在1瑞士法郎=0.9038美元的价位卖出2手6月期瑞士法郎期货合约平仓。其盈亏如下：

(0.9038－0.8774) ×125 000×2=6 600美元

在不计算手续费的情况下，该投机者在瑞士法郎期货的多头交易中获利6 600美元。

7.2.5 股指期货的投机

股指期货市场的投机交易，是指交易者根据对股票价格指数和股指期货合约价格的变动趋势作出预测，通过看涨时买进股指期货合约，看跌时卖出股票期货合约获取价差收益的交易行为。股指期货的投机交易在流程和形式上与商品期货的投机交易类似，此处不再赘述。

✪【例7.16】投资者A凭直觉股市春节之后将暴涨，B则看空后市。于是A在主力合约IF1003报价3 333点时（股指期货报价就是将期望的指数点位，看成买卖的报价），买进一张合约，B则卖出同样的合同。在3月到期的一个月之内的任何一个交易日，这张合约的价格就像股价一样会上下波动，如果涨到了3 350点，A就获利（3 350点－3 333点）×300元/点=5 100元（手续费忽略）。A只要支付3 333×300 ×12%=119 988元的保证金，而不是99.99万元的全额资金。收益率为4.25%。当然，若B判断失误，不止损等到3 350点买入平仓，那就损失5 100元。不过，由于T+0交易机制，何时买入B自便。通常情况下，当B发觉苗头不对，可能早已撤退了。所以，期货交易及时止损很重要。

✪【例7.17】上面是买涨的例子，再举一个看跌的例子。同样是C看跌节后市场，卖出一张IF1003合约，D则买入同样的合同，价位依然都是3 333点。在3月到期的一个月之内，这张股指期货合约跌到了3 300点，C获利（3 333－3 300）×300=9 900元。C同样支付了卖出保证金3 333×300×12%=119 988元。收益率是8.25%。D则判断失误，如果一直等到3 300点才卖出平仓，则损失9 900元。不过，像D这样的极端例子是很少的，投机者应该坚决避免不肯及时止损的思维。

7.3 期货工具的套利策略

7.3.1 期货套利的概述

（一）期货套利的定义

如果发生利用期货市场与现货市场之间的价差进行的套利行为，那么就称为期现套利。如果发生利用期货市场上不同合约之间的价差进行的套利行为，那么就称为价差交易。期货市场套利的技术与做市商或普通投资者大不一样，套利者利用同一商品在两个或者更多合约之间的价差，而不是任一合约的价格进行交易。因此，它们的潜在利润不是基于商品价格的上涨或者下跌，而是基于不同合约月份之间价差的扩大或者缩小，从而构成其套利交易的头寸。正是由于套利交易的获利并不是依靠价格的单边上涨或下跌来实现的，因此在期货市场上，这种风险相对较小而且是可以控制的，而其收益则是相对稳定且比较优厚的操作手法，备受大户和机构投资者的青睐。

期货套利是指利用相关市场或者相关合约之间的价差变化，在相关市场或者相关合约上进行交易方向相反的交易，以期在价差发生有利变化而获利的交易行为。

（二）期货套利与投机的区别

期货的套利和投机是两种不同的交易方式，它们在期货市场中都发挥着重要的作用。期货套利与投机交易的区别主要有：

第一，期货投机交易只是利用单一期货合约价格的上下波动赚取利润，而套利是从相关市场或相关合约之间的相对价差套取利润。期货投机者关心和研究的是单一合约的涨跌，而套利者关心和研究的则是两个合约间价差的变化。

第二，期货投机交易在一段时间内只做买或卖，而套利则是在同一时间在相关市场进行反向交易，或者在同一时间买入和卖出相关期货合约，同时扮演多头和空头的双重角色。

第三，套利交易赚取的是价差变动的收益，由于相关市场或者相关合约价格变化方向大体一致，所以价差的变化幅度小，因而承担的风险也小。而投机赚取的是单一的期货合约价格有利变动的收益，与价差的变化相比，单一价格变化幅度要大，因而承担的风险也较大。

（三）期货套利的分类

一般来说，期货套利主要是指期货的价差套利。根据所选择期货合约的不同，可分为跨期限套利、跨商品套利和跨市场套利三种。

跨期限套利，是指投机者在同一市场利用同一种商品不同交割期之间的价格差距的变化，买进某一交割月份期货合约的同时，卖出另一交割月份的同类期货合约以谋取利润的交易方式。其实质是，利用同一商品期货合约的不同交割月份之间的差价的相对变动来获利。

跨商品套利，又称为跨品种套利；是指利用两种不同的、但是相互关联的商品之间的期货价格的差异进行套利，即买入（卖出）某一交割月份某一商品的期货合约，而同时卖出（买入）另一种相同交割月份、另一关联商品的期货合约。

跨市场套利，是指投机者利用同一商品在不同交易所的期货价格的不同，在两个交易所同时买入和卖出期货合约以谋取利润的交易方式。

7.3.2　商品期货的套利

（一）跨期限套利

根据所买卖的期货合约交割月份及买卖方向的不同，跨期套利可以分为牛市套利、熊市套利、蝶式套利三种。

1. 牛市套利（Bull Spread）。当市场出现供给不足、需求旺盛的情形，导致较近月份的合约价格上涨幅度大于较远期的上涨幅度，或较近月份的合约价格下降幅度小于较远期的下跌幅度。无论是正向市场还是反向市场，在这种情况下，买入较近月份合约的同时卖出远期月份的合约进行套利盈利的可能性比较大，我们称这种套利为牛市套利。

一般在以下三种情况下做牛市套利：（1）在期价上涨时，牛市套利交易者预期近期合约走势强于远期合约，即近期合约上涨得比远期合约快；（2）在期价下跌时，牛市套利者预期近期合约下跌幅度要小于远期合约；（3）近期合约上涨而远期合约下跌。

✪【**例 7.18**】由于持有成本的影响，假定大豆期货合约近月和远月的价格差一般为 80 元/吨左右，但是 5 月合约与 7 月合约的价格差达到了 130 元/吨。5 月合约价格为 2 130元/吨，7 月合约价格 2 260 元/吨。如果将来价格上涨，5 月合约比 7 月合约价格上涨幅度大，反之，如果下跌，5 月合约比 7 月合约价格下跌幅度小，因此可以买入 5 月合约，同时卖出 7 月合约。

牛市套利操作：以 2 130 元/吨的价格买入 5 月合约 10 手，以 2 260 元/吨的价格卖出 7 月合约 10 手。

2. 熊市套利（Bear Spread）。当市场出现供给过剩，需求相对不足时，较近月份的合约价格下降幅度往往要大于较远期合约价格的下降幅度，或较近月份的合约价格上升幅度小于较远合约价格的上升幅度。无论是正向市场还是反向市场，卖出较近月份合约的同时买入远期月份的合约进行套利，盈利的可能性比较大，我们称这种套利为熊市套利。

一般在以下三种情况下做熊市套利：（1）在期价上涨时，熊市套利交易者预期远期合约走势强于近期合约，即远期合约上涨的比近期合约快；（2）在期价下跌时，熊市套利者预期远期合约下跌幅度要小于近期合约；（3）远期合约上涨而近期合约下跌。

✪【**例 7.19**】某年 3 月，小麦 9 月合约和 11 月合约价差经常不足 30 元，有时 11 月比 9 月还低。9 月和 11 月理论上正常差价应该约 30 元以上，即 11 月应该至少比 9 月高 30 元。

由于在 4 月 1 日 11 月合约比 9 月合约还低 10 元，价差异常，可以开始实施熊市套利：卖出 9 月合约 1 000 手（价格 2 000 元/吨），同时买进 11 月合约 1 000 手（价格1 990元/吨）。实施熊市套利后，小麦期货开始于 4 月 30 日见底回升，小麦期货远期合约纷纷上扬。6 月下旬，了结套利操作，11 月平仓价为 2 150 元/吨，9 月平仓价为 2 100 元/吨。

3. 蝶式套利（Butterfly Spread）。蝶式套利是跨期套利中的又一种常见的形式。它是由共享居中交割月份一个牛市套利和一个熊市套利的跨期套利组合。由于近期和远期月份的期货合约分居于居中月份的两侧，形状像蝴蝶的两个翅膀，因此称之为蝶式套利。

蝶式套利具体操作方法是：买入（或卖出）近期月份合约，同时卖出（或买入）居中月份合约，并买入（或卖出）远期月份合约，其中，居中月份合约的数量等于近期月份和远期月份数量之和。

✪【例7.20】2月10日，3月、5月、7月的大豆期货合约价格分别为4 040元/吨、4 120元/吨和4 165元/吨。××消费者认为3月和5月之间的价差过大而5月和7月的价差过小，于是他进行了蝶式套利：以该价格同时买入150手3月期货合约、卖出350手5月期货合约、买入200手7月期货合约。2月22日时，3个合约都出现了下跌，3月大豆期货合约价格为3 850元/吨、5月合约价格为3 910元/吨、7月合约价格为3 975元/吨，于是，该交易者将三个合约平仓。在本次蝶式套利操作中，套利者的盈亏状况如下表所示。①

日期	3月合约	5月合约	7月合约
2月10日	买入150手，4 040元/吨	卖出350手，4 120元/吨	买入200手，4 165元/吨
2月22日	卖出150手，3 850元/吨	买入350手，3 910元/吨	卖出200手，3 975元/吨
各合约盈亏状况	亏损190元/吨；总亏损：$190\times150\times10=285\ 000$元	盈利210元/吨；总盈利为：$210\times350\times10=735\ 000$元	亏损190元/吨；总亏损为：$190\times200\times10=380\ 000$元
净盈亏	净盈利为：$-285\ 000+735\ 000-380\ 000=70\ 000$元		

蝶式套利是两个跨期套利互补平衡的组合，可以说是“套利的套利”。从理论上看，蝶式套利与普通的跨期套利相比，风险和利润都较小。

（二）跨商品套利

跨商品套利可分为两种情况，一是相关商品之间的套利；二是原料与成品之间的套利。

1. 相关商品间的套利。众所周知，商品的价格总是围绕着内在价值上下波动。然而，需求替代品、需求互补品、生产替代品或生产互补品等的价格存在着某种稳定合理的关系。但由于受到各种因素的影响，它们又会出现被高估或者被低估的情况。此时，便可以通过期货市场卖出被高估商品，买入被低估的商品，等有利时机出现时平仓获利。

相关商品间套利的做法是：交易者可以通过期货市场卖出被高估的商品合约，买入被低估商品合约进行套利，等有利时机出现后分别平仓，从中获利。

2. 原料与成品间的套利。原料与成品间的套利是指利用原材料商品和其制成品之间的价格关系进行套利。最经典的是大豆与其两种制成品——豆油和豆粕之间的套利。我国的大豆、豆油和豆粕之间有“100%大豆＝18%豆油＋78.5%豆粕＋3.5%损耗”的关

① 注：1手＝10吨。

系。所以，价格也有类似的比例关系，即

100% 大豆 × 购进价格 + 加工费用 + 压榨利润
= 18% 豆油 × 销售价格 + 78.5% 豆粕 × 销售价格

因此，大豆、豆粕与豆油这三种商品之间存在着必然的套利关系。它们之间的套利有两种方式：大豆提油套利和反向大豆提油套利。

（1）大豆提油套利的具体做法：市场价格正常时，购买大豆期货合约的同时卖出豆油和豆粕的期货合约，当在现货市场上购入大豆或将成品最终销售时再将期货合约对冲平仓。

（2）反向大豆提油套利的具体做法：市场价格反常时，大豆可能与其产品出现价格倒挂，卖出大豆期货合约，买进豆油和豆粕的期货合约，同时缩减生产，减少豆粕和豆油的供给量。

（三）跨市场套利

在期货交易市场上，很多交易所交易的期货商品都相同，如大豆期货和玉米期货在芝加哥期货交易所、大连商品期货交易所、东京谷物交易所交易。铝、铜等期货在伦敦金属交易所、纽约期货交易所、上海期货交易所进行交易。在各交易所间的价格会有一个稳定的差额，一旦这一差额发生短期的变化，交易者就可以在这两个市场间进行套利。

跨市场套利的做法：购买价格相对较低的合约，卖出价格相对较高的合约，以期在期货价格趋于正常时平仓，赚取低风险利润。

✪【**例7.21**】某一代理铜产品进出口专业贸易公司跨市场套利：某年4月17日在LME（伦敦金属交易所）以1 650美元/吨的价格买入1 000吨（40手，1手等于25吨）6月合约，次日在SHFE（上海期货交易所）以17 500美元的价格卖出1 000吨（200手，1手等于5吨）7月合约，到5月11日在LME以1 785美元/吨的价格卖出平仓，5月12日在SHFE以18 200美元的价格买入平仓，该过程历时1个月，假设美元和人民币汇率为1美元=8.28元人民币，交易总手续费为46元/吨，盈亏如下：

伦敦卖1吨6月合约盈利：(1 785 − 1 650) ×8.28 =1 117.8元

上海买1吨7月合约亏损：(17 500 − 18 200) = −700元

盈亏相抵1吨盈利：1 117.8元 −700元 =417.8元

扣除费用：417.8 −46 =371.8元

1 000吨总盈利：371.8 ×1 000 =37.18万元。

7.3.3 利率期货的套利

利率期货套利是利用相关利率期货合约间的价差变动来进行的。在利率期货交易中，跨市场套利机会一般很少，机会相对较多的是跨期限套利和跨品种套利。

（一）跨期限套利

在利率期货交易中，当同一市场、同一品种、不同交割月份合约间存在着过大或过小的价差关系时，就存在着跨期限套利的潜在机会。

✪【**例7.22**】4月2日，某投资者认为美国5年期国债期货9月合约和12月合约之间的价差偏高。于是采用熊市套利策略建立套利头寸，在卖出100手9月合约的同时买入 100 手 12 月合约，成交价差为：1′12。4 月 30 日，上述 9 月合约和 12 月合约间价差缩小为 0′30，该投资者以 0′30 的价差平仓原套利头寸。套利操作及结果如下表所示。

4 月 2 日	卖出 100 手 5 年期国债期货 9 月合约	买入 100 手 5 年期国债期货 12 月合约	成交价差为 1′12
4 月 30 日	买入 100 手 5 年期国债期货 9 月合约平仓	卖出 100 手 5 年期国债期货 12 月合约平仓	成交价差为 0′30
盈亏状况	不涉及交易费，投资者可获利 0′14，总盈利为 14 × 31.25 × 100 = 43 750 美元		价差缩小 0′14

（二）跨品种套利

在利率期货交易中，当同一市场、相同交割月份、不同的期货品种合约之间存在着过大或过小的价差关系时，就存在着跨品种套利的潜在机会。相同交割月份的利率期货合约在合约运行期间，影响因素基本一致，套利收益稳定性会更高。利率期货跨品种套利交易根据套利合约标的的不同，主要分为短期利率期货、中长期利率期货合约间套利和中长期利率期货合约间套利两大类。

1. 短期利率期货、中长期利率期货合约间套利。短期利率期货、中长期利率期货合约的标的物差异较大，投资者可以根据其不同的合约期货价格变动的规律性寻找相应的套利机会。例如，某套利者认为未来长期收益率相对于短期收益率将上升，投资者可以在芝加哥期货市场卖出美国中长期国债期货合约，同时买入欧洲美元期货合约进行跨品种套利。套利合约间价差向投资者持仓有利方向运行时，择机同时平仓即可获取套利收益。

2. 中长期利率期货合约间套利。在欧美期货市场，中长期利率期货多个品种交易活跃程度较高，合约间套利机会也较多。根据中长期利率期货合约标的不同、其价格变化对影响因素敏感程度的不同来进行跨品种套利是一种常见策略。

一般地，市场利率上升、标的物期限较长的国债期货合约价格的跌幅会大于期限较短的国债期货合约的跌幅，投资者可以择机持有较长期国债期货的空头和较短期国债期货的多头，以获取套利收益。市场利率下降，标的物期限较长的国债期货合约价格的涨幅会大于期限较短的国债期货合约的跌幅，投资者可以择机持有较长期国债期货的多头和较短期国债期货的空头，以获取套利收益。

7.3.4 外汇期货的套利

（一）跨市场套利

跨市场套利是在不同交易所之间的套利交易行为。不同交易所的同一外汇币种的期货价格可能会发生短暂的扭曲。套利者利用这种价格差异，在一个交易所买入某种外汇期货合约，与此同时，在另一交易所卖出该外汇期货合约，通过将来的平仓或交割以获得收益。

✪【例 7.23】假设目前（今年 12 月 10 日）芝加哥的国际货币市场（IMM）明年 6 月到期的英镑期货价格是 1.4741（USD / BP），即 1 英镑的美元价是 1.4741 美元。同时，伦敦国际金融期货交易所（LIFFE）明年 6 月到期的英镑期货价格是 1.4899（USD/

BP)。根据以上信息，套利者可以在IMM市场买入4份英镑期货，所买入的英镑数额为62 500×4=250 000BP，同时在LIFFE市场卖出英镑期货10份，所卖出的英镑数量为25 000×10=250 000BP（两市场不同交易不同的期货合约份数是因为两市场的英镑期货合约所含英镑数额是不同的）。假设到明年6月到期前（6月3日），套利者在两个市场同时平仓，平仓价格是1.5223（USD／BP）。套利结果如下表所示。

IMM市场	LIFFE市场
今年12月10日买入英镑期货支出美元计价： 1.4741×62 500×4=368 525美元	今年12月10日卖出英镑期货收入美元计价： 1.4899×25 000×10=372 475美元
明年6月3日卖出英镑期货收入美元计价： 1.5223×62 500×4=380 575美元	明年6月3日买入英镑期货支出美元计价： 1.5223×25 000×10=380 575美元
盈利：380 575－368 525=12 050美元	盈利：372 475－380 575=－8 100美元

（二）跨币种套利

两种不同币种外汇期货相对于美元的价格在未来可能出现相反的走势，也可能出现变化方向相同，但变化幅度不同的走势，这为外汇期货的跨币种套利带来可能。实际上是这两种货币之间比价的变化产生的投机机会。套利者可以买入一种外币的期货合约，同时再卖出交割月份相同的另外一种外币的期货合约，在到期之前同时平仓离场。

✪【例7.24】假设目前（今年12月10日）芝加哥的国际货币市场（IMM）明年6月到期的英镑期货价格是1.4741（USD／BP），即1英镑的美元价是1.4741美元。同时，明年6月到期的加元期货价格是0.8063（USD／CAD）。加元与英镑的交叉汇率等于0.8063/1.4741=0.5470（BP／CAD），即1加元兑换0.5470英镑。根据以上信息，套利者可以在IMM市场买入8份英镑期货，所买入的英镑折合美元数额为1.4741×62 500×8=737 050 USD，同时卖出加元期货9份，所卖出的加元折合美元数量为0.8063×100 000×9=725 670 USD。假设到明年6月到期前（6月3日），套利者分别以1.5223（USD／BP）和0.8190（USD／CAD）同时平仓。套利结果如下表所示。

IMM市场英镑期货	IMM市场加元期货
今年12月10日买入英镑期货支出美元计价： 1.4741×62 500×8=737 050美元	今年12月10日卖出加元期货收入美元计价： 0.8063×100 000×9=725 670美元
明年6月3日卖出英镑期货收入美元计价： 1.5223×62 500×8=761 150美元	明年6月3日买入加元期货支出美元计价： 0.8190×100 000×9=737 100美元
盈利：761 150－737 050=24 100美元	盈利：725 670－737 100=－11 430美元

（三）跨期限套利

同一币种、不同到期日期的外汇期货的价格在不同的时间区间中可能会有不同的走势，这为外汇期货的跨期限套利带来可能。套利者可以买入某月到期的一种外币的期货合约，同时再卖出交割月份不相同的同种外币的期货合约。在到期之前的某个时点同时平仓离场。

✪【例 7.25】假设目前（今年 12 月 1 日）芝加哥的国际货币市场（IMM）明年 6 月到期的英镑期货价格是 1.4741（USD / BP），即 1 英镑的美元价是 1.4741 美元。同时，明年 12 月到期的英镑期货价格是 1.5103（USD / BP），套利者可以在 IMM 市场买入 1 份明年 6 月到期的英镑期货。同时卖出一份明年 12 月到期的英镑期货。假设到明年 6 月到期前（6 月 3 日），套利者分别以 1.5223（USD / BP）和 1.5300（USD / BP）对 6 月和 12 月到期的英镑期货进行同时平仓。套利结果如下表所示。

IMM 市场英镑期货（BPM9）	IMM 市场英镑期货（BPZ9）
今年 12 月 1 日买入 1 份英镑期货（BPM9）支出美元计价： 1.4741 × 62 500 = 92 131.25 美元	今年 12 月 1 日卖出 1 份英镑期货（BPZ9）收入美元计价： 1.5103 × 62 500 = 94 393.75 美元
明年 6 月 3 日卖出 1 份英镑期货（BPM9）收入美元计价： 1.5223 × 62 500 = 95 143.75 美元	明年 6 月 3 日买入 1 份英镑期货（BPZ9）支出美元计价： 1.5300 × 62 500 = 95 625 美元
盈利：95 143.75 − 92 131.25 = 3 012.50 美元	盈利：94 393.75 − 95 625 = −1 231.25 美元

7.3.5 股指期货的套利

（一）期现套利

股指期货合约交易在交割时采用现货指数，在各种因素的影响下，期货指数起伏不定，经常会与现货指数产生偏离，但是，当这种偏离超出一定的范围时，就会产生套利机会。交易者可以利用这种机会进行套利交易，获取无风险利润。股指期货合约实际价格恰好等于股指期货理论价格的情况比较少，多数情况下股指期货合约实际价格与股指期货理论价格总是存在偏离。在不考虑交易成本时，当前者高于后者时，称为期价高估；当前者低于后者时，称为期价低估。

1. 期价高估与正向套利。当存在期价高估时，交易者可通过卖出股指期货，同时买入对应的现货股票进行套利交易，这种操作称为“正向套利”。

✪【例 7.26】①卖出一张恒指期货合约，成交价位 15 200 点，同时以 6% 的年利率贷款 75 万港元，买进相应的一揽子股票组合。②一个月后，将收到的 5 000 港元股息收入按 6% 的年利率贷出。③再过两个月，即到交割期，将恒指期货对冲平仓，同时将一揽子股票卖出。注意，交割时期货、现货价格是一致的。下表列出了交割时指数的 3 种不同情况：情况 A 的交割价高于原期货实际成交价（15 200 点），情况 C 的交割价低于原现货实际成交价（15 000 点），情况 B 的交割价介于两者之间。显然，不论最后的交割价是高还是低，该交易者从中可收回的资金数都是相同的 76 万港元，加上收回贷出的 5 000 港元的本利和为 5 050 港元，共计收回资金 76.505 万港元。④还贷。75 万港元 3 个月的利息为 1.125 万港元，需要还本利共计 76.125 万港元，而回收资金总额与还贷资金总额之差765 050 - 761 250 = 3 800港元，即该交易者获得的净利润。

情况	A	B	C
交割价	15 300点	15 100点	14 900点
期货盈亏	15 200 - 15 300 = -100点，即亏损5 000港元	15 200 - 15 100 = 100点，即盈利5 000港元	15 200 - 14 900 = 300点，即盈利1.5万港元
现货盈亏	15 300 - 15 000 = 300点，即盈利1.5万港元，共可收回76.5万港元	15 100 - 15 000 = 100点，盈利5 000港元，共可收回75.5万港元	14 900 - 15 000 = -100点，亏损5 000港元，共可收回74.5万港元
总计	200点，即1万港元，共可收回76万港元	200点，即1万港元，共可收回76万港元	200点，即1万港元，共可收回76万港元

2. 期价低估与反向套利。当存在期价低估时，交易者可通过买入股指期货的同时卖出对应的现货股票进行套利，这种操作称为“反向套利”。

✪【例7.27】①以15 040点的价位买进一张恒指期货合约，同时借入一揽子对应的股票在股票市场按现价15 000点卖出，得款75万港元，再将75万港元按市场年利率6%贷出3个月。②3个月后，收回贷款本利合计761 250港元，然后在期货市场将恒指期货卖出平仓，同时在现货市场上买进相应的股票组合，将这个股票组合还给原出借者，同时还必须补偿股票所有者本来应得的分红本利和5 050港元。③与上例相同，不论最后的交割价为多少，期货和现货两个市场的盈亏总额都是相同的。设最后交割指数为H，则净利 = 收回贷款本利和 - 赔偿分红本利和 + 期货盈亏 - 买回股票组合所需资金 = 761 250 - 5 050 + （H - 15 040） ×50 - H ×50 = 4 200港元。

由于套利是在期、现两个市场同时反向操作，将利润锁定，不论价格涨跌，都不会产生风险，故常将期现套利交易称为无风险套利，相应的利润称为无风险利润。从理论上讲，这种套利交易是不需要资本的，因为所需资金都是借来的，所需支付的利息已经在套利过程中考虑了，故套利利润实际上是已扣除机会成本后的净利润。当然，在以上分析中，略去了一些影响因素，例如交易费用以及融券问题、利率问题等与实际情况是否吻合等，这会在一定程度上影响套利操作和效果。

3. 交易成本和无套利区间。无套利区间是指考虑交易成本后，将期指理论价格分别向上移和向下移所形成的一个区间。在这个区间中，套利交易不但得不到利润，反而将导致亏损。具体而言，若将期指理论价格上移一个交易成本之后的价位称为无套利区间的上界，将期指理论价格下移一个交易成本之后的价位称为无套利区间的下界，只有当实际的期指高于上界时，正向套利才能够获利；反之，只有当实际期指低于下界时，反向套利才能够获利。

假设TC为所有交易成本的合计数（包括期货市场交易双边手续费、期货买卖冲击成本、买卖股票双边交易手续费、股票交易印花税、股票买卖的冲击成本、股票资产组合模拟指数跟踪误差、借贷利差成本），这样在理论价格基础上就出现了一个无套利区间，只有当实际价格高于无套利区间上界或者低于无套利区间下界才会出现套利机会。

显然，一般意义上的无套利区间的上界应为

$$F(t,T)+TC=S_t[1+(r-d)\times\frac{(T-t)}{365}]+TC$$

而无套利区间的下界应为

$$F(t,T)-TC=S_t[1+(r-d)\times\frac{(T-t)}{365}]-TC$$

相应的无套利区间应变为

$$\{F(t,T)-TC=S_t[1+(r-d)\times\frac{(T-t)}{365}]-TC,F(t,T)+TC=S_t[1+(r-d)\times\frac{(T-t)}{365}]+TC\}$$

而股指期货的套利区间为

$$[S_te^{(r-q)(T-t)}-TC,S_te^{(r-q)(T-t)}+TC]。$$

✪【例 7.28】2020 年 1 月 13 日沪深 300 指数的点位为 4 203.99 点，3 月合约收盘价 3 686 点，假设年利率 $r=5\%$，年红利 $q=3\%$，那么套利区间是多少？是否存在套利机会？

首先，我们计算合约的理论价格：

$$F=S_te^{(r-q)(T-t)}=4\ 203.99e^{(0.05-0.03)(3-1)/12}=4\ 218.03$$

然后，我们计算套利成本 T_c：

（1）期货买卖的双边手续费 0.2 点；

（2）期货买入和卖出的冲击成本 0.2 个指数点；

（3）股票买卖双边手续费 0.4% ×4 203.99 = 16.82；

（4）股票交易印花税 0.01% ×4 203.99 = 0.42；

（5）股票买卖冲击成本 0.5% ×4 203.99 = 21.02；

（6）股票资产组合模拟指数跟踪误差 0.2% ×4 203.99 = 8.41；

（7）借贷利差成本 0.3% ×4 203.99 = 12.61。

这样套利总成本 $Tc=59.28$，无套利区间为［4 158.75，4 277.31］。

分析：1 月 13 日 3 月远期合约 3 686 点完全小于无套利区间上界 4 158.75 点，存在巨大的套利空间，操作上可以卖出成分股，同时买入 3 月远期合约实现套利。

（二）跨期限套利

跨期限套利是在同一交易所同一期货品种不同交割月份期货合约间的套利。与一般的跨期限套利相同，它是利用不同月份的股指期货合约的价差关系，在买进（卖出）某一月份的股指期货的同时，卖出（买进）另一月份的股指期货合约，并在未来某个时间同时将两个头寸平仓了结的交易行为。

✪【例 7.29】5 月 1 日上午 10 点，沪深指数为 3 500 点，沪深 300 股指期货 9 月合约为 3 600 点，6 月合约为 3 550 点，投资者认为价差可能会缩小，于是买入 6 月合约，卖出 9 月合约。5 月 1 日下午两点 9 月合约涨至 3 650 点，6 月合约涨至 3 620 点，实际价差缩小为 30 点。跨期套利损益情况如下表所示。

5月1日 上午10：00	买入 1 手 6 月合约，价格为 3 550点	卖出 1 手 9 月合约，价格为 3 600点	价差50点
5月1日 下午2：00	卖出 1 手 6 月合约，价格为 3 620点	买入 1 手 9 月合约，价格为 3 650点	价差30点
每张合约损益	+70点	-50点	价差缩小20点
最终盈亏	盈利 20×300=6 000 元		

【本章小结】

1. 套期保值是指期货市场上买进或卖出与现货商品或资产相同或相关、数量相等或相当、方向相反、月份相同或相近的期货合约，从而在期货和现货两个市场之间建立盈亏冲抵机制，以规避价格风险的一种交易方式。套期保值分为卖出（空头）套期保值和买入（多头）套期保值两种方式。

2. 基差 = 现货价格 - 期货价格。最佳套期保值比率：$2h\sigma^2_F - 2\rho\sigma_S\sigma_F = 0$，因此 $h=\rho\dfrac{\sigma_S}{\sigma_F}$，所以，最佳的套期保值比率等于 ΔS 和 ΔF 之间的相关关系乘以 ΔS 的标准差与 ΔF 的标准差的比率。

3. 商品期货的套期保值可以分为卖出（空头）套期保值和买入（多头）套期保值。卖出（空头）套期保值，是指套期保值者通过在期货市场建立空头头寸，预期对冲其目前持有的或者未来将卖出的商品或资产的价格下跌风险的操作。买入（多头）套期保值，是指套期保值者通过在期货市场建立多头头寸，预期对冲其现货商品或资产空头，或者未来将买入的商品或资产价格上涨风险的操作。

4. 利率套期保值是指金融市场上借贷者采取与其现货市场相对的立场买卖利率期货，以确保自己现在拥有或将来拥有将要买卖的有价证券的价格（或收益率）。其基本原理是利率下跌时各种有价证券的价格会升高，利率上升时各种有价证券的价格将下跌。

5. 外汇期货的买入套期保值，是对于在未来有外币支付的企业，需要规避外币升值带来的未来购汇的本币成本增加风险。外汇期货的卖出套期保值，是对于在未来有外币收入的企业，需要规避外币贬值导致未来外币收入兑换成本币时所获得本币数额减少的风险。

6. 股票指数期货套期保值中买卖期货合约张数 = ［现货总价值/（期货指数点×每点乘数）］×β 系数。股票指数卖出套期保值，是交易者为了规避股票市场价格下跌风险，通过在股指期货市场卖出股指期货的操作，而建立盈亏冲抵机制；买入套期保值是指交易者为了规避股票市场价格上涨风险，通过在股指期货市场买入股票指数的操作，而建立盈亏冲抵机制。

7. 商品期货的投机在实际操作中经常使用低买高卖策略。

8. 若投机者预期未来利率水平将下降，利率期货价格将上涨，便可买入期货合约，期待利率期货价格上涨后平仓获利；若投机者预期未来利率水平将上升，利率期货价格将下跌，则可卖出期货合约，期待利率期货价格下跌后平仓。

9. 外汇期货投机交易是指通过买卖外汇期货合约，从外汇期货价格的变动中获利并同时承担风险的交易行为。空头投机交易是指投机者预测外汇期货价格将要下跌，从而先卖后买，希望高价卖出、低价买入对冲的交易行为。多头投机交易是指投机者预测外汇期货价格将要上涨，从而先买后卖，希望低价买入、高价卖出对冲的交易行为。

10. 股指期货市场的投机交易，是指交易者根据对股票价格指数和股指期货合约价格的变动趋势作出预测，通过看涨时买进股指期货合约、看跌时卖出股票期货合约获取价差收益的交易行为。

11. 期货套利是指利用相关市场或者相关合约之间的价差变化，在相关市场或者相关合约上进行方向相反的交易，以期在价差发生有利变化而获利的交易行为。期货套利可以分为跨期限套利、跨商品套利和跨市场套利。

12. 商品期货的跨期限套利可以分为牛市套利、熊市套利、蝶式套利三种。跨商品套利可分为两种情况：一是相关商品之间的套利；二是原料与成品之间的套利。跨市场套利的做法：购买价格相对较低的合约，卖出价格相对较高的合约，以期在期货价格趋于正常时平仓，赚取低风险利润。

13. 利率期货套利是利用相关利率期货合约间的价差变动来进行的。在利率期货交易中，跨市场套利机会一般很少，机会相对较多的是跨期限套利和跨品种套利。

14. 外汇期货的跨市场套利是指套利者利用这种价格差异，在一个交易所买入某种外汇期货合约，与此同时，在另一交易所卖出该外汇期货合约，通过将来的平仓或交割以获得收益。外汇期货的跨币种套利是指套利者可以买入一种外币的期货合约，同时再卖出交割月份相同的另外一种外币的期货合约，在到期之前同时平仓离场。外汇期货的跨期限套利是指套利者可以买入某月到期的一种外币的期货合约，同时再卖出交割月份不相同的同种外币的期货合约。在到期之前的某个时点同时平仓离场。

【重要概念】

期货套期保值　基差　套期保值比率　期货投机　期货套利　跨期套利
跨商品套利　跨市套利　牛市套利　熊市套利　蝶式套利

【参考读物】

［1］中国期货业协会．期货市场教程（第七版）［M］．北京：中国财政经济出版社，2012.

［2］郑振龙，陈蓉．金融工程（第三版）［M］．北京：高等教育出版社，2012.

［3］约翰·C. 赫尔（John C. Hull）．期货与期权市场导论［M］．北京：北京大学出版社，2006.

[4] 叶永刚．衍生金融工具［M］．北京：中国金融出版社，2004.
[5] 叶永刚．金融工程学［M］．大连：东北财经大学出版社，2002.
[6] 周复之．金融工程［M］．北京：清华大学出版社，2008.
[7] 庄新田，高莹，金秀．金融工程学［M］．北京：清华大学出版社，2007.
[8] John C. Hull, "Options, Futures and Other Derivatives (9th edition)", New Jersy, *Prentice Hall*, 2014.

【练习题】

1. 请简述期货套期保值、投机和套利的定义。

2. 请简述期货投机与套期保值的区别。

3. 请简述期货套利与投机的区别。

4. 某公司购入500吨小麦，价格为1 300元/吨，为避免价格下跌风险，该公司以1 330元/吨的价格在郑州期货交易所作套期保值交易，小麦3个月后交割的期货合约上作卖出保值并成交。2个月后，该公司以1 260元/吨的价格将该批小麦卖出，同时以1 270元/吨的成交价格将持有的期货合约平仓。请计算公司该笔保值交易的结果（假设其他费用忽略）。

5. 7月1日，大豆现货价格为2 020元/吨，某加工商对该价格比较满意，希望能以此价格在一个月后买进200吨大豆。为了避免将来现货价格可能上涨，从而提高原材料成本，决定在大连商品交易所进行套期保值。7月1日买进20手9月大豆合约，成交价格2 050元/吨。8月1日当该加工商在现货市场买进大豆的同时，卖出20手9月大豆合约平仓，成交价格2 060元/吨。请问在不考虑佣金和手续费等费用的情况下，8月1日对冲平仓时基差应至少为多少才能使该加工商实现有净盈利的套期保值?

6. 6月5日某投机者以95.45欧元的价格买进10张9月到期的3个月欧元利率期货合约，6月20日该投机者以95.40欧元的价格将手中的合约平仓。在不考虑其他成本因素的情况下，该投机者的净收益是多少?

7. 上海期货交易所1月2日铜合约报价：3月铜合约的价格是63 200元/吨，5月铜合约的价格是63 000元/吨。某投资者采用熊市套利（不考虑佣金因素），则依次计算下列情况该套利者的盈亏情况，2月5日铜期货合约报价为：①3月铜合约的价格保持不变，5月铜合约的价格下跌了50元/吨；②3月铜合约的价格下跌了70元/吨，5月铜合约的价格保持不变；③3月铜合约的价格下跌了250元/吨，5月铜合约价格下跌了170元/吨；④3月铜合约的价格下跌了170元/吨，5月铜合约价格下跌了250元/吨。

8. 假定某期货投资基金的预期收益率为10%，市场预期收益率为20%，无风险收益率为4%，这个期货投资基金的β系数是多少?

9. 假设4月1日现货指数为1 500点，市场利率为5%，交易成本总计为15点，年指数股息率为1%，根据套利区间理论，分析何时存在套利机会?

10. 某证券投资基金利用S&P500指数期货交易来规避股市投资的风险。在9月21日手中的股票组合现值为2.65亿美元。由于预计后市看跌，该基金卖出了395张12月

S&P500 指数期货合约。9 月 21 日，现指下跌 220 点，期指下跌 240 点，该基金的股票组合下跌了 8%，试分析该基金此时的盈亏状况（该基金股票组合与 S&P500 指数的 β 系数为 0.9）。

11. 某法人机构持有价值为 1 000 万美元的股票投资组合，其 β 系数为 1.2，假设 S&P500 期货指数为 870.4，为防范所持股票价格下跌的风险，此法人应该如何持有期货?

12. 6 月 5 日某投机者以 95.45 点的价格买进 10 张 9 月到期的 3 个月欧洲美元利率（EU. Ribor）期货合约，6 月 20 日该投机者以 95.40 点的价格将手中的合约平仓。在不考虑其他成本因素的情况下，该投机者的净收益是多少?

13. 3 月 15 日，某投机者在交易所采取蝶式套利策略，卖出 3 手（1 手等于 10 吨）6 月大豆合约，买入 8 手 7 月大豆合约，卖出 5 手 8 月大豆合约。价格分别为 1 740 元/吨、1 750 元/吨和 1 760 元/吨。4 月 20 日，三份合约的价格分别为 1 730 元/吨、1 760 元/吨和 1 750 元/吨。在不考虑其他因素影响的情况下，该投机者的净收益是多少?

14. 7 月 1 日，大豆现货价格为 2 020 元/吨，某加工商对该价格比较满意，希望能以此价格在一个月后买进 200 吨大豆。为了避免将来现货价格可能上涨，从而提高原材料成本，决定在大连商品交易所进行套期保值。7 月 1 日买进 20 手 9 月大豆合约，成交价格为 2 050 元/吨。8 月 1 日当该加工商在现货市场买进大豆的同时，卖出 20 手 9 月大豆合约平仓，成交价格为 2 060 元/吨。请问在不考虑佣金和手续费等费用的情况下，8 月 1 日对冲平仓时基差应为多少能使该加工商实现有净盈利的套期保值?

高等学校金融学系列教材

21世纪高等学校金融学系列教材

互换篇

第 8 章

互换合约及其定价

【本章知识结构】

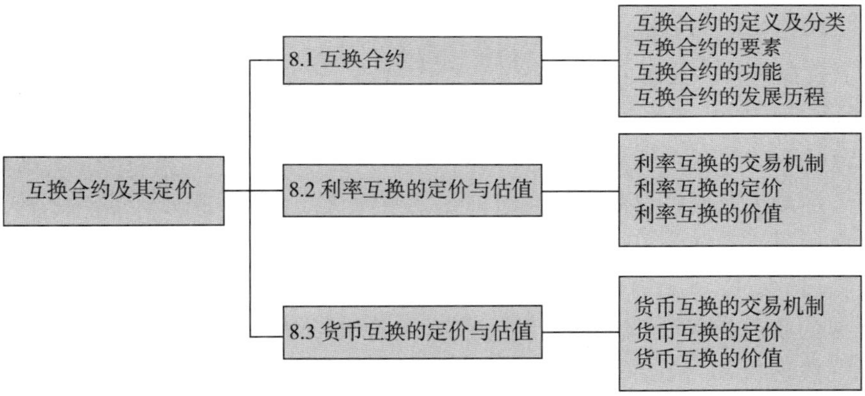

【教学要求】

1. 掌握互换合约的定义、理论基础、功能以及风险；
2. 了解互换合约的发展历程；
3. 重点掌握利率互换和货币互换的定价和估值。

8.1 互换合约

8.1.1 互换合约的定义及分类

（一）互换合约的定义

互换合约（Swaps）是两个或者两个以上的当事人通过协商确定条件，在未来的一定时间内交换一系列现金流的合约。简单地说，互换合约是交易双方根据各自的需求通过协商而签订的合约。

互换合约主要有以下特点。

第一，品种多样化。最基本的互换品种是货币互换和利率互换，在此基础上，互换新品种不断出现，比如商品互换、股权互换、交叉货币利率互换等。

第二，非标准化。与标准化的期货合约相比，互换合约具有较强的灵活性。互换合约一般不在交易所交易，也没有规定的条款，而是交易双方通过协商确定。

第三，产品衍生化。互换合约同其他金融工具相结合，可以衍生出其他金融产品，例如与期权结合产生互换期权，与远期结合产生远期互换，与股票指数结合产生股票指数互换等。

（二）互换的分类

互换分为基本互换、合同条件变更型互换和其他互换。基本互换根据标的物的不同，分为商品互换、利率互换、货币互换和股权互换；合同条件变更型互换包括远期互换、交叉货币互换、延迟或加速现金流互换、增长型互换、减弱型互换、滑道型互换、分期偿还互换；其他互换包括基础互换、收益曲线互换、互换期权、总收益互换、混合互换等。

8.1.2 互换合约的要素

互换合约作为一种非标准化的衍生金融工具，其内容也是灵活多样的。以下将对互换合约的主要要素做一个简单介绍。

（一）互换合约的交易双方及其他参与者

互换合约的交易双方就是互换合约的买方和卖方。以利率互换为例，互换买方（也称互换多头）是指收取浮动利率、支付固定利率的一方；互换卖方（也称互换空头）是指收取固定利率、支付浮动利率的一方。

互换合约的其他参与者包括最终用户和中介机构。最终用户是指各国政府尤其是发展中国家的政府及其代理机构、世界范围内的银行和跨国公司、储蓄机构和保险公司、国际性代理机构与证券公司等。它们参与互换的基本目的是：获得高收益的资产或低成本融资、实施资产与负债的有效管理、规避正常经济交易中的利率或汇率风险以及进行套利、套汇等。中介机构主要包括美国、英国、日本、德国、加拿大等国家的投资银行和商业银行、证券交易中心等。它们参与互换的主要目的是从承办的业务中获取手续费收入和从交易机会中得到盈利。互换交易的发展，使得这些机构在实践中的交叉越来越多。许多机构积极参与了双方的活动，即同一机构既可能是最终用户，也可能是中介机构。特别是一些大型商业银行与投资银行以及信誉卓著的跨国公司，它们常常利用自身信誉高、信息广、机构多的优势直接进行互换，从而大大减少了对中介机构的依赖。

（二）互换合约的本金

本金是互换合约中的一个重要因素，是指互换交易中的原始金额。利率互换通常在期初、期中、期末都不交换本金；而货币互换则要进行一系列不同货币的本金和利息的交换，从图 8.1、图 8.2 可以看出两者的不同。

（三）互换合约的价格

互换合约是现在签订的、规定在未来进行一系列现金流交换的合约。因此，互换合

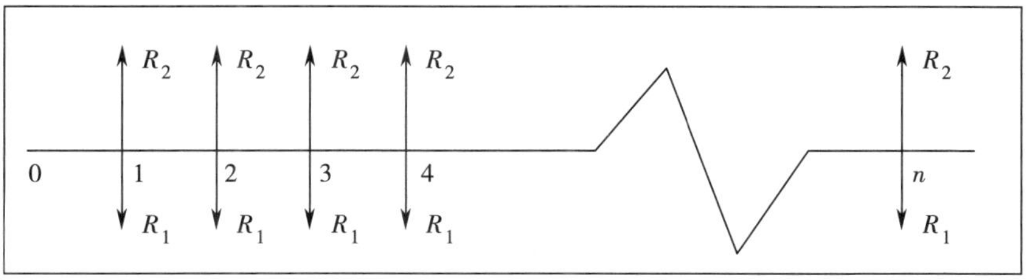

图 8.1　利率互换现金流量图

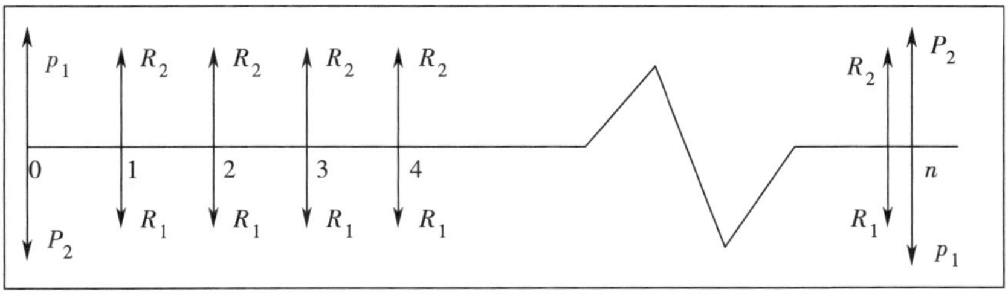

图 8.2　货币互换现金流量图

约的价格是由那些未来资金交换的净现值确定的。互换合约的价格一般由中介机构提供标准的利率互换和货币互换参考报价均可以从路透社终端等信息渠道获得。互换交易商通常报出利率互换和不同货币间利率互换价格。根据这些基本价格，市场交易者就可以确定固定利率/固定利率的货币互换和浮动利率/浮动利率货币互换的价格。

8.1.3　互换合约的功能

互换合约是目前发展最快的金融衍生工具之一，这主要是基于互换合约的功能。互换合约的主要功能归纳如下。

第一，通过互换合约，可以降低资金成本或增加资产收益。互换合约的交易双方利用各自的比较优势，使双方获利，降低资金的借贷成本。关于互换合约这种套利功能，在本书的第 10 章将会从操作策略方面进行详细介绍。

第二，互换合约不仅可以规避风险，同时也是一种资产负债管理工具。互换合约的交易双方通过互换进行套期保值，从而规避利率风险或者汇率风险，因此互换合约是一种很好的避险工具。而在企业的资产负债管理中，资产与负债的匹配十分重要。浮动利率资产应与浮动利率负债相匹配，固定利率资产应与固定利率负债相匹配，当想改变资产或负债的组合以配合资产负债管理时，可通过互换合约进行调整，而不需要卖出资产或偿还债务。此外，互换合约也有利于对未来现金流的管理，通过互换可使未来现金的流入与流出相匹配。关于这部分内容，第 10 章互换的套期保值策略将会进行详细介绍。

第三，拓宽企业的融资渠道。由于市场上各个企业的信用状况不同，因此它们的借贷成本也有所差异，有些企业因为自身信用等因素，无法取得某种资金。例如，需要固定利率贷款但信用状况较差的企业可能无法取得长期固定资金，可以先取得浮动利率贷款，然后通过互换合约获得固定利率贷款。

8.1.4 互换合约的发展历程

1973年布雷顿森林体系瓦解后，世界各国大多实行浮动汇率，而各国之间的利率又高低不等，同时在金融自由化的趋势下，市场竞争日益激烈，这些都给各公司的国际业务带来了巨大的风险，这促使各机构采取措施防范风险。

互换合约（Swaps）是两个或者两个以上的当事人通过协商确定条件，在未来的一定时间内交换一系列现金流的合约。

20世纪70年代开始流行的平行贷款和背对背贷款是互换的起源。当时英国资金外流情形很严重，英格兰银行作为英国的中央银行，为保护本国的外汇储备不致枯竭，对外流资金实行扣税，许多因对外投资需要外国货币的公司为节税想出了平行贷款的方法。

专栏8.1

平行贷款

平行贷款就是一些企业为了逃避外汇管制进行对外投资而采取的一项对策。其基本原理是两个国家的母公司分别向对方在自己国内的子公司提供本币贷款，用于对方在自己境内的投资，从而避开政府的外汇管制和所征收的额外赋税。平行贷款中，两个母公司分别与对方的两个子公司签署不同的贷款合同，通过银行向对方在自己境内的子公司贷款。例如，美国的母公司和英国的母公司为逃避外汇管制，而采用平行贷款的形式向对方在本国的子公司贷款，具体情形如图8.3所示。

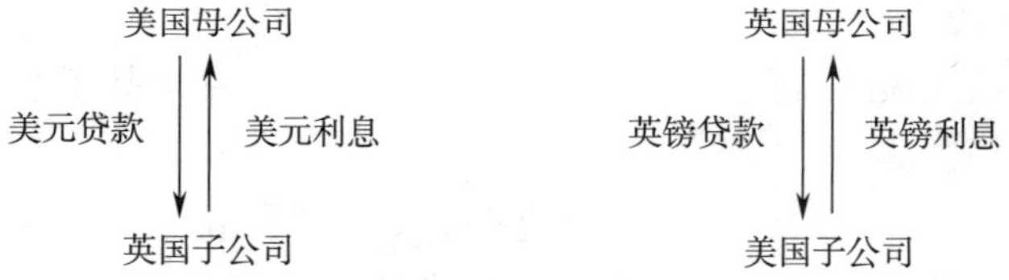

图8.3 平行贷款

两个母公司为各自的子公司的贷款提供担保，平行贷款中所签署的两个合同是独立的。所以如果一方违约，另一方仍要执行其合同，这样就存在很大的信用风险。

为了避免一方违约而造成的信用风险，人们又创造了背对背贷款。

专栏8.2

背对背贷款

背对背贷款是指两个国家的公司相互直接提供贷款，贷款的币种不同，币值相同，到期日相同。贷款期内，双方支付利息，到期时各自向对方偿还贷款的本金。例如，英国公司和美国公司之间的背对背贷款如图8.4所示。

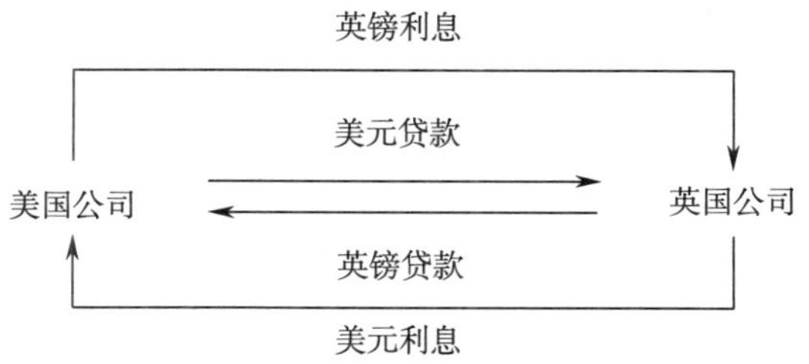

图 8.4　背对背贷款

背对背贷款中，两个公司之间签订一个贷款合同，双方直接提供贷款。如果一方违约，另一方就可以不偿还它对对方的贷款，从而抵销它所遭受的损失，降低风险。

背对背贷款虽然降低了信用风险，但与平行贷款一样，还只是借贷行为，仍会产生新的资产与负债，而货币互换是不同货币间负债或资产的交换，是表外业务，没有产生新的资产与负债。所以，货币互换被当作新金融技术而被广泛认同，始于所罗门兄弟公司在 1981 年促成的 IBM 与世界银行之间基于固定利率的一项货币互换。相比较而言，利率互换的出现比货币互换晚，首次利率互换发生在 1980 年 8 月，当时德意志银行发行了 3 亿美元的 7 年期固定利率的欧洲债券，通过与三家银行进行互换，互换成以伦敦银行同业拆放利率为基准的浮动利率。

在货币互换和利率互换产生之后，互换交易就得到了飞速的发展。以利率互换和货币互换的名义本金来衡量，2001 年的名义本金为 628 390 亿美元，而到 2020 年下半年时，二者的名义本金为 3 557 912 亿美元。现在互换已成为降低长期资金筹资成本和资产负债管理中防范利率与汇率风险最有效的金融工具之一。从 2001 年到 2013 年名义本金总体呈增长态势，在 2014—2016 年有所下降，但在近 3 年又逐渐上升，详细变动情况如图 8.5 所示。

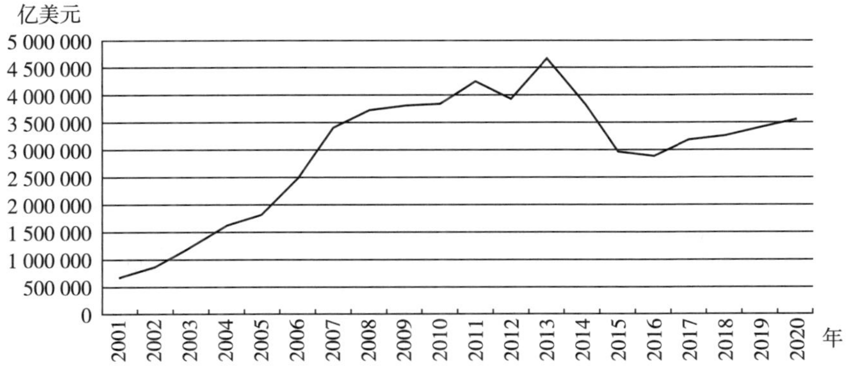

图 8.5　2001—2020 年利率互换和货币互换的名义本金

以总市场价值来衡量，利率互换和货币互换的总市场价值在 2001 年时为 23 040 亿美元，而在 2008 年时，二者的总市场价值达到 197 371 亿美元，其快速增长显而易见，尤其 2006 年至 2008 年有一个很大幅度的上涨，2010 年开始每年波动明显，从 2010 年至 2018 年，二者的市场价值总体上呈现下降趋势，直到 2018 年之后才开始回升，详细变动情况如图 8.6 所示。

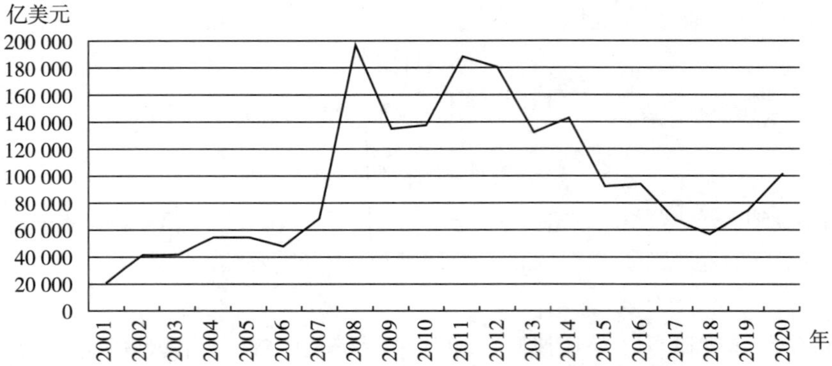

图 8.6　2001—2020 年利率互换和货币互换的总市场价值

8.2　利率互换的定价与估值

从期限看，利率互换的常见期限包括 1 年、2 年、3 年、4 年、5 年、7 年与 10 年，30 年与 50 年的互换也时有发生。图 8.7 是一个简单的利率互换结构图。

利率互换是指合约双方通过协商，约定在未来的一定期限内根据同种货币的相同名义本金交换现金流，其中一方的现金流根据事先选定的某一浮动利率计算，而另一方的现金流则根据固定利率计算。

利率互换定价就是寻找利率互换的理论价格。具体而言，定价发生在互换协议签订之前，考虑的是将要交换的两组现金流是否具有相等的现值，从而确定互换的条件。

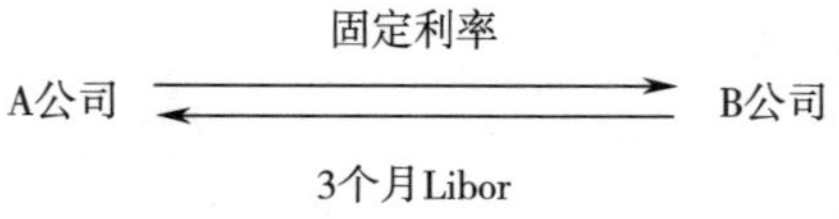

图 8.7　简单利率互换结构图

互换的估值（Swap Valuation）是指在互换期间内某一时刻计算该点的互换合约净现值，此时固定利率是已知的，求互换合约的净现值。估值发生在互换协议签订之后，目的是监测可能出现的盈亏和进行风险管理。因此，在定价时，净现值是已知的（为零），固定利率未知；而在估值时，固定利率已知，而净现值未知。

利率互换的价格（Swap pricing）是确定在互换协议签订之前使互换的净现值为零的固定利率，即已知净现值为零求固定利率。

8.2.1　利率互换的交易机制

利率互换有两种交易机制。一种是互换合约的交易双方之间直接达成协议进行利息现金流的互换，我们称为“直接利率互换”。另一种是互换合约的交易双方互不认识对方，通过与金融中介机构实现互换，我们将其称为“间接利率互换”。

（一）直接利率互换

在直接利率互换机制中，互换的交易双方都对彼此有一定的了解，如对方的信用等级、经营状况、财务状况等。适合这种交易机制的互换合约双方一般是大型公司，或是信用等级高的公司，他们有能力掌握互换对方的信息，以避免发生违约损失。下面通过一个例子来说明。

✪【**例8.1**】A公司和B公司签订了一份2007年9月1日生效的四年期的利率互换合约，名义本金为1亿美元。根据合约规定，A公司支付给B公司年利率为3%的利息，而B公司支付给A公司6个月期的Libor利息，每半年支付一次利息。两公司的利率互换结构如图8.8所示。

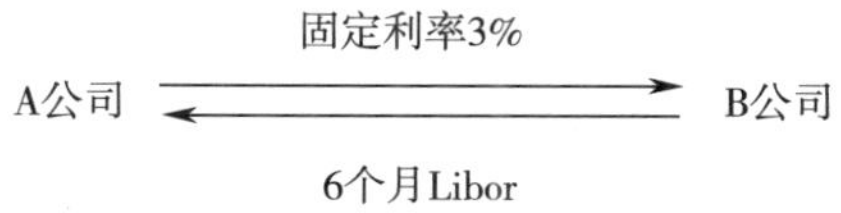

图8.8 A公司与B公司的利率互换

2007年9月1日利率互换协议签订时，交易双方并不知道未来的一系列6个月期的Libor。事后得知此四年中的6个月期的Libor（见表8.1），从而可以得到A公司在此互换中每半年收到的浮动利息、支付的固定利息与净现金流。

表8.1 利率互换中A公司的现金流量表（不考虑名义本金） 单位：百万美元

日期	Libor（%）	浮动利息现金流	固定利息现金流	净现金流
2007-09-01	5.5488			
2008-03-01	2.8769	2.7744	-1.5	1.2744
2008-09-01	3.1125	1.4385	-1.5	-0.0615
2009-03-01	1.8100	1.5563	-1.5	-0.0563
2009-09-01	0.7288	0.9050	-1.5	-0.5950
2010-03-01	0.3838	0.3644	-1.5	-1.1356
2010-09-01	0.4963	0.1919	-1.5	-1.3081
2011-03-01	0.4625	0.2482	-1.5	-1.2518
2011-09-01	-1.1187	0.2313	-1.5	-1.2687

由表8.1，我们可以得到以下信息：

（1）由该表的最后一列，即A公司的净现金流情况，可以看出互换的核心是未来一系列现金流的组合。

（2）纵向看，A公司的净现金流是由浮动利息现金流和固定利息现金流组成的。为了更好地理解，假设在互换合约生效日与到期日增加1亿美元的本金现金流，由于相互抵销，增加的本金现金流并未影响互换合约最终的现金流和价值。但我们可以把这种行为看作A公司向B公司购买了一份本金1亿美元的以6个月期Libor为浮动利率的债券，同时，A公司向B公司出售了一份本金1亿美元的固定利率为3%的债券，每半年支付一次利息。因此，对A公司而言，该利率互换可以看作一个浮动利率债券多头与固定利率债券空头头寸的组合，且该利率互换的价值为浮动利率债券价值与固定利率债券价值的差。由于互换为零和游戏，对于B公司来说，该利率互换的价值为固定利率债券价值与浮动利率债券价值的差。也就是说，利率互换可以通过分解成债券的多头和空头来定价。

（3）横向看，该利率互换可以看作是由从第二行（2008－03－01）到第九行（2011－09－11）的现金流组成。我们知道，除了第二行的现金流在互换合约签订时能确定，剩余行的现金流都类似于远期利率协议的现金流。远期利率协议在执行时，支付的是市场利率与合约协定利率的差额。当市场利率高于协定利率时，贷款人支付给借款人利差，反之则由借款人支付给贷款人利差。由于远期利率协议可以看作是一个用事先确定的固定利率交换市场利率的合约，利率互换就可以看作是一系列用固定利率交换浮动利率的远期利率协议的组合。从这个意义上来看，利率互换可以通过分解成一系列远期利率协议的组合来定价。

综上所述，利率互换既可以看作是债券的多空组合，也可以看作是一系列远期利率协议的组合。

（二）间接利率互换

在间接利率互换中，有互换需求的公司，是通过与诸如银行或其他金融机构签订互换合约。例如一家偏好支付固定利率的公司与银行签订一份互换合约，每半年从银行获得以浮动利率计息的现金流，并向银行支付按约定的固定利率计息的现金流。而另一家偏好支付浮动利率的公司则与银行签订一份每半年获得以固定利率计息的现金流而支付以浮动利率计息的现金流的互换合约。两份合约的签订和实施过程是相互独立的，与银行签订合约的公司可以互不认识。

银行在互换发展初期只是发挥经纪人的作用，帮助客户寻找交易对手，挣取佣金。但在短时间内找到交易对手有时很难，所以许多金融机构开始作为做市商参与交易，同时报出多头和空头愿意支付和接受的价格（见表8.2）。做市商为互换提供了流动性，促进了互换的进一步发展。

表8.2　　银行对互换的报价

到期日	买入价（%）	卖出价（%）	互换利率（%）
2年	6.03	6.06	6.045
3年	6.21	6.24	6.225
4年	6.35	6.39	6.37
5年	6.47	6.51	6.49

8.2.2 利率互换的定价

由上节利率互换的交易机制可知，利率互换的定价方法有两种：一是把利率互换看作是债券的多空组合；二是把利率互换看作是一系列远期利率协议的组合。因此，可以运用债券或远期利率协议的定价原理来对利率互换进行定价。为方便讨论问题和计算，先作如下假设：

（1）市场是完全竞争的，不存在无风险套利机会；

（2）互换投资者可以进行实现其意愿的买空或卖空；

（3）互换交易中不存在交易费用；

（4）互换交易中不存在违约风险。

（一）运用债券组合给利率互换定价

利率互换可以看作是债券的多空组合，具体如图 8.9 所示。

定义：B_{fix} 为固定利率债券在互换初始即 0 时刻的现值；B_{fl} 为浮动利率债券在互换初始即 0 时刻的现值。

假设：一个 n 年期的利率互换，每年计一次复利，每 $\frac{1}{x}$ 年付息一次（$\frac{1}{x}$ 可以是 $\frac{1}{2}$ 年、$\frac{1}{4}$ 年、1 年），名义本金为 A。此时把利率互换看作是债券的多空组合，那么支付固定利率收取浮动利率（互换多头）的一方，相当于卖给对方面值为 K 的固定利率债券，同时购买对方发行的面值为 K 的浮动利率债券。

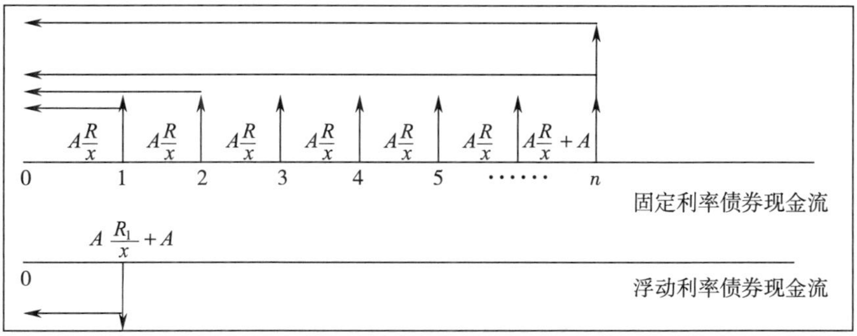

图 8.9　债券多空组合

首先，固定利率债券的现值公式为

$$B_{fix} = \sum_{i=1}^{xn} A\frac{R}{x}e^{-r_i t_i} + Ae^{-r_{xn}t_{xn}} \tag{8.2.1}$$

其中，R 表示票面利率，则按照支付频率计算的实际利率为 $\frac{R}{x}$，如当每年付息一次时，实际利率 = 票面利率；当每半年付息一次时，实际利率 =0.5 × 票面利率；当每三个月付息一次时，实际利率 =0.25 × 票面利率。$A\frac{R}{x}$ 就是每次交换时的固定利息额。t_i 为距第 i 次现金流交换的时间长度（$1\leqslant i\leqslant n$）。r_i 为到期日为 t_i 的 Libor 连续复利即期利率。

其次，浮动利率债券的现值为

$$B_{fl} = \sum_{i=1}^{xn} A\frac{\hat{R}_i}{x}e^{-r_i t_i} + Ae^{-r_{xn}t_{xn}} \tag{8.2.2}$$

理论上浮动利率债券的价值公式和固定利率债券价值公式相同，但由于浮动利率债券每一期的浮动利率一般是以期初的市场利率计算，如果用 $\hat{R}_i$ 表示在 t_i 时刻所对应的浮动利率，那么，只有第一期的浮动利率 $\hat{R}_1$ 是已知的，剩余的浮动利率数值无法直接获得，所以，按照公式计算各期利息并贴现的方式不现实，但浮动债券有个特点：付息后非常短的时间内债券价值等于面值，这一特点大大简化了计算过程，所以，浮动债券的价值公式为：$B_{fl}=A\dfrac{\hat{R}_1}{x}e^{-r_1t_1}+Ae^{-r_1t_1}$，但在互换协议签订时，$t_i=0$，$\hat{R}_1=0$，所以浮动利率债券的价值为面值，$B_{fl}=A$。

令，$B_{fix}=B_{fl}$得到

$$R=\frac{1-e^{-r_{xn}t_{xn}}}{\sum_{i=1}^{xn}e^{-r_it_i}}\cdot x \tag{8.2.3}$$

✪【例 8.2】A 公司与 B 公司签订了一份名义本金为 1 亿美元、期限为 2 年的利率互换合约，该合约于2023 年6 月1 日生效。根据合约规定，A 公司向 B 公司支付固定利息，同时收取浮动利息。每半年支付一次，其浮动利息的支付是建立在 6 个月期 Libor 基础之上。基于6 个月期 Libor 的利率期限结构如表 8.3 所示，求使得互换合约价值为零的固定利率。

表 8.3　6 个月期 Libor 的利率期限结构

到期日	6 个月期 Libor 的即期利率	贴现因子
2023－06－01		
2023－12－01	0.26%	$e^{-0.0026\times0.5}=0.9987$
2024－06－01	0.54%	$e^{-0.0054\times1}=0.9946$
2024－12－01	0.3%	$e^{-0.003\times1.5}=0.9955$
2025－06－01	0.25%	$e^{-0.0025\times2}=0.9950$

由式（8.2.3）可得固定利率 R：

$$R=\frac{1-e^{-r_{xn}t_{xn}}}{\sum_{i=1}^{xn}e^{-r_it_i}}x=\frac{1-0.9950}{0.9987+0.9946+0.9955+0.9950}\times2=0.25\%$$

如果 A 公司支付 0.25% 的固定利率，同时收取基于 6 个月期 Libor 的浮动利率，互换合约的初始价值为零。

（二）运用远期利率协议给利率互换定价

不考虑信用风险，利率互换也可以分解为一系列远期利率协议的组合（见图 8.10）。只是结算时所用的 Libor 为在结算日之前的 6 个月的 Libor，而不是当天的 Libor。

结合上述内容，假设 $\hat{R}_i$ 为结算日 $i(i\geqslant2)$ 之前6个月的远期利率。在第一个结算日 t_1 时，$\hat{R}_1$ 是可以确定的。令

$$f=\sum_{i=1}^{xn}\left(A\frac{\hat{R}_i}{x}-A\frac{R}{x}\right)e^{-r_it_i}=0$$

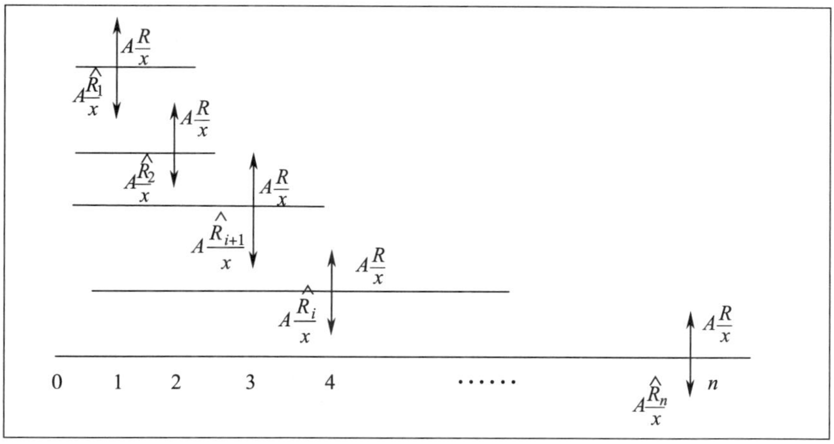

图 8.10　远期利率协议组合

则固定利率 R 应满足 $\sum_{i=1}^{xn} A\frac{\hat{R}_i}{x}e^{-r_it_i} = \sum_{i=1}^{xn} A\frac{R}{x}e^{-r_it_i}$，于是

$$R = \frac{\sum_{i=1}^{xn}\hat{R}_i e^{-r_it_i}}{\sum_{i=1}^{xn} e^{-r_it_i}} \tag{8.2.4}$$

✪【例 8.3】接【例 8.2】，已知 $r_1 = 0.0026, r_2 = 0.0054, r_3 = 0.003, r_4 = 0.0025$，$t_1 = 0.5, t_2 = 1, t_3 = 1.5, t_4 = 2$，其连续复利 $\hat{R}'_i$ 为

$$\hat{R}_1 = 0.0026$$

$$\hat{R}_2 = \frac{r_2t_2 - r_1t_1}{t_2 - t_1} = \frac{0.0054 \times 1 - 0.0026 \times 0.5}{0.5} = 0.0082$$

$$\hat{R}_3 = \frac{r_3t_3 - r_2t_2}{t_3 - t_2} = \frac{0.003 \times 1.5 - 0.0054 \times 1}{0.5} = -0.0018$$

$$\hat{R}_4 = \frac{r_4t_4 - r_3t_3}{t_4 - t_3} = \frac{0.0025 \times 2 - 0.003 \times 1.5}{0.5} = 0.001$$

将连续复利转换成半年复利

$\hat{R}'_i = 2(e^{\frac{\hat{R}_i}{2}} - 1)$，得到

$$\hat{R}'_2 = 2(e^{\frac{\hat{R}_2}{2}} - 1) = 2(e^{\frac{0.0082}{2}} - 1) = 0.0082$$

$$\hat{R}'_3 = 2(e^{\frac{\hat{R}_3}{2}} - 1) = 2(e^{\frac{-0.0018}{2}} - 1) = -0.0018$$

$$\hat{R}'_4 = 2(e^{\frac{\hat{R}_4}{2}} - 1) = 2(e^{\frac{0.001}{2}} - 1) = 0.001$$

将上述所得数据代入式（8.2.4），得到固定利率 R：

$$R=\frac{0.0026\times0.9987+0.0082\times0.9946+(-0.0018\times0.9955)+0.001\times0.9950}{0.9987+0.9946+0.9955+0.9950}=0.26\%$$

该结果与【例 8.2】得出的结果相近（有计算误差存在）。

8.2.3 利率互换的估值

假设不存在信用风险，与利率互换定价的思路相同，利率互换的估值有两种方法：一种是将其看作是债券的多空组合进行估值；另一种是将其作为一系列远期利率协议的组合来估值。

（一）利用债券组合为互换合约估值

设互换合约的价值为 V。对于互换多头，即支付固定利率收取浮动利率的一方，此时，

$$V=B_{fl}-B_{fix} \tag{8.2.5}$$

反之，对于互换空头，即支付浮动利率收取固定利率的一方，互换合约的价值为

$$V=B_{fix}-B_{fl} \tag{8.2.6}$$

首先考虑 B_{fix}。由于不论估值发生在互换交易的哪一时点，固定利率都是不变。因此，如前文所述，

$$B_{fix}=\sum_{i=1}^{xn}A\frac{R}{x}e^{-r_it_i}+Ae^{-r_{xn}t_{xn}}$$

其次考虑 B_{fl}。实际情况中，在支付日后的短时间内，B_{fl} 总是等于名义本金 A。由于互换合约的估值可以在交易的任何一个时点进行，且 t_1（第一期的支付时间）和 t_1 时刻支付的浮动利息（建立在前 6 个月期的 Libor 基础上）是可以确定的，设 t_1 时刻对应的浮动利率为 $\frac{\hat{R}_1}{x}$，则

$$B_{fl}=A\frac{\hat{R}_1}{x}e^{-r_1t_1}+Ae^{-r_1t_1}$$

对于互换多头：

$$V=B_{fl}-B_{fix}=A\frac{\hat{R}_1}{x}e^{-r_1t_1}+Ae^{-r_1t_1}-\left(\sum_{i=1}^{xn}A\frac{R}{x}e^{-r_it_i}+Ae^{-r_{xn}t_{xn}}\right) \tag{8.2.7}$$

此时根据式（8.2.7）便可求出互换合约的价值。值得注意的是，在互换合约签订时，合约价值为零。而在互换合约的交易期间，合约价值可能为正，也可能为负。

✪**【例 8.4】**A 公司与 B 公司签订一份名义本金为 2 000 万美元的互换合约，该合约规定，A 公司向 B 公司支付 6 个月期的 Libor，同时向 B 公司收取 6% 的固定利率（半年复利）。该互换合约还有 15 个月到期。已知按连续复利计算的 3 个月、9 个月、15 个月的相关贴现率分别为 8%、8.5% 和 9%。上一支付日的 6 个月期的 Libor 为 8.2%（半年复利）。求该互换合约的价值。

根据已知条件，

$$B_{fix}=\sum_{i=1}^{xn}A\frac{R}{x}e^{-r_it_i}+Ae^{-r_{xn}t_{xn}}$$

$$= 0.5 \times 2\,000 \times 0.06(e^{-0.25\times0.08} + e^{-0.75\times0.085} + e^{-1.25\times0.09}) + 2\,000e^{-1.25\times0.09}$$

$= 1\,955.92$ 万美元

$$B_{fl} = A\frac{\hat{R}_1}{x}e^{-r_1t_1} + Ae^{-r_1t_1}$$

$$= Ae^{-r_1t_1}(0.5\hat{R}_1 + 1) = (1 + 0.5 \times 0.082) \times 2\,000e^{-0.25\times0.08}$$

$= 2\,040.78$ 万美元

对于 A 公司（即互换空头），互换合约的价值为

$V = B_{fix} - B_{fl} = -84.86$ 万美元

而对于 B 公司（即互换多头），互换合约的价值为 84.86 万美元。

（二）利用远期利率协议组合为互换合约估值

如前文所述，对于互换多头来说，

$$f = \sum_{i=1}^{xn}(A\frac{\hat{R}_i}{x} - A\frac{R}{x})e^{-r_it_i} = \frac{A}{x}\sum_{i=1}^{xn}(\hat{R}_i - R)e^{-r_it_i} \tag{8.2.8}$$

✪**【例 8.5】** 接【例 8.4】，由已知条件，$r_1 = 0.08, r_2 = 0.085, r_3 = 0.09, t_1 = 0.25, t_2 = 0.75, t_1 = 1.25, K = 2\,000$ 万美元，$R = 0.06$，则其连续复利 $\hat{R}'_i$ 为

$$r_1 = 0.08$$

$$\hat{R}_2 = \frac{r_2t_2 - r_1t_1}{t_2 - t_1} = \frac{0.085 \times 0.75 - 0.08 \times 0.25}{0.5} = 0.0875$$

$$\hat{R}_3 = \frac{r_3t_3 - r_2t_2}{t_3 - t_2} = \frac{0.09 \times 1.25 - 0.085 \times 0.75}{0.5} = 0.0975$$

将连续复利转换成半年复利 $\hat{R}'_i = 2(e^{\frac{\hat{R}_i}{2}} - 1)$，得

$$\hat{R}'_2 = 2(e^{\frac{\hat{R}_2}{2}} - 1) = 2(e^{\frac{0.0875}{2}} - 1) = 0.0894$$

$$\hat{R}'_3 = 2(e^{\frac{\hat{R}_3}{2}} - 1) = 2(e^{\frac{0.0975}{2}} - 1) = 0.0999$$

多头价值为

$$f = \sum_{i=1}^{xn}(A\frac{\hat{R}_i}{x} - A\frac{R}{x})e^{-r_it_i} = \frac{A}{x}\sum_{i=1}^{xn}(\hat{R}_i - R)e^{-r_it_i}$$

$$= \frac{2\,000}{2}[(0.082 - 0.06)e^{-0.02} + (0.0894 - 0.06)e^{-0.06375}$$

$$+ (0.0999 - 0.06)e^{-0.1125}] = 84.80 \text{ 万美元}$$

这与【例 8.4】的结果基本一致。

需要我们注意的是，利率互换在整个互换期内，净现值可能大于、等于或小于零，这取决于即期浮动利率的变化。如果浮动利率降低，固定利率的现值将相对于浮

动利率的现值增加，此时利率互换空方（支付浮动利率、收取固定利率的一方）的互换合约价值将大于零，利率互换多方（支付固定利率、收取浮动利率的一方）的互换合约价值将小于零；如果浮动利率上升，固定利率的现值将相对于浮动利率的现值降低，则利率互换空方的互换合约价值将小于零，而利率互换多方的互换合约价值将大于零。

8.3 货币互换的定价与估值

货币互换的定价与利率互换的定价类似。一般地，货币互换初始的价值即净现值也为零。与利率互换不同的是，在货币互换中通常需要交换本金。

货币互换是在约定的期限内将一种货币的本金和固定利息与另一种货币的等价本金和固定利息进行的交换。

而在货币互换中，期初和期末均须按照约定的汇率交换不同货币的本金，其间还须定期交换不同货币的利息。

8.3.1 货币互换的交易机制

货币互换的一般流程为：初始本金交换、利息的定期支付和到期本金的再次交换。以下将通过英镑与美元互换的简单结构图进行说明。

【例 8.6】位于美国的 A 公司与位于英国的 B 公司签订一份 2 年期的货币互换协议，协议规定 A 公司和 B 公司的名义本金分别为 2 000 万美元和 1 000 万英镑，随后 A 公司向 B 公司支付 5% 的英镑利率，同时向 B 公司收取 3.5% 的美元利率。

该货币互换协议的流程如下：

（1）初始本金交换：A 公司在美国国内市场上借入 2 000 万美元，B 公司在英国国内市场上借入 1 000 万英镑，然后按即期汇率，A 公司向 B 公司支付 2 000 万美元，B 公司向 A 公司支付 1 000 万英镑。结构图如图 8.11 所示。

（2）利息的定期支付：第一年年末及第二年年末，A 公司向 B 公司支付 1 000 × 5% = 50 万英镑，B 公司向 A 公司支付 2 000 × 3.5% = 70 万美元。然后，A、B 公司将利息支付给各自在国内的贷款者。结构图如图 8.12 所示。

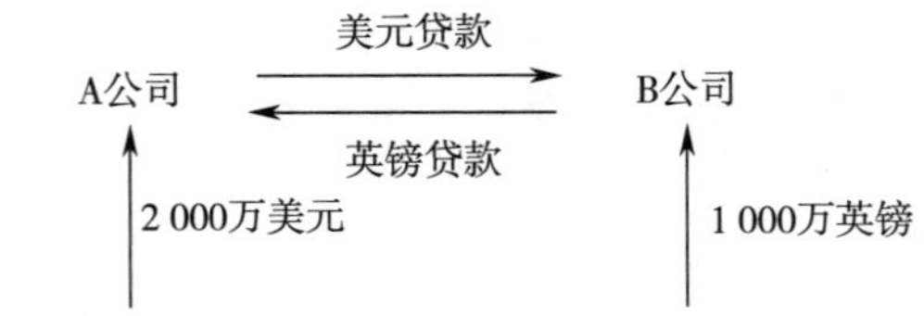

图 8.11 货币互换的初始本金交换

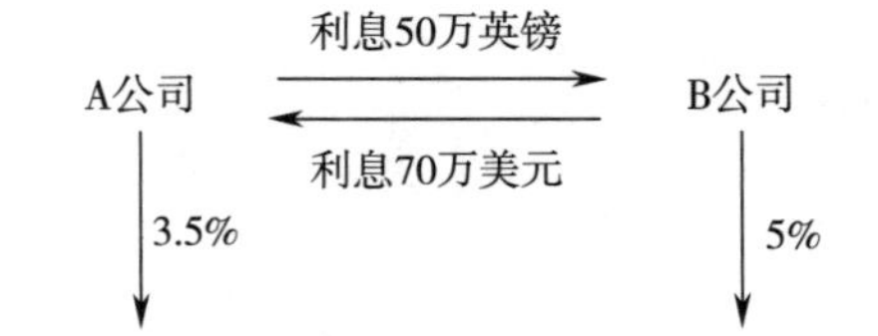

图 8.12 货币互换的利息定期支付

（3）到期本金的再次交换：到第二年年末，A 公司支付给 B 公司 1 000 万英镑，B 公司支付给 A 公司 2 000 万美元。然后，A、B 公司将款项归还给各自国内的贷款者。结构图如图 8.13 所示。

8.3.2 货币互换的定价

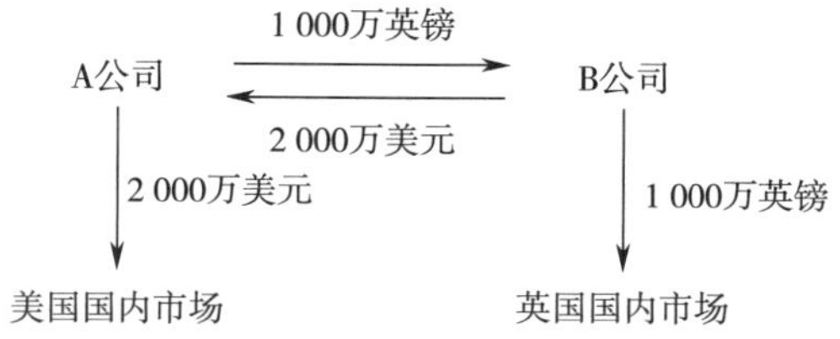

图 8.13 货币互换的到期本金的再次交换

货币互换报价的一般做法是：在期初本金交换时，通常使用即期汇率，而在期末交换本金时，则使用远期汇率。远期汇率是根据利率平价理论，计算出两种货币的利差，用升水或贴水表示，与即期汇率相加减，得出远期汇率。目前流行的另一种货币互换报价方式是：本金互换均采用即期汇率，而不采用远期汇率，而利息交换则参考交叉货币利率互换报价。

货币互换可以看作是利率互换的特殊形式，它的定价建立在利率互换的基础上。与利率互换不同的是，货币互换期初和期末涉及两种不同货币面值的本金交换。一般来说，货币互换初始的价值即净现值为零。

所以上节利率互换定价公式 $R = \frac{1 - e^{-r_{xn}t_{xn}}}{\sum_{i=1}^{xn} e^{-r_i t_i}} x$ 同样也适用于货币互换。

✪【**例 8.7**】假定 A 公司发行 1 035.6 万美元的债券，每半年支付一次利息。A 公司由于业务的拓展，需要借入欧元款项，而 B 公司恰好需要借入美元款项，所以 A 公司和 B 公司可以进行货币互换，以 1 035.6 万美元交换 1 000 万欧元（当前汇率为 1 欧元兑换 1.0356 美元）。这笔互换还有 2 年的期限，双方每半年支付一次款项，本金的交换和偿付分别发生在交易开始和互换结束之日。那么，双方各自应支付的固定利率为多少（Euribor 为欧洲银行间欧元同业拆借利率）?

表 8.4　　美元 Libor 期限结构与 Euribor 期限结构

	美元 Libor（%）	Euribor（%）
6 个月	5.5	4.3
12 个月	5.2	3.7
18 个月	3.2	2.4
24 个月	2.6	2.2

美元 Libor 6 个月、12 个月、18 个月和 24 个月的贴现因子分别为：$e^{-0.055 \times 0.5} = 0.9729$，$e^{-0.052 \times 1} = 0.9493$，$e^{-0.032 \times 1.5} = 0.9531$，$e^{-0.026 \times 2} = 0.9493$。Euribor 6 个月、12 个月、18 个月和 24 个月的贴现因子分别为：$e^{-0.043 \times 0.5} = 0.9787$，$e^{-0.037 \times 1} = 0.9637$，$e^{-0.024 \times 1.5} = 0.9964$，$e^{-0.022 \times 2} = 0.9570$。

$$\text{互换美元利率} = 2\left(\frac{1 - 0.9493}{0.9729 + 0.9493 + 0.9531 + 0.9493}\right) = 2.65\%$$

$$\text{互换欧元利率} = 2\left(\frac{1 - 0.9570}{0.9787 + 0.9637 + 0.9964 + 0.9570}\right) = 2.21\%$$

8.3.3 货币互换的估值

（一）运用债券组合为货币互换估值

假设 B_F 表示在互换交易中以外币衡量的外币债券的现值，B_D 表示在互换交易中本币债券的现值，S 为即期汇率（利用直接标价法）。因此，互换合约的价值可以从本币的利率期限结构、外币的利率期限结构以及即期汇率来确定。用 V 表示互换合约的价值。

那么，对于收入本币、支付外币的一方，互换合约的价值为

$$V = B_D - SB_F \tag{8.3.1}$$

而对于支付本币、收入外币的一方，互换合约的价值为

$$V = SB_F - B_D \tag{8.3.2}$$

✪【例 8.8】假设日元和美元的利率期限结构是平的，日元年利率为 6%，美元年利率为 10%（均以连续复利计），一家金融机构进行期限为 5 年的货币互换，它每年以日元收取年利率为 7% 的利息，以美元支付年利率为 9% 的利息，以两种货币表示的本金分别为 1 000 万美元和 12 亿日元，这笔互换还有 3 年的期限，现在的汇率为 1 美元 =85 日元，求此货币互换合约的价值。

该金融机构是收入日元支付美元，当美元为其本币时，$V = SB_F - B_D$，

$B_D = 90e^{-0.1\times1} + 90e^{-0.1\times2} + 1\ 090e^{-0.1\times3} = 972.587$ 万美元，

$B_F = 0.84e^{-0.06\times1} + 0.84e^{-0.06\times2} + 12.84e^{-0.06\times3} = 12.2614$ 亿日元，

$V = SB_F - B_D = \dfrac{122\ 614}{85} - 972.587 = 469.931$ 万美元。

因此，若美元为该金融机构的本币，则货币互换合约的价值为 469.931 万美元。

（二）运用远期外汇合约为货币互换估值

与利率互换类似，货币互换也可以看作是一系列远期合约的组合。货币互换每次支付的现金流都可以用一笔远期外汇合约的现金流来代替。因此只要能够计算并加总货币互换中分解出来的每笔远期外汇合约的价值，就能得到相应货币互换合约的价值。

假设 F_i（$1\leqslant i\leqslant n$）为对应时间长度是 t_i 的远期汇率，Q 为外币的本金额度，Q^* 为本币的本金额度，k 为每期收取的外币利息额，k^* 为每期支付的本币利息额。在所有情况下，远期合约多头的价值等于远期价格超过交割价格的现值。因此，对应时刻 t_i 的利息交换，收取外币利息、支付本币利息的一方的远期合约价值为：$(kF_i - k^*)\ e^{-r_it_i}$；对应时间 t_n 的本金交换，它的远期价值为：$(QF_n - Q^*)\ e^{-r_nt_n}$。这表明，货币互换的价值总是可以从远期汇率和国内利率的期限结构得出。所以，货币互换合约的价值为

$$V = (kF_i - k^*)e^{-r_it_i} + (QF_n - Q^*)e^{-r_nt_n} \tag{8.3.3}$$

✪【例 8.9】接【例 8.8】，现在的即期汇率为 1 美元 =85 日元，或者每日元兑换 0.011765 美元，且美元与日元间的利率差为每年 4%，根据远期汇率公式 $F = Se^{(r-r_f)(T-t)}$，其中 S 代表以本币表示的一单位外币的即期价格，r 代表本币的无风险利率，r_f 代表外币的无风险利率，$T-t$ 代表时间长度，那么，1 年期、2 年期、3 年期的远期汇率分别为

$0.011765e^{0.04\times1} = 0.0123$，

$0.011765e^{0.04\times2} = 0.0127$，

$0.011765e^{0.04\times3} = 0.0133$。

当该机构收入日元支付美元时，利息的交换包括收取 8 400 万日元并且支付 90 万美

元，美元的无风险利率为 10%。因此，得出对应于利息交换的远期外汇合约价值为

$(8\,400\times0.0123-90)\ e^{-0.1\times1}=12.052$ 万美元，

$(8\,400\times0.0127-90)\ e^{-0.1\times2}=13.660$ 万美元，

$(8\,400\times0.0133-90)\ e^{-0.1\times3}=16.090$ 万美元。

本金的最后交换包括收取 120 000 万日元并支付 1 000 万美元，对应于这个交换的远期外汇合约价值为：$(12\,000\times0.0133-1\,000)\ e^{-0.1\times3}=441.517$ 万美元。

因此，互换合约的总价值为 $V=441.517+12.052+13.660+16.090=483.319$ 万美元。

这与【例 8.8】的结果接近，差异主要体现为计算误差。

【本章小结】

1. 互换合约是两个或者两个以上当事人通过协商确定条件，在未来的一定时间内交换一系列现金流的合约。简单地说，互换合约是交易双方根据各自的需求通过协商而签订的合约。

2. 互换合约的功能主要有：降低资金成本或增加资产收益、规避风险、拓宽企业的融资渠道、对资产和负债进行管理。

3. 利率互换是指合约双方通过协商约定在未来的一定期限内根据同种货币的相同名义本金交换现金流，其中一方的现金流根据事先选定的某一浮动利率计算，而另一方的现金流则根据固定利率计算。

4. 货币互换是在未来约定的期限内将一种货币的本金和固定利息与另一种货币的等价本金和固定利息进行交换。货币互换是交易双方抱着不同的交易目的和在各自对市场行情趋势分析的基础上达成的交易。

5. 互换的定价是指在互换协议签订之前使互换的净现值为零的固定利率，即已知净现值为零求固定利率。互换的估值是指在互换期间内某一时刻计算该点的互换净现值，此时固定利率是已知的，求互换的净现值。

【重要概念】

互换合约　货币互换　利率互换　定价　估值

【参考读物】

[1] 朱国华，毛小云．金融互换交易［M］．上海：上海财经大学出版社，2006.

[2] 郑振龙，陈蓉．金融工程（第三版）［M］．北京：高等教育出版社，2012.

【练习题】

1. 简述互换合约的定义以及功能。

2. 针对互换合约存在的信用风险，提出一些控制性措施。

3. 试通过结构图说明利率互换和货币互换的交易流程。

4. 考虑一个 2004 年 9 月 1 日生效的三年期利率互换，名义本金为 1 000 万美元，B 公司同意向 A 公司支付年利率为 5% 的利息，同时 A 公司同意支付给 B 公司 6 个月期的 Libor 利息，利息每半年支付一次。已知 6 个月期的 Libor 利率期限结构分别为：2005 年 3 月 1 日的 6 个月 Libor 为 3.2%，2005 年 9 月 1 日为 4.06%，2006 年 3 月 1 日为 5%，2006 年 9 月 1 日为 5.42%，2007 年 3 月 1 日为 5.32%，2007 年 9 月 1 日为 5.54%。求使得互换合约价值为零的固定利率。

5. 某公司参与一笔名义本金为 1 000 万美元、期限为 2 年的互换交易。该公司收取 6 个月 Libor 的利息，同时支付固定利息，每半年支付一次。基于 6 个月期 Libor 的利率期限结构分别为：到期日为 6 个月时的 Libor 为 8%，12 个月时的 Libor 为 8.5%，18 个月时的 Libor 为 9.05%，24 个月的 Libor 为 9.6%。运用远期利率协议组合，求使得该互换合约价值为零的固定利率。

6. A、B 两公司签订了一份名义本金为 1 000 万美元的互换合约。该合约规定，A 公司向 B 公司支付 3 个月期的 Libor，同时向 B 公司收取 4% 的固定利率（每半年计一次复利）。该互换合约还有 9 个月到期，目前已知按连续复利计算的 3 个月、6 个月、9 个月的贴现率分别为 5.34%、5.08% 和 4.96%，上一支付日的 3 个月期的 Libor 为 5%，求该互换合约的价值。

7. 在一笔名义本金为 3 000 万美元的互换合约中，××公司支付 6 个月期的 Libor，同时收取 8% 的固定利率（每半年计一次复利），该互换合约还有 1.25 年到期。3 个月、9 个月和 15 个月的 Libor 零息票利率（连续复利）分别为 10%、11% 和 12%。上一次利息支付日的 6 个月 Libor 为 10.9%。试运用远期利率协议组合求该互换合约的价值。

8. 假定 A 公司发行 6 228 万元的人民币债券，每半年支付一次利息。A 公司为了推进国际业务，需要借入美元款项，而 B 公司恰好需要借入人民币款项，所以 A 公司和 B 公司可以进行货币互换，以 6 228 万元交换 1 000 万美元（当前汇率为 1 美元兑换 6.228 元人民币）。这笔互换还有 1 年的期限，双方每半年支付一次款项，本金的交换和偿付分别发生在交易开始和互换结束之日。那么，双方各自应支付的固定利率为多少？

美元 Libor 的期限结构和人民币 Shibor 的期限结构

期限	美元 Libor（%）	人民币 Shibor（%）
6 个月	0.53	4.1
12 个月	0.86	4.4

9. 假设日元和美元的利率期限结构是平的，日元年利率为 6%，美元年利率为 10%（均以连续复利计），一家金融机构进行期限为 3 年的货币互换，它每年以日元收取年利率为 7% 的利息，以美元支付年利率为 9% 的利息，以两种货币表示的本金分别为 1 000 万美元和 12 亿日元，这笔互换还有 3 年的期限，现在的汇率为 1 美元 =85 日元，求此货币互换合约的价值。

10. 某公司现有一份期限为3年的货币互换合约，以两种货币表示的名义本金分别为2 000万美元和12 000万元，且该公司每年以人民币收取年利率为8%的利息，以美元支付7%的利息。假设人民币和美元的利率期限结构是平的，人民币的年利率为6%，美元的年利率为9%（均以连续复利计）。现在的汇率为1美元=6.182元人民币，运用远期外汇合约求该互换合约的价值。

第9章 主要互换合约

【本章知识结构】

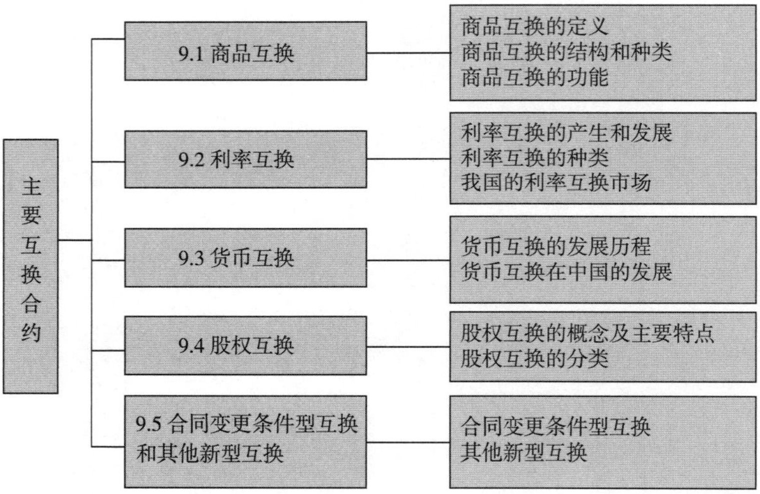

【教学要求】

1. 掌握商品互换、利率互换、货币互换和股权互换的基本概念；
2. 了解商品互换、利率互换、货币互换和股权互换的发展情况；
3. 理解人民币利率互换和人民币外汇货币掉期交易的基本内容。

9.1 商品互换

9.1.1 商品互换的定义

商品互换，又称商品价格互换，是指以商品价格为标的物，交易的一方对一定数量的某种商品，按照每单位的固定价格定期向交易的另一方支付款项，另一方也对特定数量的某种商品按照每单位的浮动价格定期向交易对方支付款项。这里的浮动价格是以定期观察到的即期价格为基础计算的年平均数。国际互换与衍生产品协会（International Swaps and Derivate Association，ISDA）对商品价格互换是这样定义的：交易一方定期支付固定价格，交易另外一方在同样期限上支付商品的浮动价格，例如天然气或者黄金的某项指标，或者基于商品期货的价格，所有的计算都基于商品的名义数量。这种工具可以用来规避商品的价格风险，由于它并不涉及真正商品的交换，所以它是区别于过去所谓的“易物交换”的。

商品互换兴起于美国。1986 年，大通曼哈顿银行组织了第一笔商品互换交易，虽然其后的发展受到了一些阻碍，但随着美国政府在监管上的不断放松和认可，商品互换在全球范围内得到了迅速的发展。商品互换作为一种在国外市场已经发展了 20 多年的金融工具，已经有相对较大的市场容量，并在管理商品价格风险上发挥了重要的作用。

随着我国金融市场的完善，大连商品交易所在 2018 年 12 月 19 日上线了商品互换，该平台旨在为金融机构、实体企业的商品场外业务提供交易登记和结算等综合服务，该平台的成立标志着我国期货交易所正式在场外衍生品市场发挥金融基础设施作用。

9.1.2 商品互换的结构和种类

商品互换的种类很多，最基本的形式是固定价格换浮动价格的商品价格互换，以及在此基础上产生的变形，如：商品价格和利息的互换，商品基础互换，商品分解差价互换，以及衍生出来的宏观经济互换，通货膨胀率互换。下面将对一些基本形式作简要介绍。

固定价格换浮动价格的商品价格互换，往往发生在商品生产者和商品购买者之间，两者签订互换合约，规定生产者基于一定的商品数量向购买者支付浮动价格；而购买者向生产者支付同等数量商品的固定价格，该价格由双方协商而定。

✪**【例9.1】**一石油开采者 A 公司希望将他在以后 3 年内出售石油的价格固定下来，他每隔 6 个月在现货市场上按照当时的 WTI 现货市场价格出售 100 万桶石油。另一石油精炼与化学药品制造商 B 公司希望将他在以后 3 年内购买石油的价格固定下来，他每隔 6 个月按照当时的 WTI 现货市场价格购买 100 万桶石油。

专栏9.1

关于 WTI

WTI，即 West Texas Intermediate（Crude Oil），美国西得克萨斯轻质原油，是北美地区较为通用的一类原油。由于美国在全球的军事以及经济能力，目前 WTI 原油已经成为全球原油定价的基准。而为统一国内原油定价体系，美国以 NYMEX（纽约商业交易所）上市的 WTI 原油合约为定价基准。原油连同美元以及粮食是美国目前影响和控制全球经济以及金融市场的三大主要手段。

为达到各自的目的，他们进行了一个石油价格互换，同时，又各自在现货市场上进行现货交易。互换条件是：规定石油数量，每年 200 万桶（即每半年 100 万桶）；约定的固定价格指数，25.00 美元/桶；约定的石油价格指数，WTI 原油；期限，3 年；结算基础，以 WTI 现货价格为基础每半年进行一次现金结算。图 9.1 是该商品价格互换的结构图。

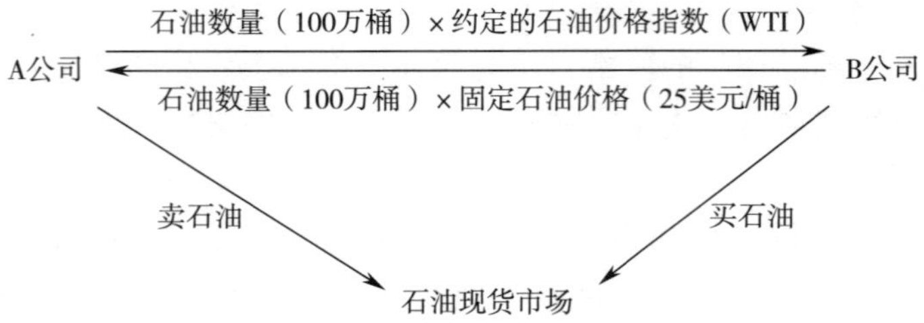

图 9.1　固定价格换浮动价格的商品价格互换

通过互换交易，双方都将浮动价格转化成固定价格，实现了自身目标，规避了市场风险。

商品价格和利息的互换是前面商品价格互换结构的变形。在这种结构中，商品生产厂商和商品消费者达成协议，以某一商品的固定数量交换浮动利率付款。

在商品基础互换中，从事交易的一方收取一个与某一价格指数相关的价格，并同时支付以另一价格指数为基础的价格，这一支付的目的在于可以从同一类型的产品中获得利润。

9.1.3　商品互换的功能

商品互换作为一种衍生金融工具，在管理商品价格风险方面发挥着重要作用。商品互换在风险管理方面的功能主要有以下两点：

第一，对商品的价格进行套期保值。商品互换最基本的功能是对商品的价格进行长期套期保值。由于商品互换大多是以固定价格代替浮动价格，商品互换合约的有效期一般是 6 个月到 3 年，最长可达 10 年，所以交易者在这段较长时间内很大程度上可以锁定商品的价格。这是因为交易者所收取的浮动价格一般是在一个互换周期内商品现货即期价格的平均值，和交易者从事现货交易所支付的实际价格是密切相关的，所以商品价格波动的风险很大程度上被转嫁给了互换对手，交易者支付的固定价格便成为购入商品的实际价格。

商品互换被许多商品生产商用于防范原料价格上升或售出商品价格下降的风险，也被消费者用于对冲所需商品价格上涨的风险。尤其是在能源产品市场上，商品互换发挥了举足轻重的作用，以能源商品为标的的商品互换称为能源互换。自 1990—1991 年海湾战争以来，人们越发认识到以石油为标的的商品互换的重要性。

第二，管理融资成本的浮动利率风险。商品生产商为扩大生产规模，通常会贷款融资，而贷款利率一般是浮动的。这时，生产商会面临浮动利率风险。作为生产商，他可以利用商品价格与利息的互换，将浮动利率的融资成本转换为一定数量的商品。这种商品互换对生产商更有吸引力，因为该互换形式将商品的生产、交割与融资成本的支付联系在一起，既规避了浮动利率风险，又保证了一定数量商品的交割。从另一个角度来看，生产商通过出售远期商品来偿还浮动利率贷款。当然，生产商的互换交易对手有时并不想采用实物交割，此时互换交易双方一般选择名义商品进行交割。这里的名义商品指的是以约定的固定价格算出的一定数量商品的价值。在这种情况下，交易者实际上将浮动利息的支出与协议的固定价格紧密联系在一起。

9.2 利率互换

在上一章的内容中，我们已经对利率互换的定义、交易机制、定价和估值作了详细介绍，本节将介绍利率互换的产生与发展，并以人民币利率互换为例，对我国利率互换市场的发展作简要介绍。

9.2.1 利率互换的产生和发展

利率互换是指两笔货币相同、债务额相同（本金相同）、期限相同的资金，交易双方分别以固定利率和浮动利率借款，为了降低资金成本和利率风险，双方作固定利率与浮动利率的调换。

20世纪70年代末，国际市场上利率和汇率剧烈波动，给金融机构和公司企业带来了巨大的经营风险。国际债务危机的发展以及国际储蓄与投资流向的转移，冲击了银行资产的安全性和流动性。

为了降低经营成本、规避资产风险，确保银行的盈利性和安全性，出现了各种金融创新工具，其中发展最快的就是利率互换交易。世界上第一笔利率互换诞生于1982年，1982年8月德意志银行首次做成了一笔3亿美元的利率互换。当时德意志银行向××企业提供了一项长期浮动利率贷款，为了支持这项长期贷款，德意志银行需要筹集长期资金，同时判断利率将会上升，以固定利率的形式筹集长期资金可能更为有利。德意志银行用发行长期固定利率债券的方式筹集到了长期资金，通过进行利率互换交易，把固定利率转换成了浮动利率，再支付企业长期浮动利率贷款。互换交易的对方是当时不能以可接受利率发行定息美元债券的欧洲银行。自此利率互换交易在西方发达国家得到了快速的发展，特别是20世纪90年代以来，更是有了爆炸式的增长。

当今的西方国家，几乎各种规模的金融机构都通过建立自己的互换部门加入利率互换交易的行列中，西方著名的跨国公司都先后涉足于利率互换，可以说利率互换早已被西方国家视为融资和风险管理中不可缺少的策略之一。

利率互换交易发展到今天，一体化程度越来越高，功能也不断得到发展。当今发达国家把期权融入利率互换中，而利率互换自身也延伸到商品和股票市场中，利率互换在企业的资产与负债组合管理中的作用日益增大，已成为国际资本市场的最主要内容，并将继续成为国际资本市场的主流交易工具。

9.2.2 利率互换的种类

利率互换一般分为标准的利率互换和非标准的利率互换，下面分别加以说明。

（一）标准利率互换

一项标准的利率互换，至少包括以下几项内容：（1）由互换双方签订的一份协议；（2）根据协议双方各向对方定期支付利息；（3）互换一方是固定利率支付者，固定利率在互换之初商定；（4）互换另一方是浮动利率支付者，浮动利率参照互换期内某种特定的市场利率加以确定；（5）双方互换利息，不涉及本金的交换。

（二）非标准利率互换

随着利率市场的发展，通过对标准利率互换协议中的条款进行变化，即创造出了非标准的利率互换协议，从而使得利率互换更能够满足于互换交易一方或双方的需求。目前国际上主要的非标准利率互换品种主要有基差互换、差额互换、远期开始互换、偏离市场互换、零息票和后端定息互换以及复合互换。

（1）基差互换。在标准互换中，互换交易中一方支付固定利率而另一方支付浮动利率。而在基差互换中，互换双方均支付浮动利率，但是其各自利率的确定基础并不相同。基差互换的一种变形是，互换双方的利率均与同一种市场利率相连，但双方所采用的该市场利率的期限不同。

（2）差额互换。在这种互换中，浮动利率一方使用的不是某一基准利率，而是以此利率为基础加上或减去一个差额。当互换双方使用相同的日期计算方法或支付频率时，差额互换的结果与将同一差额加在普通互换的固定利率上没有明显的区别，但是当互换双方使用不同的日期计算方法或支付频率时，差额互换就有了明显的区别。

（3）远期开始互换。所谓远期开始互换，是指生效日不是在交易日后的一两天，而是几个星期、几个月甚至更长的时间之后。这种互换的一方可能是希望锁定未来某个时期进行的浮动利率融资的实际成本。

（4）偏离市场互换。在大多数互换中，利率的规定使得双方在协议生效时均无优势，从而在互换开始时互换双方均无须向对方支付任何款项。但是在偏离市场互换中，固定利率与标准的市场利率不同，从而互换的一方在互换之初应当向对方支付一定的补偿，此种互换一般用于融资。

（5）零息票和后端定息互换。在零息票互换中，不是定期进行一系列的固定利息支付，而是在互换开始或者结束时，一次性支付固定利息，其中以在互换结束时支付利息的情况更为普遍。在后端定息互换中定息日是在相应利息累计阶段即将结束时，而不是在其即将开始时出现，从而浮动利息是拖后的，而不是提前确定的。对于那些对利率走势的预期与市场预期不相同的交易而言，这种后端定息互换很有吸引力。

（6）复合互换。复合互换实质上是基差互换的一种变形，其中进行互换的也是两种浮动利息，其中互换的一方 A 以某种货币的浮动利率付息，而另一方 B 则按照另一种货币的浮动利率再加上或减去一个差额支付利息，但是 B 所支付的款项与其对手方 A 所支付的是同一种货币。

9.2.3 我国的利率互换市场

（一）我国利率互换市场的发展进程

2006 年 1 月 24 日，人民银行发布的《中国人民银行关于开展人民币利率互换交易试点有关事宜的通知》（银发〔2006〕27 号）规定，在市场投资者中，经相关监督管理机构批准开办衍生产品交易业务的商业银行，可根据监督管理机构授予的权限与其存贷款客户及其他获准开办衍生产品交易业务的商业银行进行利率互换交易或为其存贷款客户提供利率互换交易服务；其他市场投资者，只能和与其具有存贷款业务关系且获准开办衍生产品交易业务的商业银行进行以套期保值为目的的互换交易。互换交易的参考利率应为经中国人民银行授权全国银行间同业拆借中心发布的全国银行间债券市场具有基准性质的市场利率或中国人民银行公布的一年期定期储蓄存款利率等。

2006年2月9日，人民银行发布《中国人民银行关于开展人民币利率互换交易试点相关事宜的通知》，当天光大银行与国家开发银行完成本金为50亿元的固定利率和浮动利率的互换交易，这标志着中国的利率互换市场正式启动。

人民币利率互换是指交易双方约定在未来一定期限内，以约定的人民币名义本金为计息基础，按不同的利率进行交换支付，整个交易过程不支付本金，只支付利息差额。

专栏9.2

国家开发银行与光大银行利率互换案例

2006年2月，国家开发银行与光大银行完成第一笔人民币利率互换交易，协议的名义本金为50亿元，期限十年，光大银行向国家开发银行支付2.95%的固定利率，国家开发银行向光大银行支付浮动利率（一年期定存利率）。

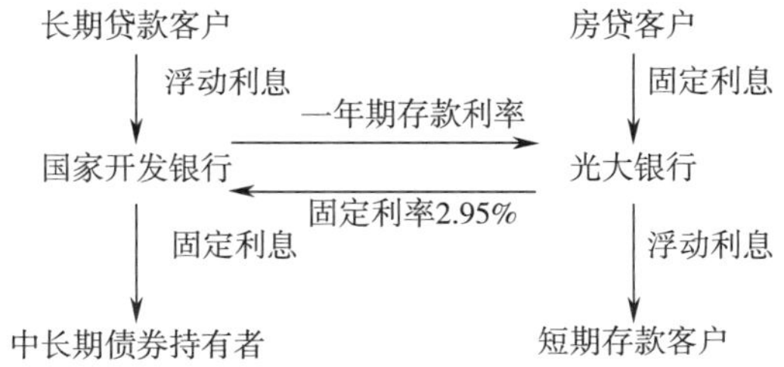

图9.2 国家开发银行与光大银行利率互换资金流向图

国家开发银行资产负债分析：资产主要由长期浮息贷款组成，主要投向为电力、公共基础设施等；负债80%为债券，其中又以固定利率长期债券居多。资产和负债期限结构不匹配，存在流动性风险。

光大银行资产负债分析：资产主要由长期贷款构成，负债包括各类短期浮息存款，资产和负债期限结构不匹配。刚发行的固定利率房贷是交换的最大动机。在加息预期下，固息房贷对客户有吸引力，但银行会损失加息的收益。

总结：互换后，光大银行将发行固息房贷后因加息带来的风险转嫁给国家开发银行，既可以靠固息房贷继续吸引客户，又可以获得加息带来的收益；国家开发银行虽然丧失了可能加息带来的收益，但将浮息资产转为固息资产，改变了资产负债结构，降低了支付风险。

2006年2月14日，中国外汇交易中心、全国银行间同业拆借中心发布《关于人民币利率互换交易备案有关事项的通知》（中汇交发〔2006〕44号），要求对人民币利率互换交易相关风险管理制度和内部控制制度进行备案，交易中心将根据中国人民银行授权，通过中国货币网向市场投资者披露互换交易有关信息。通知发出后，众多市场机构为进入互换市场进行了积极筹备和申请，备案机构逐步增多。

2007年1月4日，上海银行间同业拆放利率（简称Shibor）正式运行，为培育中国货币市场基准利率体系，加速人民币利率市场化进程奠定了良好基础。

专栏9.3

关于 Shibor

2007 年 1 月 18 日，兴业银行与花旗银行达成首笔基于 Shibor 的人民币利率互换交易。这笔在岸人民币利率互换交易，离中央银行正式推出 Shibor 只隔两周时间，相信基于 Shibor 的人民币利率互换交易将成主流。

Shibor 为 Shanghai Interbank Offered Rate 的缩写，译为上海银行间同业拆放利率。Shibor 是一套新的货币市场基准利率指标体系。与以往基于回购和成交价所形成的基准利率体系不同，它是以拆借利率为基础，根据多家大银行每日对各期限资金拆借品种的报价所形成的基准利率，在形成机制上，更接近于货币市场普遍被作为基准利率的伦敦同业拆借利率。

Shibor 报价银行团现由 16 家商业银行组成。报价银行是公开市场一级交易商或外汇市场做市商，在中国货币市场上人民币交易相对活跃、信息披露比较充分的银行。中国人民银行成立 Shibor 工作小组，依据《上海银行间同业拆放利率（Shibor）实施准则》确定和调整报价银行团成员、监督和管理 Shibor 运行、规范报价行与指定发布人行为。

Shibor 由 8 个品种组成：隔夜、1 周、2 周、1 个月、3 个月、6 个月、9 个月及 1 年。全国银行间同业拆借中心授权 Shibor 的报价计算和信息发布。每个交易日根据各报价行的报价，剔除最高、最低各 4 家报价，对其余报价进行算术平均计算后，得出每一期限品种的 Shibor，并于9：30 对外发布。

2007 年 4 月 10 日，中国外汇交易中心、全国银行间同业拆借中心发布的《银行间市场人民币利率互换交易操作规程》（中汇交发〔2007〕87 号）规定，交易成员在备案材料通过合规性检查之后次一交易日便可开展人民币利率互换交易，交易系统将提供公开报价、双边报价和对话报价三种报价方式。利率互换交易保证金（券）保管及处理流程比照债券远期交易保证金（券）保管及处理流程进行。

2008 年 1 月 18 日，人民银行发布《中国人民银行关于开展人民币利率互换业务有关事宜的通知》（银发〔2008〕18 号），宣布将参与利率互换业务的市场成员扩大至所有银行间市场成员，规定全国银行间债券市场参与者中，具有做市商或结算代理业务资格的金融机构可与其他所有市场参与者进行利率互换交易，其他金融机构可与所有金融机构进行出于自身需求的利率互换交易，非金融机构只能与具有做市商或结算代理业务资格的金融机构进行以套期保值为目的的利率互换交易。利率互换的参考利率应为经中国人民银行授权的全国银行间同业拆借中心等机构发布的银行间市场具有基准性质的市场利率或中国人民银行公布的基准利率。

2008 年 6 月 13 日，中国外汇交易中心、全国银行间同业拆借中心发布《人民币利率互换交易操作规程》（中汇交发〔2008〕182 号），对 2007 年的操作规程进行了修改和完善。新规程最大的变化是允许具有银行间债券市场做市商或结算代理业务资格的金融机构进行双向报价。

2009 年 3 月，人民银行和国家外汇管理局同意中国银行间市场交易商协会发布《中国银行间市场金融衍生产品交易主协议》。2009 年中国外汇交易中心发布《关于调整以 Shibor 为基准的利率互换报价品种的通知》。2012 年 4 月 6 日中国外汇交易中心在银行间市场推出利率互换交易确认和冲销业务。2012 年 5 月 21 日中国外汇交易中心在银行间市场推出 Shibor 利率互换定盘、收盘曲线。

2014 年 1 月 2 日，人民币利率互换集中清算业务在银行间市场清算所股份有限公司推出，标志着我国场外金融衍生品集中清算机制开始运行。2017 年，全国银行间同业拆借中心调整 Shibor 盯盘利率发布时间，增加了 FDR 利率互换产品以及 5 年以上利率互换品种。这一调整为以 Shibor 为基准的利率互换提供了更大的交易空间，我国人民币利率互换交易规模达到 12 万亿元。2019 年人民银行发布改革完善贷款市场报价利率（LPR）形成机制措施，明确要求各银行在新发放贷款中参考 LPR 进行定价，2020 年人民银行推动银行存量信贷资产定价基准向 LPR 转换，提升货币政策传导效率。为配合 LPR 形成机制改革，全国银行间同业拆借中心于 2019 年推出了挂钩 1 年和 5 年 LPR 的利率互换合约，并于 2020 年正式上线挂钩 1 年和 5 年 LPR 的利率期权业务。LPR 利率衍生产品的推出为银行管理贷款利率风险提供了有力工具，助力金融机构服务实体企业。2020 年 LPR 互换衍生品合约成交活跃度明显提升，截至 2020 年 11 月末挂钩 LPR 的利率互换合约品种成交量达到 2 301 亿元。2020 年中国进出口银行发行了首只挂钩 DR 利率的浮息债券，全国银行间同业拆借中心也正式推出了 FDR001 的利率互换合约，进一步完善了利率互换产品体系，这一举措不仅有利于扩大 DR 利率的应用范围，更能够有效发挥金融衍生产品风险对冲、价格发现等功能。

表 9.1 和图 9.3 清晰地反映出我国人民币利率互换的发展概况。

表 9.1　　人民币利率互换交易情况

年份	交易笔数（笔）	名义本金额（亿元）
2007	1 978	2 168.40
2008	4 040	4 019.90
2009	4 044	4 611.35
2010	11 643	15 001.41
2011	19 225	25 390.85
2012	20 943	29 016.21
2013	24 138	27 044.88
2014	42 978	40 300.77
2015	64 469	82 071.45
2016	87 018	98 586.98
2017	137 974	143 462.27
2018	184 560	210 863.18
2019	237 745	181 529.59

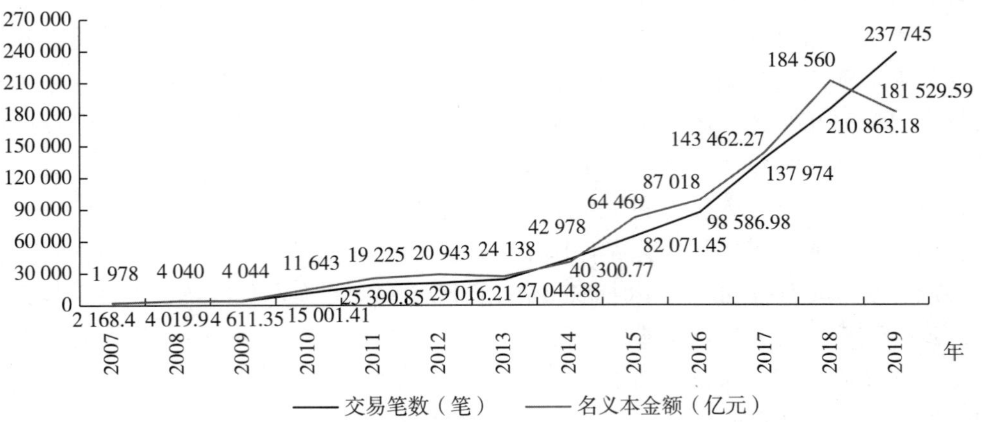

图 9.3　人民币利率互换的交易情况

（数据来源：全国银行间同业拆借中心）

（二）人民币利率互换的概念以及品种

目前，人民币利率互换主要是标准利率互换，即固定利率对浮动利率的互换，因此我们针对不同的浮动利率对产品进行分类。全国银行间同业拆借中心 2014 年 10 月 27 日发布《关于推出标准利率衍生产品的通知》（以下简称《通知》），并于 2014 年 11 月 3 日推出标准利率衍生产品。

> 人民币利率互换交易是指交易双方约定在未来的一定期限内，根据约定数量的人民币本金交换现金流的行为，其中一方的现金流根据浮动利率计算，另一方的现金流根据固定利率计算。

标准利率衍生产品对利率互换的到期日、期限等产品要素进行了标准化设置，人民币利率互换交易的浮动端参考利率包括 7 天回购定盘利率、Shibor 以及人民银行公布的基准利率。人民币利率互换的品种主要有：以 Shibor O/N 为标的的 1 个月标准隔夜指数互换 Shibor O/N _ 1M、以 Shibor1W 为标的的 3 个月标准利率互换 Shibor1W _ 3M、以 FR007 为标的的 3 个月标准互换 FR007 _ 3M。此外还有以 FR007（7 天回购定盘利率）、Shibor _ O/N、Shibor _ 3M、Shibor _ 1W、一年定存利率、5 年以上贷款利率、贷款利率_5 年、贷款利率_3 年、贷款利率_6 月为参考利率的不同期限的利率互换产品。

（三）人民币利率互换的交易方式

我国人民币利率互换产品的交易方式为询价交易和点击成交，具体的交易流程可大致分为交易报价、交易达成、交易备案和信息披露三个步骤。

交易报价可以通过全国银行间同业中心的交易系统进行，也可以通过货币经纪公司或电话询价等其他方式进行。但目前只有经纪公司的报价为可以点击成交的价格。因此，交易双方有交易意愿时，通常参照经纪公司提供的价格水平，进行市场询价和报价。

按照《中国人民银行关于开展人民币利率互换业务有关事宜的通知》的规定，交易双方在交易前，应签署由中国人民银行授权交易商协会制定并发布的《中国银行间市场金融衍生产品交易主协议》及《中国银行间市场金融衍生产品交易主协议补充协议》，约定双方的权利与义务关系。

在交易执行中，如果交易一方对价格表示满意，可以直接点击成交或电话确认成交，随后交易双方直接或通过中介确定交易的名义本金、结算日、浮动利率类型及固定利率类型，达成初步确认书，形式可以是交易中心交易系统生成的成交单，或者是合同书、信件和数据、电文等。前台确认成交后，经过中台复核，最后将数据传到后台，双方后台需要进行独立的交易确认，达成一致后订立书面交易合同，作为最终的交易凭证。合同中除了包含上述要素以外，还应包含交易双方名称、交易日、协议起止日、资金清算方式以及补充条款等要素。

最后，按照《中国人民银行关于开展人民币利率互换业务有关事宜的通知》的规定，各金融交易机构应于交易达成后的下一工作日12：00之前将利率互换的交易情况报送全国银行间同业拆借中心备案。通过交易中心系统成交的交易，由于系统已经进行了统计，因此不需要备案。目前，交易备案通常采取电子报备的方式，交易中心根据汇总的情况，按照中国人民银行授权，通过中国货币网向市场参与者披露利率互换交易的有关信息，包括交易品种、交易期限、交易量等。当互换交易发生违约，对违约事实或违约责任的仲裁或诉讼结果，交易机构也要于次日向交易中心进行备案，交易中心在接到最终结果的当日予以公告。

9.3　货币互换

货币互换期初和期末均须按照约定的汇率交换不同货币的本金，其间还须定期交换不同货币的利息。

9.3.1　货币互换的发展历程

（一）货币互换的产生

货币互换交易始于20世纪70年代的英国与美国企业之间的英镑与美元的平行贷款。

1981年8月，在所罗门兄弟国际集团的安排下，世界银行与IBM进行了一次真正意义上的货币互换。

货币互换是指两笔金额相同、期限相同、计算利息方法相同，但货币不同的债务资金之间的调换，同时也进行不同利息额的货币调换。

专栏9.4

IBM公司和世界银行的货币互换

1981年，美国所罗门兄弟公司为IBM公司和世界银行安排了一次货币互换。世界银行将它的2.9亿美元的固定利率债务与IBM公司已有的瑞士法郎和德国马克进行债务互换。互换双方的主要目的是，世界银行希望筹集固定利率的德国马克和瑞士法郎低利率资金，但世界银行无法通过直接发行债券来筹集，而世界银行具有AAA级的信誉，能够从市场上筹措到最优惠的美元借款利率，世界银行希望通过筹集美元资金换取IBM公司的德国马克和瑞士法郎债务。IBM公司需要筹集一笔美元资金，由于数额较大，集中于任何一个资本市场都不妥，于是采用多种货币筹资的方法，它们运用本身的优势筹集了德国马克和瑞士法郎，然后通过互换，与世界银行换得优惠利率的美元。

（二）货币互换的发展

自产生以来，货币互换作为一种规避金融风险的有效工具，由于其在操作和避险方面的灵活性与有效性，交易量增长迅猛，在国际舞台上充分显示了其作为崭新交易和保值工具的魅力。根据国际清算银行的统计数据，货币互换的名义本金由2001年的39 420亿美元增长到2020年的278 096亿美元，总市场价值由2001年的3 350亿美元增长到2020年的13 081.9亿美元。它集外汇市场、货币市场和资本市场于一身，既可融资，又可用于国际金融管理，是金融自由化、一体化发展的必然产物。

9.3.2 货币互换在中国的发展

金融衍生品市场作为金融市场体系的一部分，在我国的发展才刚刚起步。作为一种基本的金融衍生工具，货币互换在国际上只有20多年的发展史，在我国则更短。2005年8月1日，中国人民银行发布公告，正式批准外汇指定银行对客户办理货币互换业务。事实上，在此之前我国部分商业银行也有帮助企业客户在国际金融市场上达成货币互换交易的案例。

专栏9.5

天津石化公司与中国建设银行的货币互换

1997年底，天津石化公司因从德国引进设备而与中国建设银行签订了4 777万德国马克的出口信贷转贷协议，协议规定贷款利率为6.09%，从2000年12月30日起每6个月等额还款一次，10年还清贷款。到2000年底，公司发现欧元对美元升值趋势明显，而当时我国实行盯住美元的汇率政策，公司面临巨大的外汇风险。于是公司与建设银行签订为期4年的欧元—美元固定利率—浮动利率货币互换合约，将欧元固定利率贷款互换为美元浮动利率贷款，最终通过此项互换，节约资金共3 324万元。

同时，中国人民银行也积极利用货币互换加强与东南亚各国的货币金融合作，并尝试利用货币互换实现宏观调控的目标。

亚洲金融危机爆发后，在2000年5月《清迈双边货币互换协议》（以下简称《清迈协议》）的框架下，我国政府和中央银行与东亚及东南亚各国政府和中央银行签订了许多双边货币互换协议，旨在加强区域货币金融合作，以保持金融市场稳定，防止金融危机再度发生。

截至2003年12月底，中国、日本、韩国与东盟10国共签署16个双边互换协议，累计金额达440亿美元。2006年5月，第九届东盟与中国、日本、韩国（10+3）财长会议于印度海得拉巴召开，会议对《清迈协议》的主要原则进行了修订，根据修订后的原则，各国在启动双边货币互换过程中，将执行集体决策机制。这种集体决策机制的实质是在货币互换过程中以多边决策机制代替此前的双边决策机制，降低决策风险，进一步加强区域货币合作。从国家外汇风险的角度来看，这种主权国家之间货币互换协议的目的在于，集各国之力抵御外来冲击，以保护一国货币体系之稳定，防止金融危机发生。

2005 年 11 月，中国人民银行与包括四大国有商业银行在内的 10 家商业银行进行了一笔为期 1 年、总金额达 60 亿美元的货币互换业务。具体内容是，人民银行按照某一汇率水平（有媒体披露为 1 美元兑 8.0805 元人民币），将自己所持有的 60 亿美元交换上述 10 家商业银行所持有的相应金额的人民币；一年之后，人民银行按照 1 美元兑 7.85 元人民币的汇率水平，换回商业银行手中所持有的 60 亿美元。通过与人民银行进行货币互换业务而取得的外汇，商业银行只能将其投资于外汇资产，不得用于结汇。人民银行此举主要是为了回笼流通当中多余的现金。这些现金是由于中国国际收支的长期顺差，人民银行适应性地结汇而被动投放的。通过与商业银行之间进行货币互换，按照市场化的程序与理念来冲销流通中过剩的现金，较之于发行中央银行票据这类传统的冲销方法而言，是一次创新与进步，更是一次宏观调控的探索。

2007 年 8 月，银行间外汇市场顺势推出人民币外汇货币掉期交易。根据人民银行发布的《中国人民银行关于在银行间外汇市场开办人民币外汇货币掉期业务有关问题的通知》，具备银行间远期外汇市场会员资格的境内机构可以开展该项业务，国家外汇管理局对此实行备案制管理。

人民币外汇货币掉期交易，是指在约定期限内交换约定数量人民币与外币本金，同时定期交换两种货币利息的交易协议。

货币掉期中人民币的参考利率，应为经人民银行授权发布的具有基准性质的货币市场利率，或人民银行公布的存贷款基准利率，货币掉期中外币参考利率由交易双方协商约定。

国际金融危机之后，中国人民银行加快与周边国家和地区的货币互换步伐，并且将互换对象扩展到欧洲一些国家。而货币互换步伐的加快，一方面顺应了市场发展的内在要求，能有效解决市场流动性短缺问题；另一方面，区域性货币的使用显然已成为对抗危机的一种工具，它能在危机下增进贸易和对外直接投资，抵抗汇率风险。

表 9.2　中国与其他国家和地区货币当局签署的双边本币互换协议一览表
（截至 2022 年 1 月底）

序号	国别/地区	协议签署时间	互换规模	期限
1	韩国	2009.04.20 2011.10.26（续签） 2014.10.11（续签） 2020.10.22（续签）	1 800 亿元人民币/38 万亿韩元 3 600 亿元人民币/64 万亿韩元（续签） 3 600 亿元人民币/64 万亿韩元（续签） 3 600 亿元人民币/64 万亿韩元（续签）	3 年
2	中国香港	2009.01.20 2011.11.22（续签） 2014.11.27（续签） 2020.11.25（续签）	2 000 亿元人民币/2 270 亿港元 4 000 亿元人民币/4 900 亿港元（续签） 4 000 亿元人民币/5 050 亿港元（续签） 5 000 亿元人民币/5 900 亿港元（续签）	3 年
3	马来西亚	2009.02.08 2012.02.08（续签） 2015.04.17（续签）	800 亿元人民币/400 亿林吉特 1 800 亿元人民币/900 亿林吉特（续签） 1 800 亿元人民币/900 亿林吉特（续签）	3 年

续表

序号	国别/地区	协议签署时间	互换规模	期限
4	白俄罗斯	2009.03.11 2015.05.10（续签）	200 亿元人民币/8 万亿白俄罗斯卢布 70 亿元人民币/16 万亿白俄罗斯卢布（续签）	3 年
5	印度尼西亚	2009.03.23 2018.11.19（续签） 2022.01.27（续签）	1 000 亿元人民币/175 万亿印度尼西亚卢比 2 000 亿元人民币/440 万亿印度尼西亚卢比（续签） 2 500 亿元人民币/550 万亿印度尼西亚卢比（续签）	3 年
6	阿根廷	2009.04.02 2014.07.18（续签）	700 亿元人民币/380 亿阿根廷比索 700 亿元人民币/900 亿阿根廷比索（续签）	3 年
7	冰岛	2010.06.10 2013.09.11（续签）	35 亿元人民币/660 亿冰岛克朗 35 亿元人民币/660 亿冰岛克朗（续签）	3 年
8	新加坡	2010.07.23 2013.03.07（续签） 2016.03.15（续签）	1 500 亿元人民币/300 亿新加坡元 3 000 亿元人民币/600 亿新加坡元（续签） 3 000 亿元人民币/640 亿新加坡元（续签）	3 年
9	新西兰	2011.04.18 2014.04.25（续签）	250 亿元人民币/50 亿新西兰元 250 亿元人民币/50 亿新西兰元（续签）	3 年
10	乌兹别克斯坦	2011.04.19	7 亿元人民币	3 年
11	蒙古国	2011.05.06 2012.03.20（扩大） 2014.08.21（续签）	50 亿元人民币/1 万亿图格里克 100 亿元人民币/2 万亿图格里克（扩大） 150 亿元人民币/4.5 万亿图格里克（续签）	3 年
12	哈萨克斯坦	2011.06.13 2014.12.14（续签）	70 亿元人民币 70 亿元人民币/2 000 亿哈萨克斯坦坚戈（续签）	3 年
13	泰国	2011.12.22 2014.12.22（续签）	700 亿元人民币/3 200 亿泰铢 700 亿元人民币/3 700 亿泰铢（续签）	3 年
		2021.01.08（续签）	700 亿元人民币/3 700 亿泰铢（续签）	5 年
14	巴基斯坦	2011.12.23 2014.12.23（续签）	100 亿元人民币/1 400 亿巴基斯坦卢比 100 亿元人民币/1 650 亿巴基斯坦卢比（续签）	3 年
15	阿联酋	2012.01.17	350 亿元人民币/200 亿迪拉姆	3 年
16	土耳其	2012.02.21 2015.11.16（续签）	100 亿元人民币/30 亿土耳其里拉 100 亿元人民币/30 亿土耳其里拉（续签）	3 年
17	澳大利亚	2012.03.22 2015.03.30（续签） 2018.03.30（续签）	2 000 亿元人民币/300 亿澳大利亚元 2 000 亿元人民币/400 亿澳大利亚元（续签） 2 000 亿元人民币/400 亿澳大利亚元（续签）	3 年
18	乌克兰	2012.06.26 2015.05.15（续签） 2018.10.10（续签）	150 亿元人民币/190 亿格里夫纳 150 亿元人民币/540 亿格里夫纳（续签） 150 亿元人民币/620 亿格里夫纳（续签）	3 年

续表

序号	国别/地区	协议签署时间	互换规模	期限
19	巴西	2013.03.26	1 900 亿元人民币/600 亿巴西雷亚尔	3 年
20	英国	2013.06.22 2015.10.20（续签） 2018.11.12（续签）	2 000 亿元人民币/200 亿英镑 2 000 亿元人民币/200 亿英镑（续签） 3 500 亿元人民币/400 亿英镑（续签）	3 年
		2021.11.12（续签）	3 500 亿元人民币/400 亿英镑（续签）	5 年
21	匈牙利	2013.09.09 2016.09.12（续签）	100 亿元人民币/3 750 亿匈牙利福林 100 亿元人民币/4 160 亿匈牙利福林（续签）	3 年
22	阿尔巴尼亚	2013.09.12 2018.04.03（续签）	20 亿元人民币/358 亿阿尔巴尼亚列克 20 亿元人民币/342 亿阿尔巴尼亚列克（续签）	3 年
23	冰岛	2013.09.30	35 亿元人民币/660 亿冰岛克朗	3 年
24	欧洲中央银行	2013.10.08 2019.10.25（续签）	3 500 亿元人民币/450 亿欧元 3 500 亿元人民币/450 亿欧元（续签）	3 年
25	瑞士	2014.07.21	1 500 亿元人民币/210 亿瑞士法郎	3 年
26	斯里兰卡	2014.09.16	100 亿元人民币/2 250 亿斯里兰卡卢比	3 年
27	韩国	2014.10.11	3 600 亿元人民币/64 万亿韩元	3 年
28	俄罗斯	2014.10.13	1 500 亿元人民币/8 150 亿卢布	3 年
29	卡塔尔	2014.11.03	350 亿元人民币/208 亿里亚尔	3 年
30	加拿大	2014.11.08 2021.01.13（续签）	2 000 亿元人民币/300 亿加拿大元 2 000 亿元人民币/300 亿加拿大元（续签）	3 年
31	苏里南	2015.03.18	10 亿元人民币/5.2 亿苏里南元	3 年
32	亚美尼亚	2015.03.25	10 亿元人民币/770 亿亚美尼亚元	3 年
33	南非	2015.04.10	300 亿元人民币/540 亿南非兰特	3 年
34	智利	2015.05.25	220 亿元人民币/22 000 亿智利比索	3 年
35	塔吉克斯坦	2015.09.07	30 亿元人民币/30 亿索摩尼	3 年
36	摩洛哥	2016.05.11	100 亿元人民币/150 亿迪拉姆	3 年
37	塞尔维亚	2016.06.17	15 亿元人民币/270 亿塞尔维亚第纳尔	3 年
38	埃及	2016.12.06	180 亿元人民币/470 亿埃及镑	3 年
39	尼日利亚	2018.04.27	150 亿元人民币/7 200 亿奈拉	3 年
40	马来西亚	2018.08.20	1 800 亿元人民币/1 100 亿马来西亚林吉特	3 年

截至 2022 年 1 月，中国已与世界上 40 个国家和地区签订了货币互换协议，交易规模达到 91 097 亿元人民币，其中与印度尼西亚、冰岛、新加坡、马来西亚、中国香港特

别行政区、韩国、哈萨克斯坦、泰国、蒙古国、白俄罗斯、阿根廷、澳大利亚、阿尔巴尼亚、巴基斯坦、英国、欧洲中央银行、加拿大、匈牙利、乌克兰、土耳其和新西兰的协议期限到期后又续签了互换协议，这极大地推动了人民币的国际化进程。就人民币国际化而言，随着“人民币货币掉期交易圈”的扩大，人民币在全球支付中的地位不断提高，2021 年 12 月，人民币成为世界第四大支付货币，在国际支付货币中的比重达到 2.7%。双边货币互换协议的签署对中国与各缔约方的跨境贸易、直接投资以及人民币国际化具有重要意义。

9.4 股权互换

9.4.1 股权互换的概念及主要特点

股权互换可用来替代直接的股票交易。股权互换首次出现在 1989 年，主要用来替代在股票市场上的直接投资。基于国内外各种股票指数，股权互换呈现出各种复杂形式。

股权互换是指在互换的双方中，至少有一方支付由某只股票或股指收益决定的现金流，另一方支付的现金流可以由固定利率、浮动利率或另一只股票或股指收益决定。

专栏 9.6

中国联通与西班牙电信间的股权互换

2011 年 1 月 24 日，中国联通公告称，其控股子公司联通（香港）股份有限公司和西班牙电信双方同意增持对方规模相当于 5 亿美元的股份。中国联通将按每股 17.16 欧元的价格购入西班牙电信约 2 183 万股份。每股认购价格根据截至 1 月 14 日前 30 个交易日收盘价的算术平均值予以确定。该方法与双方于 2009 年签订股份认购协议中采用的方法一致。另外，西班牙电信将在未来 9 个月内通过第三方购入中国联通的普通股。交易完成后，按照目前的股价，西班牙电信对中国联通的持股比例将提高至约 9.7%，而中国联通对西班牙电信的持股比例将提高至 1.37%（双方曾于 2009 年达成协议，相互投资 10 亿美元，并签署了战略联盟协议。当时西班牙电信拥有中国联通 8.37% 股份）。

股权互换的主要特点有以下几种。

（1）双方的支付以名义本金为基础，但实际上双方不进行任何本金交换，名义本金额被双方用于计算彼此的支付额。有时本金额可能是变动的。

（2）双方进行支付交换之前：①就支付的时间间隔达成协议（一般是一季一付，或半年一付）；②就互换期限或到期日达成协议。

（3）股权互换交易中的支付是以指定的名义本金为计算基础。该名义本金可以是变动金额，也可以是固定金额。一般而言，变动名义本金在从对手那里得到股权收益时增加，在向对手支付股权收益时减少。这种交易结构主要是模仿一个股票市场直接进行股票投资所产生的现金流。

当使用固定名义本金额时，本金额是在互换结算日确定下来，而且在整个互换期限内保持不变。这种交易结构模仿了这样一种股票投资，即投资者旨在使其股票投资价值保持不变。因此，当股票价格或股票市场指数上扬时，他需要将股票投资的一部分变现。而当股票市场指数下跌时，为了维持其投资价值不变，则需要追加更多的资金于基础股票投资中。

（4）互换中现金流的计值货币必须是指定的。双方所支付的现金流可以是同一种货币计值，也可以是不同的货币计值。在单一货币的股权互换中，股价或股指回报是以所选择的货币确定的。以不同货币计值的股权互换又称交叉货币股权互换。在这样的股权互换中，交易回报不仅与股价或股指的变化有关，而且与互换中所使用的不同货币之间的汇率有关。

9.4.2 股权互换的分类

如前文所述，在一个股权互换中，至少一方支付由一只股票或某股指收益决定的现金流，而另一方支付的现金流可以由固定利率、浮动利率或另一只股票或股指收益决定。据此，可将股权互换分为以下三种主要类型：股权收益—固定利率股权互换、股权收益—浮动利率股权互换、股权收益—另一股权收益股权的互换。下面分别给出定义和例子。

（一）股权收益—固定利率股权的互换

在股权收益—固定利率股权互换中，一方支付的是单只股票收益或股指收益，另一方支付的是固定利率。这样支付固定利率的一方，相当于以固定利率借入资金并投资到股票市场。

✪【例 9.2】某年 12 月 15 日，A 公司进入一互换，支付 5% 的固定利率，收入 S&P500 股指收益。交换发生在次年 3 月 15 日、6 月 15 日、9 月 15 日及 12 月 15 日。双方交易金额由名义本金 200 万美元计算决定。互换的另一方是某互换交易商 B 公司。互换发起日，S&P500 股指收益是 1 105.15。上述交易如图 9.4 所示。

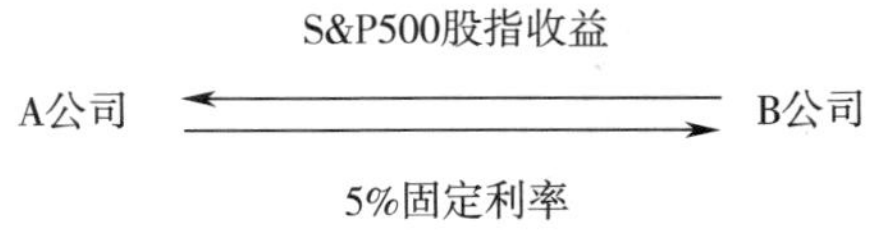

图 9.4 股权收益—固定利率股权互换

要注意到，股权支付是用股权指数收益率计算得到，这一收益率要直到交割日才能决定。这一点与利率互换不同，利率互换中浮动利率在每个交割期期初决定，这样利率互换中互换双方在每个交割期期初都知道本期浮动利率支付金额。而很显然，股权交换中直到交割日双方才知道本交割期股权收益支付金额。

（二）股权收益—浮动利率股权的互换

在这种股权互换中，一方支付的是单只股票收益或股指收益，而另一方支付的是浮动利率。这样，支付浮动利率的一方，相当于以浮动利率借入资金并投资到股票市场。

✪【例 9.3】其他条件如【例 9.2】，只是把 A 公司支付的固定利率改成 3 个月的美元 Libor 利率，基本结构如图 9.5 所示。

图 9.5 股权收益—浮动利率股权互换

需要注意的是，浮动利率是在每个交割期的期初确定，而股权收益率在每期期末交割时确定。另外，这里的股权收益率有可能是负值。

（三）股权收益—另一股权收益股权的互换

在这种股权互换中，双方支付的都是股权

收益。这样双方都相当于对某一股权空头，并用空头收益投资于另一股权。同时，互换双方都承担着收入的股权收益是负值的风险。

除了以上三种主要的股权互换外，还有交叉货币股权互换和可变本金股权互换等类型。股权互换的运用很广，它可以替代直接股票投资，间接投资于国内外的股票市场。

9.5 合同变更条件型互换和其他新型互换

为了满足人们不同的需要，如通过互换创造具有特殊结构的基础融资和证券交易，以利用资本市场上的套利机会，利用新型互换的特殊结构所具有的灵活性，使人们能够更好地进行资产负债管理等，更多特殊的、新型的互换交易在基本互换交易的基础上发展而来，并且在国际金融市场上获得了更广泛的使用。新型互换分类如下：(1) 合同变更条件型互换。这种互换主要改变了基本互换交易中的某些参数，如互换交易的起始时间、互换交易本金的偿付方式和互换的执行方式等。在这种新型互换中，我们将介绍远期互换、交叉货币互换、延迟或加速现金流互换、增长型互换、减弱型互换和滑道型互换以及分期偿还互换。(2) 其他新型互换。

9.5.1 合同变更条件型互换

（一）远期互换

远期互换是指互换生效日是在未来某一确定时间的互换。

远期互换的起始时间不是合约签订的时间，而是指合约规定的某个未来时间，合约中的其他要素都与基本互换合约中的规定相同。一般而言，远期互换交易主要有以下几种用途：一是运用远期互换将未来某一时间开始的固定利率和汇率水平锁住，以固定未来的融资成本。二是远期货币互换可以为可赎回外汇债券交易进行融资，规避汇率风险，并且还能够在不同的资本市场之间进行新证券套利。

✪【例 9.4】甲公司将在 2 年后购入一批机器设备，该设备以英镑计价，价格为 1.5 亿英镑。甲公司可以考虑从事一个 2 年后开始的 5 年期远期货币互换。在该交易中，甲公司支付英镑固定利率 7.5%，同时收入美元 6 个月期的浮动利率 Libor，并且互换中使用美元与英镑 2 年期远期汇率为 1 美元兑换 0.68 英镑。这样就能锁住未来融资的利率成本以及英镑和美元之间的汇率水平。

✪【例 9.5】甲公司通过从事一个 9 年期的美元互换交易，将其 9 年期的美元 Libor 浮动利率贷款转换为 9 年期固定利率为 7.7% 的融资。在完成上述互换交易后不久，市场上 7 年期和 9 年期利率差价不断扩大，从原来互换交易的 15 个基点增加到 175 个基点。这使得一个 7 年后起始的 2 年期互换利率达到 9.3%。这样，甲公司可以从事一个在 7 年后起始的 2 年期远期互换，并在该远期互换中收到 9.3% 的利息并支付浮动利率，从而在第 8 年、第 9 年获得 160 个基点的利率优势。

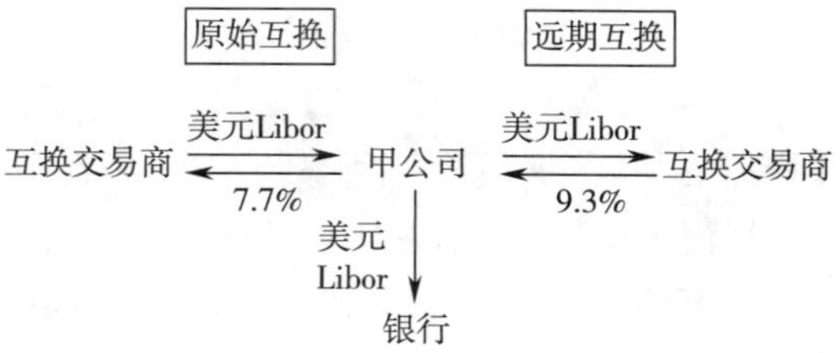

图 9.6 原始互换与远期互换流程图

具体流程如图9.6所示。

（二）交叉货币互换

交叉货币互换：利率互换和货币互换的结合，它是以一种货币的固定利率交换另一种货币的浮动利率。

交叉货币互换的互换结构与利率互换基本相同，但是在交叉货币互换中，双方不仅是固定利率和浮动利率的交换，且支付的货币种类也不同。也就是说，它是利率互换和货币互换的结合。因此，交叉货币互换中有两种不同的名义本金，这两个本金数额的确定由即期外汇市场上两种货币的汇率决定，两种名义本金的数额可由两种货币的远期汇率确定或者在远期互换启动前两日由互换双方商定。

一般来讲，交叉货币互换可以被看作一系列的远期外汇交易，所以很多银行将长期远期外汇交易作为交叉货币互换业务的一部分。与远期外汇交易相同，交叉货币互换使得参与者必须承担外汇风险，因为他们偿还负债的支付是一种货币，而资产的收入却是另一种货币。

交叉货币市场的主要参与者为债券发行者，尤其是欧洲债券市场的发行者。为了降低发行成本，这些发行者往往会选择最“便宜”的货币，然后再将它们换成希望的货币。另外，希望购买外汇资产但需要减少外汇风险的投资者及需要创造合成外汇债务的负债管理者也常常涉足该市场。

✪【例9.6】××基金经理想购买收益率超过Libor+2%的5年期的信用级别较高的英镑资产，但市场上没有直接符合其需求的品种可以投资。该经理可以购买一家信用级别为AA的公司发行的5年期美元债券，其收益率为Libor+8%，市场价格为2 000 000美元，然后立即进行交叉货币互换，在互换中以Libor+8%的美元利率支付给对方，收到利率为Libor+5%英镑。虽然购买的是美元债券，但通过交叉货币互换，基金经理收到的是自己希望的货币收益。当然基金经理承担了美元债券的信用风险，一旦债券发行公司违约，基金经理仍然要履行互换协议，按期支付美元利息。

✪【例9.7】一家新西兰公司希望通过发行10年期债券筹集100万新西兰元。在新西兰国内市场上，发行债券的利率为Libor+10%，但是在澳大利亚债券市场上，发行利率仅为7.60%。所以该公司选择在澳大利亚债券市场上发行债券，同时进行名义本金为100万新西兰元、期限为10年的交叉货币互换。在互换中，该公司收入利率为7.60%的澳大利亚元，以Libor+10%利率的新西兰元支付，这样该公司就创造了合成的新西兰元的负债。

（三）延迟或加速现金流互换

延迟或加速现金流互换是一种重要的新型互换，主要有以下几种类型：无息票互换、延迟支付利息互换、延迟付息浮动利率债券互换和溢价或折价互换。近年来，随着金融的创新以及金融监管的发展，这种类型的互换得到了越来越多的运用。例如，在证券发行市场上，发行者为了吸引投资者，创造了无息票债券、溢价发行债券和折价发行债券等结构，从而降低了投资者的再投资风险，或使得投资者从溢价折价债券的发行中得到某些税收优惠。延迟或加速现金流互换可以帮助发行者将其在证券发行中所取得的总收益优势转换为其所希望的货币和利率基础，从而规避了发行者的再投资风险。又如，甲公司为将来的投资安排了一个融资组合，由于预计的投资收益远低于融资的利息成本，甲公司便可以利用加速或延迟现金流互换中的无息利率互换，使得甲公司在互换期满之前不产生任何互换支付，延迟了公司的现金流支出，在短期内克服了公司红利收益少于利息支付的困难。

（四）增长型互换、减弱型互换和滑道型互换

在这些新型互换中，名义本金不再固定不变，而是在互换期限内按照预定方式变化。增长型互换名义本金开始时较小，而后随着时间的推移逐渐增大，它非常适合借款额在项目期限内逐渐增长的情形；减弱型互换的名义本金随着时间的推移由大变小，因此它比较适合以发行债券来融资的借款者规避风险；滑道型互换的名义本金则在互换期限内时而增加、时而减少，很适合项目融资中初期借款逐渐增加，随着对承包者的阶段性支付的累计，借款者会逐渐减少的情形。

（五）分期偿还互换

分期偿还互换是指互换交易的本金分期偿还的新型互换品种。

分期偿还互换的使用主要与资产和负债的分期结构有关，它的应用主要体现在资产管理和负债管理两个方面。在资产管理中，可以通过早期偿还条款将分期偿还的固定利率证券转换成浮动利率证券，或运用分期偿还互换，以产生与抵押担保证券或应收账款担保证券的预期偿还计划相对应的现金流，从而降低再投资风险。在负债管理中，分期偿还互换可以解决分期偿还债务中货币利率的转换。比如在租赁交易中，承租人定期支付的款项包括本金和租期满后设备的残值分期款项以及利息，承租人可以通过分期偿还互换将其在经营业务中收入的款项与之对应，从而将融资成本减少到最低程度。

9.5.2 其他新型互换

（一）基础互换

基础互换是指将一种货币的浮动利率转换成另一种浮动利率。

基础互换与利率互换中固定利率对浮动利率互换的功能和结构基本相似，只不过基础互换方接受和支付的利率都必须在互换期限内定期调整。

在基础互换市场上，交易量最大的是美国优惠利率和英国伦敦同业拆借利率这两种浮动利率指数之间的互换。此外，近年来，美国短期国库券利率、商业票据利率、定期存单利率、银行承兑票据利率和联邦基金利率也渐渐成为基础互换交易中的标的物。

一般来讲，基础互换主要有以下用途：（1）借款者不必进入某一市场便可获得所需要的融资，他们完全可以利用基础互换将 Libor 的融资转换为商业票据利率融资。（2）参与者可以借助基础互换创造所希望的资产或者负债结构，如有些欧洲银行经常提供优惠利率贷款，但他们的贷款资金通常是以 Libor 进行融资的，于是这些欧洲银行就可以利用基础互换成为 Libor 的收入者和美国优惠利率的支付者，从而创造期望的资产结构与其负债结构相对应，并且锁住未来的贷款收益。（3）利用不同的浮动利率指数价差和基础互换中的定价差价进行套利。（4）将单一利率指数分散化。例如，甲公司已经在美国发行了大量的商业票据进行融资，该公司为降低对商业票据利率波动的敏感度，

便可以利用基础互换，将其一部分债务利率转换为美元 Libor 或者优惠贷款利率。

（二）收益曲线互换

收益曲线互换与基础互换基本相似，它也是浮动利率与浮动利率之间的互换。不同的是，收益曲线互换还是一种不同期限结构的转换，它一般将以 Libor（短期）为利率的美元和 10 年期或 30 年期国库券收益加减一定价差相互换。虽然后者利率也被频繁确定，但它是一种长期利率，因此，收益曲线互换对利率绝对水平不敏感，对收益曲线的形状非常敏感。

具体来讲，收益曲线互换的运用主要包括：（1）投资者可以将短期浮动利率转换为长期浮动利率资产，以调整自身的利率期限结构，分散利率风险。（2）投资者可以利用该互换调整头寸进行套利。例如，投资者预测未来收益曲线将变得平缓，那么他将会通过互换支付 10 年或 30 年国库券利率，并收入美元 Libor 的短期利率。

（三）互换期权

互换期权合约赋予期权买方在指定的日期或指定日期前的时间内，选择是否按事先约定的条件进行互换的权利。

{互换期权是将互换合约作为标的物的期权合约。

作为一种管理资产负债中的利率风险和进行资本市场套利的有效手段，互换期权具有以下特点：（1）互换期权合约期限很长，一般来说可以达到 10 年左右，这比期货期权和标准期权的期限都要长；（2）由于互换合约中的标的合约一般都是长期合约，因此，互换期权中敲定的利率为中长期利率，对资产负债管理的意义更大；（3）互换期权同其他场外交易一样，具有灵活性的特点，而且随着参与者的不断增多，该市场的流动性也在增强。

互换期权的主要种类包括以下几个：买权互换、卖权互换、可回购互换和可回售互换。下面我们对这些品种依次进行介绍。

1. 买权互换。买权互换赋予购买者在规定期限内按照一定的互换利率进行利率互换的权利。在互换中，买权互换购买者支付固定利率，收到浮动利率。如果利率上升，买权互换持有者（借款者）将获利。买权互换的成本为最初的期权费用，这也是互换期权购买者的最大损失额。一般来讲，利率的变动越大，期权的有效期限越长，买权互换的价格越高；期权的执行价格越低，买权互换的价格也越高。

买权互换非常适合有浮动利率债务的借款者。在市场利率超过协定价格时，通过买权互换，借款者可以将浮动利率转换成协定价格的固定利率。这个策略与利率上限①十分相似，但利率上限的使用只是限制了利率支出的最大值，实际上仍然是浮动利率，而买权互换却将浮动利率转换成了固定利率。同样，这种互换也可以被预期未来固定利率上涨的投资者用来作为投机的工具。

---

① 利率上限是指客户同银行达成一项协议，指定某一种市场参考利率，同时确定一个利率上限水平。在此基础之上，利率上限的卖出方向买入方承诺：在规定的期限内，如果市场参考利率高于协定的利率上限水平，卖方向买方支付市场利率高于利率上限的差额部分；如果市场参考利率低于或等于协定的利率上限水平，则卖方无任何支付义务。

✪【例 9.8】××投资者认为一年后 10 年期英镑的收益率将会上升，为了控制潜在的预期错误造成的损失，该投资者不愿意进行标准的利率互换。此时，他就可以选择购买买权互换。这将使他在一年后有权进行支付固定利率的 10 年期利率互换。如果 10 年期英镑收益率确实上升且超过了买权互换的协定价格，那么该投资者将会行使买权互换，进行以协定价格支付固定利率的利率互换。如果在到期日，10 年期英镑收益率低于协定价格，那么投资者将放弃买权互换，重新在市场上寻找有利的利率互换。

2. 卖权互换。卖权互换赋予持有者在规定时间内进行利率互换的权利。在互换中，卖权互换的购买者收到固定利率，支付浮动利率。因此，当利率下降时，卖权互换的持有者将获利。卖权互换的初始支付就是这种权利的费用，也是持有者预期错误时会产生的最大损失。一般来讲，利率的变动幅度越大，期权的有效期越长，卖权互换的价格越高；期权的执行价格越低，卖权互换的价格越低。

✪【例 9.9】××投资者认为一年后 10 年期的美元利率将会下降，为了防止潜在的损失发生，他没有进入收入固定利率的标准利率互换，而是选择了卖权互换。于是投资者就获得了在一定期限内进行收入固定利率互换的权利。如果到期时，利率的确下降且低于期权执行价格，那么投资者将会行使期权，进行以协定利率收入固定利率的互换。如果到期时，市场利率高于协定价格，投资者就可以放弃行使期权，以更优惠的市场价格进行互换交易。

持有浮动利率资产的投资者将会使用卖权互换。当利率低于协定价格时，他们会选择将浮动利率转换成固定利率。这种策略与利率下限十分相似，但是利率下限在保证了最低利率的前提下仍然是一种浮动利率，而卖权互换则不同，它将浮动利率转换成固定利率。同样，这种互换也可以被预期固定利率将下降的投资者用来进行投机。

3. 可回购互换和可回售互换。在利率互换中，固定利率的支付方如果有权在互换期限内一个或多个事先确定的时间中止互换，那么这种互换就是可回购互换；相反，如果固定利率接受方有权在互换期限内一个或多个事先确定的时间中中止，那么这种互换就称作可回售互换。可回购互换和可回售互换又被统称为可撤销的互换。下面分别举例进行介绍。

✪【例 9.10】一家英国公司最近通过发行浮动利率债券收购一家公司，其利率成本为 Libor +0.35% 的英镑。考虑到市场利率可能上升，该公司准备进行一笔 7 年期的利率互换，将它的浮动利率债务转换成 8.35% 的固定利率债务。尽管董事会希望长期持有公司股份，但还是存在 30% 的可能公司准备在 3 年后上市。如果公司进行的是传统利率互换，那么在 3 年后互换利率下降时，公司将承担一定损失。因此，该公司就可以选择可回购利率互换，这样公司在承担 8.7% 固定利率成本的同时，拥有了在第三年和第五年中止互换的权利。在 3 年后，如果公司不取消互换，那么该互换按照事先确定的利率进行，并且公司仍然拥有在第五年取消互换的权利；如果公司选择在第三年或者第五年取消互换，那它也不需要另外负担成本。

✪【例 9.11】6 个月后，挪威将会举行一场竞选。当地投资者认为竞选后，市场利率将会大幅下降，于是他准备进行一笔 5 年期收入为 5.5% 固定利率的互换交易。尽管他对利率下降有一定的把握，但仍然希望避免不利的损失。这样，他将会选择可回售的利率互换，该互换可以在一年后取消，其互换利率为 5.3%。尽管这种互换的固定利率收入稍低，但若一年后市场利率不是下降而是上升，投资者取消互换就不再需要支付任何代价了。

可回售互换也常被可回售债券的发行者用来将固定利率转换成浮动利率，当投资者要求回售债券时，发行者就可以相应地取消互换减少损失。总之，可回售互换为固定利率收入方避免将来利率的反向变动提供了保护，事实上，它给予了投资者改变主意——收入固定利率的机会。

可回售互换可看作是传统互换和互换期权的组合。例如，一个在 3 年后可以取消的 7 年期互换可以分解为 7 年期传统利率互换和 3 年后开始的有效期为 4 年的互换期权，该期权的执行价格为可回售互换利率，低于可回售互换市场利率的差价为购买互换期权的成本。如果可回售互换拥有多次可以取消的机会，那么它可以被看作是传统互换和一系列或有互换期权的组合。

（四）总收益互换

合约规定：在一定期限内总收益互换支付方支付给接受方具有违约风险的参照资产所产生的总收益，并收入基于一定名义本金的浮动利息。具体如图 9.7 所示。

{总收益互换是转移未来信用风险而产生的一种双边合约。}

这里的总收益包括参照资产产生的利息、费用以及资本收益。资本收益是指参照资产的资本利得，即在互换期间内的升值或贬值。互换的现金流可以在互换期限内短期支付，也可以在互换到期后支付。总收益的支付除了采用现金结算方式外，该互换还允许总收益的支付方在到期日向接受方交割参照资产的实物，以换得接受方所支付的参照资产的初始价值。值得说明的是，总收益互换的合约期限没有必要与参照资产的期限相匹配，在实际操作中，也很少有匹配的情形出现。

图 9.7　总收益互换

✪**【例 9.12】**一家银行以 12% 的利率向某企业贷款 20 亿美元，期限为 5 年。如果在贷款期限内，该企业信用风险加大，银行将承担贷款市场价值下降的风险。银行为转移这类风险而购买总收益互换，按该合约规定（以一年为支付期），银行向信用保护卖方支付以固定利率为基础的收益。该支付流等于固定利率加上贷款市场价值的变化，同时，信用保护卖方向银行支付浮动利率的现金流。当合约规定固定利率为 15% 以及浮动利率这时为 13%，在支付期内贷款市场价值下降 10%，那么银行向交易对方支付的现金流利率为 15% − 10% = 5%，从交易对手处获现金流的利率为 13%。经过互换，银行的净现金流的利率为 8%，获得的净利息收入为 1.6 亿元 [20 ×（13% − 5%）= 20 × 8% = 1.6]。交换现金流后这笔收入可以用来冲销该银行在信贷市场上的损失。但是，总收益互换存在利率风险，如果浮动利率大幅度下降，那么互换后的现金流会受到极大影响。

（五）混合互换

混合互换的出现与国际资本市场上出现的新证券类型（如可转换的债券和收益债券）有关，在这些新证券中往往加入了许多如期权、远期等衍生产品结构，因此这些新证券的本金偿还和利息支付都不再像传统证券那样具有确定性了，即新证券的发行者支付的金额将会随着某些其他金融资产的价格发生变动。为保证此类新型证券的发行，规避它们的利率、货币等风险，互换市场上出现了与利率和货币相关联的混合互换产品。这种新型互换一出现就为新型证券的投资者和发行者带来了大量利润。依据混合互换的用途，人们一般将它分为两种：（1）将在证券发行中的远期和期权结构证券化的混合互换；（2）进行资产与负债管理的混合互换。但在这两种应用领域不同的混合互换中，又有许许多多种类各异的互换结构，它们几乎与证券的创新同步进展，可见证券的创新结构有多少种，混合互换就有多少种。为加深对混合互换的了解，在此针对与利率相关联和与货币相关联的混合互换各举一例。

专栏9.7

可转换债券与收益债券

可转换债券是债券的一种，它可以转换为债券发行公司的股票，通常具有较低的票面利率。从本质上讲，可转换债券是在发行公司债券的基础上，附加了一份期权，并允许购买人在规定的时间范围内将其购买的债券转换成指定公司的股票。

可转换债券是指其持有者可以在一定时期内按一定比例或价格将之转换成一定数量的另一种证券的证券。可转换债券是可转换公司债券的简称，又简称可转债。它是一种可以在特定时间、按特定条件转换为普通股票的特殊企业债券。可转换债券兼具债权和期权的特征。在招募说明中发行人承诺投资者可以根据转换价格在一定时间内可将债券转换为公司普通股，转换特征为公司所发行债券的一项义务。可转换债券的优点为普通股所不具备的固定收益和一般债券不具备的升值潜力。

收益债券是指规定无论利息的支付或是本金的偿还均只能自债券发行公司的所得或利润中拨出的公司债券。公司若无盈余，则累积至有盈余年度始发放，这种债券大多于公司改组或重整时才发行，一般不公开发行。其利息支付取决于公司的利润水平，这种债券的利息并不固定，根据有无利润和利润大小而定，如无利润则不付息。因此，这种债券与优先股类似。所不同的是优先股无到期日，而它需到期归还本金。

【例9.13】1986年，国际货币市场利率持续下降，投资者希望创造一种收益随着利率下跌而上涨的新型证券。于是，反向浮动利率票据诞生了。该浮动利率票据的利率定为某一固定利率与6月期美元Libor，当货币利率市场下降时，投资者的收益会上升。但是，货币市场利率的下跌会加大票据发行者的融资成本。为了增加发行者的收益，我们可以将反向浮动利率票据的发行与一个名义本金为该浮动利率票据两倍的与利率相关联的混合互换相结合，创造一个普通的浮动利率负债。具体交易的现金流如图9.8所示。

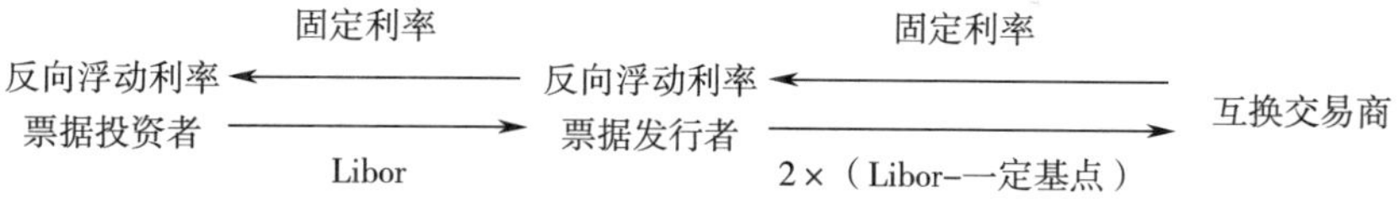

图9.8 利用反向浮动利率票据创造浮动利率负债

互换交易的结果，使得票据发行者的融资利率变成（Libor－一定基点）×2，这实际上就是普通浮动利率债券的融资结构，发行者将乐于发行此类证券。

关于与货币相关联的混合互换，我们可以来看看双重货币债券中的互换结构。双重货币债券是指债券以一种货币发行，以另一种货币支付利息或偿还本金。这种债券的发行目的主要是使债券的投资者免受计值货币长期贬值带来的风险，从而使他们获得较高的收益。

✪【例9.14】一家公司发行期限为10年，总金额为100万的美元债券，其利率6.5%以美元支付，但是该债券到期按照事先确定的汇率以英镑偿还。该双重货币债券实际可以看作是该公司发行10年期的以英镑计值的普通债券和一笔10年期英镑与美元货币互换的结合。

【本章小结】

1. 商品互换是指交易双方以商品价格为标的物进行的互换，其中一方为一定数量的某种商品，按照每单位的固定价格定期对交易的另一方支付款项，另一方也为特定数量的某种商品，按照每单位的浮动价格定期向交易对方支付款项，这里的浮动价格是以定期观察到的即期价格为基础计算的年平均数。

2. 利率互换是指合约双方通过协商约定在未来的一定期限内根据同种货币的相同名义本金交换现金流，其中一方的现金流根据事先选定的某一浮动利率计算，而另一方的现金流则根据固定利率计算。

3. 人民币利率互换交易是指交易双方约定在未来的一定期限内，根据约定数量的人民币本金交换现金流的行为，其中一方的现金流根据浮动利率计算，另一方的现金流根据固定利率计算。

4. 货币互换是在未来约定的期限内将一种货币的本金和固定利息与另一种货币的等价本金和固定利息进行的交换。货币互换是交易双方抱着不同的交易目的和各自对市场行情趋势的分析基础上达成的交易。在利率互换中通常无须交换本金，只需定期交换利息差额即可，而在货币互换中，期初和期末均须按照约定的汇率交换不同货币的本金，其间还须定期交换不同货币的利息。

5. 人民币外汇货币掉期交易，是指在约定期限内交换约定数量人民币与外币本金，同时定期交换两种货币利息的交易协议。

6. 股权互换是指在互换的双方中，至少有一方支付由某只股票或股指收益决定的现金流，另一方支付的现金流可以由固定利率、浮动利率或另一只股票或股指收益决定。

【重要概念】

商品互换　利率互换　人民币利率互换　货币互换　人民币外汇货币掉期
股权互换

【参考读物】

[1] 叶永刚．衍生金融工具［M］．北京：中国金融出版社，2004.
[2] 朱国华，毛小云．金融互换交易［M］．上海：上海财经大学出版社，2006.

【练习题】

1. 简述商品互换的定义和作用。
2. 通过学习商品互换的相关内容，你认为商品互换存在哪些风险？
3. 结合期货的内容，对商品互换和商品期货作一个比较。
4. 简要阐述利率互换的种类。
5. 简述我国人民币利率互换的相关情况。
6. 简要阐述人民币外汇货币掉期交易的相关情况。
7. 通过学习利率互换和货币互换，你认为二者有什么主要区别？
8. 股权互换的定义是什么？股权互换有哪些主要种类？
9. 简要说明股权互换的特点。

第 10 章

互换工具的应用策略

【本章知识结构】

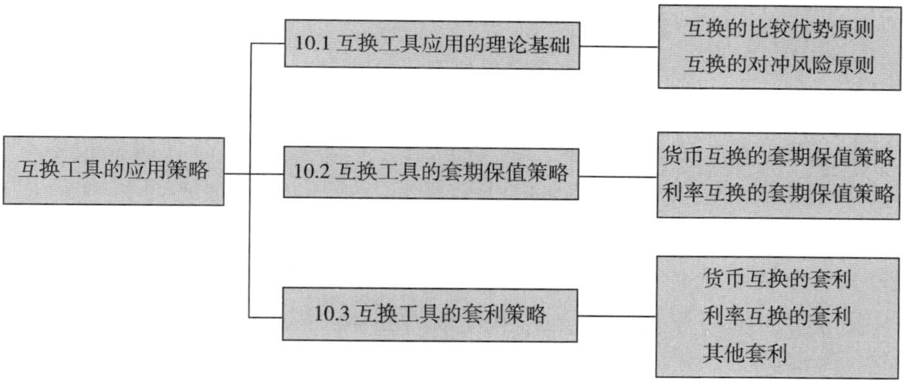

【教学要求】

1. 掌握互换工具套期保值的具体做法；
2. 掌握互换工具的套利方法；
3. 根据以上策略构造新的金融产品，最终实现降低成本、提高收益的目的。

10.1 互换工具应用的理论基础

10.1.1 互换的比较优势原则

互换合约的理论基础是英国古典经济学家大卫·李嘉图建立的比较优势理论。该理论认为，在国际贸易中，两国都能生产两种商品，且其中一国在两种商品的生产上均处于有利地位（即拥有所谓的绝对优势），而另一国均处于不利地位的情况下，若前者只生产优势较大的商品，后者只生产劣势较小，即拥有比较优势的商品，那么通过这种分工，双方仍然能从中获得利益。

互换合约是将比较优势理论运用得近乎完美的一个领域。根据比较优势理论，只要满足以下两个条件，双方就可进行互换交易：一是双方对对方的资产和负债均有需求，二是双方在两种资产和负债上均具有比较优势。

企业取得资金通常有多个途径，但是每个途径的成本不同，资金需求者若发现自己需要的资金形态（资金的币别与计息方式）并不是自己最具比较优势的那一种，而仍以直接方式取得自己所需要的资金，就等于放弃了自己的相对优势。互换合约正好可以弥补这种遗憾。后面讲到的互换的套利方法就是基于此理论。

10.1.2 互换的对冲风险原则

互换交易所依赖的第二个原则是对冲风险原则。互换通常被用于规避利率风险和汇率风险，即利率或汇率偏离其预期值的风险。欲降低这种风险，通常就要将两个头寸交易进行组合，通过做一个与初始头寸方向相反的头寸来得到预期的结果，使上述两种风险被有效对冲。由此，互换的应用须注意对冲风险原则。

以上两个原则是互换参与者能够广泛使用互换交易技术的最主要、最原始的动力。其后，随着环境的变化、技术的进步，中介机构逐渐出现，其参与互换交易的动机就更为广泛了。

企业如果直接进行互换交易，大多数往往会因为互换技术高度专业化以及难以寻到合适的交易对手而拉高自己的交易成本，因此大多数企业会通过金融机构的相关互换中介进行交易，即商业银行、投资银行、证券投资公司、信托投资公司、票券金融公司和保险公司经纪商等。这些金融机构提供互换服务可以获得以下经济利益。

1. 获取中介费收入。受金融证券化的影响，银行传统的资金中介功能有所减弱。传统银行因面临与非银行金融机构直接的更激烈的竞争，而不得不改变银行的经营策略。越来越多的银行，尤其是国际金融中心的银行机构，开始逐渐地把经营重心转移至证券业。这样就导致证券行业的竞争异常激烈，如何降低资金需求者的成本负担，以及如何增加资金供给者的收益，是在激烈的业务竞争中获胜的关键所在，而互换合约是达到这种目的最有效的金融工具。金融机构可以通过提供相关互换服务而获得证券发行、经济、承销等业务的机会，或者通过自身所经营的证券包销业务而获得提供金融互换服务的机会，这些业务都可以给金融机构带来相当可观的收入。

2. 自身财务或风险管理的需要。金融机构是互换市场上重要的参与者，它们或者居于中介地位，以获取手续费收入，又或者自己本身也是互换者。金融机构本身作为互换者的原因和目的与一般公司企业相同，即财务的处理以及风险的管理。

3. 规避政府管制。金融证券化与银行体系内部的激烈竞争，导致银行资产的品种出现了恶化趋势，致使金融监管当局以更为严格的标准来规定金融机构的资本充足比率，促使金融机构承做表外业务。所有传统的或创新的表外业务，除了为金融机构带来可观的手续费收入以外，也规避了监管当局的管制。

10.2　互换工具的套期保值策略

套期保值又称“套头交易”“抵补保值”，货币互换、利率互换是国际融资利率风险管理中常见的套期保值工具。

套期保值是指为规避汇率、利率等价格变动风险，运用一定数量的金融工具，以其盈利抵销被套期项目全部或部分预期价格变动的风险损失，从而实现保值。

10.2.1　货币互换的套期保值策略

互换双方在各自的信用等级、所处的地理位置、取得资金的难易程度以及对不同金融工具使用的熟练程度等方面存在着差异，从而在金融市场上具有不同的比较优势，是货币互换存在的主要原因。货币互换可以用来转换资产和负债的货币属性。

货币互换是指双方将等值、期限相同，但是币种、计息方法不同的资产或负债及币种不同、计息方法相同的资产或债务进行货币和利率的调换。

（一）运用货币互换转换资产，规避资产风险

✪【例 10.1】一个国际债券投资组合管理者手中持有大量的美国国债，期限为 10 年，年利率为 5.2%，每年支付一次利息。债券的价格等于面值，为 1 000 万美元。当时的汇率为 1 美元等于 0.688 英镑，则该债券价格就等于 688 万英镑。这位投资者打算将手中的这些美国国债转换为以英镑标价的固定利率投资，请问除了直接出售这笔美国国债，将之投资于英镑固定利率债券外，该组合管理者是否还有其他选择？已知当时这位组合管理者在货币互换市场上可以得到的价格是：英镑固定利率为 4.8%，而美元固定利率为 6%。

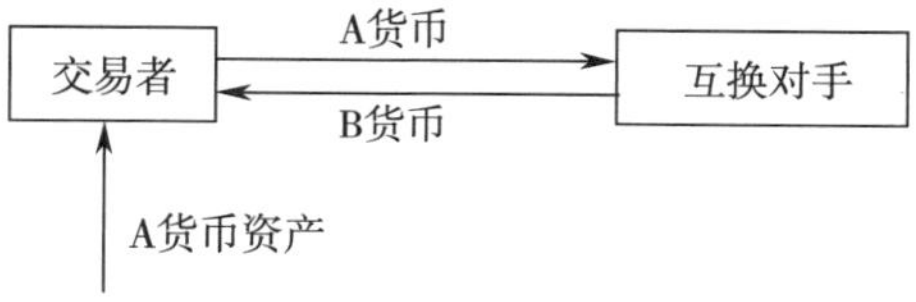

图 10.1　运用货币互换将一种货币资产转换为另一种货币资产

具体操作过程如图 10.2 所示。

（1）继续持有美国国债头寸，未来 10 年内，每年定期获取 5.2% 的美元利息。

（2）签订一份支付美元利息和收到英镑利息的货币互换合约：名义本金为 1 000 万美元和 688 万英镑。

（3）货币互换期初，该组合管理者应该支付 688 万英镑，收取 1 000 万美元，因其相互抵销，所以没有实际现金流动。

（4）每年利息交换日，在互换协议中支付 6% 的美元利息，得到 4.8% 的英镑利息，与国债利息收入相抵销后，该管理者的真实现金流为每年支付 1 000 万美元的 0.8% 的美元利息，得到 688 万英镑的 4.8% 的英镑利息。

（5）到期日在美国国债市场上收回 1 000 万美元本金，在互换协议中，1 000 万美元与 688 万英镑互换，最终获得 688 万英镑本金。

显然，该组合管理者可以通过货币互换来虚拟地出售手中的美国国债头寸，将之转换为英镑固定利率投资。

（二）运用货币互换转换负债，规避负债风险

通过货币互换将一种货币的债务调换成另一种具有比较优势货币的债务，从而防止由于远期汇率波动造成的汇率风险。

✪【例 10.2】一个英国的美国公司发行了一笔 5 年期、本金为 1 000 万英镑、年利率为 6% 的英镑债券，在签订互换协议以后，该公司的英镑负债就转换为了美元负债。因此，货币互换为市场投资者提供了管理汇率风险，尤其是长期汇率风险的工具。具体如图 10.3 所示。

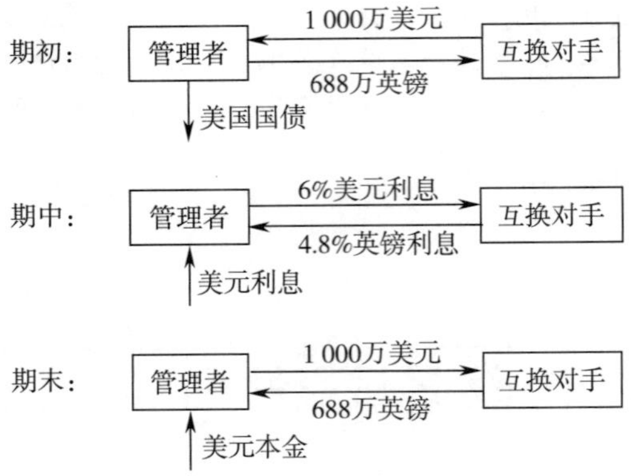

图 10.2　运用货币互换将美元资产转换为英镑资产

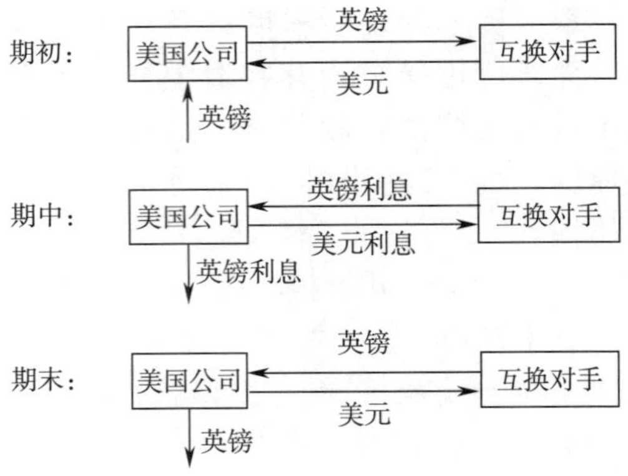

图 10.3　运用货币互换将英镑负债转换为美元负债

10.2.2　利率互换的套期保值策略

利率互换存在的前提条件有两个：一是互换双方存在融资成本的差异；二是互换双方存在相反的融资意向。如果筹得固定利率的借款者希望支付浮动利率，而取得浮动利率的借款者希望支付固定利率，那么二者就很容易达成互换协议。

利率互换是指两个独立的筹资者将币种、金额、期限相同，但是计息方式不同的资金，进行付息方式的调换；以期得到各自所需的利率种类，从而达到降低融资成本以及利率风险的目的。

（一）运用利率互换转换资产，规避资产风险

将利率互换用于资产或投资管理中最常见的做法是：通过利率互换创造出合成固定利率或浮动利率资产，从而增加或确保投资组合的回报。

例如，当企业预期未来市场利率下跌而企业持有浮动利率投资时，企业可以通过一个利率互换，将其新近获得的浮动利率资产（如银行存款、浮动利率债券、浮动利率存单或其他浮动利率资产）转换为固定利率资产，即在利率互换中，它支付浮动利率并收入固定利率。相反，假若企业持有一笔固定利率资产（如债券、固定利率存单或其他固定利率资产），预期未来市场利率上涨，可以从事一笔利率互换，支付固定利率并收入浮动利率，将其固定利率资产转换为浮动利率资产。

具体如图 10.4 和图 10.5 所示。

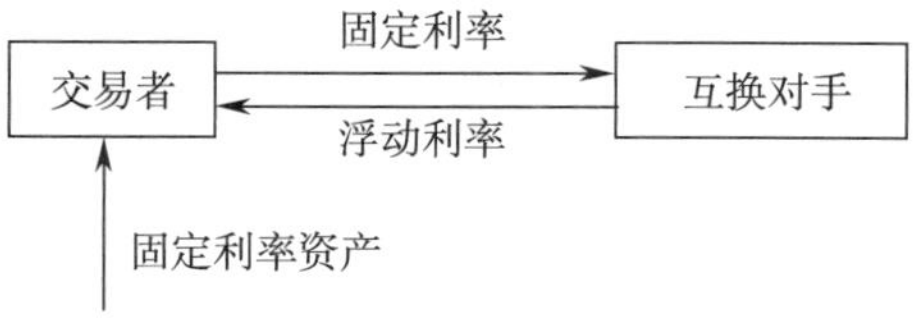

图 10.4　运用利率互换将固定利率资产转换为浮动利率资产

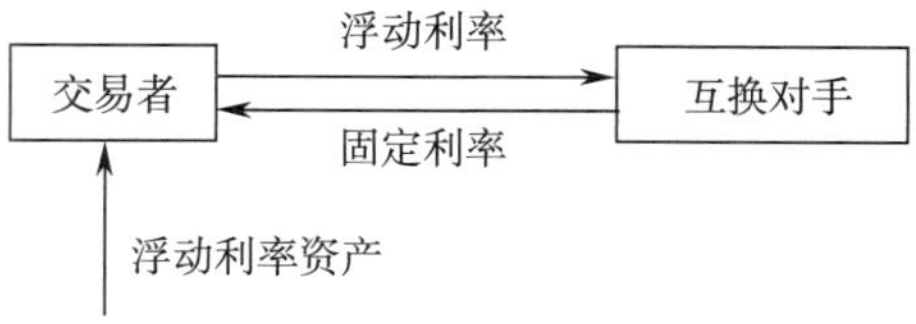

图 10.5　运用利率互换将浮动利率资产转换为固定利率资产

（二）运用利率互换转换负债，规避负债风险

负债利率属性的转换与资产利率属性的转换是非常相似的。例如，当企业认为市场利率将上涨时，它可以通过利率互换将浮动利率负债转换为固定利率负债。在该互换中，该公司通过支付固定利率收入浮动利率，从而锁住短期债务利率成本。相反地，当投资者预测市场利率将下跌时，为了从未来市场下跌中得到好处，并降低融资的利息成本，投资者可以通过利率互换将固定利率融资转换为浮动利率债务。具体如图 10.6 和图 10.7 所示。

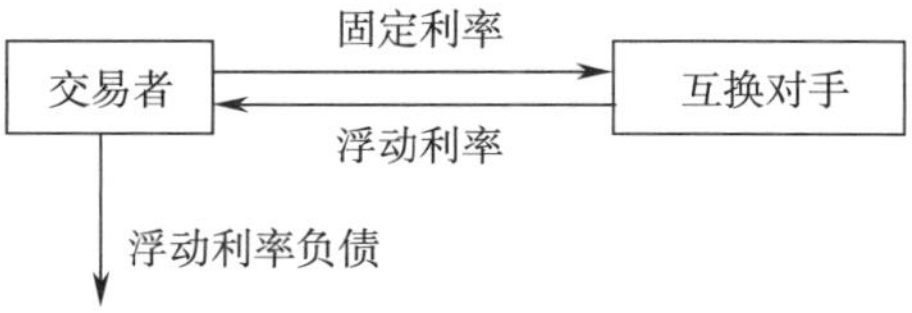

图 10.6　运用利率互换将浮动利率负债转换为固定利率负债

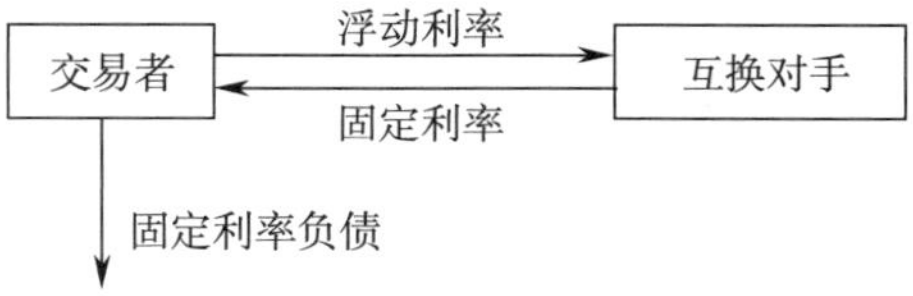

图 10.7　运用利率互换将固定利率负债转换为浮动利率负债

10.3　互换工具的套利策略

从本书第 9 章对互换种类的介绍可以看出，互换中的各方可利用各自在不同市场上的比较优势与对方相交换并获利——套利。在确定互换套利之前，必须对双方的比较优势进行识别，也就是对它们在不同市场的融资成本进行计算。在识别了双方各自具有比较优势的市场之后，即可组织互换。各方可以在其具有比较优势的融资市场筹资，然后通过互换，将其所筹资金的利率和货币转换为各自所希望的形式和种类。

10.3.1　货币互换的套利

为了更好地分析问题，我们通过实例来研究互换的套利过程。

✪【例 10.3】假设中国 A 银行和日本 B 银行在美元市场和瑞士法郎市场上的相对借款成本如表 10.1 所示，且中国 A 银行想要借入瑞士法郎，日本 B 银行想要借入美元，双方是否需要互换？如果需要，如何设计这个互换才会对双方都有吸引力呢？

分析过程如下。

表 10.1　市场提供的贷款利率　单位：%

市场	美元市场	瑞士法郎市场
中国 A 银行	10	5
日本 B 银行	13	6
借款成本差额	3	1

（1）判断绝对优势和相对优势。从表 10.1 可以看出，中国 A 银行的借款利率均比日本 B 银行低，即中国 A 银行在两个市场上都有绝对优势，但在美元市场上的

绝对优势为3.0%，在瑞士法郎市场上的绝对优势只有1%。也就是说，中国A银行在美元市场上有比较优势，日本B银行在瑞士法郎市场上有比较优势。

（2）分析有无互换的必要。假定中国A银行需要2亿瑞士法郎，日本B银行需要1亿美元，市场的即期汇率为＄1＝SF2，需求与相对优势不对应，如果各自按照需求借款，中国A银行的借款成本为5%，日本B银行的借款成本为13%，总成本为18%，如果发挥相对优势借款，中国A银行在美元市场借款，日本B银行在瑞士法郎市场借款，再互换，则总成本为10%＋6%＝16%，显然有互换的必要。

（3）计算互换的总收益。3%－1%＝2%，要使互换交易对双方都有吸引力，就要平分该套利收益。

（4）设计互换。在没有中介下的直接互换（假设双方各自获得套利收益1%）：

第一步：货币互换初始流量图（借入本金并交换）。

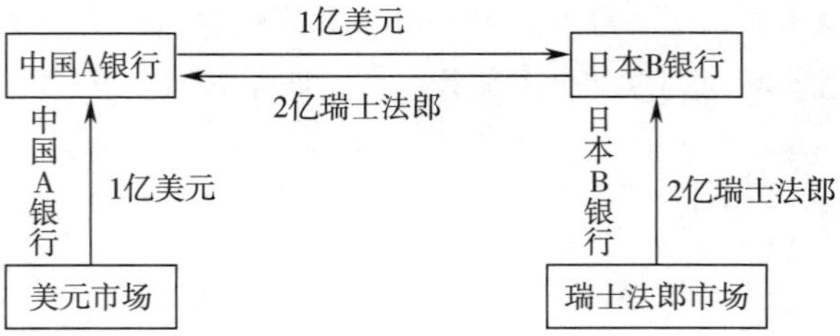

第二步：货币互换利息支付流量图。

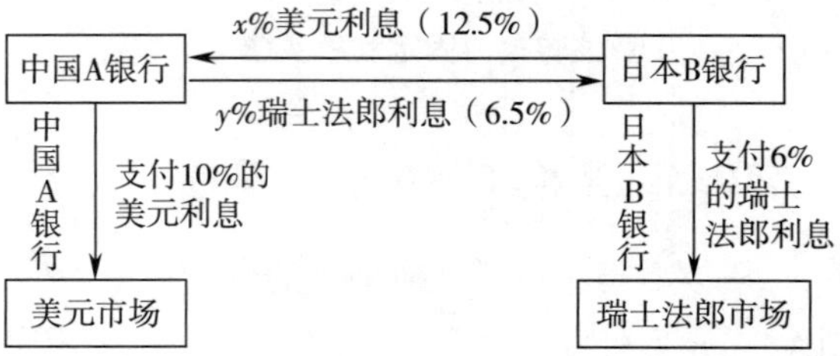

对中国A银行进行分析，流出为成本，流入为收入，则互换后总成本为：10%＋y%－x%，与自己在瑞士法郎借钱成本5%比较，节省1%，所以5%－（10%＋y%－x%）＝1%。

对日本B银行进行分析，互换后总成本为：6%－y%＋x%，与自己在美元市场借钱成本13%比较，节省1%，所以13%－（6%－y%＋x%）＝1%。

以上两个式子化简后结果相同，都是x%－y%＝6%。所以，没有唯一答案，这里若假设x＝12.5，则y＝6.5，标在利息支付流程图中。

第三步：货币互换的本金期末流量图。

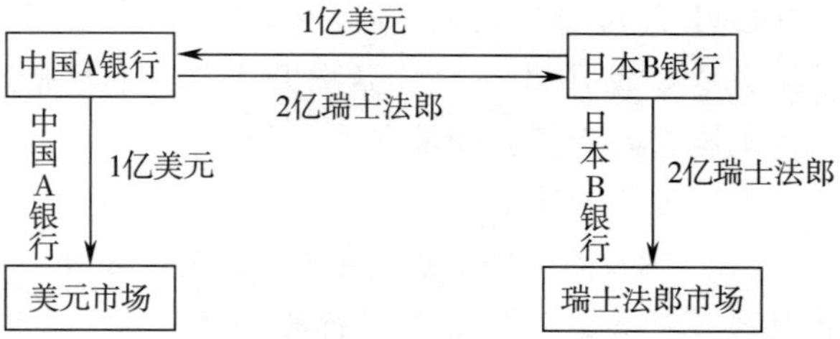

注意：如果不平分收益，若中国A银行支付给日本B银行的瑞士法郎利率定为6.5%，则日本B银行支付给中国A银行的美元利率范围应该在11.5%～13.5%；若日本B银行支付给中国A银行的美元利率定为12.5%，则中国A银行支付给日本B银行的瑞士法郎利率范围应该在5.5%～7.5%。

在有中介的情况下，假设中介收益0.5%，则双方平分收益（2% −0.5%）÷2 =0.75%。

第一步：货币互换初始流量图（借入本金并交换）。

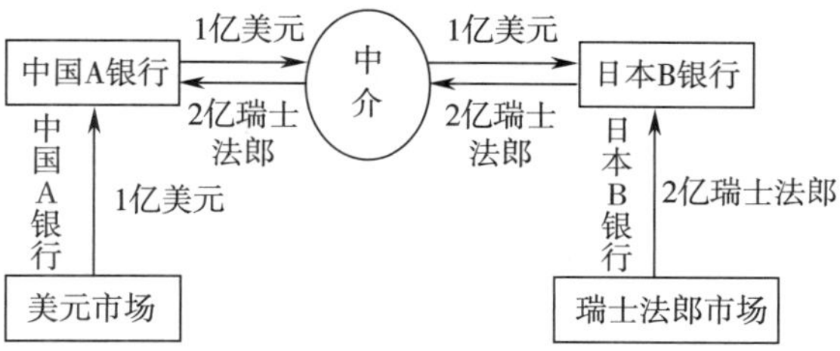

第二步：货币互换利息支付流量图。

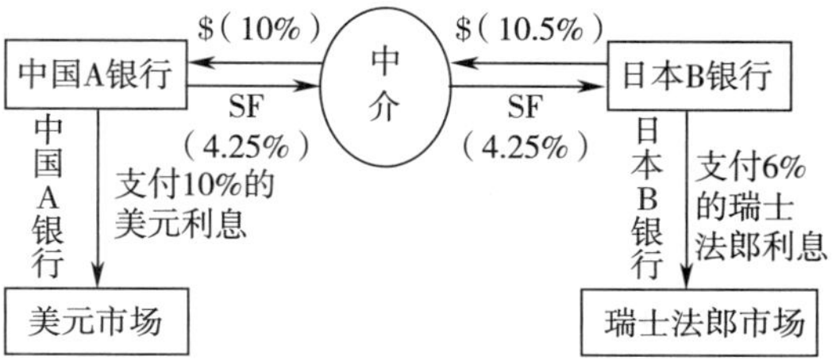

以中国A银行分析，流出为成本，流入为收入，则互换后总成本为：10% + y% − x%，和自己在瑞士法郎借钱成本5%比较，节省0.75%，所以5% −（10% + y% − x%）= 0.75%，x% − y% =5.75%，设 $x=10$，则 $y=4.25$。让中介在美元利息流中挣0.5%，则在瑞士法郎利息流中转移即可，如上图所示。

第三步：货币互换的本金期末流量图。

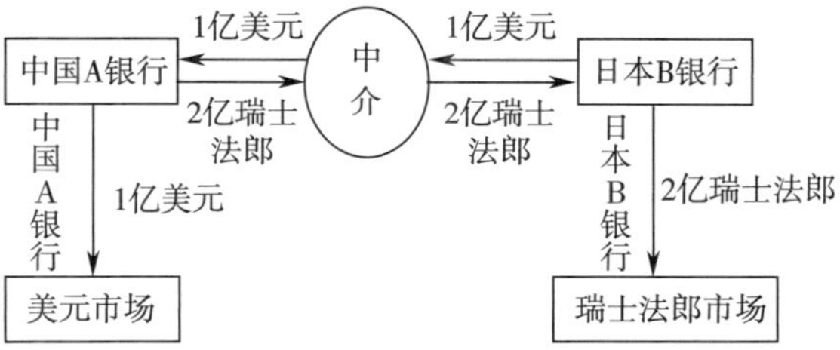

10.3.2 利率互换的套利

✪【例10.4】假设一家AAA级公司可以按伦敦银行同业拆借利率Libor +0.1%的浮动利率借入5年期资金，或者也可以按11%的固定利率借入相同数量相同期限的资金。而一家BBB级公司则可能要按伦敦银行同业拆借利率Libor +0.5%的浮动利率或者按12%的固定利率借入同样期限的资金，具体如表10.2所示。假定AAA级公司希望以浮动利率筹资，而BBB级公司希望以固定利率筹资，如何设计互换才能使双方都满意？

表10.2 市场提供给两公司的借款利率

公司	固定利率	浮动利率
AAA级公司	11%	Libor +0.1%
BBB级公司	12%	Libor +0.5%

（1）判断相对优势。BBB级公司借入浮动利率资金时比AAA级公司多付出0.4%的风险溢价，而借入固定利率资金时要多支付1%的风险溢价。由于信用等级不同，它们在市场上的筹资成本也不同，信用等级高的公司能以较低的利率成本筹措到资金。由于AAA级公司信用等级较高，可以在市场上以低于BBB级公司的利率筹资。在固定利率

市场上，AAA 级公司比 BBB 级公司少付 100 个基点，而在浮动利率市场上，BBB 级公司只需多付 40 个基点。因此，信用等级高的 AAA 级公司在固定利率市场上有比较优势，而信用等级低的 BBB 级公司则在浮动利率市场有比较优势。

（2）判断有无互换必要。AAA 级公司希望以浮动利率筹资，而 BBB 级公司希望以固定利率筹资，则各自的筹资成本分别为：Libor + 0.1% 和 12%，如果两个公司不合作，它们的总筹资成本为 12% + Libor + 0.1% = Libor + 12.1%；而如果合作，总出资成本则为 11% + Libor + 0.5% = Libor + 11.5%，比不合作的情形降低了 0.6%，这就是合作与互换的利益。

（3）计算互换利益。0.6% 是双方合作的结果，双方各分享一半，互换交易对双方具有同样的吸引力，则双方都将使筹资成本降低 0.3%，即双方最终实际筹资成本目标分别为：AAA 支付 Libor − 0.2%，BBB 支付 11.7%。

这样，双方就可以根据借款成本与实际筹资成本目标的差异计算互换中各自向对方支付的现金流，即每年 AAA 向 BBB 支付按 Libor 计算的利息，BBB 向 AAA 支付按 11.2% 计算的利息，就可实现双方的融资目标。

（4）设计互换利息，绘制互换过程图如图 10.8 所示。

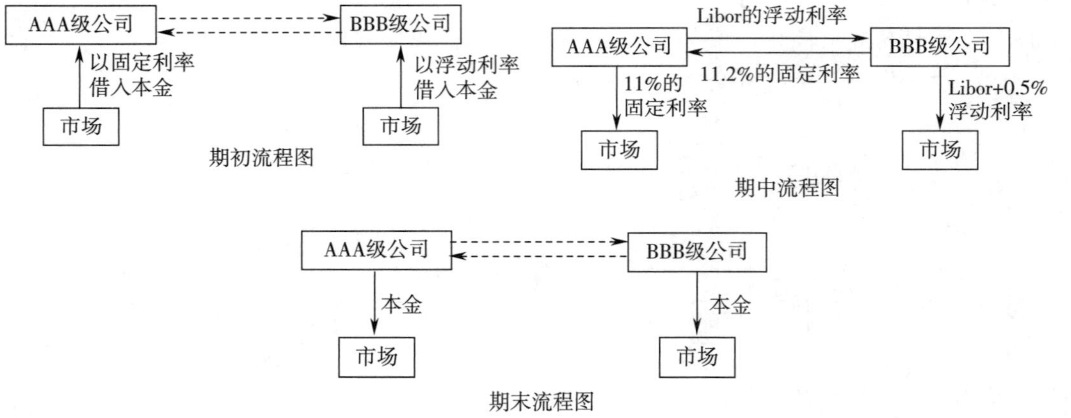

图 10.8 利率互换流程图

利率互换利息的设计过程同货币互换一样，不同的是利率互换的流程图中期初和期末没有本金的交换，用虚线表示，而货币互换有本金的交换，用的是实线。

20 世纪 80 年代，基于比较优势与套利的互换分析很流行。许多交易者认为，互换各方以各自在不同融资领域的比较优势为基础进行合作与交换，从而能够降低成本、提高收益。这些比较优势可能来源于浮动利率贷款更高的灵活性或不同市场对借款人的熟悉和接受程度，也可能来源于特定市场的供求关系。然而，随着市场的发展，人们对此类比较优势与套利提出了两个疑问：一是随着资本市场的不断完善，套利机会将逐渐消失；二是互换交易本身所进行的套利也将使得套利机会逐渐减少，这些都可能导致互换信用套利功能的减弱。

10.3.3　其他套利

互换市场的发展表明，除了最初的信用套利功能之外，互换在其他许多情况下也可以得到应用，比如可以为交易者提供税收监管套利以及合成产品的途径，从而帮助交易者降低成本、提高收益，这也成为互换市场迅速发展的推动力。当然，若市场不完善导致出现信用套利机会，仍可运用互换进行上述套利。下面我们就分别以税收套利和监管套利为例来补充说明互换套利的运用。

（一）税收套利

税收套利是指利用税法中对不同的课税事项（如不同的纳税人、不同类型的收益等）所规定的不同的税收待遇，以谋求税收利益的行为。最典型的税收套利是指两个或两个以上的纳税人联合起来，进行一些旨在获取税收利益的交易活动，通过这种事前设计好的交易使合作双方或者多方都能从中取得好处。常见的税收套利行为有贷款购买免税国库券、资产的售出租回等。

✪【例 10.5】设某企业当年应纳税所得额预计为 100 000 元，在所得税税率为 33% 的情况下，若不从事税收套利则应纳所得税 33 000 元，税后净利润为 67 000 元。若该企业决定从事税收套利，年初从银行按年利率 10% 借入 1 000 000 元，当年应支付利息 100 000元，这笔利息扣除就把企业的应纳税所得额减少为零，应纳所得税额也为零，节约所得税税款 33 000 元。该企业再用这笔贷款 1 000 000 元购买年利率为 9% 的政府债券，当年取得免税的政府债券利息收入 90 000 元。因而，该企业通过税收套利交易共获利23 000元（免税的政府债券所得 90 000 元加上所得税节税额 33 000 元，减去利息费用 100 000元，净获税后所得 23 000 元）。

上述税收套利交易之所以能够产生，就是由于税法对政府债券和银行贷款利息在税收待遇上的规定存在差别，即银行贷款利息应纳所得税，而政府债券利息免缴所得税。该企业用从银行取得的贷款购入政府债券，一方面银行贷款利息可以在所得税前扣除，另一方面政府债券的利息收益可获免税，这样企业就能从事税收套利了。如果没有政府债券和银行贷款利息税收待遇上的这种差异，则上述税收套利行为就不可能发生。当然，如果企业没有应纳税所得额的话，利息扣除就不会减少应纳税所得额，套利的意义就不大。

（二）监管套利

监管套利一般是指各种金融市场参与主体通过注册地转换、金融产品异地销售等途径，从监管要求较高的市场转移到监管要求较低的市场，从而全部或者部分地规避监管、牟取超额收益的行为。大型金融机构通常会利用不同监管机构制定的不同甚至相互冲突的监管规则或标准，选择金融监管相对宽松的市场展开“监管套利”活动，以此降低监管成本、规避管制和获取超额收益。之所以会形成“监管套利”，是由于当前网络化的金融市场与以国家层面上划分的“全球”金融体系之间缺乏全球统一、协调的金融监管体系、法规和准则，监管差异必然会导致监管套利。可以说，全球金融监管套利就是导致次贷危机及欧债危机发生的重要“外部条件”之一。

专栏 10.1
互联网下的监管套利

"互联网和金融息息相关"，从顺丰越来越多的业务伴随着互联网的印记，我们可以看到金融业务已逐渐成为顺丰的布局重点。一款被质疑为对赌行为的爆款产品把一向低调的顺丰金融推上了风口浪尖。2017 年 6 月，顺丰金融平台推出的"丰腾 - SFD"系列理财产品引发了市场的广泛关注。然而，由于产品受到各方的广泛质疑，此产品暂缓上线。顺丰金融的"丰腾 - SFD"属于资管产品，存在着突破资管业务限制的可能，同时伴随着监管套利风险。

对于顺丰金融"丰腾 - SFD"理财产品面临的监管套利风险，主要来源于以下几点。

1. 产品定性无明确规范

顺丰金融产品在层层质疑的背后，面临的关键问题是产品如何定性，定性不同则适用不同的监管条款，对于同一个产品或者业务，由于缺乏具体的定性标准和监管标准，从而产生了一系列的分歧和质疑，催生了市场主体一系列钻空子、打擦边球的套利行为。市场对于顺丰金融"丰腾 - SFD"理财产品的定性，主要有以下方面的界定分歧：顺丰金融该产品与股指相挂钩，从产品特征来看，算是一款明显带有对赌性质的资管产品。此款产品可以质疑存在有变相突破资管类牌照限制、合格投资人限制和资管产品投资人数限制的行为，投资股票产品属于私募类型的产品，门槛包括要有合格的投资者，并且需要私募或基金销售牌照。若以资管类理财产品对此定性，委托公司深圳市顺诚乐丰保理有限公司没有银行、保险、证券监管机构或地方金融办审核提供的金融资产管理业务牌照，并且受托资产管理中已明确标明该公司不可从事信托、金融资产管理、证券资产管理等业务。

2. 产品模式本身存在监管套利嫌疑

产品定性的分歧来源于顺丰金融此款产品"定向委托投资"的业务模式，因为这类业务在推广宣传、投资者门槛及人数上限方面并没有进行特别规范，因此存在规避私募管理办法的监管套利质疑。这种业务模式早在 2016 年被多个大型互联网金融平台所广泛应用，比如陆金所、360 旗下的你财富、网信金融等，以"委托定向"投资名义，将其中的资金投向包括资管计划等资产、信托收益权在内的非标固收市场，此业务模式自其诞生开始就在法律界和金融界引发不小的讨论。"定向委托投资"的业务模式，目前的监管规范很模糊，没有明令禁止"定向委托投资"不允许做，但是这种产品的业务模式本身缺乏明确规范，是存在风险的，存在监管套利嫌疑，从严格意义上来看，这种产品是属于监管套利的行为。顺丰这款理财产品的本质依然是私募基金性质，一款典型的互联网金融平台销售的产品，企业从事基金业务，应该在中国证券投资基金业协会进行备案，私募基金是非公开募集的，而它是在公开募集，是不合规的。

目前无论是对互联网平台的资产管理产品还是对定向委托投资模式并没有十分明确的界定，对于相同或者相似的业务和产品，监管标准不一、强度不同，会催生市场主体一系列钻空子、打擦边球的套利行为。顺丰金融此产品的风险点依旧是受托方的资质问题，倘若受托方产品类型属于资产管理类，受托方在销售资质上存在的问题难以避免，若没有在中国证券业协会为其备案，或是发行的这款产品不具备销售资格，这款产品则存在一定的风险。在中国证券业协会进行及时的备案，是满足合规性的重要条件。

从上面案例可以看出，只要税收和监管制度的规定导致定价上的差异，市场交易者就

可以进入定价优惠的市场，并通过互换套取其中的收益。因此可以总结出互换套利的基础：

（1）不同国家、不同种类收入、不同种类支付的税收待遇（包括纳税与税收抵扣）存在差异；

（2）一些人为的市场分割与投资限制；

（3）出口信贷、融资租赁等能够得到补贴的优惠融资。

【本章小结】

1. 互换的理论基础：比较优势原则、对冲风险原则。

2. 互换的运用主要包括三个方面：套期保值、套利与创新。

3. 套期保值是指为规避汇率、利率等价格变动风险，运用货币互换、利率互换，以其盈利抵销预期价格变动的风险损失，从而实现保值。

4. 互换各方以在不同融资领域的相对比较优势为基础进行合作与交换，进行套利，从而降低成本、提高收益。

5. 为了满足人们不同的需要，更多特殊的、新型的互换交易在基本互换交易的基础上发展而来，并且在国际金融市场上获得了更加广泛的使用。

【重要概念】

利率互换　货币互换　套期保值　比较优势　固定利率　浮动利率　套利
远期互换　互换期权　混合互换

【参考读物】

[1] 叶永刚，彭红枫，黄河．衍生金融工具［M］．北京：中国金融出版社，2007.

[2] 郑振龙，陈蓉．金融工程（第三版）［M］．北京：高等教育出版社，2012.

【练习题】

1. 简述互换的比较优势原则。

2. 简述互换的对冲风险原则。

3. 假设 A、B 公司都想借入 2 年期的 100 万美元借款，A 想借入与 6 个月期相关的浮动利率借款，B 想借入固定利率借款。两家公司信用等级不同，故市场向它们提供的利率也不同（见下表）。请简要说明两公司应该如何运用利率互换进行信用套利。

市场提供给两公司的借款利率

公司	固定利率	浮动利率
A	10%	Libor + 0.3%
B	12%	Libor + 0.5%

4. 假设 A 公司有一笔 5 年期的年收益为 10%、本金为 1 500 万美元的投资。如果 A 公司觉得英镑对美元会走强，简要说明 A 公司在互换市场应该如何进行操作。

5. 简述互换在风险管理上的运用。

高等学校金融学系列教材

21世纪高等学校金融学系列教材

期权篇

第11章

期权概述

【本章知识结构】

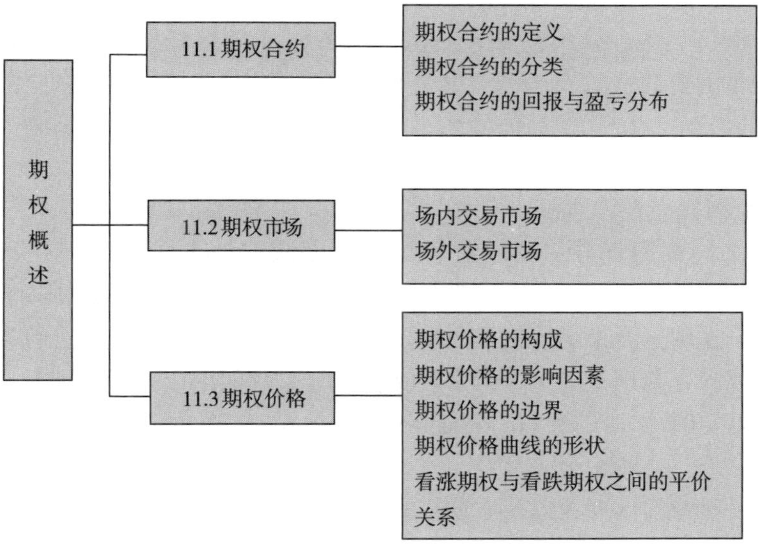

【教学要求】

1. 掌握期权的内涵及特征；
2. 熟悉期权的交易机制；
3. 掌握期权回报与盈亏分布图的画法；
4. 掌握期权的内在价值和时间价值；
5. 掌握期权价格的上下限；
6. 掌握看涨期权与看跌期权之间的平价关系。

11.1 期权合约

11.1.1 期权合约的定义

在期权交易中，购买权利的一方称作合约多头方（期权的买方），出售权利的一方称作合约空头方（期权的卖方）。约定未来买卖的资产称作标的资产。标的资产既可以是实物商品，也可以是金融产品，既可以是现货商品，也可以是衍生产品。

约定未来买卖标的资产的价格称作执行价格。执行价格一经确定，在期权有效期内将保持不变。无论期权标的资产的市场价格如何变化，只要期权购买者要求行使权利，期权出售者就必须以执行价格履行其义务。

约定的到期时间称为合约到期日。同一品种的期权合约在有效期时间长短上不尽相同，一般按月度、季度以及连续月等不同时间期限划分。

期权（Option）又称选择权，是指赋予其购买者在规定期限内按照双方约定的价格（简称执行价格或敲定价格，Exercise Price or Striking Price）购买或出售一定数量某种资产（称为标的资产，Underlying Assets）的权利的合约。

期权合约签订后，期权多空双方的权利与义务具有明显的不对称性，合约多头方只享受权利而不承担义务，合约空头方只承担义务而不享受权利。因此，签订期权合约时，合约多头方需要向合约空头方支付一笔费用作为补偿，该费用称作期权费或期权价格。

11.1.2 期权合约的分类

（一）看涨期权和看跌期权

按期权买方的权利划分，期权可分为看涨期权（Call Option）和看跌期权（Put Option）。看涨期权又称为买入期权或认购期权。看涨期权的买方通常预期标的资产市场价格将要上涨。标的资产市场价格上涨越多，买方行权的可能性越大，行权后获得的收益越多。看涨期权是指期权的买方向卖方支付一定数额的期权费后，即拥有在期权合约的有效期内或特定时间，按执行价格从期权卖方买入一定数量标的资产的权利，但不承担必须买入的义务。

看跌期权又称为卖出期权或认沽期权。看跌期权的买方通常预期标的资产市场价格将要下跌。标的资产市场价格下跌越多，买方行权的可能性越大，行权后获得的收益越多。看跌期权是指期权的买方向卖方支付一定数额的期权费后，即拥有在期权合约的有效期内或特定时间，按执行价格向期权卖方卖出一定数量标的资产的权利，但不承担必须卖出的义务。

（二）欧式期权和美式期权

按期权买方执行期权的时限划分，期权可分为欧式期权（European Options）和美式期权（American Options）。

欧式期权是指期权买方只能在到期日行使权利的期权。欧式期权买方在期权合约到期日之前不能行使权利。

美式期权是指期权买方在有效期内的任何交易日都可以行使权利的期权。美式期权买方既可以在期权合约到期日行使权利，也可以在期权到期日之前的任何一个交易日行使权利。显然，在其他条件（标的资产、执行价格和到期时间等）都相同的情况下，美式期权的价格应该不小于相应欧式期权的价格。

另外，有一些期权的执行时限既非到期日，也不是到期日前的所有时间，而是到期日前的某一段时间，这就是百慕大期权。

（三）期权合约的标的资产

按照期权合约标的资产划分，期权可以分为商品期权（Commodity Options）、利率期权（Interest Rate Options）、货币期权（Currency Options，或称外汇期权）、股票期权（Stock Options）、股指期权（Stock Index Options）、信用期权（Credit Options）、期货期权（Futures Options）及互换期权（Swap Options）等。

商品期权，是指以实物作为标的资产的期权合约，如农产品中的小麦、金属中的铜等。

利率期权，是指以各种利率相关资产作为标的资产的期权合约，到期时以现金或者与利率相关的合约（如利率期货、利率远期或者政府债券）进行结算。借款人或贷款人通过买入利率期权，可以在利率水平向不利方向变化时得到保护，而在利率水平向有利方向变化时得益。利率期权有多种形式，常见的主要有封顶利率期权、保底利率期权、封顶保底利率期权等。

货币期权，或者称为外汇期权，是指以各种货币作为标的资产的期权合约。外汇期权合约赋予其购买者在合约有效期内的任意时刻或到期日以约定汇率买进或者卖出一定数量外汇资产的权利。

股票期权，是指以单一股票作为标的资产的期权合约。股票期权合约赋予其购买者在合约有效期内的任意时刻或到期日以约定价格买进或卖出一定数量某种股票的权利。

股指期权，又称指数期权，是指以股票指数作为标的资产的期权合约。股指期权合约赋予其购买者在合约有效期内的任意时刻或到期日以约定指数与市场实际指数的差额进行盈亏结算的权利。由于股指期权没有可作实际交割的具体股票，所以只能采取现金轧差的方式进行结算。

信用期权，是指以特定公司的信用情形作为标的资产的期权合约。在期权买方支付期权费后，当标的公司在期权有效期内出现信用问题（包括破产或者信用等级下降）时，期权的卖方将支付事先约定的金额给期权的买方；若在期权存续期内标的公司没有出现信用问题，则期权卖方无须支付。

期货期权，是指以期货合约作为标的资产的期权合约。期货期权合约赋予其购买者在合约有效期内的任意时刻或到期日以约定价格买入或卖出一定数量的特定商品或资产期货合约的权利。

互换期权，是指以互换协议作为标的资产的期权合约。互换期权合约赋予期权买方在指定的日期或某一指定的日期之前，选择是否按照事先约定的条件进行互换的权利。互换期权种类较多，如可赎回互换、可延期互换、可卖出互换和可取消互换等。

除了以上主要的期权种类外，还有以交易型开放式指数基金（Exchange Traded Fund，ETF）作为标的资产的 ETF 期权、以期权作为标的资产的复合期权（也称期权的期权）等。

（四）场内期权和场外期权

根据交易场所及期权合约是否标准化，期权可分为场内期权（Exchange - Traded Options）和场外期权（Over - The - Counter Options）。

场内期权又称为交易所交易期权或交易所上市期权，是指在集中性的期货市场或期权市场进行交易的期权合约。

在交易所交易的期权合约是标准化的，除合约品种、买卖数量和期权价格由买卖双方决定外，其他一切条款（合约规模、执行价格、到期日以及履约时间等）均由交易所统一规定。场外期权是非标准化的，其合约规模、执行价格、到期日以及履约时间等均可由交易双方自由协商。

场外期权又称为店头市场期权或柜台式期权，是指在非集中性的交易场所进行交易的期权合约。

11.1.3 期权合约的回报与盈亏分布

期权回报（Payoff）与盈亏（Profit）的区别在于：回报未考虑期权费，而盈亏则考虑了期权费对交易双方最终收益状况的影响。从本章开始，用 X 表示期权的执行价格，c 和 p 分别表示欧式看涨期权与看跌期权价格，C 和 P 分别表示美式看涨期权与看跌期权价格。

（一）看涨期权的回报和盈亏分布

以一个执行价格为 X 的欧式股票看涨期权为例，期权到期时多头的回报为 $\max(S_T - X, 0)$，盈亏为 $\max(S_T - X, 0) - c$（此处暂时没有考虑 c 的时间价值）。期权到期时多头的回报和盈亏分布如图 11.1（a）所示。

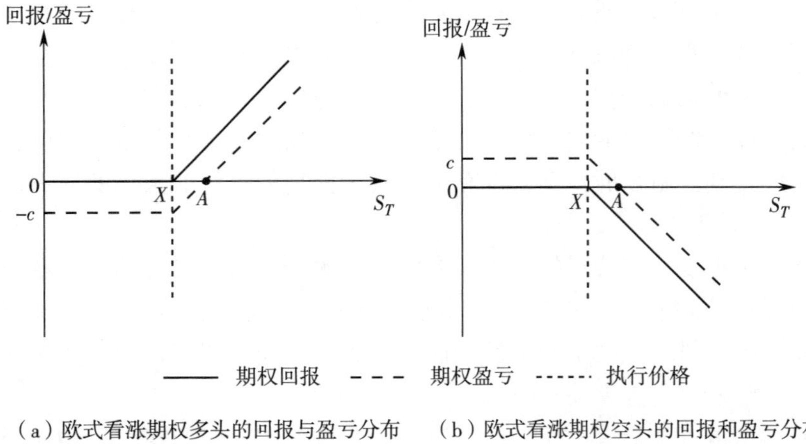

（a）欧式看涨期权多头的回报与盈亏分布　（b）欧式看涨期权空头的回报和盈亏分布

图 11.1 欧式看涨期权回报与盈亏分布

由图 11.1（a）可以看出，期权到期时，若标的股票价格 S_T 高于执行价格 X，多头必然行使权利，以执行价格 X 购买市场价格为 S_T 的股票，此时多头获得的回报为 $S_T - X$；若标的股票价格 S_T 低于 X，多头必然放弃权利，此时多头获得的回报为零。考虑多头方在期初购买期权时向空头方支付期权费 c（为分析方便，假设不考虑利息成本，下同），因此看涨期权多头方的盈亏线由回报线向下平移 c 单位而得。值得注意的是

图 11.1（a）中，X 仍是看涨期权多头方是否执行期权的转折点，但只有当股票价格 S_T 涨到图中 A 点（称之为“盈亏平衡点”，等于执行价格加期权价格）以后，看涨期权多头方才开始盈利。同时，由图11.1（a）可以看出，看涨期权多头的亏损风险是有限的，其最大亏损是期权费 c，而其盈利却可能是无限的。

由于期权合约是零和游戏（Zero - Sum Games），看涨期权多头和空头的回报与盈亏正好相反，由此可得期权到期时看涨期权空头方的回报为 $-\max(S_T - X, 0)$ 或 $\min(X - S_T, 0)$，盈亏为 $-\max(S_T - X, 0) + c$ 或 $\min(X - S_T, 0) + c$。期权到期时看涨期权空头方的回报和盈亏分布如图 11.1（b）所示。由图 11.1（b）可以看出，看涨期权空头的亏损可能是无限的，而盈利是有限的，其最大盈利数额是看涨期权价格。

（二）看跌期权的回报与盈亏分布

以一个执行价格为 X 的欧式股票看跌期权为例，期权到期时多头的回报为 $\max(X - S_T, 0)$，盈亏为 $\max(X - S_T, 0) - p$。看跌期权到期时多头的回报和盈亏分布如图 11.2（a）所示。

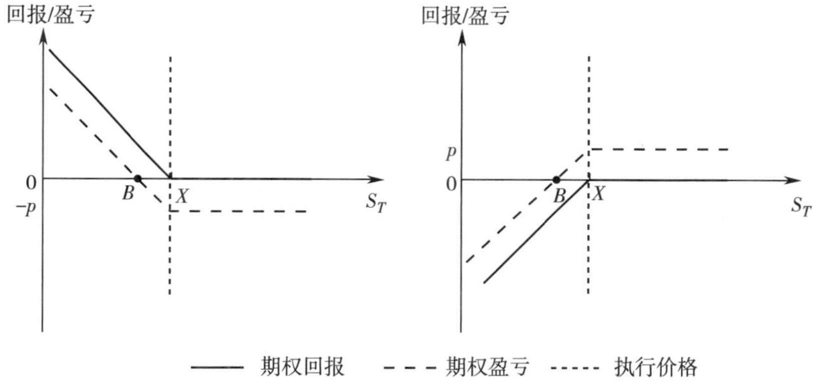

（a）欧式看跌期权多头的回报与盈亏分布　（b）欧式看跌期权空头的回报与盈亏分布

图 11.2　欧式看跌期权回报与盈亏分布

由图 11.2（a）可以看出，期权到期时，若标的股票价格 S_T 低于执行价格 X，多头必然行使权利，以执行价格 X 卖出市场价格为 S_T 的股票，此时多头获得的回报为 $X - S_T$；若标的股票价格 S_T 高于执行价格 X，多头必然放弃权利，此时多头获得的回报为零。考虑多头方在期初购买期权时向空头方支付期权费 p，因此看跌期权多头方的盈亏线由回报线向下平移 p 单位而得。值得注意的是图 11.2（a）中，X 仍是看跌期权多头方是否执行期权的转折点，但只有当股票价格 S_T 跌到图中 B 点（称之为“盈亏平衡点”，等于执行价格减期权价格）之前，看跌期权多头方才开始盈利。同时，由图11.2（a）可以看出，看跌期权多头的亏损风险是有限的，其最大亏损是期权费 p。由于公司有限责任原则，股票价格不会小于零，因此，股票看跌期权盈利也是有限的，当标的资产价格为零时看跌期权多头的盈利最大，等于执行价格减去期权价格。

看跌期权也是零和游戏，多空双方的回报和盈亏正好相反，由此可得期权到期时看跌期权空头方的回报为 $-\max(X-S_T,0)$ 或 $\min(S_T-X,0)$，盈亏为 $-\max(X-S_T,0)+p$ 或 $\min(S_T-X,0)+p$。期权到期时看跌期权空头方的回报和盈亏分布如图 11.2（b）所示。由图 11.2（b）可以看出，看跌期权空头的亏损是有限的，其最大数额为执行价格与看跌期权价格之差，其盈利也是有限的，其最大数额是看跌期权价格。

11.2 期权市场

11.2.1 场内交易市场

（一）期权的市场结构

期权的市场结构与期货的市场结构基本相同，也是由买者、卖者、经纪公司、期权交易所和期权清算所（或结算公司）组成。

（二）期权交易场所

从 1973 年芝加哥期权交易所（Chicago Board Options Exchange，CBOE）开始经营并获得巨大成功后，世界各国的交易所纷纷引进期权交易。尤其在 20 世纪 80 年代以后，期权交易在世界范围内取得了前所未有的发展。其中，美国交易所在期权交易方面一直居于世界前列。美国的期权交易所主要有芝加哥商业交易所集团（Chicago Mercantile ExchangeGroup，CME Group）、芝加哥期权交易所（CBOE）、美国洲际交易所（Intercontinental Exchange，ICE）、美国国际证券交易所（International Securities Exchange，ISE）、美国费城股票交易所（Philadelphia Stock Exchange，PHLX）、明尼苏达谷物交易所（the Minneapolis Grain Exchange，MGE）等。除美国之外，全球有影响的期权交易所还有欧洲期货交易所（EUREX）、纽约泛欧交易所集团（NYSE Euronext）、纳斯达克－OMX 集团（NASDAQ OMX）、韩国证券期货交易所（Korea Exchange，KRX）、香港交易所（HKEX）、印度尼西亚商品及衍生品交易所（Indonesia Commodity & Derivative Exchange，ICDX）等。

（三）期权清算公司

与期货交易类似，期权交易所内完成的期权交易都必须通过期权清算公司（Options Clearing Corporation，OCC）进行清算和交割。OCC 拥有一定数量的会员，所有的期权交易必须通过其会员结清。如果经纪人公司本身不是交易所期权清算公司的会员，它必须通过期权清算所的会员来结算其交易。

（四）保证金制度

期权清算公司采用保证金制度来防范期权卖方的违约风险，即要求期权空方在开始期权交易时交纳初始保证金，当市场价格出现不利变化导致期权空方的保证金水平低于维持保证金时，期权空方需要追加保证金。期权保证金的收取方法是由清算公司直接向各清算成员收取，再由清算成员向自己所代表的经纪公司收取，最后由经纪公司向投资者收取。

从期权保证金账户的操作方式来看，其与投资者从事期货交易时保证金账户的操作方式基本一致，保证金计算方法依据投资者持有的头寸是单纯头寸或组合头寸而有所不同，计算过程较为复杂，此处不再赘述。

（五）仓位限制

为避免交易者暴露于过高的风险之下，或对市场产生过高的操纵能力，交易所对每一账户的期权仓位都设有上限。股票期权的仓位限制与其标的股票的发行量与交易量有关，且同一标的资产买权的买方仓位和卖权的卖方仓位的加总有上限，买权的卖方仓位与卖权的买方仓位的加总也有上限，通常此两种限制数量是相同的，主管机关也保有随时调整限制数量的权力。

仓位限制不仅对每一账户有效，对一组具有相关性的账户也有效。比如，某些投资顾问可能同时代客户操作多个账户，则这些账户的仓位总数，不得超过前述的上限。对个人账户而言，这些限制可能没有实质约束力，但对大型法人机构而言，就可能会产生约束。

（六）标准化的期权合约

凡在交易所上市的期权合约都是标准化的合约，其交易单位、最小变动价格、每日价格波动限制、敲定价格、合约月份、交易时间、最后交易日、履约日期等都由交易所统一规定。由于在这些规定中有许多与期货合约中的规定是相同或相似，因此，这里就其中的几个规定作一简述。

交易单位是由各交易所分别规定的，在不同交易所上市的，即使是相同标的资产的期权合约，其交易单位也不一定相同。以股票为例，美国股票期权的交易单位是 100 股，在澳大利亚是 1 000 股。

敲定价格是指期权合约被执行时，交易双方实际买卖标的资产的价格。当交易所准备上市某种期权合约时，将根据该合约标的资产的最近收盘价，依据某一特定形式确定一个中心敲定价格，然后再根据既定的幅度设定该中心敲定价格的上下若干个级距的敲定价格。

权利期间是指自期权合约签订生效至期权合约到期这一段时间。交易所的期权合约权利期间是标准化的，通常分为 3 个周期，每个周期的起止月份是固定的，从而形成一个循环。比如，CBOE 股票期权交易的 3 个周期如下：

周期Ⅰ：1 月/4 月/7 月/10 月；

周期Ⅱ：2 月/5 月/8 月/11 月；

周期Ⅲ：3 月/6 月/9 月/12 月。

当一个合约的期满月到来时，周期中的另一个月便替补进来。采用 3 个周期的目的在于将到期日分布开来，避免所有的期权在同一天或同一月份到期。

（七）期权的对冲与履约

期权合约的解除方式有两种：对冲平仓和履行合约。

对冲平仓是指在期权市场上进行对冲交易，即签订一份与原期权合约的标的资产、执行价格、到期日等所有合同条款相同，但方向相反的期权合约。例如：一份看涨期权的多头方必须卖出一份同样合同条款的看涨期权合约才能对冲其交易部位，而一份看涨期权的空头方必须买入一份同样合同条款的看涨期权合约才能对冲其交易部位。

履行合约通常包括三种方式，即交割、现金结算、期权转期货。一般来说，现货期权以敲定价格进行实物交割；股票指数期权依敲定价格与市场价格之差进行现金结算；期货期权则将期权合约转换为期货多头或空头头寸（同时多头方获得期权执行价格与期货市场价格之差）。

（八）具体交易流程

本部分以芝加哥期权交易所（CBOE）为例来介绍期权交易的具体流程。

1. 开户。能够直接进入期权交易所进行交易的只能是期权交易所的会员，所以普通投资者在进行期权市场交易之前，应选择一个具有期权交易资格的经纪商进行开户。

2. 委托。客户开户后就可以进入期权市场进行委买委卖，由于期权合约包含许多条款，在委托方式上包括市价委托、限价委托、附条件委托等多种。

专栏 11.1

CBOE 委托方式

市价委托（Market Order）：按当时市价交易。

限价委托（Limit Order）：交易者可设定价位，买进时需不超过该价位的价格才能成交，卖出时须不低于该价位的价格才能成交。

附条件委托（Contingency Order）：市价委托或限价委托均可附上其他条件，比如标的物价格触及某一价位时，该期权委托才能生效。

停损委托（Stop Order）：交易者预先设定某一价格，当期权价格触及该价位时，该委托即变成市价委托。买进的停损委托通常将停损价格设定在市场价格以上，卖出的停损委托通常将停损价格设定在市场价格以下。使用此种委托的，多半是平仓交易。

停损限价委托（Stop Limit Order）：如期权的市价触及所设定的停损价格后，自动变成限价委托，则称为停损限价委托。

触及市价委托（Market - if - Touched Order，MIT）：交易者事先设定一价格，当市价触及该价位时，即自动变成市价委托。买进的 MIT 委托价位设定通常较市价较低，卖出的 MIT 委托价位设定通常较市价较高，这是与停损委托最大的不同点。

授权委托（Not - Held Order）：授权场内经纪人（Floor Broker）决定以何价位委托，以及在何时执行。

价差委托（Spread Order）：价差交易指的是同一标的物，但履约价格和权利期间至少有一项不同的两个买权或两个卖权。买进其中一个期权，则同时卖出另外一个，且两者数量相同。交易者可以市价委托或限价委托的方式，如以限价方式委托，所限定的价格通常不是两个期权个别的价格，而是以两个期权的价差来限价。

跨式委托（Straddle Order）：同时买进或同时卖出同一标的物买权和卖权，且数量相同的交易策略称为跨式（Straddle）仓位。其下单方式和价差委托类似，所不同的是跨式委托在限价时，是以两期权价格的和委托。

开盘市价委托（Market - on - Opening Order，MOO）：以开盘市价交易的委托。

收盘市价委托（Market - on - Close Order，MCO）：以收盘市价交易的委托。

二择一委托（One - Cancels - the - Other Order，OCO）：将两种或以上的委托方式视为一组，

其中任一委托被执行后，其他的委托即被取消。

成交或作废委托（Fill - or - Kill Order，FKO）：所有委托必须马上执行，否则即取消的委托方式。

全或无委托（All - or - None Order，ANO）：所下的委托必须全数成交，否则就不予承认的委托方式。

取消前有效委托（Good - Till - Cancelled Order，GTC）：以上所有委托全属当日有效、隔日作废，如交易者欲使委托持续有效，可以指明取消前有效，直到成交、取消或该期权已至最后交易日为止。

3. 撮合方式。当经纪商接到交易者的买卖委托后，会立刻以各种方式传递至交易所内，再由跑单者（Runner）递交至场内经纪人（Field Broker）手中。场内经纪人代表投资者，在该期权的交易柜台边，通过公开喊价，以争取最好的价格，其交易对象可能是另一位场内经纪人、做市商，或是委托处理员（OBO）。当双方谈妥价格及合约数后，双方均会记录下来，待交易所比对后便成交。交易所再将所有成交的资料报告至结算公司。次日早上芝加哥时间九点钟，期权的买方需通过结算会员将权利金交至结算公司，结算公司则于上午十点发出期权。卖方也是通过结算会员将保证金存至结算公司，因此其交割时间为 T+1。

4. 履约。当期权成交时，结算公司便承接起卖方的角色，成为买方的交易对手，并发出该期权，使买方不必担心卖方的信用风险（或违约风险），真正的卖方则以缴纳保证金的方式，来弥补结算公司因此所承担的风险。因此当买方决定履约时，需先向经纪商提出要求，由经纪商先将履约要求汇总后，再将履约要求转至结算公司。

结算公司就该期权的所有未平仓卖方仓位中，随机抽取一家委卖的经纪商，被抽中的经纪商接到结算公司通知后，再从所有仍持有该期权卖方仓位的客户中抽取一人来履约。也有些经纪商是以先进先出法决定履约的客户，也就是最早持有该期权卖方仓位者会被指定履约。原则上只要选取方法公平、公正、公开，且经交易所同意，就可实施。

指数期权虽是一种现货期权，但履约时却不需有现货的交割，而是以现金结算。履约者必须在每日交易结束前提出要求，这是结算公司的规定，而经纪商通常会设定一个较早的截止时间。结算公司在接获结算会员转来的履约要求后，也是通过抽签方式决定需要履约的结算会员，再由结算会员挑选一位客户来履约。在次日早上开盘之前，被选中的客户便会接获通知，且必须交付价内值给要求履约的交易者。

11.2.2　场外交易市场

在场内期权交易之前，期权是在场外进行交易的。在这种形式下，有若干期权经纪商，他们为一个合约找到买方和卖方，帮助他们达成协议，并且在他们之间执行交易。经纪商一般在交易中收取手续费，作为撮合交易的费用。这个时期除了要完成为一手具体的交易找到愿意成为对手的双方这个艰巨的任务外，发展场外市场的最大障碍是，几乎没有任何二级市场，所以这个时期期权的发展是相当缓慢的。由于这些因素的限制，市场上逐渐产生了场内期权，场内期权市场的迅速发展也限制了当时场外期权市场的发展。

20 世纪 80 年代初期，由于信息技术的发展期权的场外交易市场才开始迅速发展起来，现在其规模已经超过了场内交易市场。期权场外交易市场的一大优势在于它能够按照客户的具体要求而设计期权产品。在场外交易市场中，金融机构、公司财务人员和基金经理之间通过电话进行交易。期权在场外交易市场中，利率和外汇期权尤其受欢迎。场外交易市场的劣势在于期权出售方可能会违约，这意味着购买者面临一定的信用风险。为克服这一劣势，市场参与者正采用种种措施，例如要求交易对手提供抵押，以减少信用风险。

场外市场的交易工具通常是由金融机构按照客户要求而精确设计的。有时这些设计会选择与交易所内交易的工具所不同的执行日期、执行价格和合约规模。在某些情况下，对期权的设计不同于标准的期权。这些期权被称为奇异期权（Exotic Options）。本书第 14 章中将介绍一些不同类型的奇异期权。

11.3 期权价格

11.3.1 期权价格的构成

期权价格由两部分构成：一是内在价值；二是时间价值。即期权价格 = 期权内在价值 + 期权时间价值。

（一）期权的内在价值

看涨期权的“所获收益”为 $S_\tau - X$，看跌期权为 $X - S_\tau$，这里的 τ 是指多方行使期权的时刻。由于欧式期权和美式期权可执行的时间不同，其内在价值的计算也就有所差异。

期权的内在价值（Intrinsic Value），是零与多方行使期权时所获收益贴现值的较大值。

对欧式期权来说，多方只能在期权到期时决定行权与否并获得相应回报，故此 $\tau = T$。例如，欧式看涨期权的到期回报为 max $(S_T - X, 0)$，如果标的资产在期权存续期内无收益，S_T 的现值就是当前的市价 S；如果标的资产在期权存续期内支付已知的现金收益，S_T 的现值则为 $S - D$，其中 D 表示在期权有效期内标的资产所有的现金收益贴现至当前的现值。由于 X 为确定现金流，其现值的计算就是简单的贴现，故此欧式无收益和有收益资产看涨期权的内在价值分别为 $\max[S - Xe^{-r(T-t)}, 0]$ 与 $\max[S - D - Xe^{-r(T-t)}, 0]$。同样道理，无收益资产和有收益资产欧式看跌期权的内在价值分别为 $\max[Xe^{-r(T-t)} - S, 0]$ 与 $\max[Xe^{-r(T-t)} - (S - D), 0]$。

美式期权与欧式期权的最大区别在于其可以提前执行，因此情况有所不同。但是，我们在后文将证明，对于无收益资产而言，在期权到期前提前行使美式看涨期权是不明智的，因此无收益资产美式看涨期权内在价值等于 $\max[S - Xe^{-r(T-t)}, 0]$；而有收益资产美式看涨期权有提前执行的可能，因此其内在价值等于 $\max[S - D_\tau - Xe^{-r_\tau(\tau-t)}, 0]$，其中，$D_\tau$ 表示在行权日 τ 之前所有分红派息的现值。对于美式看跌期权来说，由于提前执行有可能是合理的，因此其内在价值与欧式看跌期权不同。其中，无收益资产美式看跌期权的内在价值等于 $\max[Xe^{-r_\tau(\tau-t)} - S, 0]$，有收益资产美式看跌期权的内在价值等于 $\max[Xe^{-r_\tau(\tau-t)} - (S - D_\tau), 0]$，上述结果归纳如表 11.1 所示。

表 11.1　　期权的内在价值

头寸			期权回报	内在价值
看涨期权	欧式	无收益	max $(S_T - X,\ 0)$	max $[S - Xe^{-r(T-t)},\ 0]$
		有收益	max $(S_T - X,\ 0)$	max $[S - D - Xe^{-r(T-t)},\ 0]$
	美式	无收益	max $(S_T - X,\ 0)$	max $[S - Xe^{-r(T-t)},\ 0]$
		有收益	max $(S_\tau - X,\ 0)$	max $[S - D_\tau - Xe^{-r_\tau(\tau-t)},\ 0]$
看跌期权	欧式	无收益	max $(X - S_T,\ 0)$	max $[Xe^{-r(T-t)} - S,\ 0]$
		有收益	max $(X - S_T,\ 0)$	max $[Xe^{-r(T-t)} - (S - D),\ 0]$
	美式	无收益	max $(X - S_\tau,\ 0)$	max $[Xe^{-r_\tau(\tau-t)} - S,\ 0]$
		有收益	max $(X - S_\tau,\ 0)$	max $[Xe^{-r_\tau(\tau-t)} - (S - D_\tau),\ 0]$

（二）实值期权、平价期权与虚值期权

与期权内在价值紧密联系的几个概念是期权的平价点以及相应的实值期权（In The Money）、平价期权（At The Money）与虚值期权（Out Of The Money）。所谓平价点就是使得期权内在价值由正值变化到零的标的资产价格的临界点。根据表 11.1 中不同期权的内在价值，表 11.2 定义了不同类型的实值期权、虚值期权和平价期权。

表 11.2　　实值期权、平价期权与虚值期权

分类		实值期权	平价期权	虚值期权
欧式看涨期权		$S > Xe^{-r(T-t)} + D$	$S = Xe^{-r(T-t)} + D$	$S < Xe^{-r(T-t)} + D$
欧式看跌期权		$S < Xe^{-r(T-t)} + D$	$S = Xe^{-r(T-t)} + D$	$S > Xe^{-r(T-t)} + D$
美式看涨期权	无收益	$S > Xe^{-r(T-t)}$	$S = Xe^{-r(T-t)}$	$S < Xe^{-r(T-t)}$
	有收益	$S > Xe^{-r_\tau(\tau-t)} + D_\tau$	$S = Xe^{-r_\tau(\tau-t)} + D_\tau$	$S < Xe^{-r_\tau(\tau-t)} + D_\tau$
美式看跌期权		$S < Xe^{-r_\tau(\tau-t)} + D_\tau$	$S = Xe^{-r_\tau(\tau-t)} + D_\tau$	$S > Xe^{-r_\tau(\tau-t)} + D_\tau$

注：如果标的资产在期权存续期内无收益，则 $D = 0$ 或 $D_\tau = 0$。

（三）期权的时间价值

与我们平时所理解的时间价值（即无风险利率，货币持有者暂时放弃货币所获得的回报）不同，换句话说，期权的时间价值实质上是期权在到期之前获利潜力的价值。

期权的时间价值（Time Value）是指在期权有效期内标的资产价格波动为期权持有者带来收益的可能性所隐含的价值。

我们知道，期权的买方通过支付期权费，获得了相应的权利，即（近于）无限的收益可能和有限的损失。这意味着标的资产价格发生同样的上升和下降，所带来的期权价值的变化是不对称的，这一不对称性使得期权总价值超过了其内在价值，这就是期权时间价值的根本来源。

期权的时间价值一般用期权的总价值减去内在价值求得。同时，期权的时间价值受期权内在价值的影响，在期权平价点处时间价值达到最大，并随期权实值量和虚值量的增加而递减。以无收益资产看涨期权为例，当 $S = Xe^{-r(T-t)}$ 时，期权的时间价值最大。

当$S=Xe^{-r(T-t)}$的绝对值增大时，期权的时间价值是递减的，具体如图 11.3 所示。

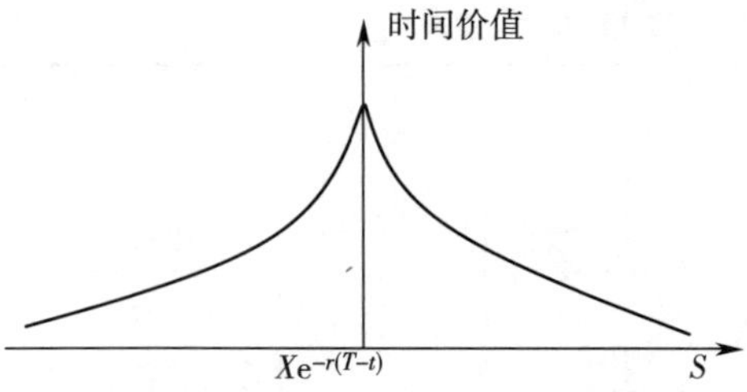

图 11.3 无收益资产看涨期权时间价值与 $S-Xe^{-r(T-t)}$ 的关系

✪【**例 11.1**】假设 A 股票（无红利）的市价为 7.85 元，A 股票有两种欧式看涨期权，其执行价格分别为 $X_1=8.50$ 元，$X_2=7.2$ 元，它们的有效期都是 1 年，1 年期无风险利率为 8%（连续复利）。显然，这两种期权的内在价值分别为

$\max\left[S-Xe^{-r(T-t)},\ 0\right]=\max\left[7.85-8.5e^{-0.08\times1},\ 0\right]=\max\left[0,\ 0\right]=0$ 和

$\max\left[S-Xe^{-r(T-t)},\ 0\right]=\max\left[7.85-7.2e^{-0.08\times1},\ 0\right]=\max\left[1.2,\ 0\right]=1.2$

这两种期权的内在价值分别为 0 元和 1.2 元。那么这两种期权的时间价值谁高呢？

假设这两种期权的时间价值相等，都等于 1.5 元，则第一种期权的价格为 1.5 元，第二种期权的价格为 2.7 元。那么让你从中挑一种期权，你愿意挑哪一种呢？为了比较这两种期权，我们假定 1 年后出现如下四种情况：

情况一：$S_T>8.5$，则期权持有者可从期权 1 中获利

$$S_T-8.5-1.5\times e^{0.08}=(S_T-10.12)$$

可从期权 2 中获利

$$S_T-7.2-2.7\times e^{0.08}=(S_T-10.12)$$

期权 1 获利金额等于期权 2。

情况二：$S_T=8.5$，则期权 1 亏损 $1.5e^{0.08}=1.62$ 元，期权 2 也亏损 $2.7e^{0.08}-1.3=1.62$ 元。期权 1 亏损等于期权 2。

情况三：$7.2<S_T<8.5$，则期权 1 亏损 $1.5e^{0.08}=1.62$ 元，而期权 2 亏损（$S_T-7.2-2.7\times e^{0.08}$），介于 1.62 元与 2.92 元之间。期权 1 亏损少于期权 2。

情况四：$S_T<7.2$，则期权 1 亏损 $1.5e^{0.08}=1.62$ 元，而期权 2 亏损 $2.7e^{0.08}=2.92$ 元。期权 1 亏损少于期权 2。

由此可见，无论未来 A 股票价格是涨是跌还是平，期权 1 均优于或等于期权 2。显然，期权 1 的时间价值不应等于而应高于期权 2。

再引入期权 3：$X_3=9$，其他条件相同。比较期权 1 和期权 3，期权 1 处于平价点而期权 3 为虚值期权。通过同样的分析，发现期权 1 的时间价值应高于期权 3。

推广上述结论可以发现，无论期权 2 和期权 3 执行价格如何选择，只要是虚值期权或实值期权，其时间价值一定小于平价期权，且时间价值随期权实值量和虚值量的增加而递减。

11.3.2 期权价格的影响因素

期权价格既然由内在价值和时间价值两部分构成，则凡是影响内在价值和时间价值的因素，就是影响期权价格的因素。总的来看，期权价格的影响因素主要有五个，它们通过影响期权的内在价值和时间价值来影响期权的价格。

（一）标的资产的市场价格与期权的执行价格

标的资产的市场价格与期权的执行价格是影响期权价格最主要的因素。因为这两个价格及其相互关系不仅决定着内在价值，而且还进一步影响着时间价值。

由于看涨期权在执行时，其收益等于标的资产当时的市价与执行价格之差。因此，标的资产的价格越高、执行价格越低，看涨期权的价格就越高。

而看跌期权在执行时，其收益等于执行价格与标的资产市价之差。因此，标的资产的价格越低、执行价格越高，看跌期权的价格就越高。

（二）期权的有效期

如前所述，对于美式期权而言，由于它可以在有效期内任何时间执行，有效期越长，期权多头获利机会就越大，而且有效期长的期权包含了有效期短的期权的所有执行机会，因此有效期越长，期权价格越高。

对于欧式期权而言，由于它只能在期末执行，有效期长的期权就不一定包含有效期短的期权的所有执行机会。这就使欧式期权的有效期与期权价格之间的关系显得较为复杂。例如，同一股票的两份欧式看涨期权，一个有效期是 1 个月，另一个是 2 个月，假定在 6 周后标的股票将有大量红利支付，由于支付红利会使股价下降，在这种情况下，有效期短的期权价格甚至会大于有效期长的期权价格。

但在一般情况下（即剔除标的资产支付大量收益这一特殊情况），由于有效期越长，标的资产的风险就越大，空头亏损的风险也越大，因此即使是欧式期权，有效期越长，其期权价格也越高，即期权的边际时间价值（Marginal Time Value）为正值。

从另一个角度来看，由于期权经常被用作避险保值的工具，而期权费则是保值者为了套期保值所支付的价格。所以，有效期越长，意味着保险时间越长，避险者所支付的保险费也应当越高。

（三）标的资产价格的波动率

标的资产价格的波动率对期权价格具有重要的影响。“没有波动率，则期权就是多余的”。波动率对期权价格的影响是通过对时间价值的影响而实现的。波动率越大，则在期权到期时，标的资产市场价格涨跌达到实值期权的可能性也就越大，而如果出现虚值期权，期权多头方亏损有限。因此，无论是看涨期权还是看跌期权，其时间价值以及整个期权价格都随着标的资产价格波动率的增大而提高，随标的资产价格波动率的减小而降低。

值得注意的是，与决定和影响期权价格的其他因素不同，在为期权定价时，标的资产价格在期权有效期内的波动率在未来是一个未知数。因此，在为期权定价时，要获得标的资产价格的波动率，只能通过近似估计得到。估计波动率的方法主要有两种：一是利用过去所观察到的标的资产价格波动的历史数据，来估计未来价格的波动率。这一方法求得的波动率被称为“历史波动率”（History Volatility）。二是利用期权定价模型，设定波动率为未知数，将期权的市场价格和相应的各个参数代入，推算出波动率，这种被推算出来的波动率则被称为“隐含波动率”（Implied Volatility）。

（四）无风险利率

无风险利率对期权价格的影响不是那么直接。当整个经济中的利率增加时，标的资产的预期增长率也倾向于增加。然而，期权持有者收到的未来现金流的现值将减少。这两种影响都将减少看跌期权的价值。因此，随着无风险利率的增加，看跌期权的价格将减少。但对于看涨期权来说，前者将使期权价格上升，而后者将使期权价格下降，由于前者的效应大于后者，因此对应于较高的无风险利率，看涨期权的价格也较高。

需要强调的是，所有这些结果都是在假定其他条件不变的基础上，考察不同利率水平对期权价格的影响，但是在运用时要具体问题具体分析。

（五）标的资产的收益

按照美国市场惯例，标的资产分红或者是获得相应现金收益的时候，期权合约并不进行相应的调整。这样，标的资产进行分红付息，将减少标的资产的价格，这些收益将归标的资产的持有者所有，而执行价格并未进行相应调整。因此在期权有效期内标的资产产生现金收益将使看涨期权价格下降，而使看跌期权价格上升。

由以上分析可知，决定和影响期权价格的因素很多，而且各因素对期权价格的影响也很复杂，既有影响方向的不同，又有影响程度的不同；各个影响因素之间，既有相互补充的关系，又有相互抵消的关系。表 11.3 对这些主要影响因素作了一个基本的总结。

表 11.3　　影响期权价格的主要因素

变量	欧式看涨	欧式看跌	美式看涨	美式看跌
标的资产市场价格	+	-	+	-
期权执行价格	-	+	-	+
有效期	?	?	+	+
标的资产价格波动率	+	+	+	+
无风险利率	+	-	+	-
红利	-	+	-	+

注：+表示正向的影响，-表示反向的影响，? 则表示影响方向不确定。

11.3.3　期权价格的边界

本节我们分析期权价格的上、下限，寻找期权价格理应落入的合理区间。期权价值边界的确定最早是由 Merton 在 1973 年完成的。[①] 他运用随机占优（Stochastic Dominance）的概念，提出了关于期权价格的基本理性条件，得出期权价值非负的基本结论，即

$$c \geqslant 0, C \geqslant 0, p \geqslant 0, P \geqslant 0$$

这样，Merton 已经给出了期权价值的一个下限。以此为基础，我们可以进一步讨论确定期权价格的边界问题。

① 参见 Robert Merton (1992) *Continuous - Time Finance*, Revised Edition, London: Basil Blackwell, p. 255。

（一）期权价格的上限

1. 看涨期权价格的上限。在任何情况下，无收益资产期权的价值都不会超过标的资产的价格。否则的话，套利者就可以通过买入标的资产并卖出看涨期权来获取无风险利润。因此，对于欧式和美式看涨期权来说，标的资产价格都是看涨期权价格的上限：

$$c \leqslant S \text{ 和 } C \leqslant S$$

有收益资产欧式看涨期权与美式看涨期权价格上限不同，对于有收益欧式看涨期权，由于标的资产在期权到期前将派发现值为 D 的收益，因此该期权价格不应超过标的资产价格减 D。而有收益美式看涨期权可以提前执行，因此其期权价格不应超过标的资产价格。因此，欧式和美式看涨期权的上限：

$$c \leqslant S - D \text{ 和 } C \leqslant S$$

2. 看跌期权价格的上限。由于美式看跌期权的多头执行期权得到的最高价值为执行价格（X），因此，美式看跌期权购买方所支付的价格（P）不应该超过上限 X：

$$P \leqslant X \tag{11.3.1}$$

由于欧式看跌期权只能在到期日（T 时刻）执行，在 T 时刻，其最高价值为 X，因此，欧式看跌期权价格（p）不能超过 X 的现值：

$$p \leqslant Xe^{-r(T-t)} \tag{11.3.2}$$

其中，r 代表 T 时刻到期时的无风险利率，t 代表现在时刻。

（二）期权价格的下限

由于确定期权价格的下限较为复杂，这里我们先给出欧式期权价格的下限，并区分无收益与有收益标的资产两种情况。

1. 欧式看涨期权价格的下限。

（1）无收益资产欧式看涨期权价格的下限。

$$c \geqslant \max[S - Xe^{-r(T-t)}, 0] \tag{11.3.3}$$

证明：当 $S - Xe^{-r(T-t)} \leqslant 0$ 时，$\max[S - Xe^{-r(T-t)}, 0] = 0$。此时式（11.3.3）变为 $c \geqslant 0$，由前可知成立。

当 $S - Xe^{-r(T-t)} > 0$ 时，$\max[S - Xe^{-r(T-t)}, 0] = S - Xe^{-r(T-t)}$。此时式（11.3.3）变为 $c \geqslant S - Xe^{-r(T-t)}$。假设 $c < S - Xe^{-r(T-t)}$ 成立，那么设计交易策略：在 t 时刻卖出一单位标的资产，投资 $Xe^{-r(T-t)}$，买入一份看涨期权。此交易策略在 t 时刻的现金流为 $S - Xe^{-r(T-t)} - c > 0$；在 T 时刻，交易策略需买回标的，收回投资，根据情况决定是否执行看涨期权。若 $S_T < X$，不执行看涨期权，交易策略总现金流为 $X - S_T > 0$；若 $S_T \geqslant X$，执行看涨期权，交易策略总现金流为 $-S_T + X + S_T - X = 0$。可见，无论在 t 时刻还是 T 时刻，交易策略现金流都不小于零，因此存在套利机会。由此假设 $c < S - Xe^{-r(T-t)}$ 不成立，则必有 $c \geqslant S - Xe^{-r(T-t)}$。

综合以上两种情况，无收益资产欧式看涨期权价格下限为：$c \geqslant \max[S - Xe^{-r(T-t)}, 0]$。

（2）有收益资产欧式看涨期权价格的下限。

$$c \geqslant \max[S - D - Xe^{-r(T-t)}, 0] \tag{11.3.4}$$

证明：当 $S - D - Xe^{-r(T-t)} \leqslant 0$ 时，$\max[S - D - Xe^{-r(T-t)}, 0] = 0$。此时

式（11.3.4）变为 $c\geqslant0$，由前可知成立。

当 $S-D-Xe^{-r(T-t)}>0$ 时，$\max[S-D-Xe^{-r(T-t)},0]=S-D-Xe^{-r(T-t)}$。此时式（11.3.4）变为 $c\geqslant S-D-Xe^{-r(T-t)}$。假设 $c<S-D-Xe^{-r(T-t)}$ 成立，那么设计交易策略：在 t 时刻卖出一单位标的资产，投资 $D+Xe^{-r(T-t)}$，买入一份看涨期权。此交易策略在 t 时刻的现金流为 $S-D-Xe^{-r(T-t)}-c>0$；在 T 时刻，交易策略需买回标的，收回投资，根据情况决定是否执行看涨期权。若 $S_T<X$，不执行看涨期权，交易策略总现金流为 $-S_T+De^{r(T-t)}+X>0$；若 $S_T\geqslant X$，执行看涨期权，交易策略总现金流为 $-S_T+De^{r(T-t)}+X+S_T-X>0$。可见，无论在 t 时刻还是 T 时刻，交易策略现金流都大于零，因此存在套利机会。由此假设 $c<S-D-Xe^{-r(T-t)}$ 不成立，则必有 $c\geqslant S-D-Xe^{-r(T-t)}$。

综合以上两种情况，有收益资产欧式看涨期权价格下限为：$c\geqslant\max[S-D-Xe^{-r(T-t)},0]$。

2. 欧式看跌期权价格的下限。

（1）无收益资产欧式看跌期权价格的下限。

$$p\geqslant\max[Xe^{-r(T-t)}-S,0] \tag{11.3.5}$$

证明：当 $Xe^{-r(T-t)}-S\leqslant0$ 时，$\max[Xe^{-r(T-t)}-S,0]=0$。此时式（11.3.5）变为 $p\geqslant0$，由前可知成立。

当 $Xe^{-r(T-t)}-S>0$ 时，$\max[Xe^{-r(T-t)}-S,0]=Xe^{-r(T-t)}-S$。此时式（11.3.5）变为 $p\geqslant Xe^{-r(T-t)}-S$。假设 $p<Xe^{-r(T-t)}-S$ 成立，那么设计交易策略：在 t 时刻借入资金 $Xe^{-r(T-t)}$，买入一份标的资产和一份看跌期权。此交易策略在 t 时刻的现金流为 $Xe^{-r(T-t)}-S-p>0$；在 T 时刻，交易策略需归还借款，卖出标的，根据情况决定是否执行看跌期权。若 $S_T\geqslant X$，不执行看跌期权，交易策略总现金流为 $S_T-X\geqslant0$；若 $S_T<X$，执行看跌期权，交易策略总现金流为 $S_T-X+X-S_T=0$。可见，无论在 t 时刻还是 T 时刻，交易策略现金流都不小于零，因此存在套利机会。由此假设 $p<Xe^{-r(T-t)}-S$ 不成立，则必有 $p\geqslant Xe^{-r(T-t)}-S$。

综合以上两种情况，无收益资产欧式看跌期权价格下限为：$p\geqslant\max[Xe^{-r(T-t)}-S,0]$。

（2）有收益资产欧式看跌期权价格的下限。我们只要将上述现金改为 $D+Xe^{-r(T-t)}$，就可得到有收益资产欧式看跌期权价格的下限为

$$p\geqslant\max[D+Xe^{-r(T-t)}-S,0] \tag{11.3.6}$$

从以上分析可以看出，欧式期权的下限实际上就是其内在价值。

3. 美式期权是否需要提前执行。为了确定美式期权的价值及其边界，我们需要对美式期权作更深入的分析。由于美式期权与欧式期权的唯一区别在于能否提前执行，因此如果我们可以证明提前执行美式期权是不合理的，那么在定价时，美式期权就等同于欧式期权，从而大大降低定价的难度。

（1）无收益资产的美式期权。

①看涨期权。关于无收益资产美式看涨期权的一个基本结论是：提前执行无收益

资产的美式看涨期权是不明智的。从直观上理解，在到期前的任意时刻，如果提前执行美式看涨期权，期权多头将得到 $S-X$；如果不提前执行期权而继续持有，期权多头手中的期权价值等于 $S-Xe^{-r(T-t)}$ 再加上时间价值。从这一比较可以看出，由于现金会产生收益，而提前执行看涨期权得到的标的资产无收益，再加上美式期权的时间价值总是为正的，因此我们可以直观地判断提前执行无收益资产的美式看涨期权是不明智的。

因此，同一种无收益标的资产的美式看涨期权和欧式看涨期权的价值是相同的，即

$$C=c \tag{11.3.7}$$

因此，根据式（11.3.3），我们可以得到无收益资产美式看涨期权价格的下限：

$$C\geqslant \max[S-Xe^{-r(T-t)},0] \tag{11.3.8}$$

②看跌期权。是否提前执行无收益资产的美式看跌期权，主要取决于期权的实值额 $X-S$、无风险利率水平等因素。一般来说，只有当 S 相对于 X 来说较低，或者 r 较高时，提前执行无收益资产美式看跌期权才可能是有利的。

由于无收益资产的美式看跌期权可能提前执行，因此其内在价值就是期权被执行时回报的现值 max $[Xe^{-r_\tau(\tau-t)}-S,\ 0]$，这里的 τ 时刻既可能是当前时刻，也可能是到期 T 时刻。相应地期权价格下限为

$$P\geqslant \max[Xe^{-r_\tau(\tau-t)}-S,0] \tag{11.3.9}$$

（2）有收益资产的美式期权。

①看涨期权。由于提前执行有收益资产的美式期权可较早获得标的资产，从而获得现金收益，而现金收益可以派生利息，因此在一定条件下，提前执行有收益资产的美式看涨期权有可能是合理的。

我们假设在期权到期前，标的资产有 n 个除权日，t_1，t_2，…，t_n 为除权前的瞬时时刻，在这些时刻之后的收益分别为 D_1，D_2，…，D_n，在这些时刻的标的资产价格分别为 S_1，S_2，…，S_n。

由于在无收益的情况下，不应提前执行美式看涨期权，我们可以据此得到一个推论：在有收益情况下，只有在除权前的瞬时时刻提前执行美式看涨期权方有可能是最优的。因此我们只需推导在每个除权日前提前执行的可能性。

我们先来考察在最后一个除权日（t_n）提前执行的条件。如果在 t_n 时刻提前执行期权，则期权多方获得 S_n-X 的收益。若不提前执行，则标的资产价格将由于除权降到 S_n-D_n。

根据式（11.3.4），在 t_n 时刻期权的价值（C_n）有

$$C_n\geqslant c_n\geqslant \max[S_n-D_n-Xe^{-r(T-t_n)},0]$$

因此，如果

$$S_n-D_n-Xe^{-r(T-t_n)}\geqslant S_n-X$$

即

$$D_n\leqslant X[1-e^{-r(T-t_n)}] \tag{11.3.10}$$

则在 t_n 时刻提前执行是不明智的。从直观上解释，如果不提前执行期权时期权的最

小价值都大于提前执行获得的回报，或者说如果提前执行时获得的股利收入连提前执行时所损失的现金利息都不能弥补，提前执行就是不合理的。

相反，如果

$$D_n > X[1 - e^{-r(T-t_n)}] \tag{11.3.11}$$

则在 t_n 提前执行有可能是合理的。实际上，只有当 t_n 时刻标的资产价格足够高时，提前执行美式看涨期权才是合理的。

同样，对于任意 $i<n$，在 t_i 时刻不能提前执行有收益资产的美式看涨期权的条件是

$$D_i \leqslant X[1 - e^{-r(t_{i+1}-t_i)}] \tag{11.3.12}$$

由于存在提前执行更有利的可能性，有收益资产的美式看涨期权内在价值就是其被执行时回报的现值 max $[S - D_\tau - Xe^{-r_\tau(\tau-t)}, 0]$，这里的 τ 是指期权被执行的时刻，而 D_τ 则指期权被执行前标的资产所有已支付的已知现金收益的现值，应该从当前价格中扣除。相应的期权价格下限为

$$C \geqslant \max[S - D_\tau - Xe^{-r_\tau(\tau-t)}, 0] \tag{11.3.13}$$

②看跌期权。由于提前执行有收益资产的美式看跌期权意味着自己放弃收益权，因此与无收益资产的美式看跌期权相比，有收益资产美式看跌期权提前执行的可能性变小，但仍不能排除提前执行的可能性。

由于美式看跌期权有提前执行的可能性，因此其下限为

$$P \geqslant \max[Xe^{-r_\tau(\tau-t)} - (S - D_\tau), 0] \tag{11.3.14}$$

很显然，美式看跌期权下限实际上也是其内在价值。表 11.4 对期权价格的上下限进行了总结。

表 11.4　　期权价格的上下限

			上限	下限
看涨期权	欧式	无收益	$c \leqslant S$	$c \geqslant \max[S - Xe^{-r(T-t)}, 0]$
		有收益	$c \leqslant S - D$	$c \geqslant \max[S - D - Xe^{-r(T-t)}, 0]$
	美式	无收益	$C \leqslant S$	$C \geqslant \max[S - Xe^{-r(T-t)}, 0]$
		有收益	$C \leqslant S$	$C \geqslant \max[S - D_\tau - Xe^{-r_\tau(\tau-t)}, 0]$
看跌期权	欧式	无收益	$p \leqslant Xe^{-r(T-t)}$	$p \geqslant \max[Xe^{-r(T-t)} - S, 0]$
		有收益	$p \leqslant Xe^{-r(T-t)}$	$p \geqslant \max[D + Xe^{-r(T-t)} - S, 0]$
	美式	无收益	$P \leqslant X$	$P \geqslant \max[Xe^{-r_\tau(\tau-t)} - S, 0]$
		有收益	$P \leqslant X$	$P \geqslant \max[D_\tau + Xe^{-r_\tau(\tau-t)} - S, 0]$

11.3.4　期权价格曲线的形状

在分析了期权内在价值、时间价值、期权价格的影响因素和期权价格上下限之后，我们就可以初步推出期权价格曲线的基本形状。总的来看，期权价格是由内在价值和时间价值两部分组成的，其中最主要的影响因素是标的资产市场价格和期权合约执行价格，因此期权价格曲线图的横轴为标的资产价格，纵轴则为期权价格。

（一）看涨期权价格曲线

在标的资产无收益的情况下，看涨期权价格的上限为 S，下限为 $\max\left[S-Xe^{-r(T-t)},0\right]$，即期权的内在价值。当内在价值等于零时，期权价格就等于时间价值。时间价值在 $S=Xe^{-r(T-t)}$ 时最大；当 S 趋于零和 ∞ 时，时间价值趋于零，此时看涨期权价值分别趋于零和 $S-Xe^{-r(T-t)}$。特别地，当 $S=0$ 时，$C=c=0$。

此外，由于期权价格还受到标的资产价格波动率、无风险利率、到期期限等因素的影响。因此我们需要进一步考虑这些因素对期权价格曲线的影响。根据前文的分析，一般地，无风险利率越高、期权期限越长、标的资产价格波动率越大，则期权价格曲线以原点为中心，越往左上方旋转，但基本形状不变，而且不会超过上限，具体如图 11.4所示。

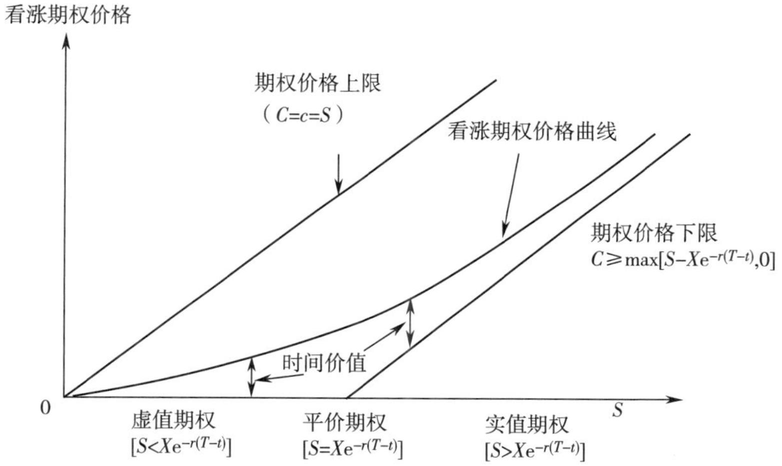

图 11.4　无收益资产欧式看涨期权价格曲线

有收益资产欧式看涨期权价格曲线与图 11.4 类似，只是上限变为 $S-D$，平价点由 $Xe^{-r(T-t)}$ 变为 $Xe^{-r(T-t)}+D$；有收益资产美式看涨期权价格曲线中的平价点则变为 $Xe^{-r_{\tau}(\tau-t)}+D_{\tau}$。

（二）看跌期权价格曲线

我们仍然先考察无收益资产看跌期权的情形。欧式看跌期权的上限为 $Xe^{-r(T-t)}$，下限为 $\max\left[Xe^{-r(T-t)}-S,0\right]$。当 $Xe^{-r(T-t)}-S>0$ 时，$Xe^{-r(T-t)}-S$ 就是欧式看跌期权的内在价值，也是其价格下限，当 $Xe^{-r(T-t)}-S<0$ 时，欧式看跌期权内在价值为零，其期权价格等于时间价值。当 $S=Xe^{-r(T-t)}$ 时，时间价值最大。当 S 趋于零和 ∞ 时，期权价格分别趋于 $Xe^{-r(T-t)}$ 和零。特别当 $S=0$ 时，$P=Xe^{-r(T-t)}$。

无风险利率越低、期权期限越长、标的资产价格波动率越高，看跌期权价值以 $(0,Xe^{-r(T-t)})$ 为中心越往右上方旋转，但不能超过上限，具体如图 11.5 所示。

有收益资产期权价格曲线与图 11.5 相似，只是把 $Xe^{-r(T-t)}$ 换为 $D+Xe^{-r(T-t)}$。而美式看跌期权价格曲线的形状与图 11.5 也是类似的，只是上限改为 X，平价点分别改为

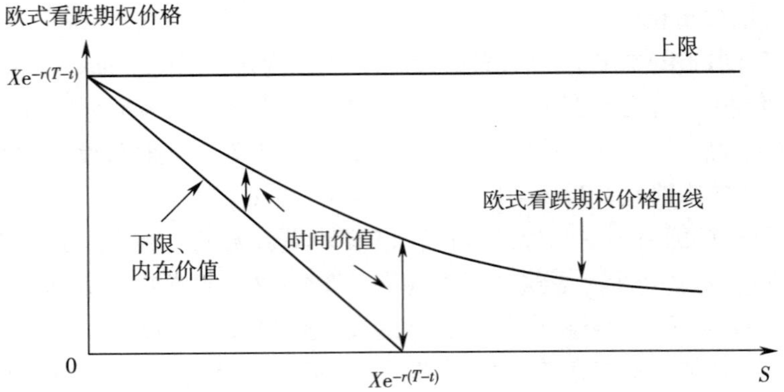

图 11.5　无收益资产欧式看跌期权价格曲线

$Xe^{-r_{\tau}(T-t)}$（标的资产无收益的情况）和 $Xe^{-r_{\tau}(T-t)}+D_{\tau}$（期权执行前标的资产有收益的情况）。

11.3.5　看涨期权与看跌期权之间的平价关系

看涨期权与看跌期权之间的平价关系是对于同一标的资产、具有相同执行价格和同样到期日的看涨期权和看跌期权价格之间存在的关系。

（一）欧式看涨期权与看跌期权之间的平价关系

1. 无收益资产的欧式期权，平价关系为

$$c + Xe^{-r(T-t)} = p + S \tag{11.3.15}$$

证明：不妨设 $c+Xe^{-r(T-t)}>p+S$，则可以卖出一份欧式看涨期权，买入一份有效期和执行价格相同的欧式看跌期权，同时借入资金 $Xe^{-r(T-t)}$，买进标的，则在 t 时刻现金流为 $c+Xe^{-r(T-t)}-p-S>0$，而在 T 时刻，归还借款，卖出标的。若 $S_T<X$，卖出的看涨期权不会执行，买入的看跌期权会执行，此时，现金流为 $-X+S_T+X-S_T=0$；若 $S_T \geqslant X$，卖出的看涨期权会被执行，买入的看跌期权不执行，现金流为 $-(S_T-X)-X+S_T=0$。可见，T 时刻的现金流为零，而 t 时刻的现金流为正，存在套利机会。同理，如果 $c+Xe^{-r(T-t)}<p+S$，进行反向操作，同样可以进行套利，所以必有 $c+Xe^{-r(T-t)}=p+S$ 成立。

2. 有收益资产的欧式期权。在标的资产有收益的情况下，因为持有的标的资产能够获得现金收益，我们只要把前面的现金 $Xe^{-r(T-t)}$ 改为 $D+Xe^{-r(T-t)}$，D 即为这笔现金收益的现值，就可推导出有收益资产欧式看涨期权和看跌期权的平价关系：

$$c + D + Xe^{-r(T-t)} = p + S \tag{11.3.16}$$

从看涨期权和看跌期权的平价关系中我们可以对看涨期权和看跌期权的特性有更深入的了解。以看涨期权为例：

首先，根据式（11.3.16）有

$$c = p + S - Xe^{-r(T-t)} - D$$

也就是说在其他条件相同的情况下，如果红利的现值 D 增加，那么看涨期权的价值会下跌。

其次，在没有红利的条件下，根据式（11.3.15）有

$$c = p + S - Xe^{-r(T-t)}$$

因此看涨期权等价于借钱买入股票，并买入一个看跌期权。与直接购买股票相比，看涨期权多头有两个优点：保险和杠杆效应。对看跌期权也可以作类似的分析。

（二）美式看涨期权和看跌期权之间的关系

1. 无收益资产的美式期权。由于 $P \geqslant p$，从式（11.3.15）中我们可得

$$P \geqslant c + Xe^{-r(T-t)} - S$$

对于无收益资产看涨期权来说，由于 $c = C$，因此：

$$P \geqslant C + Xe^{-r(T-t)} - S$$

$$C - P \leqslant S - Xe^{-r(T-t)} \tag{11.3.17}$$

同时有 $C - P \geqslant S - X$，否则存在套利机会。

证明：假设 $C - P < S - X$，可以买进一份美式看涨期权，卖出一份有效期和执行价格相同的美式看跌期权，同时投资 X，卖出标的，则 t 时刻的现金流为 $P + S - C - X > 0$，在 τ 时刻收回投资，买回标的。若 $S_\tau \leqslant X$，则美式看涨期权不会被执行，而美式看跌期权会被执行，现金流为 $-(X - S_\tau) + Xe^{r(\tau-t)} - S_\tau = Xe^{r(\tau-t)} - X > 0$；若 $S_\tau > X$，则美式看涨期权会被执行，而美式看跌期权不会被执行，现金流为 $(S_\tau - X) + Xe^{r(\tau-t)} - S_\tau = Xe^{r(\tau-t)} - X > 0$，无论是在 t 时刻还是在 τ 时刻都存在套利机会，因此假设不成立，所以必有 $S - X \leqslant C - P$。

结合式（11.3.17），我们可得

$$S - X \leqslant C - P \leqslant S - Xe^{-r(T-t)} \tag{11.3.18}$$

由于美式期权可能提前执行，因此我们得不到美式看涨期权和看跌期权的精确平价关系，但我们可以得出结论：无收益美式期权必须符合式（11.3.18）的不等式。

2. 有收益资产美式期权。同样，我们只要把现金 X 改为 $D + X$，就可得到有收益资产美式期权必须遵守的不等式：

$$S - D - X \leqslant C - P \leqslant S - Xe^{-r(T-t)} \tag{11.3.19}$$

【本章小结】

1. 期权又称选择权，是指赋予其购买者在规定期限内按照双方约定的价格购买或出售一定数量某种资产的权利的合约。

2. 所有的期权和期权组合都可画出盈亏分布图。

3. 期权价值等于内在价值和时间价值之和。内在价值是零与多方行使期权时所获收益贴现值的较大值。时间价值是指在期权有效期内标的资产价格波动为期权持有者带来收益的可能性所隐含的价值。

4. 期权价格的影响因素有：标的资产的市价、期权的执行价格、期权的有效期、标的资产价格的波动率、无风险利率、标的资产的收益。

5. 看涨期权价格的上限为标的资产价格，欧式看跌期权价格上限为执行价格的现值，美式看跌期权价格的上限就是执行价格。期权价格的下限就是期权的内在价值。

6. 提前执行无收益资产的美式看涨期权是不合理的，而提前执行美式看跌期权和有收益资产的美式看涨期权，则有可能是合理的。

7. 无收益资产欧式看涨期权和看跌期权的平价关系为 $c + Xe^{-r(T-t)} = p + S$。

8. 有收益资产欧式期权平价关系为 $c + D + Xe^{-r(T-t)} = p + S$。

9. 除无收益资产美式看涨期权之外，其他美式期权由于存在提前执行的可能，因此其内在价值、平价点、价格下限、看跌期权看涨期权平价都无法确切知道。

【重要概念】

期权合约　标的资产　多头　空头　期权费　执行价格　看涨期权　看跌期权
期权回报　内在价值　时间价值　平价关系

【参考读物】

［1］孔刘柳，刁节文．金融工程［M］．上海：格致出版社、上海人民出版社，2010.

［2］叶永刚．金融工程学［M］．大连：东北财经大学出版社，2005.

［3］叶永刚，郑康彬，等．金融工程概论（第二版）［M］．武汉：武汉大学出版社，2009.

［4］郑振龙，陈蓉．金融工程（第三版）［M］．北京：高等教育出版社，2012.

［5］约翰·C. 赫尔著，周春生．期货与期权市场导论（第5版）［M］．付佳，译．北京：北京大学出版社，2007.

【练习题】

1. 为什么美式期权价格至少不低于同等条件下的欧式期权价格？

2. 为什么交易所向期权卖方收取保证金而不向买方收取保证金？

3. 一名投资者以2美元买入一个欧式股票看跌期权。股票价格为43美元，执行价格为40美元。在何种情况下投资者会获利？在何种情况下期权会被执行？用图来表示投资者利润随期权到期日的股价变化的情况。

4. 一名投资者以3美元的价格出售一个欧式股票看涨期权。股票价格为48美元，执行价格为50美元。在何种情况下投资者会获利？在何种情况下期权会被执行？用图来表示投资者利润随期权到期日的股价变化的情况。

5. 期权价格的主要影响因素有哪些？与期权价格呈何种关系？

6. 当股票价格为27美元，执行价格为25美元，无风险利率为每年8%时，4个月期的不支付股利股票的欧式看涨期权的价格下限为多少？

7. 当股票价格为10美元，执行价格为15美元，无风险利率为每年6%时，1个月期的不支付股利股票的欧式看跌期权的价格下限为多少？

8. 给出提前执行不支付股利股票美式看涨期权不是最优选择的两个原因。第一个原因应与货币的时间价值有关，第二个原因应该在利率为零的条件下也成立。

9. “提前执行美式看跌期权是在货币的时间价值与看跌期权的保险价值之间进行权衡”。请解释这句话。

10. 解释为何支付股利股票的美式看涨期权价值总是大于等于其内在价值。这一点对于欧式看涨期权成立吗？解释你的答案。

11. 不支付股利股票的价格为 18 美元，3 个月期的、执行价格为 20 美元的该股票的欧式看涨期权的价格为 1 美元。无风险利率为每年 4%。执行价格为 20 美元的 3 个月期的欧式看跌期权的价格是多少？

12. 6 个月后到期的欧式看涨期权的价格为 2 美元，执行价格为 30 美元，标的股票价格为 29 美元，预期 2 个月和 5 个月后的股利均为 0.5 美元，无风险利率为 10%，利率期限结构是平坦的。6 个月后到期的执行价格为 30 美元的欧式看跌期权的价格为多少？

第 12 章

二叉树期权定价模型

【本章知识结构】

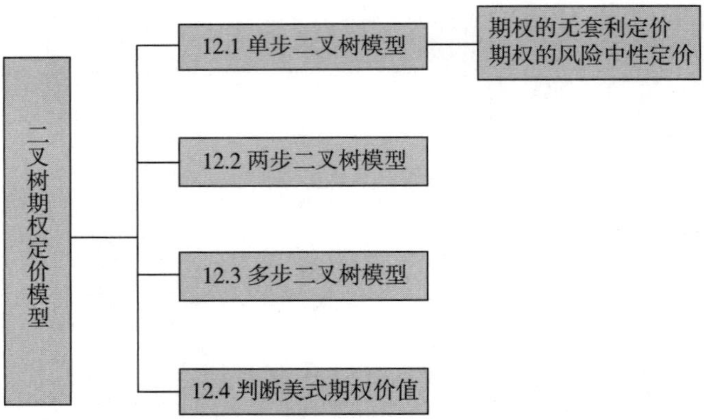

【教学要求】

1. 掌握二叉树图的构造方法；
2. 会用二叉树期权定价模型求解欧式期权的价格；
3. 掌握无套利定价和风险中性定价的关系。

为期权进行定价的两种常用方法是二叉树模型和布莱克—舒尔斯—莫顿模型。二叉树模型是利用大量离散的小幅度二值运动来模拟标的资产价格的运动，而布莱克—舒尔斯—莫顿模型则是用连续方法来模拟标的资产价格的运动。

期权定价的二叉树模型最初由考克斯、罗斯和鲁宾斯坦于 1979 年提出。该模型直观，易理解，既适用于欧式期权的定价，也适用于美式期权的定价，已经成为金融界最基本的期权定价方法之一。

本章以股票期权为例，通过构造单步、两步和多步二叉树模型，初步介绍欧式期权和美式期权的定价问题。为了简单起见，本章假设在期权的有效期内，其标的股票没有红利支付。

12.1　单步二叉树模型

二叉树期权定价模型的基本假设包括：资本市场无摩擦（不存在交易费用和税收）；市场不存在无风险套利机会；股票和期权无限可分；在期权到期日时，标的资产的市场价格只有两种可能：或者上涨到某一较高的价格，或者下降到某一较低的价格。利用二叉树模型为期权定价有两种思路：无套利定价和风险中性定价。

12.1.1　期权的无套利定价

利用无套利方法对期权定价的基本思路是：选择适当比例的股票和基于该股票的期权构造一个投资组合，使得该投资组合在期末时价值确定（即投资组合无风险），由此该投资组合的收益率必须等于无风险利率（无套利假设）。根据构造投资组合现值及其终值之间的关系，在构造组合的股票价格已知的条件下，可以得出股票期权的价格。

假设某只股票当前价格为 S，未来 T 时刻股票价格可能上涨到 uS，也可能下降到 dS。其中，$u>1$，$0<d<1$。以此股票为标的的欧式看涨期权有效期为 T，执行价格为 X，当前时刻该期权的价值设为 f。在期权的到期日，如果股票价格为 uS，期权的价值设为 f_u；如果股票价格为 dS，期权的价值设为 f_d。例如，根据期权合约的定义，对于欧式看涨期权而言，$f_u=\max(uS-X,0)$，$f_d=\max(dS-X,0)$。股票和期权的价值变化如图 12.1 所示。

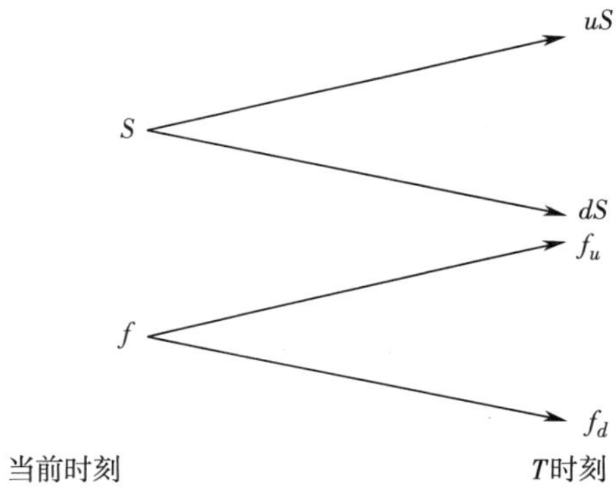

图 12.1　股票价格和期权价格的单步二叉树图

为了计算期权价值 f，可以构造一个无风险套期保值的证券组合：Δ 股的股票多头头寸和一份期权合约的空头头寸，该组合初始价值为 $\Delta S-f$。

由于该证券组合为无风险组合，则无论未来股票价格上升还是下降，在期权的到期日，该组合价值相同，即组合的价值不受标的资产价值的变化而变化。如果 T 时刻股票价格为 uS，则在期权的到期日该组合价值为 $u\Delta S-f_u$；如果 T 时刻股票价格为 dS，则在期权的到期日该组合价值为 $d\Delta S-f_d$。该组合为无风险组合，于是有等式

$$u\Delta S-f_u=d\Delta S-f_d \tag{12.1.1}$$

整理求解，可得股票多头头寸数量 Δ 的具体取值为

$$\Delta=\frac{f_u-f_d}{uS-dS} \tag{12.1.2}$$

因此，$\frac{f_u-f_d}{uS-dS}$份的股票多头和一份期权合约空头所构成的证券组合是无风险组合，根据无套利原理，该组合的收益率一定是无风险利率 r，那么该组合的现值就是 $(u\Delta S-f_u)\mathrm{e}^{-rT}$，由于该组合的初始价值为 $\Delta S-f$，于是有等式

$$\Delta S-f=(u\Delta S-f_u)\mathrm{e}^{-rT} \tag{12.1.3}$$

将式（12.1.2）中的 Δ 代入式（12.1.3）中，可以得到

$$f = e^{-rT}[pf_u + (1-p)f_d] \tag{12.1.4}$$

其中

$$p = \frac{e^{rT} - d}{u - d} \tag{12.1.5}$$

式（12.1.4）就是利用无套利定价方法计算期权价格的公式。

直观上，人们认为股票价格上升的概率增加，股票期权价格也会增加。但是，从期权的定价公式（12.1.4）中，可以看出期权价格不依赖于股票价格上升的概率。事实上，期权的价格只与 u、d、S、X、r 有关。

✪ **【例 12.1】** 假设某只股票当前价格是 30 美元，3 个月后，股票价格或上涨到 37.5 美元，或下跌到 24 美元，以该股票为标的的欧式看涨期权有效期为 3 个月，执行价格为 33 美元，无风险利率为 5%，试计算该期权的价格。

由题知，股票价格上涨率 $u = 37.5/30 = 1.25$，股票价格下降率 $d = 24/30 = 0.8$，期权的执行价格为 $X = 33$，3 个月后，若股票价格上涨，期权合约价值为 $f_u = 4.5$；若股票价格下降，期权合约价值为 $f_d = 0$，由公式（12.1.5）得到 $p = \frac{e^{rT} - d}{u - d} = 0.47$，将这些数据代入公式（12.1.4），得到期权价格为

$f = e^{-0.05 \times 0.25}$（$0.47 \times 4.5 + 0.53 \times 0$）$= 2.09$ 美元。

12.1.2 期权的风险中性定价

运用风险中性定价原理为期权定价需要作出一个简单假设：所有投资者对标的资产价格风险的态度都是中性的，既不偏好也不厌恶。在这样的条件下，所有证券的预期收益率都等于无风险利率，因为风险中性的投资者并不需要额外的收益来吸引他们承担风险。因此，所有现金流都可以使用无风险利率进行贴现，求得现值。这就是风险中性定价原理。

假设在风险中性世界中股票价格以概率 p 上升到 uS，以概率 $1-p$ 下降到 dS，那么股票价格的未来期望值按无风险利率贴现的现值必须等于该股票现在的价格，于是有等式

$$S = e^{-rT}[puS + (1-p)dS] \tag{12.1.6}$$

即

$$p = \frac{e^{rT} - d}{u - d} \tag{12.1.7}$$

同样，期权价格也可以通过未来期望值的贴现值确定，知道了风险中性概率后，期权价格就可以通过下面的式子求得

$$f = e^{-rT}[pf_u + (1-p)f_d] \tag{12.1.8}$$

可以发现式（12.1.8）与式（12.1.4）形式相同，因此将 p 称为风险中性概率。

运用风险中性定价原理求解【例 12.1】。在风险中性假设条件下，由式（12.1.7）求得风险中性概率是 $p = \frac{e^{rT} - d}{u - d} = 0.47$，代入式（12.1.8）求得该期权的价格为 $f = e^{-rT}$［$pf_u +$（$1-p$）f_d］$= 2.09$ 美元。这一计算结果与【例 12.1】结果相同，这说明利

用无套利定价原理和风险中性定价原理结论相同。

12.2 两步二叉树模型

本节将单步二叉树模型推广到两步二叉树模型，如图 12.2 所示。假设某股票当前价格为 S，在两步二叉树的每个单步二叉树中，股票价格或者上升 u 倍，或者下降 d 倍，期权价值变化也分别表示在二叉树图中。假设每个单步二叉树的时间长度都为 Δt 年。

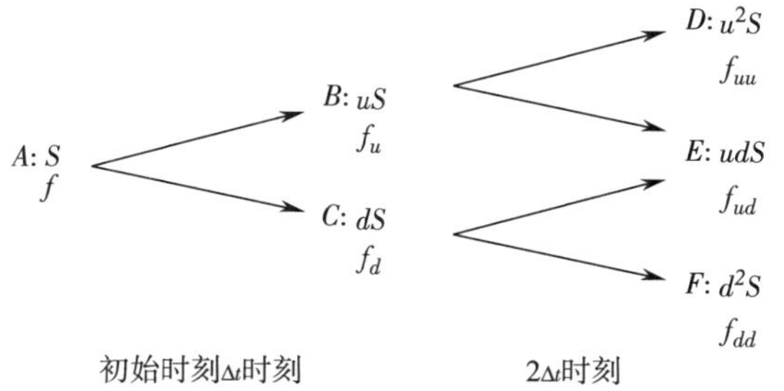

图 12.2 两步二叉树的股票价格和期权价格

利用单步二叉树模型中推导出的公式（12.1.4），可以得到

$$f_u = e^{-r\Delta t}[pf_{uu} + (1-p)f_{ud}] \tag{12.2.1}$$

$$f_d = e^{-r\Delta t}[pf_{ud} + (1-p)f_{dd}] \tag{12.2.2}$$

$$f = e^{-r\Delta t}[pf_u + (1-p)f_d] \tag{12.2.3}$$

将式（12.2.1）和式（12.2.2）代入式（12.2.3），得到

$$f = e^{-2r\Delta t}[p^2 f_{uu} + 2p(1-p)f_{ud} + (1-p)^2 f_{dd}] \tag{12.2.4}$$

观察式（12.2.4）可以看出，变量 p^2、$2p\ (1-p)$、$(1-p)^2$ 就是风险中性世界中股票价格达到图 12.2 中 D、E、F 三个点的概率。这与风险中性定价原理相同：期权的价格等于它在风险中性世界中的预期收益按无风险利率贴现的值。

✪【例 12.2】假设某只股票初始价格为 40 美元，在两步二叉树的每个单步二叉树图中，股票价格或者上升 25%，或者下降 20%，每个单步二叉树的时间间隔为 3 个月，基于这一股票的欧式看涨期权执行价格为 45 美元，无风险利率为 12%，试求该期权的价格。

两步二叉树模型中股票价格和期权价格变化如图 12.3 所示。

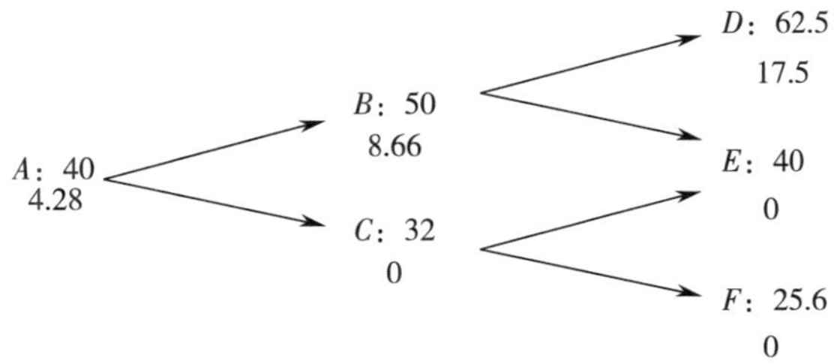

图 12.3 两步二叉树的股票价格和期权价格

二叉树图 12.3 的每个节点上，上面的数代表股票价格，下面的数代表期权价格，每

个节点处的股票价格都可以根据股票价格上升率和下降率计算出来，最后一列节点处的期权价格可以根据期权合约定义计算出来，例如 D 点处期权价格为 62.5 − 45 = 17.5 美元，E、F 点处期权价格为 0 美元。

将 $u=1.25$，$d=0.8$，$r=0.12$，$T=0.25$ 代入单步二叉树定价公式（12.1.4），得到 $p=\frac{e^{rT}-d}{u-d}=0.51$，这样就可以分别计算出 B 点和 C 点处期权价格，其中 B 点处期权价格为 $e^{-0.12\times0.25}(0.51\times17.5+0.49\times0)=8.66$ 美元，同理可求得 C 点处期权价格为 0 美元。

由后向前倒推，重复利用单步二叉树定价公式，计算出节点 A 处期权的价格，也就是期权的初始价值为 $e^{-0.12\times0.25}(0.51\times8.66+0.49\times0)=4.28$ 美元。

12.3 多步二叉树模型

在实际应用中，由于股票价格在某一段时间内不断变化，单步二叉树或者两步二叉树都不切实际。为此，本节将两步股票价格的变化推广到多步。在实际中应用二叉树，期权的期限通常会被分割为 30 或更多的步数，在每一步中，股票价格变动仍由一个单步二叉树来表达。

假设某只股票初始价格为 S，如前两节所述，假设股票价格在未来时刻只能上涨或下跌，上涨率为 u，下降率为 d，假设每期时间都为 Δt，共有 n 期。具体如图 12.4 所示。

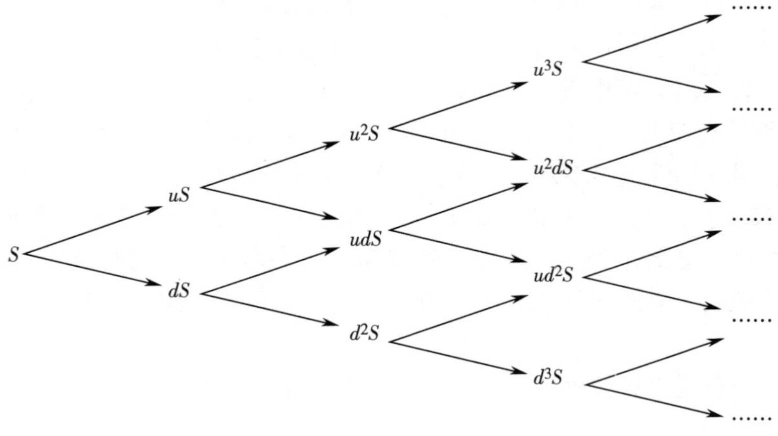

图 12.4 股票价格的多步二叉树展开图

计算基于该股票的欧式看涨期权价格的方法类似于两步二叉树期权定价公式。采用倒推的方法，首先根据期权合约的性质计算第 n 期期权的价值，利用单步二叉树期权定价公式（12.1.4），计算出第 $n-1$ 期期权的价值，重复利用公式（12.1.4），直至求出期权的初始价值。

运用风险中性定价原理也可以为多步二叉树期权定价。由前面两节的讲述知道，在风险中性概率条件下，期权的价格是其收益期望值的贴现，而股票价格波动的概率（也是期权价格波动的概率）服从试验次数为 n 的二项式分布。因此 n 期欧式看涨期权价值分布如表 12.1 所示。

表 12.1 **n 期欧式看涨期权价值分布表**

期权价值	概率 p
$\max(u^nS-X,0)$	$C_n^np^n(1-p)^0$
$\max(u^{n-1}dS-X,0)$	$C_n^{n-1}p^{n-1}(1-p)^1$
……	……
$\max(u^{n-k}d^kS-X,0)$	$C_n^{n-k}p^{n-k}(1-p)^k$
……	……
$\max(d^nS-X,0)$	$C_n^0p^0(1-p)^n$

因此，期权的初始价值为

$$c=\left[\sum_{k=0}^{n}C_n^kp^k(1-p)^{n-k}\max(u^kd^{n-k}S-X,0)\right]e^{-rn} \qquad (12.3.1)$$

式（12.3.1）和重复利用公式（12.1.4）得到的结果是一致的。从式（12.3.1）可以知道，看涨期权的价值随着股票价格的上涨而上涨，随着执行价格的上涨而下降。另外，无风险利率、期权的到期期限 n 也影响着看涨期权的价值。

在得到欧式看涨期权定价公式后，再根据平价公式就可以得到欧式看跌期权的定价公式。

12.4 美式期权定价

美式期权的特点是投资者可以选择提前执行期权合约，这就导致了美式期权定价的复杂性。计算美式期权价格的思路和欧式期权相同，仍然采用倒推方法，计算某一个节点处期权价值时，先根据下一节点的期权价值运用公式（12.1.4）计算出本节点处期权价值，然后与在该时刻提前执行期权可以得到的收益进行比较，取两者中的较大者为本节点的期权价值。

下面给出一个用二叉树模型为美式看跌期权定价的例子。

✪【例 12.3】假设某只不支付红利的股票，当前时刻价格为 50 美元，未来时刻股票价格上涨率为 1.25，下降率为 0.8，无风险连续复利年利率为 10%，基于该股票的 4 个月期的美式看跌期权执行价格为 50 美元，求该期权的价格。

为了构造多步二叉树，把期权的有效期分为 4 段，每段为 1 个月，据此画出该期权的 4 步二叉树图，具体如图 12.5 所示。

根据公式（12.1.7）求解得风险中性概率为 $p=\dfrac{e^{r\Delta t}-d}{u-d}=0.47$，图 12.5 中每个节点处有两个值，上面的数值表示股票价格，下面的数值表示期权价格。在风险中性世界中，股票价格上涨概率总是等于 0.47，下降概率总是等于 0.53。

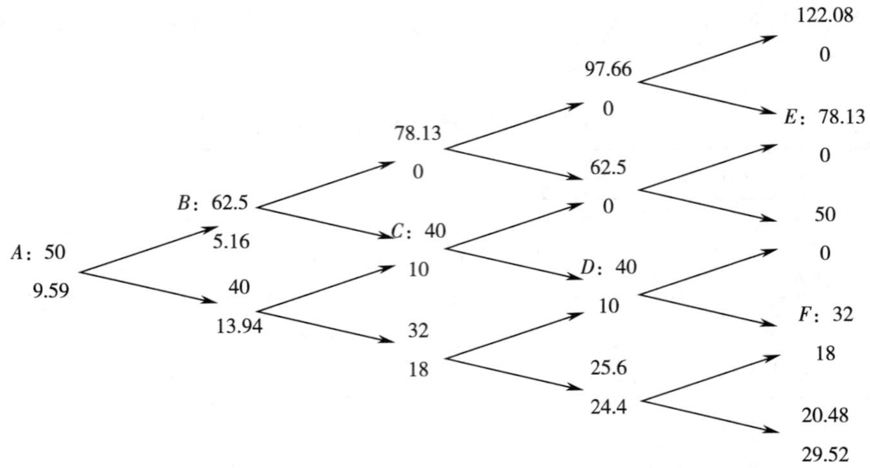

图 12.5　美式看跌期权多步二叉树图

由期权合约的性质可以得出最后一列各节点处期权的价值，例如节点 E、F，从最后一列节点处的期权价值可以计算倒数第二列节点的期权价值。首先，假定在这些节点处期权没有被提前执行，根据贴现值计算出该节点的期权价值，然后检查提前执行该期权是否有利，即将贴现值与提前执行获得的收益进行比较，取两者中的较大者为本节点处期权价值。例如节点 D，该点处期权未被提前执行的价值是 $(0.47\times0+0.52\times18)e^{-0.1\times0.083}=9.28$ 美元。而在该点处执行期权的收益为 $50-40=10$ 美元，显然，在 D 点提前执行期权是有利的，因此该点处期权的价值就是两者中的较大者 10 美元。

同理，计算其他节点处的期权价值，重复上述步骤，最终推导出 A 点的期权价值为 6.52 美元。

【本章小结】

1. 二叉树图方法用离散模型模拟资产价格的连续运动，二叉树模型分为单步二叉树、两步二叉树和多步二叉树。步数越多，计算出来的期权价值越接近真实值。

2. 期权的二叉树定价有无套利定价原理和风险中性定价原理，二者的计算结果相同。

3. 如果是美式期权，有必要在每个节点确定执行期权是否比继续持有有利，从而确定该节点处期权的价值。

【重要概念】

单步二叉树　两步二叉树　多步二叉树　无套利定价　风险中性定价
美式期权定价

【参考读物】

[1] 张茂军，南江霞．金融工程理论及应用［M］．大连：大连理工大学出版

社，2010.
［2］林清泉．金融工程（第二版）［M］．北京：中国人民大学出版社，2004.
［3］郑振龙，陈蓉．金融工程（第三版）［M］．北京：高等教育出版社，2012.

【练习题】

1. 简述利用二叉树模型为期权定价的两种方法的原理。

2. 某只股票的当前价格为 50 美元，在 6 个月后股票价格将上涨为 60 美元或者下降到 42 美元，无风险利率为 5%，计算执行价格为 48 美元、期限为 6 个月的欧式看涨期权价格。验证无套利原理与风险中性理论所得出的结论是一致的。

3. 某只股票的当前价格为 40 美元，已知在 1 个月后，这只股票的价格将变为 50 美元或者 32 美元，无风险利率为每年 8%，执行价格为 42 美元，1 个月期限的欧式看跌期权的价格为多少？

4. 利用二叉树模型计算某个美式看涨期权的价值。该期权的标的资产为某一股票，其当前价格为 35 美元，在未来半年时间内，该股票价格可能上升到 42 美元，也可能下降到 29.4 美元。已知该期权的执行价格为 32 美元，无风险利率为 10%。

5. 某只股票的当前价格为 80 美元，在未来 3 个月，股票价格或上涨 25% 或下跌 20%，无风险利率为 15%，试计算：

（1）执行价格为 90 美元，6 个月的欧式看涨期权的价格；

（2）执行价格为 90 美元，6 个月的美式看跌期权的价格。

6. 假设某只股票当前价格为 50 美元，股票价格在未来的每一年上涨 20% 或者下降 20%，无风险利率为 5%，试计算执行价格为 52 美元、期限为 2 年的欧式股票看跌期权的价格。

7. 某只股票的当前价格为 100 美元，股票价格在未来的每 6 个月上涨 10% 或者下跌 10%，无风险年利率为 8%，试计算执行价格为 100 美元的 1 年期的欧式看涨期权的价值。

8. 考虑第 7 题的情况，执行价格为 100 美元、1 年期的欧式看跌期权的价值是多少，验证欧式看跌期权和看涨期权的价格满足平价关系。

9. 假设一个无红利股票的欧式看涨期权还有 6 个月到期，当前该股票价格为 40 美元，未来该股票价格上涨率为 1.25，下降率为 0.8，期权的执行价格为 46 美元，无风险利率为 10%，请按照时间间隔为 2 个月来构造二叉树模型，计算该期权的价值。

第 13 章

B－S－M 期权定价模型

【本章知识结构】

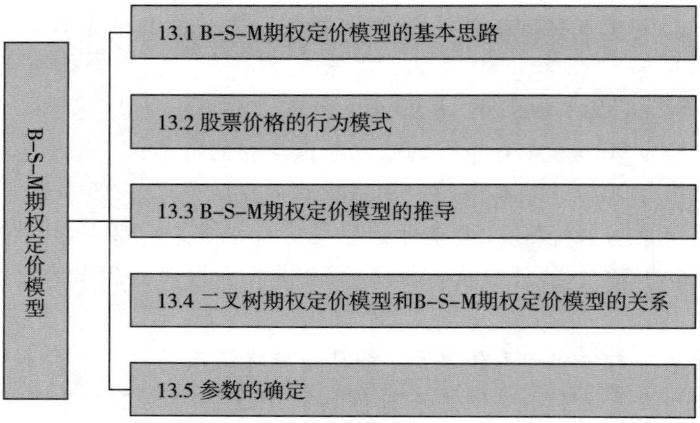

教学要求

1. 理解股票价格的行为模式；
2. 掌握布莱克—舒尔斯—莫顿期权定价公式；
3. 了解布莱克—舒尔斯—莫顿偏微分方程；
4. 掌握二叉树期权定价模型和 B－S－M 定价模型的关系。

在国际金融衍生工具市场的发展过程中，期权的定价一直是困扰投资者的一大难题。而且期权定价是所有金融衍生工具定价中最复杂的。1973 年，美国芝加哥大学教授费雪·布莱克（Fisher Black）和梅隆·舒尔斯（Myron Scholes）提出了著名的 B－S 定价模型，用于确定欧式股票期权价格，在学术界和实务界引起了强烈的反响。同年，罗伯特·莫顿（Robert C. Merton）独立地提出了一个更为一般化的模型。舒尔斯和莫顿由此获得了1997年的诺贝尔经济学奖。本章以股票期权为例，将尽量深入浅出地介绍布莱克—舒尔斯—莫顿期权定价模型（以下简称 B－S－M 模型）。

13.1　B－S－M 期权定价模型的基本思路

上一章的二叉树期权定价模型中，我们假设股价在一段时间之后，只有两种可能取值状态，即上升至原来价格的 u 倍或下降至原来价格的 d 倍。而现实生活中，股票价格是随机变化的，因此 B－S－M 期权定价模型中用数学上的一种随机过程——几何布朗运动——来描述股票价格的变化过程。同时，期权价格的变化也是一个相应的随机过程。

布莱克和舒尔斯发现，影响股票价格和期权价格的不确定性因素相同。因此，通过买入和卖出一定数量的期权和标的股票来建立一个资产组合，便可以消除不确定性因素的影响，从而使整个资产组合没有风险，根据无风险组合获得无风险收益，从而得到 B－S－M 微分方程。求解这一方程，就得到了期权价格。

13.2　股票价格的行为模式

我们通常用形如$\frac{\mathrm{d}S}{S}=a\mathrm{d}t+b\mathrm{d}z$的几何布朗运动来描绘股票价格的变化过程，但几何布朗运动仅仅是一种较好的贴近股票价格变化规律的假设。

几何布朗运动中的 $\mathrm{d}z$ 完全反映了影响股票价格变化的随机因素，通常称之为标准布朗运动或维纳过程。标准布朗运动起源于物理中对完全浸没于液体或气体中的小粒子运动的描述，而真正用于描述布朗运动的随机过程的定义是维纳给出的，故又称维纳过程。遵循标准布朗运动的变量 z 在一个小的时间间隔长度 Δt 内的变化要满足以下两个特征：

（1）$\Delta z=\varepsilon\sqrt{\Delta t}$，$\varepsilon\sim\varphi[0,\ 1]$；　(13.2.1)

（2）对于任意两个不同的时间间隔 Δt，Δz 的值相互独立。

我们可以从第一个特征推出 $\Delta z\sim\varphi[0,\ \Delta t]$，也就是说 Δz 服从均值为零，方差为 Δt 的正态分布。接下来我们考察遵循标准布朗运动的变量 z 在一段较长时间 $T-t$ 中的变化量。变化量 $z(T)-z(t)$ 可看作是在 N 个长度为 Δt 的小时间间隔内的 Z 的变化量之和，其中 $N=\frac{T-t}{\Delta t}$。我们根据第二个特征可以推出，这是 N 个相互独立的正态分布的和。于是可以得出以下的式子：

$$z(T)-z(t)=\sum_{i=1}^{N}\varepsilon_i\sqrt{\Delta t} \qquad (13.2.2)$$

式中，$\varepsilon_i\sim\varphi[0,\ 1]$，$\varepsilon_i$ 相互独立，故 $z(T)-z(t)$ 服从均值为零、方差为 $N\Delta t=T-t$的正态分布，即 $z(T)-z(t)\sim\varphi[0,\ T-t]$。在 $\Delta t\to 0$ 时，我们就可以得到连续的标准布朗运动 $\mathrm{d}z=\varepsilon\sqrt{\mathrm{d}t}$。

用维纳过程描述股价变化的原因主要有以下两点：一是维纳过程利用服从标准正态分布的随机变量 ε 来反映变量变化的随机特征。经验事实表明，股票价格的连续复利收益率近似地服从正态分布，这为维纳过程在股票价格随机过程的运用奠定了重要的理论基础。二是具备以上两个特征的维纳过程是一个马尔可夫过程，这与金融学中的弱式效率市场假说不谋而合。如果证券价格遵循马尔可夫过程，则意味着其未来证券价格的预测只取决于该证券现在的价格，而与价格变动的历史无关，这显然和弱式市场效率假说是一致的。这两个原因读者大致理解即可，因为其中涉及很多复杂的数学知识，本书就不再详述。

在现实生活中，大部分变量的运动过程不仅仅包括随机波动，还可能存在时间趋势等特征，下面我们就引入普通布朗运动的概念。首先引入漂移率和方差率。漂移率是指单位时间内随机变量均值的变化值。方差率是指单位时间内随机变量的方差。显然，我们之前讨论的变量 z 服从标准布朗运动，其漂移率为零，方差率为 1.0。漂移率为零意味着在未来任意时刻 z 的均值都等于它的当前值，方差率为 1.0 意味着在一段长度为 T 的时间段后，z 的方差为 $1.0\times T$。令漂移率为 a，方差率为 b^2，就可得到变量 x 的普通布朗运动：

$$\mathrm{d}x = a\mathrm{d}t + b\mathrm{d}z \tag{13.2.3}$$

式中，a 和 b 均为常数，dz 遵循标准布朗运动。式（13.2.3）表明遵循普通布朗运动的变量 x 是关于时间 t 和 dz 的动态过程。因此，标准布朗运动是普通标准布朗运动的一个特例。

从式（13.2.1）和式（13.2.3）可知，在短时间 Δt 后，变量 x 的变化值 Δx 为

$$\Delta x = a\Delta t + b\varepsilon\sqrt{\Delta t} \tag{13.2.4}$$

因此 Δx 也具有正态分布的特征，它服从均值为 $a\Delta t$，标准差为 $b\sqrt{\Delta t}$，方差为 $b^2\Delta t$ 的正态分布。同样，在任意时间长度 $T-t$ 后变量 x 的变化值也具有正态分布的特征，它服从均值为 $a\ (T-t)$、标准差为 $b\sqrt{T-t}$、方差为 $b^2\ (T-t)$ 的正态分布。

如果变量 x 的漂移率和方差率均为变量 x 和时间 t 的函数，则变量 x 服从伊藤（Itô）过程：

$$\mathrm{d}x = a(x,t)\mathrm{d}t + b(x,t)\mathrm{d}z \tag{13.2.5}$$

式中，dz 服从标准布朗运动，a 和 b 都是变量 x 和 t 的函数。在式（13.2.5）中，变量 x 的漂移率为 $a\ (x,\ t)$，方差率为 $b^2\ (x,\ t)$。

下面引入 Itô 引理。假设 X 服从 Itô 过程，且存在一个 x 和 t 的函数 g，则该函数也服从 Itô 过程：

$$\mathrm{d}g = (\frac{\partial g}{\partial x}a + \frac{\partial g}{\partial t} + \frac{1}{2}\frac{\partial^2 g}{\partial x^2}b^2)\mathrm{d}t + \frac{\partial g}{\partial x}b\mathrm{d}z \tag{13.2.6}$$

式中，漂移率为$\frac{\partial g}{\partial x}a + \frac{\partial g}{\partial t} + \frac{1}{2}\frac{\partial^2 g}{\partial x^2}b^2$，方差率为 $\left(\frac{\partial g}{\partial x}\right)^2 b^2$。

专栏 13.1
Itô 引理的推导

考虑一个连续并且对 x 可导的函数 g，如果 x 变化为 Δx，相应地，g 变化为 Δg，则 $\Delta g \approx \frac{\mathrm{d}g}{\mathrm{d}x}\Delta x$，

运用 Δg 的泰勒展开式，得到精确的表达式

$$\Delta g = \frac{dg}{dx}\Delta x + \frac{1}{2}\frac{d^2 g}{dx^2}\Delta x^2 + \frac{1}{6}\frac{d^3 g}{dx^3}\Delta x^3 + \cdots \quad (13.2.7)$$

如果连续可导函数 g 有两个变量 x 和 y，则 $\Delta g \approx \frac{\partial g}{\partial x}\Delta x + \frac{\partial g}{\partial y}\Delta y$，相应地，用泰勒展开式得到精确的表达式

$$\Delta g \approx \frac{\partial g}{\partial x}\Delta x + \frac{\partial g}{\partial y}\Delta y + \frac{1}{2}\frac{\partial^2 g}{\partial x^2}\Delta x^2 + \frac{\partial^2 g}{\partial x \partial y}\Delta x \Delta y + \frac{1}{2}\frac{\partial^2 g}{\partial y^2}\Delta y^2 + \cdots \quad (13.2.8)$$

当 Δx 和 Δy 趋于零时，式（13.2.8）近似为

$$dg = \frac{\partial g}{\partial x}dx + \frac{\partial g}{\partial y}dy \quad (13.2.9)$$

现将式（13.2.9）推广到 Itô 过程。假定变量 x 满足 Itô 过程，即

$$dx = a(x,t)dt + b(x,t)dz \quad (13.2.10)$$

且已知 g 是 x 和 t 的函数，则我们可以得出

$$\Delta g = \frac{\partial g}{\partial x}\Delta x + \frac{\partial g}{\partial t}\Delta t + \frac{1}{2}\frac{\partial^2 g}{\partial x^2}\Delta x^2 + \frac{\partial^2 g}{\partial x \partial t}\Delta x \Delta t + \frac{1}{2}\frac{\partial^2 g}{\partial t^2}\Delta t^2 + \cdots \quad (13.2.11)$$

将式（13.2.10）离散化可得

$$\Delta x = a(x,t)\Delta t + b(x,t)\varepsilon\sqrt{\Delta t}$$

如果暂时忽略函数的变量，则式（13.2.11）可转化为 $\Delta x = a\Delta t + b\varepsilon\sqrt{\Delta t}$，即式（13.2.4）。

上式揭示了式（13.2.8）与式（13.2.11）之间的重要差异。当对式（13.2.8）取极限而使得其被转化为式（13.2.9）时，因为 Δx^2 是二阶高阶项，可忽略这一项。从式（13.2.4）出发，可以得到

$$\Delta x^2 = \left[a\Delta t + b\varepsilon\sqrt{\Delta t}\right]^2 = a^2\Delta t^2 + b^2\varepsilon^2\Delta t + 2ab\varepsilon\Delta t^{\frac{3}{2}} \approx b^2\varepsilon^2\Delta t \quad (13.2.12)$$

式（13.2.12）说明了式（13.2.11）中的 Δx^2 项包含 Δt，因而这一项不可忽略。

因为标准正态分布的方差为 1.0，也就是说 $E(\varepsilon^2) - \left[E(\varepsilon)\right]^2 = 1$，其中 E 表示期望值。因为 $E(\varepsilon) = 0$，所以 $E(\varepsilon^2) = 1$，从而 $\varepsilon^2\Delta t$ 的期望值为 Δt。根据标准正态分布的性质可知，$\varepsilon^2\Delta t$ 的方差为 $2\Delta t^2$。而且随机变量在时间 Δt 内的方差与 Δt（而不是 Δt^2）是成正比的，因此，当 Δt 趋于 0 时，可将 $\varepsilon^2\Delta t$ 视为非随机项，并等于其期望值。这样，式（13.2.12）中的 Δx^2 在 Δt 趋于 0 时为非随机项，并等于 $b^2 dt$。对式（13.2.11）取极限，并根据以上的结果，我们就可以得出

$$dg = \frac{\partial g}{\partial x}dx + \frac{\partial g}{\partial t}dt + \frac{1}{2}\frac{\partial^2 g}{\partial x^2}b^2 dt \quad (13.2.13)$$

以上公式就是 Itô 引理。将式（13.2.10）中的 dx 代入式（13.2.13）中，得到

$$dg = \left(\frac{\partial g}{\partial x}a + \frac{\partial g}{\partial t} + \frac{1}{2}\frac{\partial^2 g}{\partial x^2}b^2\right)dt + \frac{\partial g}{\partial x}b\,dz$$

✪【例 13.1】假设变量 S 服从 $dS = \mu S dt + \sigma S dz$，其中 μ 和 σ 都为常数，则 $\ln S$ 遵循怎样的随机过程？

因为 μ 和 σ 是常数，那么 S 就服从漂移率为 $a(S, t) = \mu S$，方差率为 $b^2 = (\sigma S)^2$

的 Itô 过程。令 $G=\ln S$，则$\frac{\partial G}{\partial S}=\frac{1}{S}$，$\frac{\partial G}{\partial t}=0$，$\frac{\partial^2 G}{\partial S^2}=-\frac{1}{S^2}$，代入式（13.2.6），得 $G=\ln S$ 所遵循的随机过程为

$$dG = d\ln S = (\mu - \frac{\sigma^2}{2})dt + \sigma dz \tag{13.2.14}$$

假设 s 为股票价格，则 $d\ln S$ 是股票的连续复利收益率，式（13.2.14）说明了股票的连续复利收益率服从期望值为 $(\mu-\frac{\sigma^2}{2})$ dt、方差为 $\sigma^2 dt$ 的正态分布。

一般来说，金融学家认为股票价格的变化过程可以用漂移率为 μS、方差率为 $\sigma^2 S^2$ 的 Itô 过程来表示：

$$dS = \mu S dt + \sigma S dz$$

式中，μ 表示股票在短期内以连续复利表示的年化预期收益率，σ 表示股票连续复利收益率的年化标准差，也被称为股票价格的波动率。我们知道预期收益率要受主观偏好的影响，但后面我们会发现，这个受主观影响的因素并不包含在定价公式当中。相反，股票价格的波动率 σ 对期权的定价则十分重要。常用的波动率有历史波动率和隐含波动率。

由【例 13.1】可知，股票价格的对数服从普通布朗运动，因为它有恒定的漂移率 $\mu-\frac{\sigma^2}{2}$和恒定的方差率 σ^2。由前面的分析可知，一个服从普通布朗运动 $dx=a(x,t)dt+b(x,t)dz$ 的变量在任意长度 $T-t$ 内的变化值都服从均值为 $a(T-t)$、方差为 $b^2(T-t)$的正态分布。所以，

$$\ln S_T - \ln S \sim \phi\left[(\mu-\frac{\sigma^2}{2})(T-t), \sigma^2(T-t)\right]。$$

又因为当前时刻的 $\ln S$ 实际上是已知的，上式又可以改写为

$$\ln S_T \sim \phi\left[\ln S + (\mu-\frac{\sigma^2}{2})(T-t), \sigma^2(T-t)\right] \tag{13.2.15}$$

也就是说，股票价格服从几何布朗运动意味着未来 T 时刻股票价格的对数 $\ln S_T$ 服从正态分布，即未来 T 时刻的股票价格 S_T 服从对数正态分布。

13.3 B－S－M 期权定价模型的推导

B－S－M 模型的主要假设如下：

（1）标的资产的价格符合几何布朗运动，即漂移率和波动率为常数；

（2）允许卖空股票；

（3）没有交易成本和税负，所有证券都是完全可分的；

（4）不存在无风险套利机会；

（5）股票交易是连续的，且价格变动也是连续的；

（6）在衍生证券有效期内，无风险利率是常数；

（7）在衍生证券有效期内标的股票没有现金收益。

B－S－M 公式可由上一节介绍的 Itô 方法直接推导。如果标的资产价格的变动服从

几何布朗运动，即股票价格满足下式：

$$dS = \mu S dt + \sigma S dz \tag{13.3.1}$$

在一个小的时间间隔 Δt 中，S 的变化为

$$\Delta S = \mu S \Delta t + \sigma S \Delta z \tag{13.3.2}$$

以该股票为标的资产的衍生工具价格变动可表示如下：

$$df = \left(\frac{\partial F}{\partial S}\mu S + \frac{\partial f}{\partial t} + \frac{1}{2}\frac{\partial^2 f}{\partial S^2}\sigma^2 S^2\right)dt + \frac{\partial f}{\partial S}\sigma S dz \tag{13.3.3}$$

同样地，在一个小的时间间隔 Δt 内衍生工具价格的变化为

$$\Delta f = \left(\frac{\partial f}{\partial S}\mu S + \frac{\partial f}{\partial t} + \frac{1}{2}\frac{\partial^2 f}{\partial S^2}\sigma^2 S^2\right)\Delta t + \frac{\partial f}{\partial S}\sigma S \Delta z \tag{13.3.4}$$

式（13.3.1）和式（13.3.3）中的随机因素来源 dz 都是一样的。布莱克—舒尔斯—莫顿期权定价模型的主要思想就是，如果标的资产和资产衍生工具的基础风险来源一样，那么通过买入合适数量的资产并卖出衍生工具，或者采取相反的做法，构建投资组合，就可以抵消随机因素的影响。

观察式（13.3.1）和式（13.3.3）中 dz 前面的系数，假设我们卖出一单位衍生合约，买入$\frac{\partial f}{\partial S}$单位的标的资产，则可以构建无风险的投资组合。

投资组合现在的价值为

$$V = -f + \frac{\partial f}{\partial S}S \tag{13.3.5}$$

在经过一个小的时间间隔 Δt 后，组合的价值变化为

$$\Delta V = -\Delta f + \frac{\partial f}{\partial S}\Delta S \tag{13.3.6}$$

将式（13.3.2）和式（13.3.4）代入式（13.3.6），可得

$$\Delta V = -\left(\frac{\partial f}{\partial t} + \frac{1}{2}\frac{\partial^2 f}{\partial S^2}\sigma^2 S^2\right)\Delta t \tag{13.3.7}$$

从式（13.3.7）可以看出，组合价值的变化值中已不包含随机因素项，因此，该组合的价值在一个小的时间间隔 Δt 内的变化是确定的。在不存在无风险套利机会的条件下，该组合在 Δt 内的瞬时收益率就应该等于这一时间间隔 Δt 中的无风险收益率。即

$$\Delta V = rV\Delta t \tag{13.3.8}$$

把式（13.3.5）和式（13.3.7）代入式（13.3.8），可得

$$-\left(\frac{\partial f}{\partial t} + \frac{1}{2}\frac{\partial^2 f}{\partial S^2}\sigma^2 S^2\right)\Delta t = r\left(-f + \frac{\partial f}{\partial S}S\right)\Delta t \tag{13.3.9}$$

化简得

$$rf = r\frac{\partial f}{\partial S}S + \frac{\partial f}{\partial t} + \frac{1}{2}\frac{\partial^2 f}{\partial S^2}\sigma^2 S^2 \tag{13.3.10}$$

这就是著名的布莱克—舒尔斯—莫顿微分方程，它适用于其价格取决于标的资产价格 S 的所有衍生证券的定价。我们可以发现受主观的风险收益偏好影响的股票预期收益

率并不包含在衍生证券的定价公式当中，这就意味着无论主观的风险收益偏好如何，都不会影响 f 的值。这也就是我们上一章提到过的风险中性假定。在风险中性的条件下，式（13.2.15）中的 μ 可以用 r 取代，即

$$\ln S_T \sim \phi\left[\ln S + \left(r - \frac{\sigma^2}{2}\right)(T-t), \sigma^2(T-t)\right] \tag{13.3.11}$$

以下我们来具体给出常见的几种股票期权的定价公式。

（一）无收益资产期权的定价公式

1. 无收益资产欧式看涨期权的定价公式。在风险中性世界里，无收益资产欧式看涨期权在到期日的期望价值为

$$\hat{E}[\max(S_T - X, 0)]$$

式中，$\hat{E}$ 代表风险中性世界中的期望值。由风险中性定价理论可知，欧式看涨期权的价格 c 是这个值以无风险利率贴现的结果，即

$$c = e^{-r(T-t)}\hat{E}[\max(S_T - X, 0)]$$

对上式右边求值是一个复杂的积分过程，结果为

$$c = e^{-r(T-t)}\hat{E}[\max(S_T - X, 0)] = SN(d_1) - Xe^{-r(T-t)}N(d_2) \tag{13.3.12}$$

式中，$d_1 = \dfrac{\ln\dfrac{S}{X} + \left(r + \dfrac{\sigma^2}{2}\right)(T-t)}{\sigma\sqrt{T-t}}$；

$$d_2 = \frac{\ln\dfrac{S}{X} + \left(r - \dfrac{\sigma^2}{2}\right)(T-t)}{\sigma\sqrt{T-t}} = d_1 - \sigma\sqrt{T-t}。$$

式（13.3.12）就是 B－S－M 期权定价公式。$N(x)$ 是服从标准正态分布变量的累积概率分布函数（即这个变量小于 x 的概率）。式（13.3.12）也可以写成

$$c = e^{-r(T-t)}[SN(d_1)e^{r(T-t)} - XN(d_2)]$$

$N(d_2)$ 表示的是在风险中性世界中 S_t 大于 X 的概率，也就是欧式看涨期权被执行的概率。所以 $XN(d_2)$ 是执行价格乘以支付执行价格的概率，$Xe^{-r(T-t)}N(d_2)$ 就是预期执行期权所需支付的现值。而 $SN(d_1)e^{r(T-t)}$ 是风险中性世界中如下变量的期望值：当$S_T > X$时，这个变量就等于 S_T，否则就等于 0。$SN(d_1)$ 就可以看作是期权多头预期执行期权所得收入的现值。因此，整个欧式看涨期权定价公式就可以看作是在风险中性世界中期权未来期望回报的现值。

专栏 13.2

无收益资产欧式看涨期权定价公式的推导

在风险中性的假设条件下，所有证券的预期收益率都可以等于无风险利率，所有现金流量都可以通过无风险利率进行贴现求得现值。在风险中性的条件下，期权在到期日的资产价格 S_T 服从

以下的对数正态分布：

$$\ln S_T \sim \phi\left[\ln S + \left(r - \frac{\sigma^2}{2}\right)(T - t), \sigma^2(T - t)\right]$$

令

$$w = \frac{\ln S_T - m}{s}$$

这里 $m = \hat{E}(\ln S_T) = \ln S + \left(r - \frac{\sigma^2}{2}\right)(T - t)$，$s = \sqrt{\operatorname{var}(\ln S_T)} = \sigma\sqrt{T - t}$，显然 W 服从标准正态分布，也就是说随机变量 W 的密度函数 h（W）为 h（W）$=\frac{1}{\sqrt{2\pi}}e^{\frac{W2}{2}}$，则

$$\begin{aligned}
\hat{E}[\max(S_T - X, 0)] &= \int_{-\infty}^{\infty} \max(S_T - X, 0) h(S_T) \mathrm{d}S_T \\
&= \int_{X}^{\infty} (S_T - X) h(S_T) \mathrm{d}S_T + \int_{-\infty}^{X} 0 h(S_T) \mathrm{d}S_t \\
&= \int_{mx}^{\infty} (e^{\ln S_T} - X) h(\ln S_T) \mathrm{d}(\ln S_T) \\
&= \int_{\frac{\ln X - m}{s}}^{\infty} (e^{sW + m} - X) h(W) \mathrm{d}W = \int_{\frac{\ln X - m}{s}}^{\infty} e^{sW + m} \frac{1}{\sqrt{2\pi}} e^{\frac{W2}{2}} \mathrm{d}W - \int_{\frac{\ln X - m}{s}}^{\infty} X h(W) \mathrm{d}W \\
&= \int_{\frac{\ln X - m}{s}}^{\infty} e^{\frac{s^2}{2} + m} \frac{1}{\sqrt{2\pi}} e^{-\frac{(w - s)^2}{2}} \mathrm{d}W - XN\left(\frac{m - \ln X}{s}\right) \\
&= \int_{\frac{\ln X - m}{s}}^{\infty} e^{\frac{s^2}{2} + m} h(W) \mathrm{d}W - XN\left(\frac{\ln \frac{S}{N} + (r - \frac{\sigma^2}{2})(T - t)}{\sigma\sqrt{T - t}}\right) \\
&= Se^{r(T - t)} N\left(\frac{\ln \frac{S}{X} + (r + \frac{\sigma^2}{2})(T - t)}{\sigma\sqrt{T - t}}\right) - XN\left(\frac{\ln \frac{S}{X} + (r - \frac{\sigma^2}{2})(T - t)}{\sigma\sqrt{T - t}}\right)
\end{aligned}$$

$$\therefore c = e^{-r(T - t)} \hat{E}[\max(S_T - X, 0)] = SN(d_1) - Xe^{-r(T - t)} N(d_2)$$

式中，$d_1 = \dfrac{\ln \frac{S}{X} + (r + \frac{\sigma^2}{2})(T - t)}{\sigma\sqrt{T - t}}$；$d_2 = \dfrac{\ln \frac{S}{X} + (r - \frac{\sigma^2}{2})(T - t)}{\sigma\sqrt{T - t}} = d_1 - \sigma\sqrt{T - t}$。

以上就是无收益资产欧式看涨期权的定价公式。

---

2. 无收益资产欧式看跌期权的定价公式。因为无收益资产欧式看涨期权和欧式看跌期权具有平价关系，所以由欧式看涨期权的定价公式可推出欧式看跌期权的定价公式为

$$\begin{aligned}
p &= SN(d_1) - Xe^{-r(T - t)} N(d_2) + Xe^{-r(T - t)} - S \\
&= Xe^{-r(T - t)} N(-d_2) - SN(-d_1)
\end{aligned} \tag{13.3.13}$$

3. 无收益资产美式看涨期权的定价公式。因为无收益资产美式看涨期权没有提前执行的可能，所以美式看涨期权与欧式看涨期权的定价相同。

$$C = c = SN(d_1) - Xe^{-r(T-t)}N(d_2) \tag{13.3.14}$$

4. 无收益资产美式看跌期权的定价公式。由于美式看跌期权与看涨期权不存在严密的平价关系，因此美式看跌期权得不到一个确定的定价公式。

（二）有收益资产期权的定价公式

1. 有收益资产欧式期权的定价公式。对于有收益资产的欧式期权定价来说，当标的资产已知收益的现值为 D 时，只要用（$S-D$）代替式（13.3.12）和式（13.3.13）中的 S，即可求出已知现金收益资产的欧式看涨期权和看跌期权的价格。当标的资产的收益为按连续复利计算的固定收益率 q 时，只要用 $Se^{-q(T-t)}$ 代替式（13.3.12）和式（13.3.13）中的 S，即可求出支付连续复利收益率证券的欧式看涨期权和看跌期权的价格。

2. 有收益资产美式期权的定价公式。对于有收益资产的美式看涨期权定价，因为美式看涨期权有提前执行的可能，因此有收益资产美式期权的定价较为复杂。布莱克提出了一种近似的处理方法：这种方法要先确定美式期权提前执行的合理性，若提前执行不合理，则美式期权的定价和欧式期权的定价相同；若提前执行合理，假设在 t_1 时刻提前执行，则要分别计算期权在 t_1 到期和 T 到期的欧式看涨期权的价格，选择其中的较大者作为美式期权的价格。

对于有收益资产的美式看跌期权定价来说，美式看跌期权提前执行的可能性较小，但仍有提前执行的可能性，它只能通过较复杂的数值方法来计算。

13.4 二叉树期权定价模型和 B－S－M 期权定价模型的关系

前面我们介绍了两种期权定价模型：二叉树期权定价模型和 B－S－M 期权定价模型。

二叉树期权定价模型假设股价波动只有向上和向下两个方向，且在整个考察期内，股价每次向上（或向下）波动的幅度不变。二叉树模型将期权的存续期划分为若干阶段，根据股价的历史波动率模拟出股票价格在整个存续期内所有可能的发展路径，并计算每一路径上的每一节点的期权价格。

B－S－M 期权定价模型假设股票价格变化是随机的，并且用数学上的随机过程几何布朗运动来描述股票价格的变化过程。布莱克和舒尔斯通过建立无风险资产组合，根据无风险组合获得无风险利率，得到 B－S－M 微分方程，求解方程得到期权价格。

二叉树期权定价模型和 B－S－M 期权定价模型，这两种方法既有联系又有区别。

二者的联系在于：二叉树模型中的时间段是离散的，考虑时间段不断增加的情况，比如说，到期前每天，甚至每小时、每分钟股价都有变化，这样将会得到一个非常大的二叉树。当时间段被无限细分时，也就是当二叉树模型相继两步之间的时间长度趋于零时，二叉树期权定价模型中股票价格分布函数就越来越趋向于正态分布，该模型将会收敛到连续的对数正态分布模型，即 B－S－M 偏微分方程。因此，B－S－M 期权定价模型是二叉树期权定价模型的一种特例。

二者的区别在于以下三点：

（1）B－S－M 模型没有考虑期权被提前执行的情况，而二叉树模型并未排除美式期权的情况，因而使用更广泛；

（2）二叉树模型在计算机发展的初期阶段比 B－S－M 模型计算起来更为复杂，更为费时，但随着快速大型计算机和模型计算的标准程序的出现，这个问题得到了解决；

（3）二叉树模型假定股票价格变化呈二项式分布特征，而 B－S－M 模型假设股票价格服从标准对数正态分布，后者的假设更接近于现实。

13.5 参数的确定

在学过 B－S－M 期权定价模型之后，我们来确定二叉树一章中所涉及的参数 p、u 和 d。在风险中性世界中，我们假设股票价格以概率 p 上升到 uS，以概率 $1-p$ 下降到 dS，且股票价格的未来期望值按无风险利率贴现的现值必须等于该股票现在的价格，于是有等式

$$S = e^{-r\Delta t}[puS + (1-p)dS] \tag{13.5.1}$$

由此可得 $Se^{r\Delta t} = puS + (1-p)dS$，而根据本章的知识，如果股票价格遵循几何布朗运动，在一个小时间段 Δt 内股票价格变化的方差就为 $S^2\sigma^2\Delta t$。由方差的定义可知，变量 x 的方差为 $E(x^2) - (Ex)^2$，所以

$$S^2\sigma^2\Delta = pu^2S^2 + (1-p)d^2S^2 - S^2[pu + (1-p)d]^2$$

$$\sigma^2\Delta t = pu^2 + (1-p)d^2 - [pu + (1-p)d]^2 \tag{13.5.2}$$

至此，式（13.5.1）和式（13.5.2）给出了计算 p、u 和 d 的两个条件，第三个条件的选择我们通常采用 $u = \frac{1}{d}$。联立这三个方程，可以得到三个参数的值。

$$p = \frac{e^{r\Delta t} - d}{u - d} \tag{13.5.3}$$

$$u = e^{\sigma\sqrt{\Delta t}} \tag{13.5.4}$$

$$d = e^{-\sigma\sqrt{\Delta t}} \tag{13.5.5}$$

【本章小结】

1. 经验研究表明，股票价格基本满足弱式效率市场假说，因此可用马尔可夫过程来描述股票的变化过程。

2. B－S－M 期权定价公式是建立在一系列严格的假设前提下的，其中波动率是一个非常重要的因素。股票价格波动率可以分为历史波动率和隐含波动率。

3. 股票价格的变化可用漂移率为 μS、方差率为 σ^2S^2 的 Itô 过程来表示：

$$dS = \mu S dt + \sigma S dz$$

这一随机过程又称为几何布朗运动。

4. 如果变量 x 遵循 Itô 过程，则变量 x 和 t 的函数 g 将遵循如下过程：

$$dg = \left(\frac{\partial g}{\partial x}a + \frac{\partial g}{\partial t} + \frac{1}{2}\frac{\partial^2 g}{\partial x^2}b^2\right)dt + \frac{\partial g}{\partial x}b dz$$

5. 假设期权标的资产的价格遵循几何布朗运动，据此可以推导出著名的 B－S－M 微分方程：

$$rf = r\frac{\partial f}{\partial S}S + \frac{\partial f}{\partial t} + \frac{1}{2}\frac{\partial^2 f}{\partial S^2}\sigma^2 S^2$$

【重要概念】

维纳过程　伊藤引理　几何布朗运动　对数正态分布　预期收益率　波动率　B－S－M微分方程

【参考读物】

［1］罗伯特·E. 惠利．衍生工具［M］．北京：机械工业出版社，2010.

［2］郑振龙，陈蓉．金融工程（第三版）［M］．北京：高等教育出版社，2012.

［3］傅元略，Yijian He. 金融工程——衍生金融产品与财务风险管理［M］．上海：复旦大学出版社，2007.

［4］毛二万．金融工程导论［M］．北京：机械工业出版社，2006.

［5］范龙振，胡畏．金融工程学［M］．上海：上海人民出版社，2003.

［6］John C. Hull. "Options，Futures and Other Derivatives"，New Jersey，9th Edition，Prentice Hall，2014.

【练习题】

1. 假设某种不支付红利股票的市价为 40 元，无风险利率为 10%，该股票的年波动率为 30%，求以该股票为标的资产的协议价格为 40 元、期限为 3 个月的欧式看跌期权价格。

2. 试证明布莱克—舒尔斯—莫顿看涨期权和看跌期权的定价公式符合看涨期权和看跌期权平价公式。

3. 某只股票市价为 60 元，年波动率为 32%，该股票预计 3 个月和 6 个月后将分别支付 1 元股息，市场无风险利率为 10%。现考虑该股票的美式看涨期权，其协议价格为 55 元，有效期为 9 个月。请计算该期权价格。

4. 某只股票目前的价格为 50 元，假设该股票 1 个月后的价格要么为 52 元，要么为 48 元，已知连续复利无风险年利率为 8%。试计算 1 个月期的协议价格为 49 元的欧式看涨期权的价格。

5. 已知股票价格的预期收益率为 16%，波动率为 35%，当前的股票价格为 38 美元。试计算执行价格为 40 美元、6 个月后到期的该股票的欧式看涨期权被执行的概率是多少？

6. 已知股票价格为 69 美元，执行价格为 70 美元，无风险年利率为 5%，年波动率为 35%，有效期为 6 个月，试计算不支付股利股票的欧式看跌期权的价格。

7. 已知不支付股利股票的看涨期权的市场价格为 1.9 美元。股票价格为 21 美元，执行价格为 20 美元，有效期为 3 个月，无风险年利率为 10%，计算隐含波动率。

8. 试证明 $N(d_1) = \frac{\partial c}{\partial S}$，而 $N(d_2)$ 是在风险中性世界中 S_t 大于 X 的概率。

第14章

主要期权合约

【本章知识结构】

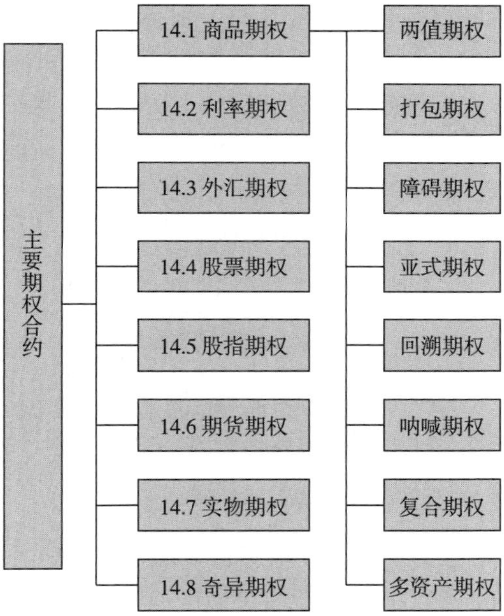

教学要求

1. 熟悉各种期权的概念、特征及合约内容；
2. 了解各种期权在交易所中的报价及行情表；
3. 理解实物期权在企业投资决策中的应用；
4. 了解常见的奇异期权。

14.1 商品期权

14.1.1 商品期权概述

商品期权（Commodity Options）是指标的资产为实物的期权。标的实物既包括农产品中的小麦、玉米，金属中的铜、铝，能源中的原油、天然气，也包括对人们生产生活具有重要影响的天气等。

美国发展商品期权较早。19 世纪后期美国出现了场外商品期权交易，最初以谷物类农产品交易为主。第二次世界大战结束后，随着全球工业经济的快速发展，交易品种开始转移到白糖、白银等软商品与工业商品。1984 年商品期权开始在美国交易所上市交易。目前美国交易所的商品期权交易覆盖了谷物类、软商品、工业金属、原油等品种。其中原油、天然气等能源类商品期权最为活跃，农产品类商品期权次之，贵金属类商品期权也较为活跃，工业金属商品期权则表现一般。

2015 年 2 月 2 日，我国首个交易所现货期权产品“黄金询价现货期权”在上海黄金交易所上市，该交易品种暂时只允许机构参与。到目前为止，成交比较活跃。2017 年 3 月在大连商品交易所上市的豆粕期权，是国内首只商品期货期权。同年 4 月，白糖期权在郑州商品交易所上市。豆粕期权和白糖期权的上市填补了国内商品期货期权市场的空白，为期货市场服务实体经济开辟了一条新的道路，提供了新的衍生工具。截至 2020 年 9 月，我国上市的商品期权达到 16 种。

表 14.1 列举了全球交易所主要的商品期权交易品种。

表 14.1　全球交易所主要商品期权交易品种

交易所	期权品种
CME	玉米、小麦、黄豆、低硫轻质原油、豆粕、豆油、Henry Hub 天然气、豆粉、RBOB 汽油、燕麦、糙米、活牛、瘦猪、饲牛、第三级牛奶、第四级牛奶、国际脱脂奶粉、脱脂奶粉、乳清粉、现金结算的黄油、奶酪、木材、软木纸浆、布伦特原油、变性燃料酒精、汽油、黄金、白银、铂金、钯金、铜等
LME	铝、铝合金、铜、铅、北美特种铝合金、镍、锡、锌
KCBT	小麦
ICE	大麦、咖啡、硬麦、油菜籽、磨粉小麦、US 玉米、US 豆粕、US 豆油、US 大豆、US 小麦、西部大麦、GC 纽卡斯尔煤炭、ICE 荷兰 TTF 天然气、RBOB 汽油、ICE 英国天然气、理查兹湾煤、取暖油、鹿特丹煤、ICE 布伦特原油、ICE 柴油、ICE 低硫轻质原油

资料来源：李鹏，胡慧，吴泱. 欧美商品期权市场发展对比研究 [N]. 期货日报，2012-06-11.

专栏 14.1

黄金询价现货期权

2015 年 2 月 2 日，我国首个交易所现货期权产品黄金询价现货期权在上海黄金交易所上市，首日成交比较活跃。澳新银行与交通银行完成了首笔询价期权交易，汇丰银行、工商银行、民生银行、平安银行、建设银行、中信证券及部分企业客户也参与了首日交易。

黄金询价现货期权是指交易双方通过双边询价的方式，在上海黄金交易所指定交易系统达成的，在未来某一日期期权买方有权以约定价格买卖一定数量黄金的交易。

上海黄金交易所推出的黄金期权交易品种包括 OAu9999 和 OAu9995 等，行权方式为欧式期权。交易方式为线下双边询价交易。期权成交后，由交易双方会员将交易登记至交易所，期权费由交易双方自行清算。

黄金期权到期结算方式包括“实物交割”和“现金结算”。期权交易每手重量为 1 千克。据介绍，黄金期权现货交割一手是 1 千克。

所有机构客户均可由其会员代理参与黄金期权业务。上海黄金交易所交易二部负责人称，询价机制对机构投资者来说更加灵活。由于询价交易中保证金、权利金、行权价、行权日都是通过双方协商决定，加上国内黄金产业链上的商家与银行机构本身就已经形成良好的关系，询价方式交易更加便利。

黄金期权暂不向个人投资者开放。对此，交易负责人解释道：首先期权产品虽然有很多优势，但规则上与期货有很大不同，个人客户在接受上会有一定困难；其次，对个人投资者来说，以千克为交易单位，单笔交易额也是一个很大的门槛。

可以预见，今后会有越来越多黄金产业链上的企业参与黄金期权交易，进行套期保值。

14.1.2 商品期权合约

场内交易的商品期权包括商品现货期权和商品期货期权。由于交割等方面因素的影响，目前市场上除布伦特原油现货期权和期货期权并存外，其他商品期权合约的标的物几乎全部为商品期货合约，商品期货期权合约条款见本章第 6 节的期货期权。

场外交易的商品期权包括农产品期权、金属期权、能源期权、天气期权等。交易双方可以根据自身要求约定合约的内容。

例如，东方航空公司 2008 年半年报中交易性金融资产及交易性金融负债附注指出：“本集团通过航油期权合约来降低市场航油价格波动对于飞机航油成本所带来的风险。公司在 2008 年 6 月 30 日签订的航油期权合约是以每桶 62.35 美元至 150 美元的价格购买航油约 1 135 万桶，并以每桶 72.35 美元至 200 美元的价格出售航油约 300 万桶，此合约将于 2008 年至 2011 年间到期。”这是一个典型的场外交易的能源期权案例。

再举一个场外交易的天气期权例子。场外交易的天气期权主要是指收益依赖于一个月内的累积 HDD 或 CDD 的天气期权。其中，$HDD=\max(0, 65-A)$，$CDD=\max(0, A-65)$，A 是当天某个指定的气象站报出的最高和最低温度的平均值。例如××交易商提供如下形式的看涨期权：期权的标的物是 2012 年 8 月累积 HDD，执行价格是 500 华氏度，每一度所对应的收益为 1 万美元。如果到期时芝加哥奥黑尔机场气象站实际的累积 HDD 为 520 华氏度，那么投资者的收益将为 20 万美元。

14.1.3 商品期权应用

商品期权是一种很好的规避和管理商品风险的金融工具。例如，在现货市场上，黄金价格波动风险对于黄金供应商和制品商来说都是不可避免的，黄金供应商担心金价下跌，减少其利润；黄金制品商则害怕金价上涨，增加其成本。在市场价格波动无法避免的情况下，供应商和制品商可以通过期权交易保证企业的交易价格，还可以获得赚取额外利润的机会。

假设一个黄金供应商 6 个月后需要出售 100 盎司的黄金，当前金价为 1 700 美元/盎司，供应商担心 6 个月后黄金价格会下跌，于是向银行购买了 6 个月期的执行价格为1 750

美元/盎司的看跌期权。如果6个月后，黄金价格低于1 750美元/盎司，该供应商就可以执行期权，以1 750美元/盎司的价格将手中的黄金卖给期权卖方；若6个月后，黄金价格高于1 750美元，供应商选择放弃行权，在市场上以更高的价格卖出手中的黄金。

同样，假设一个黄金制品商3个月后需要购买黄金，但担心未来黄金价格上涨，就可以购买一份3个月期的看涨期权。如果到期时黄金价格高于执行价格，制品商选择执行期权，以低于市场价格的执行价格购买黄金；如果到期时市场上黄金价格低于执行价格，可以放弃执行期权，在市场上以更低的价格购买黄金。

14.2 利率期权

14.2.1 利率期权概述

利率期权（Interest Rate Options）是以各种利息率产品（各种债务凭证）作为标的资产的期权。期权买方支付一定金额的期权费后，就有权利在到期日按预先约定的利率借入或者贷出一定金额的货币。利率期权是一种规避短期利率风险的有效工具。

1982年3月，澳大利亚悉尼期货交易所开始尝试银行票据期权交易。随后，其他交易所也广泛发展利率期权，尤其以美国交易所发展最为迅速。美国芝加哥期货交易所在1982年先后推出了中、长期国债期权和国库券期权。目前，全球利率期权市场不仅交易品种越来越丰富，交易量也逐年攀升。与利率期货相比，利率期权品种更多，占用资金更少，因此更受欢迎。

利率期权的交割方式有现金轧差和实物交割两种，具体采用哪种方式由交易所规定或者由场外交易双方协商。

常见的利率期权有三种：封顶利率期权、保底利率期权、封顶保底利率期权。

1. 封顶利率期权。封顶利率期权，是指买卖双方约定一个利率上限水平，在规定的期限内，如果市场参考利率（基准利率）高于约定的利率上限，卖方向买方支付市场参考利率高于协定利率上限的差额部分，如果市场利率低于协定的利率上限，卖方不支付。同时，买方需要向卖方支付一定数额的期权费。

封顶利率期权主要运用于市场利率呈上升趋势的情形。当市场利率呈上升趋势时，资金需求方可以利用封顶利率期权对利率上升风险进行套期保值。封顶利率期权交易的筹资成本曲线如图14.1所示。

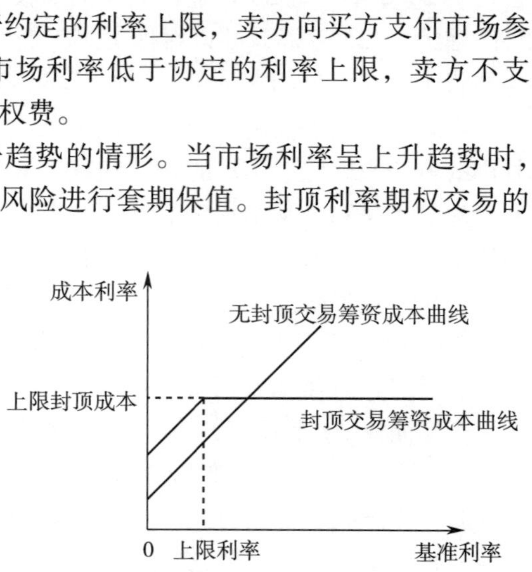

图14.1 封顶利率期权筹资成本曲线

2. 保底利率期权。保底利率期权，是指买卖双方约定一个利率下限水平，在规定的期限内，如果市场参考利率（基准利率）低于约定的利率下限，卖方向买方支付市场参考利率低于协定利率下限的差额部分，如果市场利率高于协定的利率下限，卖方不支付。同时，买方需要向卖方支付一定数额的期权费。

保底利率期权主要运用于市场利率呈

下降趋势的情形。当市场利率呈下降趋势时，资金供给方可以利用保底利率期权对利率下降风险进行套期保值。保底利率期权交易的收益曲线如图 14.2 所示。

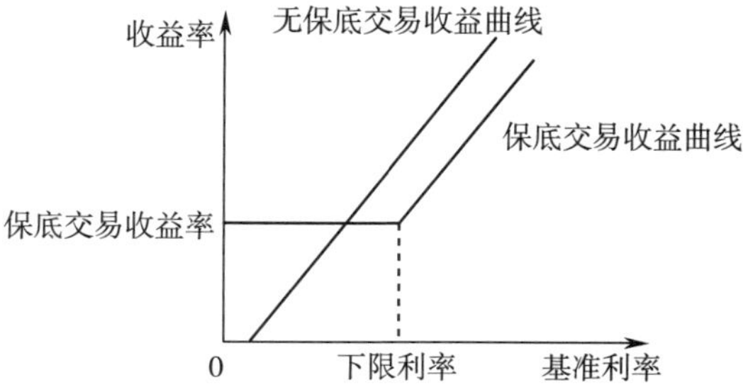

图 14.2　保底利率期权收益曲线

3. 封顶保底利率期权。封顶保底利率期权是将封顶利率期权和保底利率期权相结合。具体来说，是在买进一份封顶利率期权的同时，卖出一份保底利率期权，以收入的期权费来部分抵销需要支出的期权费，从而达到既防范利率风险又降低费用成本的目的。

封顶保底利率期权的主要运用范围是：资金需求方预测贷款利率呈上升趋势，需要对利率风险进行套期保值，同时想要降低套期保值的成本。封顶保底利率期权的交易成本曲线如图 14.3 所示。

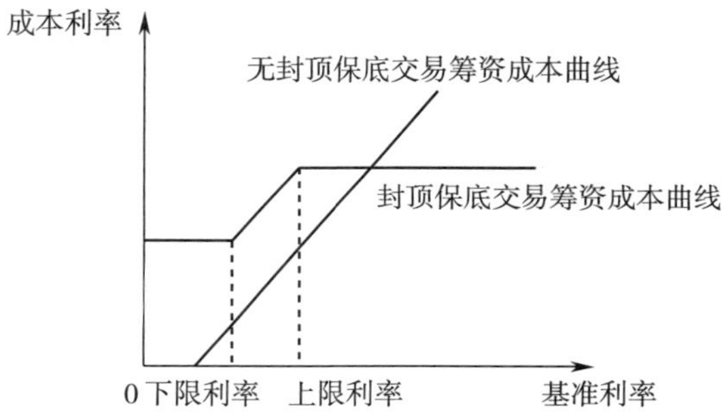

图 14.3　封顶保底利率期权交易成本曲线

14.2.2　利率期权合约

利率期权既可以在交易所交易，也可以在场外市场交易，二者的主要区别在于合约是否标准化。场内交易的利率期权合约主要有以下几方面的内容。

1. 期权期限：一般为 2 ~5 年。

2. 执行方式：欧式期权或者美式期权。

3. 利率调整日：更换基准利率的日期，也是将基准利率与封顶或保底利率相比较并由此确定利息差额的日期，通常是每 3 个月、6 个月或 1 年调整一次。

4. 基准利率：实际执行的浮动利率，通常以具有代表性的利率（例如 Libor）为基准利率。

5. 期权费：由期权买方向卖方支付的费用。

14.2.3　利率期权应用

假如某个企业有笔闲置资金，为避免将来利率下跌使得资金的收益率降低，企业财务负责人决定购买一份银行提供的保底利率期权：以伦敦银行同业拆借利率为基准利率，期权有效期为 3 年，每 3 个月交易一次，利率的保底水平为 10%，名义本金为 200 万美元，期权费为名义本金的 2%。

在交割日，若 3 个月的伦敦银行同业拆借利率低于 10%，保底利率期权卖方就要将不足部分的利息支付给买方。例如伦敦银行同业拆借利率为 8%，低于保底利率 10%，银行就需要向企业支付利息 200 ×（10% −8%）×0.25 =1 万美元；若伦敦银行同业拆借利率为 11%，高于保底利率 10%，此时通过保底利率期权交易，企业也可以享受到资金收益率上升的好处。

14.3 外汇期权

14.3.1 外汇期权概述

20 世纪 70 年代初期布雷顿森林货币体系崩溃，导致汇率波动越来越剧烈。同时，各国间商品贸易和劳务贸易数量不断增加，交易商们急需一个有效避免汇率风险的工具。于是外汇期权应运而生。

外汇期权（Foreign Exchange Options）是指以某种外币作为标的资产的期权。美国费城证券交易所于 1982 年 12 月率先推出第一批外汇期权：英镑期权和德国马克期权。随后，芝加哥商品交易所、欧洲期权交易所和蒙特利尔交易所、伦敦国际金融期货交易所等都先后开办了外汇期权交易，交易品种范围也不断扩大。目前外汇期权的交易品种主要有英镑、日元、澳大利亚元、瑞士法郎、德国马克、加拿大元等。

外汇期权的一个很重要特点是：国际买权和卖权全等。例如，一个可以向对方以每 1 元人民币 0.16 美元的价格购买 100 元人民币的期权合约与一个可以向对方以每 1 美元 6.25 元人民币的价格卖出 16 美元的期权合约表面上看是不同的，但实质上是等价的。

14.3.2 外汇期权合约

不同期权交易提供的期权标准化合约的具体条款都不尽相同，但其主要内容是相同的，都包括标的资产、执行方式、最后交易日、执行价格间距、期权费等。这里以美国期权交易所交易的外汇期权标准化合约为例。

为了更好地了解外汇期权合约，现列举费城股票交易所交易的美元澳大利亚元外汇期权标准化合约，具体如表 14.2 所示。

表 14.2 费城股票交易所美元澳大利亚元外汇期权标准化合约

标的货币	澳大利亚元
合约规模	10 000 澳大利亚元
执行方式	欧式期权
合约月份	3 月、6 月、9 月、12 月以及最近的两个月
最后到期日	到期月的第三个星期五之后紧随着的星期六
报价方式	C/AUS
执行价格间距	0.5C
期权费	1 点等价于 100 美元，最小变动单位是 0.01 等价于 1 美元
持仓限额	600 000 份
交易时间	9：30～16：00（美国东部时间）
发行人及担保人	期权清算公司（OCC）

资料来源：http：//www.phlx.com。

2011 年 2 月 16 日，国家外汇管理局批准中国外汇交易中心在银行间外汇市场组织开展人民币对外汇期权交易，并发布《国家外汇管理局关于人民币对外汇期权交易有关问题的通知》（以下简称《通知》），该通知自 2011 年 4 月 1 日起执行。《通知》中规定：我国外汇期权交易的货币为人民币对美元、港元、日元、欧元、英镑、林吉特和俄罗斯卢布等在银行间外汇市场挂牌的货币。期权的报价和交易通过交易中心的交易系统进行，交易时间为每周一至周五的北京时间 9：30～16：30，交易期限为 1 天、1 周、2 周、3 周、1 个月、2 个月、3 个月、6 个月、9 个月、1 年、18 个月、2 年和 3 年。主要采用双边询价的交易模式，期权费以人民币为计价和结算货币。

人民币对外汇期权交易的推出，标志着我国外汇市场已初步形成完整的基础类汇率衍生产品体系，为今后外汇市场的创新发展奠定了基础。

14.3.3 外汇期权报价与行情表

表 14.3 是 2012 年 11 月 30 日纳斯达克网站上公布的欧元美元外汇看涨期权行情表，表中 *Call* 代表看涨期权，第一列为期权到期日，第二列为该期权的执行价格，第三列为结算价格，第四列为看涨期权当天合约结算价相比前一天结算价的净变化值，第五列、第六列分别表示买入价和卖出价，第七列为成交量，第八列为未平仓合约数。成交量是指当天成交的合约数，而未平仓合约数是指流通在外未平仓的期权合约数。如果该期权当天没有交易，用“…”表示。

表 14.3　　外汇期权报价与行情表

Option for PHLX U. S. Dollar – Settled Euro Currency (XDE)							
Call	*Strike*	*Last*	*Net*	*Bid*	*Ask*	*Vol*	*Open Int*
22 – Dec – 12	117	…	…	13	13.15	0	0
22 – Dec – 12	118	…	…	12	12.15	0	0
22 – Dec – 12	119	10.26	…	11	11.15	0	84
22 – Dec – 12	120	9.46	…	10	10.15	0	248
22 – Dec – 12	121	4.45	…	9	9.15	0	203
22 – Dec – 12	122	7.91	…	8	8.15	0	378
22 – Dec – 12	123	7.17	…	7	7.15	0	292
22 – Dec – 12	124	3.35	…	6	6.15	0	8
22 – Dec – 12	125	5.09	2.29	5.05	5.15	5	6
22 – Dec – 12	126	3.56	…	4.05	4.2	0	69
22 – Dec – 12	127	2.63	…	3.15	3.25	0	304
22 – Dec – 12	128	1.24	…	2.3	2.37	0	235
22 – Dec – 12	129	1.59	0.68	1.55	1.61	5	17
22 – Dec – 12	130	0.97	0.17	0.95	1	5	73
22 – Dec – 12	131	0.49	0.11	0.53	0.58	10	40
22 – Dec – 12	132	0.29	0.04	0.27	0.31	10	68
22 – Dec – 12	133	0.09	…	0.13	0.17	0	250
22 – Dec – 12	134	0.54	…	0.05	0.09	0	262
22 – Dec – 12	135	0.36	…	0.01	0.06	0	56
22 – Dec – 12	136	0.2	…	…	0.04	0	11

资料来源：http：//www. nasdaq. com。

14.3.4 外汇期权定价

外汇期权的标的资产是外汇，而外汇可以看作是支付连续红利的资产（因为货币可以产生利息），因此可以利用第 13 章支付连续收益的欧式期权定价模型为欧式外汇期权定价。

假设外汇的无风险利率为 r_f，由于将货币产生的利息看作是外汇的连续支付红利，因此将式（13.3.12）中的 S 替换为 $Se^{-r_f(T-t)}$，将 r 替换为 $r-r_f$，就可以得到欧式外汇看涨期权的定价公式为

$$c = Se^{-r_f(T-t)}N(d_1) - Xe^{-r(T-t)}N(d_2) \tag{14.3.1}$$

欧式外汇看跌期权的定价公式为

$$p = Xe^{-r(T-t)}N(-d_2) - Se^{-r_f(T-t)}N(-d_1) \tag{14.3.2}$$

式中，$d_1 = \dfrac{\ln(S/X) + (r - r_f + \sigma^2/2)(T-t)}{\sigma\sqrt{T-t}}$，

$$d_2 = \frac{\ln(S/X) + (r - r_f - \sigma^2/2)(T-t)}{\sigma\sqrt{T-t}} = d_1 - \sigma\sqrt{T-t}$$

其中，S 为外汇汇率，σ 为外汇汇率的波动率。

由式（14.3.1）可以看出影响外汇期权价格的主要因素有：期权的执行价格、市场即期汇率、到期时间（距到期日之间的天数）、汇率波动率大小、国内外利率水平等。

14.3.5 外汇期权应用

假设某一日本工厂需要从美国进口一批原材料，该工厂将在 6 个月后向美国供货商支付货款 100 万美元。现在美元兑日元汇率为 1∶102，工厂负责人对外汇行情进行分析后，预测未来几个月外汇市场将出现剧烈波动，美元很有可能会升值。如果 6 个月后美元升值，将直接影响工厂的进口成本。为了避免成本的过分增加，工厂负责人决定购买一份欧式美元看涨期权合约，合约规定 6 个月后工厂可以按 1∶105 的汇率买入 100 万美元，期权费为 0.5 日元/美元。

如果 6 个月后美元兑日元的即期汇率为 1 美元 =108 日元，则该工厂选择执行期权，即在 1∶108 的行情下，以 1∶105 的汇率买入所需的美元，工厂实际的成本为 100 ×（105 +0.5）= 1.055 亿日元，比在外汇市场上直接购买美元节省了 100 ×（108 −105 −0.5）=250 万日元。

如果 6 个月后美元兑日元的即期汇率为 1 美元 =100 日元，则该工厂放弃执行期权，损失仅为期权费 50 万日元。

这个例子说明期权有四两拨千斤的效果，支付一笔很少的期权费，便可享有以执行价格买入或卖出相关标的资产的权利。当价格发展不利于期权买方时，买方的亏损为有限的期权费；而当价格向对买方有利的方向发展时，则可以获得比较高的投资回报。

专栏 14.2

中信泰富事件

中信泰富有限公司成立于 1990 年，是在香港交易所上市的综合型控股公司，其业务主要集中在香港及内地市场，业务重点以基建为主，包括投资物业、基础设施、能源项目、环保项目、航空以及电信业务等。2006 年 3 月底，中信泰富与澳大利亚的采矿企业 Mineralogy Pty Ltd. 达成协

议，以 4.15 亿美元收购西澳大利亚两个分别拥有 10 亿吨磁铁矿资源开采权的公司 Sino – Iron 和 Balmoral Iron 的全部股权。为了降低公司在澳大利亚铁矿石项目中面临的汇率风险，从 2007 年起，中信泰富开始购买澳大利亚元的累计外汇期权合约进行对冲。原本是一个希望锁定风险的举措，却造成了巨大的损失，究其原因在于这个合约不是个简单的合约，而是风险与收益极不对称的杠杆式累计外汇期权合约。

中信泰富在 2008 年 10 月 20 日发表的公告中称，为对冲澳大利亚元升值风险，锁定公司在澳洲铁矿项目上的开支成本，中信泰富与香港的银行签订了四份杠杆式外汇买卖合约，其中三份涉及澳大利亚元，另一份则为与人民币兑美元的汇率挂钩合约。令中信泰富损失最为惨重的，是其中一份澳大利亚元外汇合约。按照合约内容，中信泰富须每月以固定价格用美元换澳大利亚元，直到 2010 年 10 月合约到期。双方约定澳大利亚元兑美元的汇率为 1:0.87。如果澳大利亚元汇率上涨，中信泰富即可赚取与市场汇率的差价，但汇率上涨到一定幅度，合约将自动终止，即盈利上限是锁定的；但如果澳大利亚元汇率下跌，根据双方约定的计价模型，中信泰富不仅将蒙受约定汇率与市场汇率的差价损失，而且还受合同约束需加倍买入澳大利亚元，其损失也将成倍放大。

据中信泰富主席荣智健在 10 月 20 日的记者会上称，如果澳大利亚元市价低于 0.87 美元，中信泰富需要买入 2 倍最初约定规模的澳大利亚元，但他未提及继续下跌的买入倍数。由于这一产品的高杠杆性，中信泰富的交易金额高达 94.4 亿澳大利亚元，而风险没有下限。在极端情况下，比如澳大利亚元兑美元汇率跌至 1:0，这 94.4 亿澳大利亚元将全部化为灰烬。相比之下，中信泰富的收益则有明确的上限。尽管公告没有披露终止合约机制的汇率触发点，但明确表示，通过这一合约中信泰富最多也只能赚取 5 350 万美元。

市场分析认为，中信泰富之所以签订这一止赚不止蚀的合约，一方面可能因为计价模型过于复杂，操作者不能准确对其风险定价；另一方面，签署这一合约时，澳大利亚元在稳定的上行通道中，市场汇率应当高于 1:0.87，即中信泰富签订合约之初即可赚钱，且看似在一段时间内并无下跌之虞。但是自 2008 年 7 月以来，澳大利亚元兑美元汇率一路下滑，一直在 1:0.7 附近徘徊，最低已达1:0.65。按照中信泰富的公告，2008 年 7 月 1 日至 2008 年 10 月 17 日，中信泰富已终止部分当时生效的杠杆式外汇买卖合约，截至 10 月已亏损 8 亿港元。

注：累计期权合约设有“取消价”及“行使价”。合约生效后，当标的资产的市场价格在取消价及行使价之间时，投资者可定时以行使价从庄家买入指定数量的资产。当标的资产的市价高于取消价时，合约便终止，投资者不能再以折让价买入资产。可是当该挂钩资产的市价低于行使价时，投资者便须定时用行使价买入双倍、甚至四倍数量的资产，直至合约完结为止。

14.4　股票期权

14.4.1　股票期权概述

股票期权（Stock Options）是指以单一股票作为标的资产的期权合约。股票期权合约赋予购买者在合约有效期内或特定时间以约定价格买入或卖出一定数量某种股票的权利。股票期权交易出现于 20 世纪 70 年代，第一份股票期权标准化合约是由芝加哥期权交易所 1973 年推出并挂牌交易的。目前，进行股票期权交易的交易所有费城交易所、美国股票交易所、太平洋股票交易所和纽约证券交易所等。

除了最基本的看涨期权和看跌期权之外，股票期权还有几种特殊的类型。

（一）认股权证

认股权证是指投资人支付权利金后，有权利在特定的时间或者到期日，按照约定的价格买入或者卖出一定数量的标的股票。权证交易实质上是一种期权的买卖，权证的买方有选择是否履行约定的权利，而无任何义务；权证的卖方（发行人）在买方提出履约要求时，有履约的义务，不得拒绝。权证按照权利的不同划分，可以分为认购权证和认沽权证，认购权证赋予持有者在一定期限内按照一定价格买入一定数量标的股票的权利；认沽权证则赋予权证持有者在一定期限内按照一定价格向发行人卖出一定数量标的股票的权利。

认股权证通常由上市公司或者专门的投资银行发行。如果权证由上市公司发行，则称之为股本权证，它赋予持有人在特定的时间或者到期日按照约定的价格向上市公司买卖该公司股票的权利，期限一般较长。执行股本权证会引起公司股本扩张或者收缩（因为公司需要通过新发行股票或者注销股票的方式进行）。上市公司发行股本权证主要是作为一种激励机制，这种激励权证通常不可转让。另外，公司在发行新股或者债券时，经常将权证附送给证券购买方，以增加公司证券的吸引力。

如果权证由专门的投资银行发行，则称之为备兑权证。备兑权证的标的资产除了可以是个股股票之外，还可以是股价指数、利率或者商品等。备兑权证的执行不会影响上市公司的总股本。最早的权证是股本权证，但目前备兑权证却占领着市场主导地位。

（二）职工购股期权

职工购股期权是只售给本企业职工的看涨期权，期权持有者可以在规定的时间内以约定的价格购买本公司股票。这种期权有两个特征：一是通常规定在职工得到期权后的某段时间内是不能执行的，因此在执行期权以前，持有人没有任何现金收益，只有执行期权后，才能获得执行价格与市场价格之间的差价；二是当职工离开企业后，他持有的股票期权随即无效。

现代西方企业实行职工购股期权制度，主要是为了使得职工和企业主之间建立长期、稳定的利益关系。这种方式可以将企业的利益与职工的利益紧紧地联系在一起，增强企业的凝聚力，调动职工的积极性。

（三）可转换债券

可转换债券是指可以在特定时间、按特定条件转换为普通股票的特殊企业债券。可转换债券在转换成股票之前是纯粹的债券，但在转换成股票之后，原债券持有人就由债权人变成了公司的股东，可参与企业的经营决策和红利分配。

可转换性是可转换债券的重要标志，债券持有人可以按约定的条件将债券转换成股票。转换权是可转换债券投资者享有的、一般债券所没有的选择权。如果持有人看好发债公司股票增值潜力，在宽限期之后可以行使转换权，按照预定转换价格将债券转换成股票，发债公司不得拒绝；如果债券持有人不想转换，可以继续持有债券，直到偿还期满时收取本金和利息，或者在流通市场出售变现。

14.4.2　股票期权合约

表 14.4 列出的是美国芝加哥期权交易所交易的基于 100 股 IBM 普通股股票的标准化期权合约。

表 14.4 美国芝加哥期权交易所股票期权合约

标的资产	100 股 IBM 普通股股票
最小变动价位	每份合约 5 美元
执行价格间距	股票价格低于 25 美元时，间距为 2.5 美元；股票价格高于 25 美元但低于 200 美元时，间距为 5 美元；股票价格高于 200 美元时，间距为 10 美元
执行方式	欧式期权
合约月份	两个近月加额外两个月，在 1 月、2 月、3 月的基础上循环
最后到期日	到期月的第三个星期五
交易时间	8：30～15：00（芝加哥时间）
持仓限额	过去 6 个月交易活跃、市值较大的标的股票持仓限额为 250 000 份合约，市值较小的标的股票持仓限额为 200 000 份、75 000 份、50 000 份、25 000 份合约（根据市值调整而调整）

资料来源：http：//www.cboe.com。

14.4.3 股票期权报价与行情表

表 14.5 是 2012 年 11 月 24 日《华尔街日报》上刊登的芝加哥期权交易所股票期权行情表，表中列出的价格是购买一股 NKE 股票的期权价格，而一份期权合约的交易单位是 100 股股票，因此，每一份期权合约的购买成本是所列出价格的 100 倍。

表中第一列为期权到期月，第二列为期权的执行价格，第三列、第四列、第五列分别为看涨期权的结算价、成交量和未平仓合约数，第六列、第七列、第八列分别为看跌期权的结算价、成交量和未平仓合约数。标的股票的当前价格为 95.6 美元。如果该期权当天没有交易，用“…”表示。

表 14.5 股票期权行情表

Nike（NKE）		Underlying Stock Price*：95.60					
Expiration	Strike	Call			Put		
		Last	Volume	Open Interest	Last	Volume	Open Interest
Jan	87.50	9.10	10	793	1.11	3	2 160
Dec	90.00	6.40	16	711	1.03	1 106	3 757
Jan	90.00	6.40	2	750	1.59	107	2 266
Apr	90.00	…	…	178	3.85	1	531
Dec	92.50	4.37	370	881	1.57	96	2 150
Apr	92.50	7.10	6	765	4.57	1	452
Dec	95.00	2.80	1 856	2 955	2.53	208	1 513
Jan	95.00	3.55	62	2 620	3.22	64	2 872
Apr	95.00	5.40	3	558	…	…	509
Dec	97.50	1.53	145	2 333	…	…	163
Jan	97.50	2.22	114	2 086	4.43	13	1 187
Dec	100.00	0.70	445	2 599	5.67	8	3 503
Jan	100.00	1.32	178	3 988	…	…	843
Jan	110.00	0.12	14	2 951	…	…	1 227
Apr	110.00	0.88	16	515	…	…	164
Apr	115.00	0.42	52	245	…	…	18

资料来源：http：//online.wsj.com。

14.4.4 股票期权应用

2007 年 6 月 8 日，深圳发展银行召开第一次临时股东大会暨相关股东会议，会议批准了深圳发展银行发行认股权证并上市的议案。公司拟按 2007 年股权分置改革完成后的股本数量为基数，向权证发行股权登记日登记在册的全体股东以 10:1 的比例免费派发百慕大式认股权证，共计 208 675 834 份，认股权证存续期为权证上市之日起的 6 个月。权证持有人有权在行权日以 19.00 元的价格，按照 1:1 的比例行权，即每 1 份权证认购公司 1 股新发行的股票，行权日为权证存续期的最后 30 个交易日。

根据发行方案，深圳发展银行拟发行 313 013 751 份认股权证。以上权证充分行权后，预计最多募集资金 594 726.12 万元。本次发行认股权证充分行权后的募集资金扣除发行费后将全部用于补充深圳发展银行资本金。

中国的股票期权计划始于 20 世纪末，曾出现了上海仪电模式、武汉模式及贝岭模式等多种版本，但都是处于政策不规范前提下的摸索阶段。直到 2006 年 1 月 1 日，中国证监会颁布了《上市公司股权激励管理办法（试行）》，我国的股权激励特别是实施股票期权计划的税收制度和会计制度才有章可循，有力地推动了我国股票期权计划的发展。

2015 年我国首只股票期权诞生，中国证监会批准上海证券交易所开展股票期权交易试点，试点产品为上证 50ETF 期权，2015 年 2 月 9 日正式上市交易。经上海证券交易所组织对相关证券公司进行评选，国泰君安证券、中信证券、海通证券、招商证券、齐鲁证券、广发证券、华泰证券、东方证券等 8 家证券公司成为上证 50ETF 期权的首批做市商。2015 年 2 月 9 日，上证 50ETF 期权合约正式上市交易。上市交易的上证 50ETF 期权有认购、认沽两种类型，4 个到期月份，5 个行权价格，合计 40 个合约。作为我国首只场内期权产品，该产品的推出标志着我国资本市场期权时代的来临。

股票期权的经济功能已得到初步发挥，对相关现货市场产生了积极影响。因此中国证监会于 2019 年 11 月 18 日宣布扩大股票期权试点，在沪深交易所开展沪深 300ETF 期权交易，在中国金融期货交易所开展沪深 300 股指期权交易。这是近五年来场内股票期权首次增加标的，市场期待已久。

14.5 股指期权

14.5.1 股指期权概述

股票指数期权（Stock Index Options）是在股票指数期货合约的基础上产生的，是以一篮子股票组成的股票指数作为标的资产的期权。

最早的股指期权 S&P100 指数期权合约是 1983 年 3 月 11 日由芝加哥期权交易所推出的，紧接着美洲股票交易所（AMEX）推出了主要市场指数（MMI）期权和价值线期权，纽约证券交易所（NYSE）推出了综合指数期权，1989 年大阪证券交易所推出了日经平均股票价格指数期权，1993 年香港期货交易所正式推出了恒生指数期权。股指期权紧随股市，因此发展迅速，交易品种不断创新，交易量也与日俱增。

股指期权合约的价值是股票指数与相应乘数的乘积。例如，若 S&P100 的指数值是 420，则 S&P100 指数期权合约的价值是 $420 \times 100 = 42\ 000$ 美元。美国其他一些股指期权的乘数均为 500 美元，包括 S&P500 指数期权、NYSE 综合指数期权等，日本的 Nikkei 225 股票指数期权合约的乘数是 5 美元，欧洲 Top100 指数期权的乘数是 100 美元。

股票指数期权的交易方式是现金交割，即投资者不必实际交割股票，只需结算差额即可。例如，某个投资者购买了一份 S&P100 看涨期权，执行指数是 410，若到期时股票指数为 420，那么投资者有权以 41 000 美元购买指数，而当时指数的市场价值是 42 000 美元，因此期权买方就会从卖方那里收入 1 000 美元。

我国上海证券交易所于 2015 年 2 月 9 日正式推出了“上证 50ETF 期权”交易合约，该合约为上海证券交易所统一制定的、规定买方有权在将来特定时间以特定价格买入或者卖出跟踪股票指数的交易型开放式指数基金（ETF）等标的物的标准化合约。这是中国金融市场的首只场内期权产品，标志着我国正式开启了场内期权交易的大幕。我们将在下一节的内容中具体介绍上证 50ETF 合约的内容。

14.5.2 股指期权合约

在股票指数期权合约中，指数是由一篮子采样股票计算出来的，合约真正的标的是采样股票所形成的投资组合。在合约的设计上，合约规格一般以标的资产的单位来衡量，但是由于股票指数期权的特殊性，通常以采样股票所形成的投资组合的总市值来定义合约规格，而总市值与指数有非常密切的关系，故一般以指数的一定倍数来表示。

表 14.6 给出在芝加哥期权交易所内交易较为活跃的 S&P500 指数期权的标准化合约。

表 14.6 芝加哥期权交易所 S&P500 指数期权标准化合约

标的资产	S&P500 股价指数
报价单位	点
交易单位	100 美元/点
执行方式	欧式期权
最小变动价位	当期权在 3 点以下交易时，最小变动价位为 0.05 点（5 美元）；如果超过 3 点，最小变动价位为 0.10 点（10 美元）
合约月份	3 个近期月份，再加上 3 个连续的季度月份（3 月、6 月、9 月和 12 月）
最后到期日	合约交割月份的第三个星期五后紧随的星期六
最后结算价	结算的 S&P500 指数用各成分股票最后结算日（到期日之前的最后 1 个营业日）的开盘第一笔卖出报价计算，最后结算日不开盘时，则用结算日前的最后一笔卖出报价计算
交易时间	8：30～15：15（芝加哥时间）
合约结算价值	最后结算价 × 合约乘数
交易方式	现金结算
持仓限额	没有限制，但每个会员持有的合约数超过 100 000 时，必须向市场监管处报告

资料来源：http：//www.cboe.com。

专栏 14.3

上证 50ETF 交易合约简介

2015 年初，中国证监会宣布批准上海证券交易所开展股票期权交易所试点，试点范围为上证

50ETF 期权，正式上市时间为 2015 年 2 月 9 日。这意味着，中国金融市场将迎来历史上首只场内期权产品，市场期待已久的“期权元年”终于在 2015 年的年初“尘埃落定”。

一个全新的品种让股票市场投资者既觉得好奇又觉得陌生，尤其是衍生品的一些特定的看似复杂的规则，让好多投资者“望而生畏”。我们首先来了解一下上证 50ETF 的合约内容。

表 14.7　　上证 50ETF 指数期权标准化合约

合约标的	上证 50 交易型开放式指数证券投资基金（“50ETF”）
合约类型	认购期权和认沽期权
合约单位	10 000 份
合约到期月份	当月、下月及随后两个季月
行权价格	5 个（1 个平值合约、2 个虚值合约、2 个实值合约）
行权价格间距	3 元或以下为 0.05 元，3 元至 5 元（含）为 0.1 元，5 元至 10 元（含）为 0.25 元，10 元至 20 元（含）为 0.5 元，20 元至 50 元（含）为 1 元，50 元至 100 元（含）为 2.5 元，100 元以上为 5 元
行权方式	到期日行权（欧式）
交割方式	实物交割（业务规则另有规定的除外）
到期日	到期月份的第四个星期三（遇法定节假日顺延）
行权日	同合约到期日，行权指令提交时间为 9：15～9：25、9：30～11：30、13：00～15：30
交收日	行权日次一交易日
交易时间	上午 9：15～9：25、9：30～11：30（9：15～9：25 为开盘集合竞价时间） 下午 13：00～15：00（14：57～15：00 为收盘集合竞价时间）
委托类型	普通限价委托、市价剩余转限价委托、市价剩余撤销委托、全额即时限价委托、全额即时市价委托以及业务规则规定的其他委托类型
买卖类型	买入开仓、买入平仓、卖出开仓、卖出平仓、备兑开仓、备兑平仓以及业务规则规定的其他买卖类型
最小报价单位	0.0001 元
申报单位	1 张或其整数倍
涨跌幅限制	认购期权最大涨幅 = max｛合约标的前收盘价 ×0.5%，min［（2×合约标的前收盘价 − 行权价格），合约标的前收盘价］×10%｝ 认购期权最大跌幅 = 合约标的前收盘价 ×10% 认沽期权最大涨幅 = max｛行权价格 ×0.5%，min［（2×行权价格 − 合约标的前收盘价），合约标的前收盘价］×10%｝ 认沽期权最大跌幅 = 合约标的前收盘价 ×10%
熔断机制	连续竞价期间，期权合约盘中交易价格较最近参考价格涨跌幅度达到或者超过 50% 且价格涨跌绝对值达到或者超过 5 个最小报价单位时，期权合约进入 3 分钟的集合竞价交易阶段
开仓保证金最低标准	认购期权义务仓开仓保证金 =［合约前结算价 + max（12% × 合约标的前收盘价 − 认购期权虚值，7% × 合约标的前收盘价）］× 合约单位 认沽期权义务仓开仓保证金 = min［合约前结算价 + max（12% × 合约标的前收盘价 − 认沽期权虚值，7% × 行权价格），行权价格］× 合约单位
维持保证金最低标准	认购期权义务仓维持保证金 =［合约结算价 + max（12% × 合约标的收盘价 − 认购期权虚值，7% × 合约标的收盘价）］× 合约单位 认沽期权义务仓维持保证金 = min［合约结算价 + max（12% × 合约标的收盘价 − 认沽期权虚值，7% × 行权价格），行权价格］× 合约单位

上海证券交易所与中国证券登记结算有限责任公司上海分公司在投资者交易期权的账户上做了严格的规定。

投资者参与个股期权业务必须向中国结算开立衍生品合约账户。会员通过营业网点接收投资者开户申请，会员在对投资者进行适当性认证的基础上，并与投资者签署期权交易结算相关协议和风险揭示书后，才能向中国结算上海分公司申请开立。衍生品合约账户用于记录投资者期权持仓合约，以及进行期权开平仓和行权申报。投资者的衍生品合约账户与其的 A 股证券账户一一对应，投资者在进行备兑开仓时，将锁定其证券账户中相应的证券现货。

投资者参与个股期权业务，会员必须为客户开立独立的衍生品资金账户（不能复用现货资金账户或融资融券资金账户），用于权利金的交收、行权资金的交收、衍生品保证金的存放。

投资者衍生品资金账户中的可取资金可以在出入金时间与其对应的银行账户进行转入或转出操作。

上海证券交易所对于其他交易细则和规范都进行了明文规定和说明，详细资料均可在上海证券交易所网站上查询。

14.5.3 股指期权报价与行情表

表 14.8 是 2012 年 8 月 13 日《华尔街日报》上刊登的芝加哥期权交易所 S&P100 指数期权的交易行情表。表中第一列为期权到期月，第二列为期权的执行价格，*Call* 和 *Put* 分别代表看涨期权和看跌期权，第三列为当天期权合约的成交量，第四列为期权的结算价，第五列为当天结算价相比前一天结算价的净变化值，“ - ”代表当天结算价低于前一天的结算价，第六列为未平仓合约数。例如，2012 年 8 月 13 日，8 月到期、执行价格为 595 美元的欧式看涨期权，当天合约共成交了 10 份，结算价为 51 美元，这个价格比 8 月 12 日高 3.55 美元，未平仓合约份数是 165 份。

表 14.8　　S&P100 指数期权交易行情表

Prices at close August 13, 2012						
S&P100 (OEX)			Chicago Exchange			
Underlying Index	High	Low	Close	Net Change	From Dec. 31	% Change
S&P100	570.1	564.97	567.74	1.21	1.84	0.33
Expirations	Strike		Volume	Last	Net Change	Open Interest
Aug	540.00 call		34	104.8	38	5
Aug	555.00 put		5	12.9	12.85	389
Aug	560.00 put		312	0.05	-0.05	2 196
Aug	580.00 put		125	0.05	…	2 207
Aug	590.00 call		24	56	1.8	135
Aug	590.00 put		27	0.05	…	1 226
Aug	595.00 call		10	51	3.55	165
Aug	595.00 put		100	0.05	-0.05	1 187
Aug	600.00 put		57	0.05	-0.05	2 691
Aug	610.00 put		137	0.1	-0.05	1 335
Aug	610.00 call		6	35.85	1.85	193
Aug	615.00 put		1 320	0.1	-0.1	871

资料来源：http://online.wsj.com。

14.5.4　股指期权定价

股票指数是一组股票市场表现的综合反映，可以被视为一个股票组合。虽然几乎所有的股票都是离散支付红利，但是如果指数所包含的股票数量足够多，就可以假设股票指数支付连续的红利，这是比较接近现实的。有了这个假设，就可以利用第 13 章中支付连续收益的欧式期权定价模型为股票指数期权定价。

因此，欧式股票指数看涨期权的定价公式为

$$c = Se^{-q(T-t)}N(d_1) - Xe^{-r(T-t)}N(d_2) \tag{14.5.1}$$

而欧式股票指数看跌期权的定价公式为

$$p = -Se^{-q(T-t)}N(-d_1) + Xe^{-r(T-t)}N(-d_2) \tag{14.5.2}$$

式中，$d_1 = \dfrac{\ln(S/X) + (r - q + \dfrac{\sigma^2}{2})(T-t)}{\sigma\sqrt{T-t}}$，

$$d_2 = \frac{\ln(S/X) + (r - q - \sigma^2/2)(T-t)}{\sigma\sqrt{T-t}} = d_1 - \sigma\sqrt{T-t}$$

其中，S 为股票指数价格，q 是股票指数近似连续支付的收益率，σ 是股票指数的波动率。

14.5.5　股指期权应用

利用股票指数期权可以对有关资产进行套期保值，锁定价格变动的风险，同时还可以获取价格有利变动的收益。下面是××证券公司利用股指看跌期权进行套期保值的一个例子。

假设××证券公司将在 3 个月内按每股 10 美元的价格包销 100 万股××上市公司股票，签约的同时该证券公司又买入 100 份 3 个月期的股票指数看跌期权，合约的执行价格为 1 000 点，每一点的乘数是 100 美元，那么 100 份合约的总价值为 1 000 × 100 × 100 = 1 000 万美元。每份合约的期权费为 60 美元，则购买期权的费用是 100 × 60 = 6 000 美元。

若 3 个月后，股票指数上涨到 1 050 点，证券公司放弃执行期权，但此时因指数上涨而导致公司股票发行价上升到每股 10.3 美元，则证券公司在股票发行上盈利(10.3 − 10) × 100 = 30 万美元，除去支付的 6 000 美元期权费，最终净盈利为 29.4 万美元。

若 3 个月后，股票指数下跌到 940 点，证券公司将执行期权，此时证券公司将获利（1 000 − 940） × 100 × 100 − 100 × 60 = 59.4 万美元。但是，受到股票指数下跌的影响，股票以每股 9.30 美元发行，则该证券公司损失（10 − 9.3） × 100 = 70 万美元。由于采取了购买看跌期权的套期保值措施，该公司仅损失 70 − 59.4 = 10.6 万美元。

14.6　期货期权

14.6.1　期货期权概述

期货期权（Futures Options）是继 20 世纪 70 年代金融期货之后的又一次期货革命。1982 年，美国商品期货交易委员会开始进行期货期权交易实验。1984 年 10 月，美国芝加

哥期货交易所成功地推出了政府长期国库券期货期权。期货期权一般在期货交易所挂牌交易，每个交易所根据场内较为活跃的期货合约推出相应的期权合约，因此期货期权的种类繁多，常见的有商品期货期权、利率期货期权、外汇期货期权、股票指数期货期权等。

期货期权是指“期货合约的期权”。期货期权是对期货合约买卖权的交易，包括商品期货期权和金融期货期权。期货期权的标的资产是期货合约，期货期权合约执行时要求交易的不是期货合约所代表的标的物，而是期货合约本身。例如，一个关于 6 月的 S&P500 期货合约的期权，其持有者具有买入或者卖出 S&P500 期货的权利。

如果投资者持有一份期货看涨期权，执行该期权后，投资者将获得该期货合约的多头头寸外加一笔数额，等于当前期货价格减去执行价格的现金；如果持有一份期货看跌期权，执行该期权后，投资者将获得该期货合约的空头头寸外加一笔数额，等于执行价格减去当前期货价格的现金。因此，期货期权在执行时很少交割期货合约，而是交易双方收付期货合约市场价格与期权的执行价格之间的差额。例如，一个投资者买入一份 12 月的黄铜期货的看跌期权，执行价格为每磅 400 美分，合约规模为 25 000 磅黄铜。假设当前 12 月交割的黄铜期货的价格为 380 美分，在最近的一个结算日，黄铜期货的结算价格为 382 美分。如果期权被行使，投资者将收入现金 25 000 ×（400 − 382） = 4 500 美元。

期货期权与现货期权相比，期货期权可以较少的资金完成交易，提高了资金的使用效益，且期货期权的交易商品已经标准化、统一化，具有较高的流动性，便于交易。期货期权交易通常是在交易所进行的，交易的对方是交易所清算机构，信用风险较小。期货期权的最大缺点是因在交易所进行交易，上市的商品种类有限，因而协议价格、期限等方面的交易条件不能自由决定。

14.6.2　期货期权合约

表 14.9 列举了在美国芝加哥期货交易所交易的小麦期货期权标准化合约，表 14.10 列举了在芝加哥期货交易所交易的美国长期国债期货期权标准化合约。

表 14.9　　美国芝加哥期货交易所小麦期货期权合约

标的资产	一份小麦期货合约（5 000 蒲式耳）
最小变动价位	每蒲式耳 1/8 美分（每份合约 6.25 美元）
执行价格间距	前两个月为 5 美分/蒲式耳；其他月份为 10 美分/蒲式耳
执行方式	欧式期权
合约月份	7 月、9 月、12 月及次年 3 月、5 月，每月期权合约履约时头寸转换到最近的期货合约
履约日	期货期权的买方可以在到期日之前的任一营业日履约，但需在芝加哥时间 18：00 之前向芝加哥清算公司提出
最后交易日	相关小麦期货合约第一通知日至少两个营业日之前的最后一个星期五
最后到期日	最后交易日之后的第一个星期六上午 10 点（芝加哥时间）未履约的期权到期
交易时间	周一至周五 9：30～13：15（芝加哥时间）
每日价幅限制	在前一结算价的基础上根据市场条件的变动设置三个价幅限制：0.60、0.90、1.35 美分/蒲式耳

资料来源：http：//www.cmegroup.com。

表 14.10　　美国芝加哥期货交易所美国长期国债期货期权合约

标的资产	1 张面值为 10 000 美元的 CBOT 美国长期国债期货合约
最小变动价位	1/64 点
执行价格	按当时的长期国债（T - bond）期货价格，每份合约以 2 点（2 000 美元）的整数倍为间隔来确定
价格波动限制	不高于或不低于上一交易日结算期权费的 3 点
执行方式	欧式期权
合约月份	3 月、6 月、9 月、12 月
最后交易日	于期货合约交割月之前停止交易，期权停止交易的时间为相关 T - bond 期货合约之第一通知日前至少 5 个营业日之前的第一个星期五的中午
最后到期日	最后交易日之后的第一个星期六上午 10：00
交易时间	周一至周五 7：20 ~ 14：00（芝加哥时间）

资料来源：http：//www. cmegroup. com。

14. 6. 3　期货期权报价与行情表

表 14.11 是 2012 年 8 月 16 日《华尔街日报》上刊登的 NASDAQ100 指数期货期权交易行情表。表中 $ 100 × index 代表 1 张期权合约的期权费是 $ 100 乘以期权报价，第一列为期权的执行价格，第二、第三、第四列分别为 2012 年 8 月、9 月、10 月到期的 NASDAQ100 指数期货看涨期权在当天的结算价，第五、第六、第七列分别为 2012 年 8 月、9 月、10 月到期的 NASDAQ100 指数期货看跌期权在当天的结算价，表中最后一行列出了看涨期权和看跌期权的未平仓合约数。例如，一份 9 月到期，执行价格为 1 690 美元的 NASDAQ100 指数期货看涨期权的期权费为 100 × 1 073. 5 = 107 350 美元。

表 14.11　　NASDAQ100 指数期货期权交易行情表

For Thursday, August 16, 2012						
NASDAQ 100 INDEX（CME）						
$ 100 × index						
Strike Price	Call			Put		
	Aug	Sep	Dec	Aug	Sep	Dec
1 630	1 133. 5	1 133. 5	1 126. 5	0. 15	0. 05	1. 95
1 640	1 123. 5	1 123. 5	1 116. 5	0. 2	0. 1	2
1 650	1 113. 5	1 113. 5	1 106. 75	0. 05	0. 1	2. 1
1 660	1 103. 5	1 103. 5	1 096. 75	0. 05	0. 1	2. 15
1 670	1 093. 5	1 093. 5	1 086. 75	0. 05	0. 1	2. 25
1 680	1 083. 5	1 083. 5	1 077	0. 05	0. 15	2. 35
1 690	1 073. 5	1 073. 5	1 067	0. 1	0. 15	2. 4
1 700	1 063. 5	1 063. 5	1 057	0. 05	0. 2	2. 5
1 710	1 053. 5	1 053. 5	1 047	0. 05	0. 2	2. 6
1 720	1 043. 5	1 043. 5	1 037. 25	0. 05	0. 2	2. 7
1 730	1 033. 5	1 033. 5	1 027. 25	0. 05	0. 25	2. 8
1 740	1 023. 5	1 023. 5	1 017. 5	0. 05	0. 25	2. 9
Open Interest			Calls	5	Puts	32

资料来源：http：//online. wsj. com。

14.6.4 期货期权定价

由第13章可以得知，当无收益标的资产的价格服从几何布朗运动时，其期货价格 F 同样也服从几何布朗运动：

$$dF = (\mu - r)F dt + \sigma F dz \tag{14.6.1}$$

从式（14.6.1）可以看出期货价格 F 的漂移率为 $\mu - r$，也就是说可以把期货看成是一个连续收益率为 r 的资产，因此将式（13.3.12）中的 S 替换为 $Fe^{-r(T-t)}$，就可以得到欧式期货看涨期权的定价公式：

$$c = e^{-r(T-t)}[FN(d_1) - XN(d_2)] \tag{14.6.2}$$

欧式期货看跌期权的定价公式为：

$$p = e^{-r(T-t)}[XN(-d_2) - FN(-d_1)] \tag{14.6.3}$$

式中，$d_1 = \dfrac{\ln(F/X) + (\sigma^2/2)(T-t)}{\sigma\sqrt{T-t}}$，

$$d_2 = \frac{\ln(F/X) - (\sigma^2/2)(T-t)}{\sigma\sqrt{T-t}} = d_1 - \sigma\sqrt{T-t}。$$

其中，F 代表期货价格，σ 是期货价格的波动率。

14.6.5 期货期权应用

期货期权在投资过程中被广泛应用。大多数情况下，人们会选择交易期货期权而不是交易关于标的资产的期权，主要原因有两个。

（1）期货合约要比标的资产的流动性更好，更容易交易。例如，商品期货的交易经常比直接交易商品本身更容易。

（2）投资者很容易在交易所获得期货的价格，而标的资产的价格并不能很容易取得。例如，投资者可以随时从交易所中得到长期国债期货的价格，而只有联系一个或者更多的交易商，投资者才可以得到当前债券市场的价格。

期货期权的一个重要特点是行使期权不一定要进行标的资产的交割，期货合约往往在到期日之前被平仓。期货期权以现金结算，这对很多投资者来说颇具吸引力，尤其对于那些因缺乏资金而不能在行使期权后买入标的资产的投资者更是如此。

专栏14.4

中航油事件

2004年的“中航油”事件成为当时比较严重的国际金融大事件，作为中国航油公司（新加坡）公司总裁的陈久霖，2003年之前通过新加坡交易所买入油品期货，收获颇丰，陈久霖还因此被《世界经济论坛》评选为“亚洲经济新领袖”。

2004年第一季度纽约原油期货升至30美元/每桶的历史高位时，陈久霖以为价格太高不可持续，决定反手做空，开始卖出原油期货看涨期权，石油期货价格攀升导致公司亏损580万美元，公司决定延期交割，期望原油期货价格能回跌，同时延期操作，期权的时间价值增加了，用增加的权利金来弥补追加保证金。2004年6月，纽约原油期货一举突破43美元/每桶，创21年历史

新高，中航油的账面亏损额增加到 3 000 多万美元，公司因而决定将头寸再延后交割，由于通过期权的时间价值增加的权利金已无法弥补浮亏形成的追加保证金缺口，又不愿意止损，陈久霖决定越权违规加倍卖出看涨期权，以收取更多的权利金来弥补追加保证金缺口。2004 年 10 月是中国国庆长假期间，油价再创新高，中航油（新加坡）公司此时的持仓规模达到 5 200 万桶原油，账面亏损再度大增。10 月 10 日，面对资金周转问题的中航油，首次向集团呈报交易和亏损状况，账面亏损高达 1. 8 亿美元，另外支付 8 000 万美元的额外保证金。集团总部面对巨亏下不了狠手，决定予以施救，将 1. 08 亿美元资金借给中航油（新加坡）用于还债，11 月 29 日，为了保住中航油（新加坡）的头寸，集团再向其提供 1 亿美元贷款。但危情并没有缓解，12 月 1 日，在亏损 5. 5 亿美元后，中航油宣布法庭申请破产保护令。

在该案例中，第一季度的潜在亏损为 580 万美元，就因为没有及时止损，才使国家遭受巨大损失，陈久霖也因此入狱。从该例子中我们也可以看出，期货期权合约能吸引投资者进行投资，但其同时也存在巨大的风险，因此，投资者在进行投资时需要谨慎。

14.7 实物期权

14.7.1 实物期权概述

实物期权是指符合金融期权的特性，但是不在金融市场上进行交易的期权。前面讨论的金融期权属于狭义金融工程学的范畴，实物期权则属于广义金融工程学的范畴。

实物期权（Real Options）的概念最初是由麻省理工学院管理学院（MIT）的麦尔斯（Stewart Myers）教授提出的，他指出一个投资方案产生的现金流及所创造的利润，来自对目前所拥有资产的使用和一个对未来投资机会的选择，也就是说企业可以取得一个权利：在未来以一定价格买入或卖出一项实物资产或投资计划，这项权利使持有人在面对未来不确定的前景时，可以预先以一定的代价锁定损失，同时保留着获取未来发展和投资机遇的权利。因为其标的物为实物资产，故将此性质的期权称为实物期权。

体现实物期权的载体，可以是一项书面的文件，可以是一块土地，可以是一条高速公路，也可以是一个投资机会。只要是存在不确定的地方，就有应用实物期权的可能性。实物期权普遍存在于我们的生活、生产、经营和交易活动中。下面给出一个典型的实物期权的例子。

假设某个投资者打算买入一块土地的使用权，将其用来投资房地产。但是投资者面临的一个很大的问题是土地价格波动较大，而且他估计大概两年后土地价格会趋于平稳，因此，投资者希望 2 年以后再决定是否投资开发这块土地。但是，土地卖方肯定不愿意等 2 年，他们希望现在就找到买家。为了防止错失这样的投资项目，投资者可以考虑与土地的卖方签订一份实物期权合约。合约允许他在 2 年以后以 1 亿元的价格买下这块土地的使用权，但是投资者要为这个权利付出一定的代价，这个代价就是实物期权的价格。如果 2 年后，土地贬值，投资者可以放弃执行期权，此时损失的是期权费；如果 2 年后，土地升值，投资者就可以选择执行期权，得到该土地的使用权，用来投资房地产。

早期关于实物期权的研究最终推动了实物期权的发展。至今，实物期权仍然是金融工程学各个领域中发展最快的分支之一。

14.7.2 实物期权与金融期权的关系

金融期权和实物期权的实质都是期权，都是以期权费的代价获得价值为 S 的某项资产（金融资产或者实物资产）。表 14.12 列举了实物期权和金融期权的几个变量的对比。

表 14.12 实物期权和金融期权几个变量的对比

变量	金融期权	实物期权
S	当前标的资产价格	预期未来将购入的某项实物资产的当期价格
X	执行价格	将来获得该资产的成本
r	无风险利率	无风险利率
σ	标的资产价格波动率	该项资产价格的波动率
D	标的资产分红	同期维护该项资产的费用
r	期权的期限	期权的期限

实物期权是相对金融期权来说的，与金融期权相比，实物期权具有以下四个特性。

（1）非交易性：实物期权与金融期权本质的区别在于非交易性。作为实物期权标的物的实物资产一般不存在于交易市场，而且实物期权本身也不大可能进行市场交易；

（2）非独占性：许多实物期权不具备所有权的独占性，即它可能被多个竞争者共同拥有，因而是可以共享的；

（3）先占性：先占性是由非独占性所导致的，它是指抢先执行实物期权可获得的先发制人的效应，结果表现为取得战略主动权和实现实物期权的最大价值；

（4）复合性：在大多数场合，各种实物期权存在着一定的相关性，这种相关性不仅表现为同一项目内部各子项目之间的前后相关，而且表现为多个投资项目之间的相互关联。

14.7.3 实物期权应用

长期以来投资者对投资项目或企业价值评估最常用、最经典的方法是贴现现金流法（DCF），但是 DCF 法也有着自身的缺陷，往往会使投资者低估项目价值，或者使投资者无法灵活地把握各种潜在的投资机会，甚至会导致决策错误。因此 DCF 法对发掘不确定环境下的各种投资机会从而为投资者带来新增价值无能为力。

正是在这种背景下，经济学家开始寻找能够更准确地评估投资项目真实价值的理论和方法。布莱克、舒尔斯、莫顿的金融期权定价理论是实物期权应用的基石，他们和麦尔斯教授一起发现期权定价理论在实物或者非金融投资方面具有重要的应用前景。

实物期权最初的应用领域是对自然资源的价值进行评估，但是随着实物期权理论研究的不断深化，实物期权模型和方法被扩展到很多领域，如生产制造、研究与开发新技术、公司战略等。这里介绍一个简单的应用：利用实物期权为无法进入金融市场交易的实物资产定价。下面是一个利用实物期权为建筑物定价的例子。

假设现在有一幢废弃的办公楼建筑物，该办公楼的所有者将要卖出这幢楼。而你恰巧需要办公楼，你需要决定是否购买，以多少钱购买合适？

假设你认为该办公楼需要半年时间来进行改装和修整，半年后支出 1 亿元的费用，到那时这幢楼的价值将为 3 亿元。如果市场上无风险利率为 10%，那么就可以根据 DCF 法计算出该办公楼的价格，计算公式为 $(3-1)\div(1+10\%)^{0.5}=1.9$ 亿元。也就是说你可以用 1.9 亿元买到这幢楼，但是这个估计忽略了一些不确定性因素，忽略了自己可能由于这些不确定因素而获得高额回报的机会。可以把这次投资机会想象成一个实物期权，这个期权允许你在半年后，获得一个价值为 3 亿元的办公楼，但是该办公楼在到期时候需要额外支付 1 亿元的装修费，无风险利率为 10%，而且你预测到未来办公楼建筑物的预期价格波动率为 0.3。于是可以应用 B－S－M 公式计算出该办公楼的价值是 2.05 亿元，大于运用贴现值法计算值。

14.8　奇异期权

前面几节介绍的几种期权都是标准化的欧式或者美式期权，但市场上还存在一些非标准化的期权，它们是在标准期权的基础上，通过组合或者改变一些要素之后形成的。例如，执行价格不再是确定的数，而是一段时间内标的资产价格的平均值；期权在有效期内只有标的资产价格能够达到某一个事先约定的价格，该期权才有效；期权合约的标的资产是另一份期权合约；等等。我们把这些非标准化的、比较复杂的期权称为奇异期权（Exotic Options）。

奇异期权一般在场外市场进行交易，合约形式及内容由客户根据自己的具体要求确定。与常规期权相比，它们更具有灵活性和多样性，也更受投资者的青睐。由于奇异期权的种类繁多，不可能全部介绍清楚，这里只简单地介绍一些常见的奇异期权。

14.8.1　两值期权

两值期权（Binary Options）是具有不连续收益的期权，当到期日标的资产价格低于执行价格时，该期权没有价值；而当标的资产价格超过执行价格时，期权支付卖方一个固定数额。

两值看涨期权分为两种类型：或有现金看涨期权和或有资产看涨期权。或有现金看涨期权（Cash－or－nothing Call）是指，如果到期日标的资产价格高于执行价格，则卖方支付一个固定的数额 Q；如果标的资产价格低于执行价格，则该期权没有价值。或有资产看涨期权（Asset－or－nothing Call）是指，如果到期日标的资产价格高于执行价格，则卖方支付一个等于标的资产价格的数额；如果标的资产价格低于执行价格，则该期权没有价值。

两值看跌期权也可以分为或有现金看跌期权和或有资产看跌期权，定义与两值看涨期权类似。

由上面的定义可以得出结论：通过组合不同的两值期权可以得到常规期权。例如：一份或有资产看涨期权多头和一份或有现金看涨期权空头可以构成一份标准的欧式看涨期权。一份或有资产看跌期权空头和一份或有现金看跌期权多头可以构成一份标准的欧式看跌期权。

14.8.2　打包期权

打包期权（Packages Options）是指由标准欧式期权、远期合约、现金和标的资产等构成的证券组合。利用这些金融工具之间的关系，组合成符合客户需要的投资工具。

下一章中将要介绍到的牛市差价、熊市差价、蝶式差价和跨式组合等都属于打包期权的范围。此外，金融机构经常设计具有零初始成本的打包期权。例如，由一个远期多头、一个看跌期权多头和一个看涨期权空头构成的证券组合就是零成本的。另外，延迟支付期权（Deferred Payment Options）也可以实现零成本，它的原理是：目前不需要支付期权费，到期时再支付期权价格的终值。

14.8.3 障碍期权

障碍期权（Barrier Options）是指在其生效过程中受到一定限制的期权，期权的回报依赖于标的资产的价格在有效期内是否达到了某个特定的水平，这个特定水平称之为“障碍”水平。障碍期权一般分为两类。

（1）敲出障碍期权（Knock - out Options）。在规定期限内，如果标的资产的价格达到一个特定的障碍水平，该期权将被作废；如果标的资产价格没有达到障碍水平，该期权就是一个标准的期权。敲出障碍期权也称作触碰失效期权。

（2）敲入障碍期权（Knock - in Options）。在规定期限内，如果标的资产的价格达到一个特定的障碍水平，该期权就是一个标准的期权；如果标的资产价格没有达到障碍水平，该期权将被作废。敲入障碍期权也称作触碰生效期权。

按照障碍水平和标的资产初始价格的相对位置，也可以对障碍期权进行分类：

（1）向上期权，指障碍水平高于标的资产的初始价格的期权；

（2）向下期权，指障碍水平低于标的资产的初始价格的期权。

障碍期权限制了投资者的到期回报，所以期权费比标准期权的期权费低。因此认为障碍水平一般不会被触碰的投资者就选择购买障碍期权。

障碍期权的到期回报要受到标的资产价格到期前所遵循路径的影响，这称为路径依赖。例如，一个向上敲出看涨期权到期时想要获得 $\max(S_T - X, 0)$ 的回报，必须保证在有效期内标的资产的价格达到了障碍水平。但障碍期权的路径依赖是较弱的，因为它只需要关注障碍水平是否被触碰，而不需要知道关于路径的其他信息。

14.8.4 亚式期权

亚式期权（Asian Options）又称平均价格期权，最早由美国银行家信托公司（Bankers Trust）在日本东京推出，是当今金融衍生品市场上交易最为活跃的奇异期权之一。与标准期权不同，亚式期权的到期回报依赖于标的资产一段时间内的平均价格，而不是标的资产的到期价格。

亚式期权按照平均值计算基础的不同，可分为平均资产价期权和平均执行价期权。

（1）平均资产价期权。用一段时间内标的资产价格的平均值 I 代替到期价格 S_T，就可以得到平均资产价期权。

（2）平均执行价期权。用平均值 I 代替执行价格，就可以得到平均执行价期权。

无论是平均资产价期权还是平均执行价期权，都涉及取平均值的问题。取平均值主要的方法有：算术平均、几何平均和加权平均。采用不同的平均方法，可以得到不同的平均值，从而可以得到不同的亚式期权。

由于亚式期权中标的资产价格和执行价格取平均值，这样就大大地减少了波动，也就减少了风险，从而导致亚式期权比标准期权便宜；另外投资者往往更愿意投资亚式期权来为他在未来连续平稳的现金流进行保值，因此亚式期权颇受欢迎。

14.8.5 回溯期权

回溯期权（Lookback Options）的回报依赖于标的资产在某个确定的时间段内的最低或最高价格，这个价格称之为“回溯价”。回溯看涨期权的持有者有权利按照有效期内的最低价格购买标的资产；回溯看跌期权的持有者则有权利以有效期内的最高价格出售标的资产。

和亚式期权一样，按照对标的资产价格还是对执行价格采用回溯价格划分，可以将回溯期权分为两种。

（1）固定执行价期权。用一段时间内标的资产价格的最大值 M 或者最小值 N 代替到期价格 S_t，就可以得到固定执行价期权，此时看涨期权到期回报为 max（$M-X$，0）；看跌期权的到期回报为 max（$X-N$,0）。

（2）浮动执行价期权。用回溯价 M 代替执行价格，就可以得到浮动执行价期权，此时看涨期权的到期回报为 max（S_T-M,0）；看跌期权的到期回报为 max（$M-S_T$,0）。

回溯期权属于较强路径依赖型的期权，它最大的特点在于期权的买卖方可以在最高点卖出，最低点买入。期权的持有者得到了最优价格，因此回溯期权的价格一般比较高。

14.8.6 呐喊期权

呐喊期权（Shout Options）又称呼叫期权，是指在有效期内期权的多头方可以向空头方“呐喊”一次。在到期日，看涨期权的多头方获得的回报或者等于通常情况下期权的回报，即 max（S_T-X,0），或者等于呼叫时期权的内在价值；看跌期权的多头方获得的回报或者等于通常情况下期权的回报，即 max（$X-S_T$,0），或者等于呼叫时期权的内在价值。期权的持有者可以在这两者中选择较大的一个。

举一个简单的例子：假设一个欧式呐喊看跌期权执行价格是 20 美元，投资者在标的资产价格下跌到 16 美元的时候呐喊了一次，在到期日，如果标的资产价格低于 16 美元，则投资者多头的收益按照到期时资产的价格计算，也就是 $20-S_T$；如果标的资产价格高于 16 美元而低于 20 美元，投资者多头方的收益按照呐喊时资产价格计算，也就是 4 美元；如果标的资产价格高于 20 美元，不执行该期权。

呐喊期权和回溯期权有些类似，但是呐喊期权只可以呐喊一次，比起回溯期权，呐喊期权相对便宜一些。

14.8.7 复合期权

复合期权（Compounded Options）是指以期权合约本身作为标的资产的期权，是期权的期权，即二阶期权。复合期权赋予持有者在某一约定日期以一定的价格买入或卖出另一份期权的权利。

复合期权有两个执行价格和两个到期日。一个是复合期权的到期日，一个是标的期权到期日，由于受两个到期日的影响，所以期权价值的判断非常复杂。

复合期权通常以利率工具或外汇为基础，投资者通常在波幅较高的时期内购买复合期权，以减轻因标准期权价格上升而带来的损失。此外，它还可作为高杠杆投资的工具，投机者只需较少的资金便可买入复合期权，随后再观察是否投入更多的资金来买入复合期权的标的期权，最后再决定是否买入最终的标的资产。

14.8.8 多资产期权

多资产期权（Multi - asset Options）是指包含两个或者两个以上标的资产的期权。多资产期权有多种类型，这里简单介绍常见的两种。

（1）彩虹期权（Rainbow Options），又称为利差期权，是指标的资产有两种以上的期权，例如篮子期权，篮子期权中的标的资产包括单个股票、股票指数、外汇等。篮子期权的回报取决于一篮子资产的价值。这种期权的到期支付额取决于多种资产价值中的最大值与执行价格之差，或是其中两种资产价格之差。

（2）交换期权（Exchange Options），是指有两个标的资产的期权。期权的买方有权利在约定的时间内，按照事先约定的比例将一种标的资产转变为另外一种标的资产。这与标准看涨期权的买方有权以一定数量的现金购买一定数量的标的资产不同；与标准看跌期权的买方有权出售一定数量的标的资产而收入一定数量的现金也不同。

多资产期权中涉及了两个或者两个以上的标的资产，这就有了多维的问题。在多维条件下，为期权定价就不能单单考虑每个标的资产本身，还要考虑标的资产之间的关系，因此 B - S - M 定价模型就从一维拓展到多维。

【本章小结】

1. 商品期权是指标的资产为实物的期权，农产品中的小麦、玉米，金属中的铜、铝，能源中的原油、天然气等都可以作为标的物，是一种很好的规避和管理商品风险的金融工具。

2. 利率期权是以各种利息率产品作为标的物的期权。利率期权很受欢迎，主要原因在于利率期权品种较多，占用资金较少。交割方式为现金轧差和实物交割。常见的利率期权有三种：封顶利率期权、保底利率期权和封顶保底利率期权。

3. 外汇期权相对于股票期权等其他种类的期权来说买卖的是外汇，外汇期权的优点在于可锁定未来汇率，提供外汇保值。

4. 股票期权，是指以单一股票作为标的资产的期权。股票期权除了最基本的类型外，还有认股权证、职工购股期权与可转换债券。

5. 股指期权是在股票指数期货合约的基础上产生的，以一篮子股票组成的股票指数作为标的资产的期权。股指期权合约的价值是股票指数与相应乘数的乘积，交易方式主要是现金交割，投资者只需结算差额。

6. 期货期权是指“期货合约的期权”，是对期货合约买卖权的交易，包括商品期货期权和金融期货期权。期货期权合约执行时交易的是期货合约本身。期货期权可以以较少的资金完成交易，提高了资金的使用效益。

7. 实物期权是指那些符合金融期权的特性，但是不在金融市场上进行交易的期权，企业可以利用实物期权获得在未来以一定价格取得或出售一项实物资产或投资计划的权利。

8. 奇异期权是在标准期权的基础上，通过组合或者改变一些要素之后形成的，一般在场外市场交易。大部分奇异期权是根据客户的具体要求开发出来的，与常规期权比较，它们更具有灵活性和多样性。

【重要概念】

商品期权　利率期权　外汇期权　股票期权　股指期权　期货期权　实物期权　奇异期权

【参考读物】

[1] 郑振龙，陈蓉．金融工程（第三版）[M]．北京：高等教育出版社，2012.

[2] 周洛华．金融工程学 [M]．上海：上海财经大学出版社，2004.

[3] 张茂军，南江霞．金融工程理论及应用 [M]．大连：大连理工大学出版社，2010.

[4] 林清泉．金融工程（第二版）[M]．北京：中国人民大学出版社，2004.

[5] 卢侠巍．当代金融衍生工具交易风险控制案例教程 [M]．北京：经济科学出版社，2011.

[6] 叶永刚，郑康彬．金融工程概论（第二版）[M]．武汉：武汉大学出版社，2009.

【练习题】

1. 利率期权是什么，有哪些基本类型？
2. 外汇期权及其特点是什么？
3. 说明公司怎样利用货币期权对冲外汇风险？
4. 股票期权的定义是什么，有哪些种类？
5. 股指期权定价及影响股指期权价值的因素有哪些？
6. 某一股票指数欧式看涨期权的价值，期限为 6 个月，当前指数值为 250，执行价格为 255，无风险利率为 10%，指数波动率为 18%，指数的股利收益率为 3%，试计算该期权的价值。
7. 简述期货期权的特点。
8. 计算 3 个月期的欧式看跌期货期权的价值，标的期货现在的价格为 20 美元，执行价格为 22 美元，无风险利率为 10%，期货价格波动率为 20%。
9. 实物期权的特性有哪些？
10. 奇异期权的主要类型有哪些？各自有什么特点？

第 15 章

期权工具的应用策略

【本章知识结构】

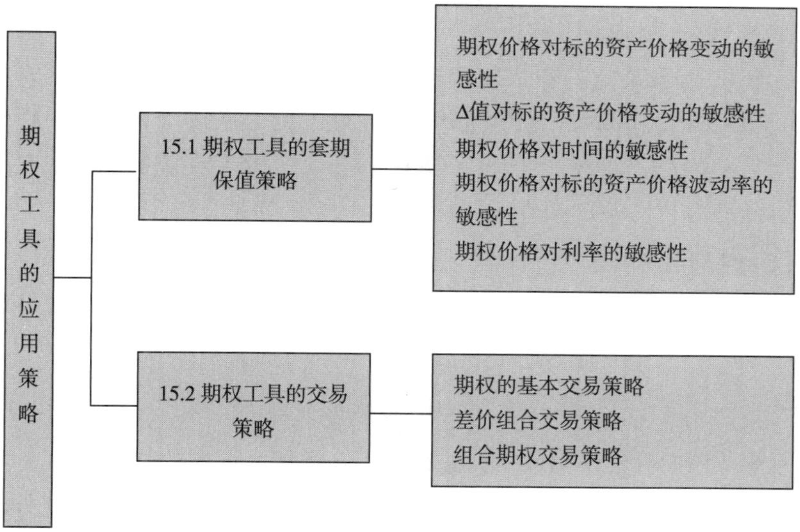

【教学要求】

1. 掌握各希腊字母所衡量的风险；
2. 掌握基于期权风险敏感度的套期保值方法；
3. 掌握期权的套利策略。

15.1 期权工具的套期保值策略

用衍生证券进行套期保值，常用的方法是分别计算出衍生证券与标的资产对一些共同的影响因素（如标的资产价格、标的资产的价格波动率等）的敏感性，然后建立适当数量及适当种类的衍生证券头寸，组成套期保值组合，使组合中衍生证券与标的资产的价格变动能相互抵销，从而达到套期保值的目的。下面我们来分析用期权这种衍生工具进行套期保值的策略。为了方便分析，将不考虑税收、佣金和其他交易费用，但这些因素在做实际投资决定时应当被考虑在内。

我们知道期权价格的影响因素有标的资产市场价格、执行价格、期权的有效期、标的资产价格的波动率、无风险利率等，本节我们主要考虑期权价格对标的资产市场价格、期权有效期、标的资产价格波动率、无风险利率这四个影响因素的敏感性。

15.1.1 期权价格对标的资产价格变动的敏感性

期权价格对标的资产价格变动的敏感性是用 Delta（Δ）值来衡量的，它等于期权价格变化与标的资产价格变化的比率，在数学上表示为期权价格对标的资产价格的偏导数。若令 f 表示期权的价格，S 表示标的资产的价格，Δ 表示期权的 Delta 值，则 $\Delta=\frac{\partial f}{\partial S}$。期权的 Delta 所衡量的是每当标的资产价格变动一个点时，期权的价格会有多大的变化。比如说期权的 Delta 是 0.5，就表示标的资产上升一个点时，相应的期权价格上升半个点。

根据本书第 13 章布莱克—舒尔斯期权定价模型，推出无收益资产欧式看涨期权的定价公式为 $c=SN(d_1)-Xe^{-r(T-t)}N(d_2)$，通过平价关系得到无收益资产欧式看跌期权的定价公式为 $p=Xe^{-r(T-t)}N(-d_2)-SN(-d_1)$，故无收益资产欧式看涨期权和看跌期权的 Δ 值分别为 $N(d_1)$ 和 $N(d_1)-1$。具体推导见专栏 15.1。

事实上，金融现货资产和远期、期货都有相应的 Δ 值。显然，标的资产的 Δ 值恒等于 1。如果证券组合中含有标的资产和多种衍生证券时，则该证券组合的 Δ 值就等于组合中各种衍生证券 Δ 值的总和，即

$$\Delta=\sum_{i=1}^{n}\omega_i\Delta_i$$

其中，ω_i 表示第 i 种衍生证券的数量，Δ_i 表示第 i 种衍生证券的 Δ 值。

在实际交易中，标的资产和相应的衍生证券可以取多头，也可以取空头，所以 Δ 可正可负。因此，如果组合内标的资产和衍生证券数量比例适当，整个组合的 Δ 值就可以等于 0。我们称 Δ 值为 0 的证券组合处于 Δ 中性状态。当证券组合处于 Δ 中性状态时，组合的价值就不受标的资产价格波动的影响，投资者可以获得确定的收益，从而实现相对于标的资产价格的套期保值，我们称这种方法为 Δ 中性保值法。

除了标的资产本身的 Δ 值恒等于 1 外，其他衍生产品的 Δ 值都是不断变化的，所以证券组合的 Δ 中性状态只能维持一个很短的时间。从这个角度来讲，当证券组合处于 Δ 中性状态时，该组合的价值只是在一个短时间内不受标的资产价格波动的影响，实现的是“瞬时”套期保值。

✪【例 15.1】美国某个公司持有 100 万英镑的现货头寸，假设当时英镑兑美元汇率为 1 英镑 =1.63 美元，英国的无风险连续复利年利率为 12%，美国的无风险连续复利年利率为 10%，英镑汇率的波动率为每年 15%。为了防止英镑贬值，该公司打算用 6 个月

期的执行价格为 1.60 美元的英镑欧式看跌期权进行保值，试计算该公司应该买入多少期权？

本例中的英镑欧式看跌期权属于外汇欧式看跌期权。根据 Δ 的定义，可知英镑欧式看跌期权的 Δ 值为 $\Delta = e^{-r_f(T-t)}$ [N（d_1）－1]，其中 r_f 为外汇的无风险利率。在本例中，$r_f = 12\%$，$T-t=0.5$，$d_1 = 0.69977$，

$\therefore \Delta = e^{-0.12\times0.5}$ [N（0.69977）－1] ＝－0.2279。

而英镑现货的 Δ 值为 +1，故 100 万英镑现货头寸的 Δ 值为 +100。为了抵消现货头寸的 Δ 值，该公司应买入的看跌期权数量等于 $\frac{100}{0.2279} = 438.79$（万份），即该公司要买入 438.79 万份英镑欧式看跌期权。

15.1.2 Δ 值对标的资产价格变动的敏感性

Δ 值对标的资产价格变动的敏感性是用期权的 Gamma（Γ）值来衡量的，它等于期权的 Δ 值对标的资产价格的一阶偏导数，等于期权价格对标的资产价格的二阶偏导数。

$$\Gamma = \frac{\partial^2 f}{\partial S^2} = \frac{\partial \Delta}{\partial S}$$

对于标的资产及远期和期货合约来说，其 Γ 值均为 0，也就是说只有期权有 Γ 值。所以，当证券组合中含有标的资产和基于该标的资产的期权以及其他衍生品时，该证券组合的 Γ 值就等于组合内各期权的数量与其 Γ 值乘积的总和，即 $\Gamma = \sum_{i=1}^{n} \omega_i \Gamma_i$，其中 ω_i 表示第 i 种期权的数量，Γ_i 表示第 i 种期权的 Γ 值。

对于看涨期权，标的资产价格上涨（下跌），期权价格随之上涨（下跌），二者始终保持同向变化，因此，看涨期权的 Delta 值为正数，变动范围为 0 到 1；而看跌期权价格的变化与标的资产价格相反，因而看跌期权的 Delta 值为负数，变动范围为 −1 到 0。与 Delta 不同，无论看涨期权还是看跌期权的 Gamma 值均为正值：标的资产价格上涨，看涨期权的 Delta 值由 0 向 1 移动，看跌期权的 Delta 值从 −1 向 0 移动，即期权的 Delta 值从小到大移动，Gamma 值为正；标的资产价格下跌，看涨期权的 Delta 值由 1 向 0 移动，看跌期权的 Delta 值从 0 向 −1 移动，即期权的 Delta 值从大到小移动，Gamma 值为正。

因此，期权多头的 Γ 值总是正的，而期权空头的 Γ 值总是负的，因此若期权多头和空头数量配合适当的话，该组合的 Γ 值就等于零。我们称 Γ 值为零的证券组合处于 Γ 中性状态。

证券组合的 Γ 值可用于衡量 Δ 中性保值法的保值误差。因为期权的 Δ 值仅仅衡量了标的资产价格 S 微小变动时期权价格的变动量，而期权价格与标的资产价格之间的关系曲线是一条曲线，因此当 S 的变动量较大时，用 Δ 估计出的期权价格的变动量与期权价格的实际变动量就会有偏差，如图 15.1 所示。

从图 15.1 可以看出，当标的资产从 S_0 上涨到 S_1 时，Δ 中性保值法假设期权价格从 C_0 增加到 C_1，而实际上期权价格是从 C_0 增加到 C_1'，其中 C_1 和 C_1' 之间的差额就是 Δ 中性保值法的误差。这种误差的大小取决于期权价格与标的资产价格之间关系曲线的曲度。Γ 值越大，意味着关系曲线的曲度就越大，Δ 中性保值法的误差就越大。

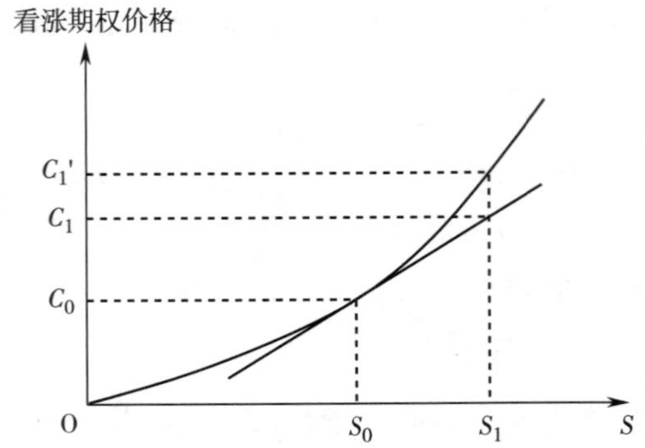

图 15.1 Delta 对冲的误差

为了消除 Δ 中性保值法的误差，我们应使证券组合处于 Γ 中性状态。而证券组合的 Γ 值会随着时间的变化而变化，因此应不断通过买进或卖出适当数量的期权来调整期权头寸，以保持证券组合处于 Γ 中性状态。但保持 Γ 为 0 只能通过调整期权的头寸获得，而这种调整往往会使得证券组合的 Γ 值不为 0，所以在调整期权头寸的同时，还要对标的资产或期货合约的头寸进行调整，这样才能使得证券组合同时处于 Δ 中性状态和 Γ 中性状态。

✪【例 15.2】假设某个处于 Δ 中性状态的证券组合的 Γ 值等于 −4 000，该组合中某标的资产看涨期权多头的 Δ 值和 Γ 值分别为 0.7 和 2.0。为了使证券组合同时处于 Δ 中性和 Γ 中性状态，该证券组合应购买多少份该期权，同时卖出多少份标的资产？

因为原保值组合的 Γ 值为 −4 000，而看涨期权多头的 Γ 值为正，故需买入看涨期权 4 000/2.0 = 2 000 份。

而买入 2 000 份看涨期权后新组合的 Δ 值不再为 0，增加到 2 000 × 0.7 = 1 400，所以，为了保持 Δ 中性，应卖出 1 400 份标的资产。

15.1.3 期权价格对时间的敏感性

期权价格对时间的敏感性是用 Theta（Θ）值来衡量的，它等于期权价格变化与时间变化的比率，在数学上表示为期权价格对时间的偏导数，即 $\Theta = \frac{\partial f}{\partial t}$。一般来说，当到期日越来越临近时，期权的价值也越来越小，所以期权的 Θ 常常是负的，它表示期权的价值随着时间推移而逐渐衰减的程度。由于时间的推移是确定的，没有风险可言，所以无须对时间进行套期保值。

下面我们来讨论一下 Delta、Theta 和 Gamma 之间的关系。在本书第 13 章，我们得出无收益资产的衍生证券价格 f 必须满足布莱克—舒尔斯微分方程，而根据本节所定义的 $\Delta = \frac{\partial f}{\partial S}$、$\Theta = \frac{\partial f}{\partial t}$、$\Gamma = \frac{\partial^2 f}{\partial S^2} = \frac{\partial \Delta}{\partial S}$，B − S − M 微分方程就转化为

$$rf = \Delta rS + \Theta + \frac{1}{2}\Gamma\sigma^2 S^2 \tag{15.1.1}$$

公式（15.1.1）对无收益资产的单个衍生证券和多个衍生证券组合都适用。

对于处于 Δ 中性状态的证券组合来说，Δ = 0，式（15.1.1）就转化为 $rf = \Theta + \frac{1}{2}\Gamma\sigma^2S^2$，也就是说对于一个 Δ 中性组合，如果该证券组合的 Θ 为负值并且很大时，Γ 为正并且也很大。

对于处于 Δ 中性和 Γ 中性状态的证券组合来说，Δ = Γ = 0，式（15.1.1）就转化为 $rf = \Theta$，也就是说处于 Δ 中性和 Γ 中性状态的组合的价值将随着时间推移以无风险连续复利率的速度增长。

关于 Delta、Theta 和 Gemma 三者之间的符号关系可如表 15.1 所示。

表 15.1　　Delta、Theta、Gamma 关系表

期权	Delta	Theta	Gamma
多头看涨期权	+	−	+
多头看跌期权	−	−	+
空头看涨期权	−	+	−
空头看跌期权	+	+	−

从表 15.1 可以看出，Gamma 的符号始终与 Theta 的符号是相反的。

15.1.4　期权价格对标的资产价格波动率的敏感性

期权价格对标的资产价格波动率的敏感性是用 Vega（Λ）值来衡量的，它等于期权价格变化与标的资产价格波动率变化的比率，在数学上表示为期权价格对标的资产价格波动率的偏导数，即 $\Lambda = \frac{\partial f}{\partial \sigma}$。若证券组合中包含多种衍生证券，则证券组合的 Λ 值等于组合中各衍生证券的数量与其 Λ 值乘积的总和。证券组合的 Λ 值越大，说明其价值对波动率的变化越敏感。显然，标的资产的远期和期货合约的 Λ 值均等于零。

由于证券组合的 Λ 值只取决于期权的 Λ 值，因此我们可以通过持有某种期权的多头或空头来调整证券组合的 Λ 值。只要期权的头寸适当，新组合的 Λ 值就等于零，我们称此时证券组合处于 Λ 中性状态。

但是在调整了期权头寸使得证券组合处于 Λ 中性状态时，新期权头寸也会改变证券组合的 Γ 值。因此，要使证券组合同时处于 Γ 中性和 Λ 中性状态，就至少要使用基于同一标的资产的两种期权。令 Γ_p 和 Λ_p 分别表示原证券组合的 Γ 值和 Vega 值，Γ_1 和 Γ_2 分别表示期权 1 和期权 2 的 Γ 值，Λ_1 和 Λ_2 分别表示期权 1 和期权 2 的 Λ 值，ω_1 和 ω_2 分别表示为使新组合同时处于 Γ 中性和 Λ 中性状态所需要的期权 1 和期权 2 的数量，那么 ω_1 和 ω_2 可以通过以下方程联立求得

$$\begin{cases}\Gamma_p + \Gamma_1\omega_1 + \Gamma_2\omega_2 = 0 \\ \Lambda_p + \Lambda_1\omega_1 + \Lambda_2\omega_2 = 0\end{cases} \tag{15.1.2}$$

✪【**例 15.3**】假设某个处于 Δ 中性状态的证券组合的 Γ 值为 5 000，Λ 值为 9 000，该组合中期权 1 的 Γ 值为 0.8，Λ 值为 2.0，Δ 值为 0.9，而期权 2 的 Γ 值为 0.9，Λ 值为 1.6，Δ 值为 0.8，试计算投资者应持有多少期权头寸才能使该组合同时处于 Γ 和 Λ 中性状态。

在本例中，$\Gamma_p=5\ 000$，$\Lambda_p=9\ 000$，$\Gamma_1=0.8$，$\Lambda_1=2.0$，$\Delta_1=0.9$，$\Gamma_2=0.9$，$\Lambda_2=1.6$，$\Delta_2=0.8$，代入方程（15.1.2）中，有

$$\begin{cases}5\ 000+0.8\omega_1+0.9\omega_2=0\\9\ 000+2.0\omega_1+1.6\omega_2=0\end{cases}$$

解得 $\omega_1\approx-192$，$\omega_2\approx-5\ 385$。

因此，应加入192份期权1的空头和5 385份期权2的空头，才能使该组合同时处于Γ中性和Λ中性状态。加入这两种期权头寸后，新组合的Δ值变为

$$-192\times0.9-5\ 385\times0.8=-4\ 480.8$$

所以仍需买入4 481份标的资产才能使该组合处于Δ中性状态。

15.1.5 期权价格对利率的敏感性

期权价格对利率的敏感性是用 *Rho* 值来衡量的，它等于期权价格变化与利率变化的比率，在数学上表示为期权价格对利率的偏导数，即 $Rho=\frac{\partial f}{\partial r}$。

显然，标的资产的 *Rho* 值为 0。无收益资产看涨期权的 *Rho* 值为 $Rho=X(T-t)e^{-r(T-t)}N(d_2)$；无收益资产看跌期权的 *Rho* 值为 $Rho=X(T-t)e^{-r(T-t)}[N(d_2)-1]$，期货合约的 *Rho* 值为 $Rho=(T-t)F$。

所以，我们可以通过改变期权或期货头寸来使证券组合处于 *Rho* 中性状态。

专栏 15.1
期权价格敏感性指标推导

根据本书第13章推出的无收益资产看涨期权和欧式看跌期权的定价公式，我们可以推导出各个敏感性指标的值。

表 15.2　　期权价格敏感性指标

敏感性指标	无收益资产看涨期权	无收益资产欧式看跌期权
Δ	$N(d_1)$	$N(d_1)-1$
Γ	$\frac{e^{-0.5d_1^2}}{S\sigma\sqrt{2\pi(T-t)}}$	$\frac{e^{-0.5d_1^2}}{S\sigma\sqrt{2\pi(T-t)}}$
Θ	$-\frac{S\sigma}{2\sqrt{2\pi(T-t)}}e^{-\frac{d_1^2}{2}}-rXe^{-r(T-t)}N(d_2)$	$-\frac{S\sigma e^{-0.5d_1^2}}{2\sqrt{2\pi(T-t)}}+rXe^{-r(T-t)}[1-N(d_2)]$
Λ	$\frac{S\sqrt{T-t}\cdot e^{-0.5d_1^2}}{\sqrt{2\pi}}$	$\frac{S\sqrt{T-t}\cdot e^{-0.5d_1^2}}{\sqrt{2\pi}}$
Rho	$X(T-t)e^{-r(T-t)}N(d_2)$	$X(T-t)e^{-r(T-t)}[N(d_2)-1]$

首先推导无收益看涨期权的各个指标：

（1）$\Delta = \frac{\partial c}{\partial S} = N(d_1) + SN'(d_1)\frac{\partial d_1}{\partial S} - Xe^{-r(T-t)}N'(d_2)\frac{\partial d_2}{\partial S}$

$\because N'(x) = \frac{1}{\sqrt{2\pi}}e^{-\frac{x^2}{2}}$

$\therefore N'(d_1) = N'(d_2 + \sigma\sqrt{T-t}) = \frac{1}{\sqrt{2\pi}}e^{-\frac{d_2^2}{2}-\sigma d_2\sqrt{T-t}-\frac{1}{2}\sigma^2(T-t)} = N'(d_2)e^{-\sigma d_2\sqrt{T-t}-\frac{1}{2}\sigma^2(T-t)}$

$\because d_2 = \frac{\ln\left(\frac{S}{X}\right) + \left(r - \frac{\sigma^2}{2}\right)(T-t)}{\sigma\sqrt{T-t}}$，故 $e^{-\sigma d_2\sqrt{T-t}-\frac{1}{2}\sigma^2(T-t)} = \frac{Xe^{-r(T-t)}}{S}$

$\therefore SN'(d_1) = Xe^{-r(T-t)}N'(d_2)$

$\because d_1 = \frac{\ln\left(\frac{S}{X}\right) + \left(r + \frac{\sigma^2}{2}\right)(T-t)}{\sigma\sqrt{T-t}} = \frac{\ln S - \ln X + \left(r + \frac{\sigma^2}{2}\right)(T-t)}{\sigma\sqrt{T-t}}$

$\therefore \frac{\partial d_1}{\partial S} = \frac{1}{S\sigma\sqrt{T-t}}$。同理，$\frac{\partial d_2}{\partial S} = \frac{1}{S\sigma\sqrt{T-t}}$

$\therefore \Delta = \frac{\partial c}{\partial S} = N(d_1)$

（2）$\Gamma = \frac{\partial^2 c}{\partial S^2} = N'(d_1)\frac{\partial d_1}{\partial S} = N'(d_1)\frac{1}{S\sigma\sqrt{T-t}} = \frac{e^{-\frac{d_1^2}{2}}}{S\sigma\sqrt{2\pi(T-t)}}$

（3）$\Theta = \frac{\partial c}{\partial t} = SN'(d_1)\frac{\partial d_1}{\partial t} - rXe^{-r(T-t)}N(d_2) - Xe^{-r(T-t)}N'(d_2)\frac{\partial d_2}{\partial t}$

$\therefore \Theta = \frac{\partial c}{\partial t} = -rXe^{-r(T-t)}N(d_2) + SN'(d_1)(\frac{\partial d_1}{\partial t} - \frac{\partial d_2}{\partial t})$

又 $d_1 - d_2 = \sigma\sqrt{T-t}$，$\therefore \frac{\partial d_1}{\partial t} - \frac{\partial d_2}{\partial t} = \frac{\partial}{\partial t}(\sigma\sqrt{T-t}) = -\frac{\sigma}{2\sqrt{T-t}}$

$\therefore \Theta = \frac{\partial c}{\partial t} = -rXe^{-r(T-t)}N(d_2) - SN'(d_1)\frac{\sigma}{2\sqrt{T-t}}$

$= -\frac{S\sigma e^{-\frac{d_1^2}{2}}}{2\sqrt{2\pi(T-t)}} - rXe^{-r(T-t)}N(d_2)$

（4）$\Lambda = \frac{\partial c}{\partial \sigma} = SN'(d_1)\frac{\partial d_1}{\partial \sigma} - Xe^{-r(T-t)}N'(d_2)\frac{\partial d_2}{\partial \sigma} = SN'(d_1)\left(\frac{\partial d_1}{\partial \sigma} - \frac{\partial d_2}{\partial \sigma}\right)$

$\because \frac{\partial d_1}{\partial \sigma} = \frac{\ln(\frac{S}{X}) + r(T-t)}{-\sigma^2\sqrt{T-t}} + \frac{\sqrt{T-t}}{2}$ 或者 $= SN'(d_1)\frac{\partial}{\partial \sigma}(\sigma\sqrt{T-t})$

$\frac{\partial d_2}{\partial \sigma} = \frac{\ln(\frac{S}{X}) + r(T-t)}{-\sigma^2\sqrt{T-t}} - \frac{\sqrt{T-t}}{2}$ 或者 $SN'(d_1)\sqrt{T-t}$

$\therefore \Lambda = \frac{\partial c}{\partial \sigma} = SN'(d_1)\sqrt{T-t} = \frac{S\sqrt{T-t}e^{-\frac{d_1^2}{2}}}{\sqrt{2\pi}}$

$$(5)\ Rho=\frac{\partial c}{\partial r}=SN'(d_1)\frac{\partial d_1}{\partial r}+(T-t)Xe^{-r(T-t)}N(d_2)-Xe^{-r(T-t)}N'(d_2)\frac{\partial d_2}{\partial r}$$

$$=SN'(d_1)\left(\frac{\partial d_1}{\partial r}-\frac{\partial d_2}{\partial r}\right)+(T-t)Xe^{-r(T-t)}N(d_2)$$

$$=SN'(d_1)\left(\frac{1}{\sigma}\sqrt{T-t}-\frac{1}{\sigma}\sqrt{T-t}\right)+(T-t)Xe^{-r(T-t)}N(d_2)$$

$$=(T-t)Xe^{-r(T-t)}N(d_2)$$

再来推导无收益资产欧式看跌期权的敏感性指标：

$$(1)\ \Delta=\frac{\partial p}{\partial S}=-Xe^{-r(T-t)}N'(-d_2)\frac{\partial d_2}{\partial S}-N(-d_1)+SN'(-d_1)\frac{\partial d_1}{\partial S}$$

$$\because N'(x)=N'(-x),\therefore \Delta=\frac{\partial p}{\partial S}=-Xe^{-r(T-t)}N'(d_2)\frac{\partial d_2}{\partial S}-N(-d_1)+SN'(d_1)\frac{\partial d_1}{\partial S}$$

$$\therefore \Delta=\frac{\partial p}{\partial S}=-N(-d_1)=N(d_1)-1$$

$$(2)\ \Gamma=\frac{\partial^2 p}{\partial S^2}=N'(d_1)\frac{\partial d_1}{\partial S}=N'(d_1)\frac{1}{S\sigma\sqrt{T-t}}=\frac{e^{-\frac{d_1^2}{2}}}{S\sigma\sqrt{2\pi(T-t)}}$$

$$(3)\ \Theta=\frac{\partial p}{\partial t}=rXe^{-r(T-t)}N(-d_2)-Xe^{-r(T-t)}N'(-d_2)\frac{\partial d_2}{\partial t}+SN'(-d_1)\frac{\partial d_1}{\partial t}$$

$$=rXe^{-r(T-t)}N(-d_2)-Xe^{-r(T-t)}N'(d_2)\frac{\partial d_2}{\partial t}+SN'(d_1)\frac{\partial d_1}{\partial t}$$

$$=rXe^{-r(T-t)}N(-d_2)+SN'(d_1)(\frac{\partial d_1}{\partial t}-\frac{\partial d_2}{\partial t})$$

$$\therefore \Theta=\frac{\partial p}{\partial t}=rXe^{-r(T-t)}N(-d_2)-SN'(d_1)\frac{\sigma}{2\sqrt{T-t}}$$

$$=rXe^{-r(T-t)}[1-N(d_2)]-\frac{S\sigma e^{-\frac{d_1^2}{2}}}{2\sqrt{2\pi(T-t)}}$$

$$(4)\ \Lambda=\frac{\partial p}{\partial \sigma}=-Xe^{-r(T-t)}N'(-d_2)\frac{\partial d_2}{\partial \sigma}+SN'(-d_1)\frac{\partial d_1}{\partial \sigma}=SN'(d_1)\left(\frac{\partial d_1}{\partial \sigma}-\frac{\partial d_2}{\partial \sigma}\right)$$

$$\therefore \Lambda=\frac{\partial p}{\partial \sigma}=SN'(d_1)\sqrt{T-t}=\frac{S\sqrt{T-t}e^{-\frac{d_1^2}{2}}}{\sqrt{2\pi}}$$

$$(5)\ Rho=\frac{\partial p}{\partial r}=-(T-t)Xe^{-r(T-t)}N(-d_2)-Xe^{-r(T-t)}N'(-d_2)\frac{\partial d_2}{\partial r}+SN'(-d_1)\frac{\partial d_1}{\partial r}$$

$$=-(T-t)Xe^{-r(T-t)}N(-d_2)+SN'(d_1)(\frac{\partial d_1}{\partial r}-\frac{\partial d_2}{\partial r})$$

$$=-(T-t)Xe^{-r(T-t)}N(-d_2)+SN'(d_1)(\frac{1}{\sigma}\sqrt{T-t}-\frac{1}{\sigma}\sqrt{T-t})$$

$$=-(T-t)Xe^{-r(T-t)}N(-d_2)$$

$$=(T-t)Xe^{-r(T-t)}[N(d_2)-1]$$

从前面的讨论我们可以看出，为了保持证券组合同时处于 Δ、Γ、Λ 中性状态，必须不断调整组合中各衍生证券的头寸及数量，但是这样频繁的调整需要大量的交易费用。在实际交易中，套期保值者更倾向于使用 Δ、Γ、Θ、Λ、*Rho* 等参数来评估证券组合的风险，然后根据他们对标的资产价格、利率、标的资产价格波动率未来运动情况的估计，考虑是否有必要对证券组合进行调整。如果风险是可以接受的，或者是对自己有利的，就不进行调整；如果风险不可以接受且对自己不利，则要进行相应的调整。

15.2　期权工具的交易策略

15.2.1　期权的基本交易策略

由于美式期权有提前执行的可能性，可能会导致不同的收益，因此为了讨论方便，我们假设期权全部为欧式期权。

期权的基本交易策略是：建立标的资产和期权头寸的组合，根据不同组合的收益来满足不同投资者的需求。出于抵消风险的考虑，标的资产多头一般与看涨期权空头或看跌期权多头组合，而标的资产空头一般与看涨期权多头或看跌期权空头组合，因此，一个期权头寸和一个标的资产头寸可以构成以下四种交易策略：

（1）标的资产多头加看涨期权空头；

（2）标的资产多头加看跌期权多头；

（3）标的资产空头加看涨期权多头；

（4）标的资产空头加看跌期权空头。

通过前面章节所分析的期权收益就可以推出组合的收益。下面我们用三种方法来说明不同组合的收益情况。

（一）标的资产多头加看涨期权空头

（1）标的资产多头在 T 时刻的价值为 S_T，看涨期权空头在 T 时刻的价值为 $-\max(S_T - X, 0)$，所以组合的收益为

$$S_T - S_t e^{r(T-t)} + ce^{r(T-t)} - \max(S_T - X, 0)$$

（2）组合的收益如图 15.2 所示。

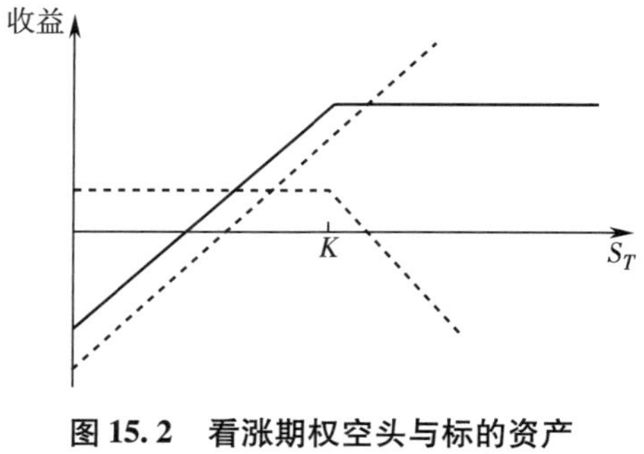

图 15.2　看涨期权空头与标的资产多头组合的收益

（3）下面介绍一种简单的分析方法，用算子来形象化地表示期权和期权组合的盈亏状态。首先定义算子规则：如果期权或期权组合的交易结果在盈亏图上出现负斜率，就用（－1）表示，如果出现正斜率，就用（＋1）表示；如果出现水平状，就用（0）表示。出现折点就用逗号隔开，因此各种基本期权头寸及标的资产的头寸的盈亏状态就可以表示成以下形式。

①看涨期权多头：（0，＋1）；

②看涨期权空头：(0，−1)；

③看跌期权多头：(−1，0)；

④看跌期权空头：(+1，0)；

⑤标的资产多头：(+1，+1)；

⑥标的资产空头：(−1，−1)。

只要将这几种基本头寸进行不同的组合，就可以创造出各种各样的盈亏状态，从而满足不同的需求。因此标的资产多头和看涨期权空头组成的组合就可以表示成

买入一项资产：	(+1，+1)
卖出一个看涨期权：	(0，−1)
净结果：	(+1，0)

其结果等同于卖出一份看跌期权。

（二）标的资产多头加看跌期权多头

（1）标的资产多头在 T 时刻的价值为 S_T，看跌期权多头在 T 时刻的价值为 $\max(X-S_T,0)$，所以组合的收益为

$$S_T - S_t e^{r(T-t)} + \max(X - S_T, 0) - pe^{r(T-t)}$$

（2）组合的收益如图 15.3 所示。

（3）算子法。

买入一项资产：	(+1，+1)
买入一个看跌期权：	(−1，0)
净结果：	(0，+1)

其结果等同于买入一份看涨期权。

（三）标的资产空头加看涨期权多头

（1）标的资产空头在 T 时刻的价值为 $-S_T$，看涨期权多头在 T 时刻的价值为 $\max(S_T-X,0)$，所以组合的收益为

$$S_t e^{r(T-t)} - S_T + \max(S_T - X, 0) - ce^{r(T-t)}$$

（2）组合的收益如图 15.4 所示。

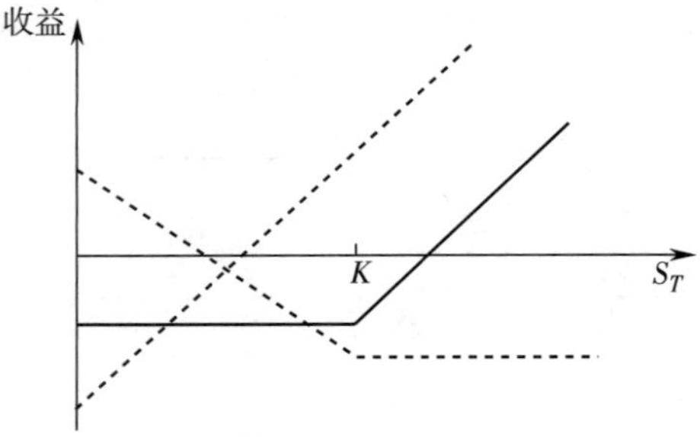

图 15.3 看跌期权多头与标的资产多头组合的收益

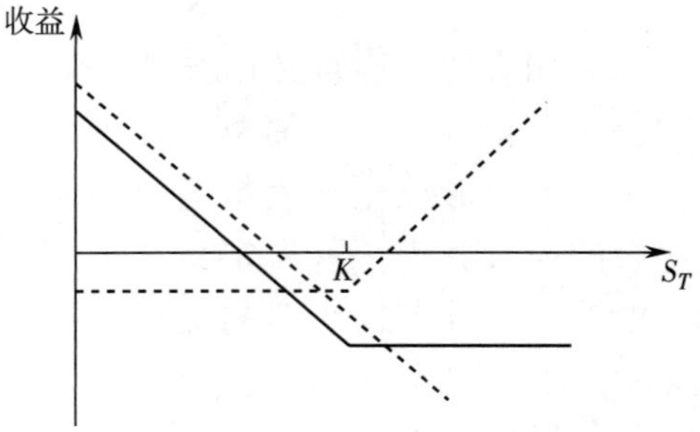

图 15.4 标的资产空头和看涨期权多头组合的收益

（3）算子法。

卖出一项资产：	$(-1,\ -1)$
购买一个看涨期权：	$(0,\ \ +1)$
净结果：	$(-1,\ \ 0)$

其结果等同于买入一份看跌期权。

（四）标的资产空头加看跌期权空头

（1）标的资产空头在 T 时刻的价值为 $-S_T$，看跌期权空头在 T 时刻的价值为 $-\max(X-S_T,0)$，所以组合的收益为

$$S_t e^{r(T-t)} - S_T + p e^{r(T-t)} - \max(X - S_T, 0)$$

（2）组合的收益如图 15.5 所示。

（3）算子法。

卖出一项资产：	$(-1,\ -1)$
出售一个看跌期权：	$(+1,\ \ 0)$
净结果：	$(0,\ \ -1)$

其结果等同于卖出一份看涨期权。

我们可以通过标的资产与不同的期权头寸来构造不同的组合，并通过以上方法比较不同组合的盈亏状态，从而找到合适的交易策略。

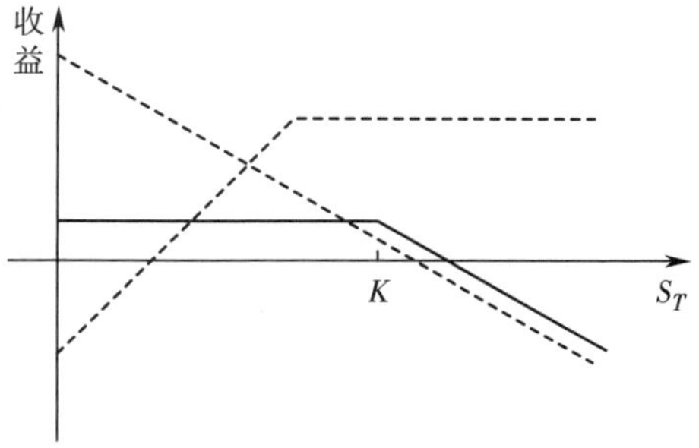

图 15.5　标的资产空头和看跌期权空头组合的收益

15.2.2　差价组合交易策略

（一）牛市差价组合

差价组合中最常见的一种组合为牛市差价组合（Bull Spreads）。

牛市差价组合可以通过买入一份执行价格为 K_1 的看涨期权，并卖出一份标的资产相同且到期日相同但执行价格为 K_2 的看涨期权（其中 $K_1<K_2$，下同），也就是一份看涨期权多头和其他条件相同但执行价格更高的看涨期权空头来构造。组合的收益如图 15.6 所示。由于相同条件下执行价格越高看涨期权的价格就越低，所以由看涨期权构造的牛市差价组合期初现金流为负值，该组合的到期收益为

$$R_T = -c_1 e^{r(T-t)} + \max(S_T - K_1, 0) - \max(S_T - K_2, 0) + c_2 e^{r(T-t)}$$

$$= \begin{cases} (c_2 - c_1)e^{r(T-t)} & S_T < K_1 \text{ 时} \\ (c_2 - c_1)e^{r(T-t)} + S_T - K_1 & K_1 \leqslant S_T < K_2 \text{ 时} \\ (c_2 - c_1)e^{r(T-t)} + K_2 - K_1 & K_2 \leqslant S_T \text{ 时} \end{cases}$$

牛市差价组合也可以通过买入一份执行价格为 K_1 的看跌期权并卖出一份执行价格为 K_2 的看跌期权，也就是一份看跌期权多头和其他条件相同但执行价格更高的看跌期权空头来构造。组合的收益如图 15.7 所示。该组合的到期收益为

$$R_T = -p_1 e^{r(T-t)} + \max(K_1 - S_T, 0) + p_2 e^{r(T-t)} - \max(K_2 - S_T, 0)$$

$$= \begin{cases} (p_2 - p_1)e^{r(T-t)} + K_1 - K_2 & S_T < K_1 \text{ 时} \\ (p_2 - p_1)e^{r(T-t)} + S_T - K_2 & K_1 \leqslant S_T < K_2 \text{ 时} \\ (p_2 - p_1)e^{r(T-t)} & K_2 \leqslant S_T \text{ 时} \end{cases}$$

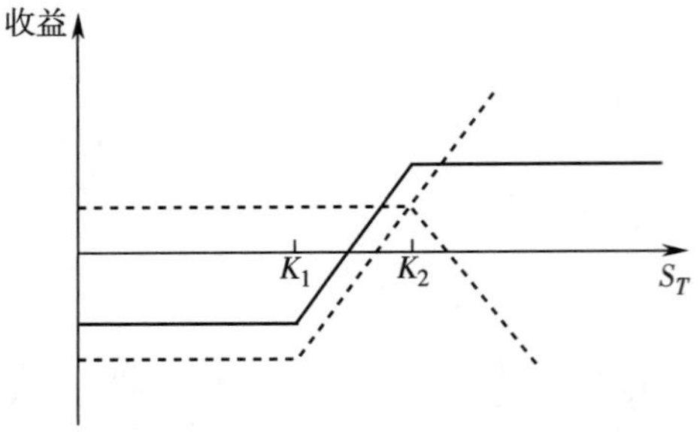

图 15.6 看涨期权构造的牛市差价组合收益

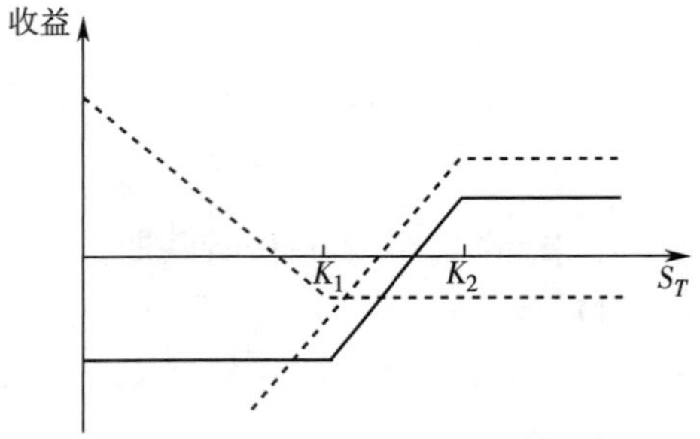

图 15.7 看跌期权构造的牛市差价组合收益

投资者构造牛市差价组合的主要原因有两个：一是预期价格要上升但上升幅度不大，这时构造牛市差价组合比直接买入看涨期权的成本要低，当然相应的收益也要降低；二是卖出看跌期权投机于上升预期，之后通过买入一份执行价格较低的看跌期权进行风险管理。

专栏 15.2

Roche Holding AG：牛市价差权证

Roche Holding AG（AG 相当于英语中的 Incorporated 或 limited 的公众持股公司）成立于 1896 年，是一家从事生产具有统一药效和质量药品的企业，其生产的药品销售遍及全球。但对于 Roche 而言，走向全球领先地位的道路并不平坦。

1985 年，Roche 极其成功的医药产品 Valium（世界上最著名的镇静剂之一）失去了美国专利的保护，因此用于流动资本、资本支出和收购资金的主要融资来源便大大减少。但这只是 Roche 遇到的其中一个问题。事实上，Roche 需要对制药行业中研发成本蹿升、产业快速整合、生化技术革命以及医疗诊断与治疗之间不断提高的协同效应等共同的威胁迅速地作出反应。要在这种变化的竞争环境中生存，Roche 需要进行融资。于是，Roche 发行了牛市价差证券。

Roche 于 1991 年发行的牛市价差证券的面值为 10 亿美元，债券的期限是 10 年，息票率为 3.5%。每份牛市价差证券价值 10 000 美元，而且给予了每位投资者 73 份牛市价差权证。权证的期限为 3 年，到期时，如果每股的收盘价小于或等于 7 000 瑞士法郎，每 100 份权证可以赎回从而获得 7 000 瑞士法郎；如果收盘价大于 10 000 瑞士法郎，公司可以选择 1 股或是 10 000 瑞士法郎。

1994 年 5 月 16 日，Roche 公司的股价报收 12 500 瑞士法郎，比隐含买入期权的成交价格高出 2 500 瑞士法郎。结果是 Roche 公司行使牛市价差权证，并向持有人支付 7.3 亿瑞士法郎。这一结果对于所有的持有者都是最好的。投资者获得了最大可能的收益，因为 100 份权证让投资者获得了最高收益 10 000 瑞士法郎。Roche 公司也从这一交易中获益，因为其司库部门在最佳时机进行融资为收购储备了资金，并用混合证券使现金流出达到了最小化。

（二）熊市差价组合

选择牛市差价组合的投资者希望标的资产价格可以上升，但熊市差价组合（Bear Spreads）的投资者则正好相反，他们希望标的资产价格可以下降。

熊市差价组合可以通过卖出一份执行价格为 K_1 的看跌期权并买入一份执行价格为 K_2 的看跌期权，也就是一份看跌期权多头和其他条件相同但执行价格更低的看跌期权空头来构造。组合的收益如图 15.8 所示。由于相同条件下执行价格越高，看跌期权的价格就越高，所以由看跌期权构造的熊市差价组合期初现金流为正。该组合的到期收益为

$$R_T = p_1 e^{r(T-t)} - \max(K_1 - S_T, 0) - p_2 e^{r(T-t)} + \max(K_2 - S_T, 0)$$

$$= \begin{cases} (p_1 - p_2)e^{r(T-t)} + K_2 - K_1 & S_T < K_1 \text{ 时} \\ (p_1 - p_2)e^{r(T-t)} + K_2 - S_T & K_1 \leqslant S_T < K_2 \text{ 时} \\ (p_1 - p_2)e^{r(T-t)} & K_2 \leqslant S_T \text{ 时} \end{cases}$$

熊市差价组合也可以通过买入一个较高执行价格的看涨期权，卖出一份较低执行价格的看涨期权来构造，其收益如图 15.9 所示。该组合的收益为

$$R_T = c_1 e^{r(T-t)} - \max(S_T - K_1, 0) - c_2 e^{r(T-t)} + \max(S_T - K_2, 0)$$

$$= \begin{cases} (c_1 - c_2)e^{r(T-t)} & S_T < K_1 \text{ 时} \\ (c_1 - c_2)e^{r(T-t)} + K_1 - S_T & K_1 \leqslant S_T < K_2 \text{ 时} \\ (c_1 - c_2)e^{r(T-t)} + K_1 - K_2 & K_2 \leqslant S_T \text{ 时} \end{cases}$$

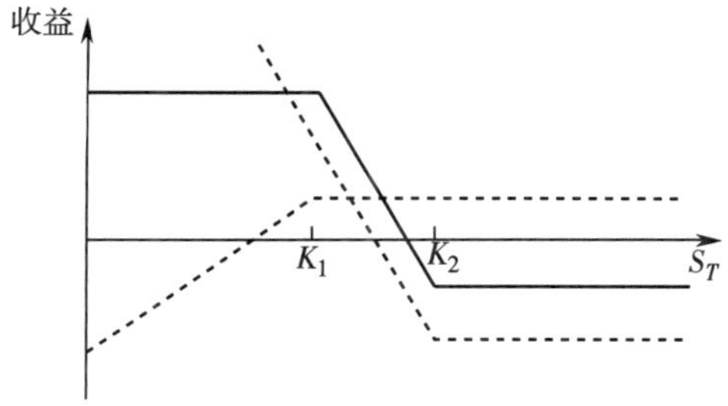

图 15.8 看跌期权构造的熊市差价组合收益

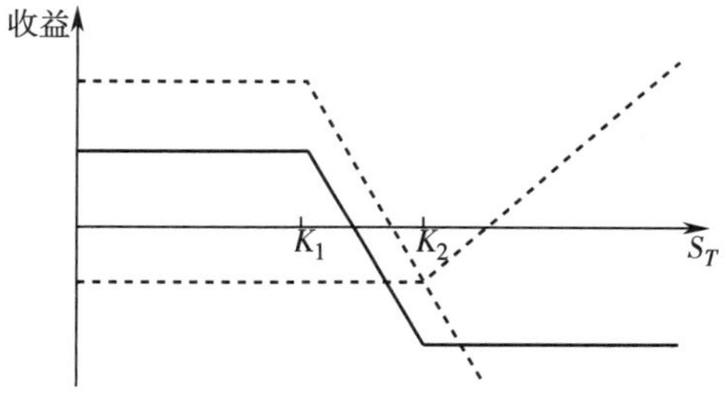

图 15.9 看涨期权构造的熊市差价组合收益

（三）蝶形差价组合

蝶形差价组合（Butterfly Spreads）中涉及三种不同的执行价格，相对较低的 K_1 和相对较高的 K_3 以及介于两者之间的 K_2（即 $K_1 < K_2 < K_3$）且 $K_2 =（K_1 + K_3）/2$。蝶式差价组合有正向和反向之分。

正向蝶形差价组合通过买入一份执行价格为 K_1 和一份执行价格为 K_3 的看涨期权并卖出两份执行价格为 K_2 的看涨期权来构造。组合的收益如图 15.10 所示，以股票为标的资产为例，当股票价格接近于中间执行价格 K_2 时，投资者获得收益；当股票价格有大的波动时，投资者将亏损。所以，正向蝶形差价组合适合于预期股票价格不可能有大的波动的投资者。该组合的收益为

$$R_T = -c_1 e^{r(T-t)} + \max(S_T - K_1, 0) + 2c_2 e^{r(T-t)} - 2\max(S_T - K_2, 0) - c_3 e^{r(T-t)} + \max(S_T - K_3, 0)$$

$$= \begin{cases} (2c_2 - c_1 - c_3)e^{r(T-t)} & S_T \leqslant K_1 \text{ 时} \\ (2c_2 - c_1 - c_3)e^{r(T-t)} + S_T - K_1 & K_1 < S_T \leqslant K_2 \text{ 时} \\ (2c_2 - c_1 - c_3)e^{r(T-t)} + 2K_2 - S_T - K_1 & K_2 < S_T \leqslant K_3 \text{ 时} \\ (2c_2 - c_1 - c_3)e^{r(T-t)} & K_3 < S_T \text{ 时} \end{cases}$$

正向蝶形差价组合也通过买入一份执行价格为 K_1 和一份执行价格为 K_3 的看跌期权并卖出两份执行价格为 K_2 的看跌期权来构造。组合的收益如图 15. 11 所示。该组合的收益为

$$R_T = -p_1 e^{r(T-t)} + \max(K_1 - S_T, 0) + 2p_2 e^{r(T-t)} - 2\max(K_2 - S_T, 0) - p_3 e^{r(T-t)} + \max(K_3 - S_T, 0)$$

$$= \begin{cases} (2p_2 - p_1 - p_3)e^{r(T-t)} & S_T \leqslant K_1 \text{ 时} \\ (2p_2 - p_1 - p_3)e^{r(T-t)} + S_T + K_3 - 2K_2 & K_1 < S_T \leqslant K_2 \text{ 时} \\ (2p_2 - p_1 - p_3)e^{r(T-t)} + K_3 - S_T & K_2 < S_T \leqslant K_3 \text{ 时} \\ (2p_2 - p_1 - p_3)e^{r(T-t)} & K_3 < S_T \text{ 时} \end{cases}$$

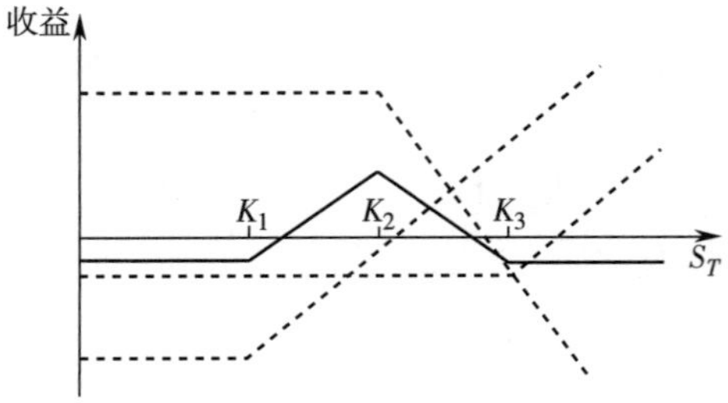

图 15. 10　看涨期权的正向蝶式差价组合收益

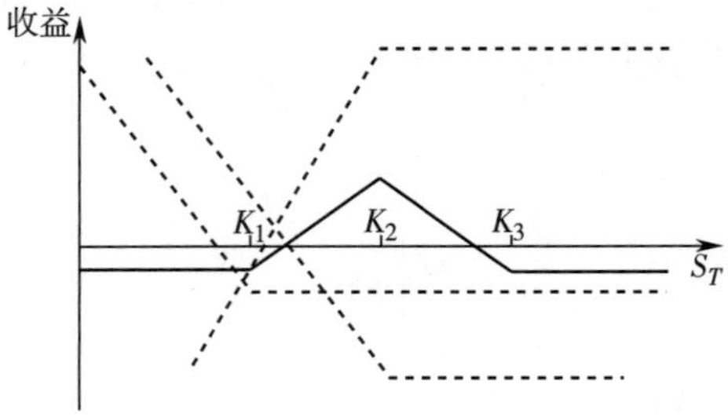

图 15. 11　看跌期权的正向蝶式差价组合收益

无论是用看涨期权还是用看跌期权构造正向蝶形差价组合，都只有在股票价格波动不大时才会盈利，因此我们可以构造反向的蝶式差价组合，以应对股票价格的大波动。反向的蝶式差价组合是由两份中间执行价格期权的多头和一份较高执行价格、一份较低执行价格期权的空头来构成。

（四）差期组合

前面我们介绍的差价组合中各期权的到期日相同，但执行价格不同，下面我们介绍执行价格相同但到期日不同的组合，称之为差期组合（Calendar Spreads）。差期组合有正向和反向之分。

正向差期组合可以通过卖出一份看涨期权并买入一份相同执行价格但期限更长的看涨期权，也就是一份看涨期权空头和一份执行价格相同期限更长的看涨期权多头来构造。一般来讲，期权的期限越长，期权的价格越高。因此，这样构造的差期组合初始现金流为负值，收益如图 15. 12 所示。从图中可以看出，这样构造的差期组合和蝶形差价组合的收益图 15. 10 类似。在期限较短的期权到期时，如果股票价格接近于执行价格，投资者就可以获得收益；如果股票价格远高于或远低于执行价格，投资者将亏损。

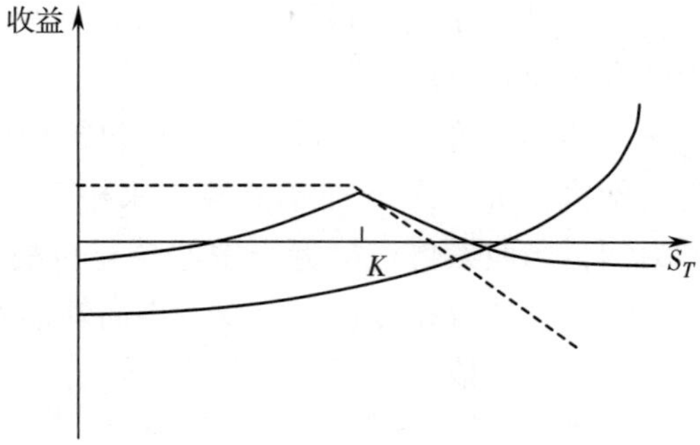

图 15. 12　看涨期权构造的正向差期组合收益

正向差期组合也可以通过看跌期权来构造。投资者可以通过买入一份期限较长的看跌期权并卖出一份期限较短的看跌期权，也就是一份期限较长的看跌期权多头和一份期限较短的看跌期权空头来构造。收益如图 15.13 所示。

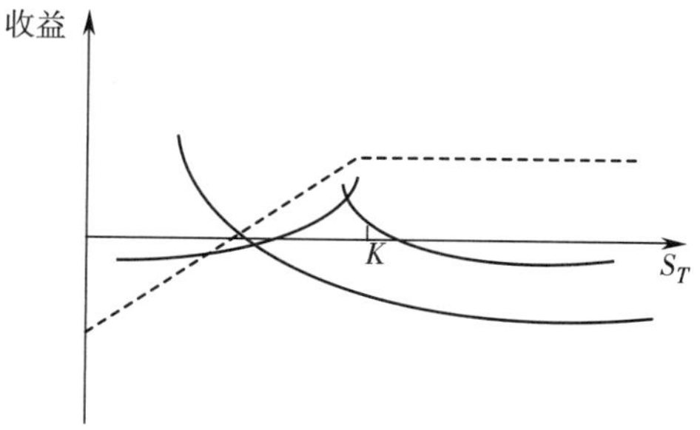

图 15.13　看跌期权构造的正向差期组合收益

正向差期组合是通过买入一份期限较长的期权并卖出一份期限较短的期权构造，而反向差期组合与正向差期组合相反，是买入一份期限较短的期权并卖出一份期限较长的期权。在期限较短的期权到期时，不论股票价格上升还是下降，只要当时的股票价格与执行价格相差较大，投资者就可以获得收益；但如果股票价格与执行价格相近，则投资者就会面临相当多的亏损。

（五）对角组合

前面介绍的牛市差价、熊市差价、差期组合都可以由一个看涨期权的多头和另一个看涨期权的多头构造，其中牛市和熊市差价组合中，两份期权的到期日相同但执行价格不同，而差期差价组合是执行价格相同但到期日不同。如果两份期权的到期日和执行价格都不相同，我们称这样的差价组合为对角组合（Diagonal Spreads）。对角组合的收益模式有很多种。

15.2.3　组合期权交易策略

（一）跨式组合

跨式组合（Straddle）由具有相同执行价格、相同到期日的一份看涨期权和一份看跌期权构成。跨式组合分为底部跨式组合和顶部跨式组合。底部跨式组合由两份期权的多头构成，顶部跨式组合由两份期权的空头构成。这里我们以底部跨式组合为例来讨论该组合的收益。底部跨式组合的收益如图 15.14所示。如图所示，在期权即将到期时，如果标的股票价格接近于期权的执行价格，则收益为负；如果标的股票价格较多地高出或低于期权的执行价格，就会得到高收益。因此，当投资者预期股票价格将发生重大的变化但不知道变化的方向时，就可以采用以该股票为标的物的底部跨式组合策略。

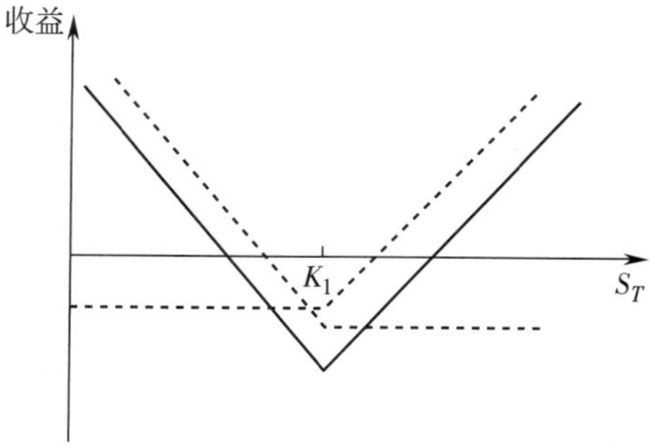

图 15.14　底部跨式组合的收益

底部跨式组合的收益用公式表示为

$$R_T = -(c+p)e^{r(T-t)} + \max(S_T - K, 0) + \max(K - S_T, 0)$$

$$= \begin{cases} -(c+p)e^{r(T-t)} + K - S_T & S_T \leqslant K \text{ 时} \\ -(c+p)e^{r(T-t)} + S_T - K & S_T > K \text{ 时} \end{cases}$$

顶部跨式组合与底部跨式组合正好相反。顶部跨式组合在期权即将到期时，如果标的股票价格接近于期权的执行价格，就会得到高收益；如果标的股票价格较多地高出或低于期权的执行价格，则损失就是无限的。当投资者预期股票价格不会发生重大变化但也不知道变化的方向时，可以采用顶部跨式组合策略。

专栏 15.3

巴林银行的倒闭

李森于 1989 年 7 月 10 日正式到巴林银行工作。这之前，他是摩根士丹利银行清算部的一名职员，进入巴林银行后，他很快争取到了到印度尼西亚分部工作的机会。由于他富有耐心和毅力，善于逻辑推理，能很快地解决以前未能解决的许多问题，使工作很快便有了起色。

李森很快便获得了交易高手的名声，这就使得他在经理和同事面前的信任度大大提升。1992 年，巴林总部决定派他到新加坡分行成立期货与期权交易部门，并出任总经理。他的交易没有按照本来应该的方式进行检查。李森对日本股价和利率的走向下了巨额赌注，当市场转向不利的时候，他并没有对冲或结清头寸，而是将市场中每一个不利的动向当作收回亏损的机会，于是他采用了加倍操作的致命策略。这个策略要求交易员在每次损失时下双倍赌注，也就是要求李森将其在 5 个 8 账户（银行设置的“错误账户”）上的赌注规模成倍增加，这样在日本股价或利率有任何有利的变动时，都会使得李森扳回到盈亏相抵的状态。

随着 5 个 8 账户亏损的增加，李森面临着一个重大的问题。期货合约的买卖要求他向他进行交易的交易所的保证金账户存入资金，而价格的负向变化又要求他存入额外的变动保证金。因此，李森需要想办法获取足够的资金来满足保证金催缴通知的要求。顶部跨式组合策略便是他的其中一个选择。

但是他并没有孤立地使用顶部跨式组合策略，而是将其与多头期货头寸进行组合。他所采用的期货合约为日本的日经 225 股票指数期货。一份多头期货头寸加上一份顶部跨式组合相当于一份空头看跌期权，单从这样来看，组合获利的概率还是比较大的。然而，李森却将一份多头期货头寸与无数份顶部跨式组合进行组合。这一组合的结果就是，如果日经 225 指数在很小的一个区间徘徊，他才能从这一组合中略微盈利。

到 1994 年 12 月底，李森已累计亏损 2.08 亿英镑。为了扳回损失，他需要将指数保持在 19 000 ~20 000。幸运的是，在 1995 年 1 月的前两个星期内，日经 225 指数牢固地处于他的期望之中。但是，1 月 17 日发生的神户地震让他扳回损失的梦想破灭了。同时，巴林银行伦敦总部的经理给其施加压力，要求其大幅减少其头寸。事实上，李森并没有遵循这一指令，而是大量买入期货合约，希望在市场上升时收回损失。然而，出售期货的浪潮太猛，他的努力无济于事。到 1995 年 2 月 27 日，李森的损失已经增加到 8.60 亿英镑，大大超过了巴林银行 4.4 亿英镑的股本基础，巴林银行已无从恢复。

（二）条式组合和带式组合

条式组合（Strips）由相同执行价格、相同到期日的一份看涨期权和两份看跌期权构成。条式组合的收益如图 15.15 所示。

带式组合（Straps）由相同执行价格、相同到期日的两份看涨期权和一份看跌期权构成。带式组合的收益如图 15.16 所示。

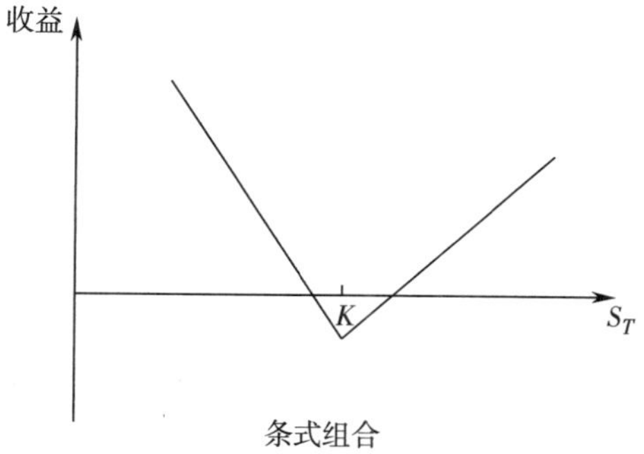

图 15. 15 条式组合的收益

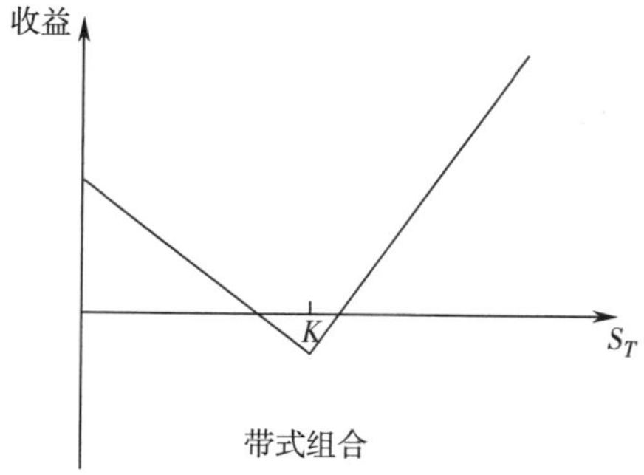

图 15. 16 带式组合的收益

从图 15. 15、图 15. 16 中可以看出，条式组合的投资者和带式组合的投资者都希望股票价格有大的波动。但是条式组合的投资者更希望股票价格降低，而带式组合的投资者更希望股票价格上升。因此，条式组合和带式组合分别适用于有一定预期偏好的投资者。

（三）宽跨式组合

宽跨式组合（Strangles）由相同到期日、不同执行价格的一份看涨期权和一份看跌期权构成，其中看涨期权的执行价格高于看跌期权的执行价格。宽跨式组合分为底部宽跨式组合和顶部宽跨式组合。底部宽跨式组合由两份期权的多头构成，顶部宽跨式组合由两份期权的空头构成。宽跨式组合和跨式组合类似，两种组合的投资者都希望股票价格能有一个大的浮动，但不需要确定到底是升高还是降低。我们这里仍以底部宽跨式组合为例。底部宽跨式组合的收益如图 15. 17 所示。我们从图中可以得知，为了获得收益，宽跨式组合所需要的价格浮动要大于跨式组合所需要的价格浮动。

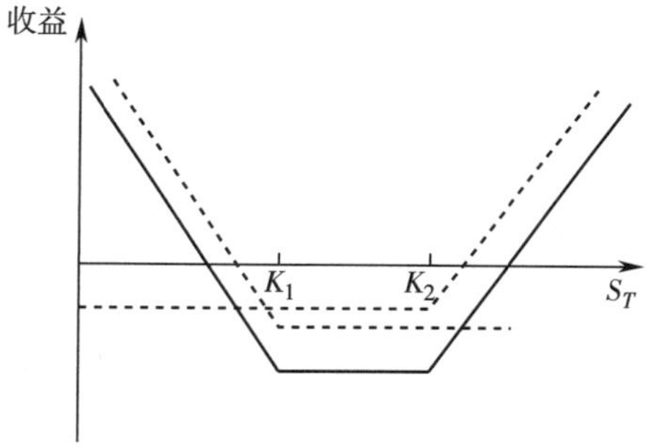

图 15. 17 宽跨式组合的收益

底部宽跨式组合的收益用公式表示为

$$R_T = -(c+p)e^{r(T-t)} + \max(K_1 - S_T, 0) + \max(S_T - K_2, 0)$$

$$= \begin{cases} -(c+p)e^{r(T-t)} + K_1 - S_T & S_T \leqslant K_1 \text{ 时} \\ -(c+p)e^{r(T-t)} & K_1 < S_T \leqslant K_2 \text{ 时} \\ -(c+p)e^{r(T-t)} + S_T - K_2 & K_2 < S_T \text{ 时} \end{cases}$$

顶部宽跨式组合与底部宽跨式组合正好相反。顶部宽跨式组合在期权即将到期时，如果标的股票价格接近于期权的执行价格，就会得到高收益；如果标的股票价格较多地高出或低于期权的执行价格，则损失就是无限的。因此，如果投资者预期股票价格不会发生重大变化但也不知道变化的方向时，可以采用顶部宽跨式组合策略。

比较以上三种组合，我们可以看到这一类的组合策略适用于预期标的资产价格将有大幅波动但不能确定波动方向的投资者。

【本章小结】

1. 动态套期保值就是分别算出保值工具与保值标的资产的价值对一些共同的变量（如标的资产价格、时间、无风险利率等）的敏感度，这些敏感度可以用本章介绍的希腊字母来表示，然后通过建立适当的保值工具的头寸，使保值组合处于Δ、Γ、Λ和Rho中性状态。

2. 我们可以通过三种方法来表示期权及期权组合的盈亏状况：一是数学表达式；二是盈亏图法；三是算子法。

3. 我们可以用同样标的资产、相同到期日但执行价格不同的期权头寸组合出不同回报的差价组合，例如牛市差价组合、熊市差价组合、蝶式差价组合。这些差价组合既可以用看涨期权来构造，也可以用看跌期权来构造。

4. 我们还可以用标的资产相同、执行价格相同但期限不同的期权头寸来组合出不同回报的差期组合，这些组合同样既可以用看涨期权来构造，也可以用看跌期权来构造。

5. 对角组合是由标的资产相同且执行价格和到期日均不同的期权头寸构造出来的。

【重要概念】

套期保值　敏感性　Delta　Theta　Gamma　Vega　Rho　中性状态　牛市　熊市　差价组合　蝶形组合　差期组合　对角组合

【参考读物】

［1］林清泉．金融工程［M］．北京：中国人民大学出版社，2005.

［2］郑振龙，陈蓉．金融工程（第三版）［M］．北京：高等教育出版社，2012.

［3］张茂军，南江霞．金融工程理论及应用［M］．大连：大连理工大学出版社，2010.

［4］傅元略，Yijian He. 金融工程——衍生金融产品与财务风险管理［M］．上海：复旦大学出版社，2007.

［5］汪昌云．金融衍生工具［M］．北京：中国人民大学出版社，2009.

［6］范龙振，胡畏．金融工程学［M］．上海：上海人民出版社，2003.

［7］John. C. Hull："Options，Futures and Other Derivatives（9th edition）"，New Jersy，Prentice Hall，2014.

【练习题】

1. 简述Δ、Γ和Θ之间的关系。

2. 一家美国银行出售了100万英镑的6个月期的看跌期权，执行价格为1.60，假设当前的汇率为1.62，英国的无风险利率为13%，美国的无风险利率为10%，英镑的年波动率为15%，试计算如何使其头寸保持Delta中性状态。

3. 能否通过持有标的资产头寸来改变衍生品组合的Vega？为什么？

4. 期权头寸的 Gamma 的含义是什么？当头寸的 Gamma 非常大，而其 Delta 为零时，投资者将面临什么样的风险？

5. 试证明用看涨期权构造的牛市差价组合起初现金流为负，用看跌期权构造的牛市差价组合起初现金流为正。

6. 有效期为 3 个月的股票看涨期权分别有 15 美元、17.5 美元和 20 美元三种执行价格，其期权价格分别为 4 美元、2 美元、0.5 美元。说明如何运用这些期权构造蝶式差价组合。

7. 什么样的交易策略可以构造出反向的差期组合？

8. 简述跨式组合与宽跨式组合的区别。

9. 执行价格为 50 美元的看涨期权的价格为 2 美元。执行价格为 45 美元的看跌期权的价格为 3 美元。说明怎样用这两个期权构建一个宽跨式组合。其损益状况是什么样的？

10. 如果预测股票价格将要下跌，投资者可以构造哪些期权组合？

21世纪高等学校金融学系列教材

信用衍生工具篇

第 16 章

信用衍生工具

【本章知识结构】

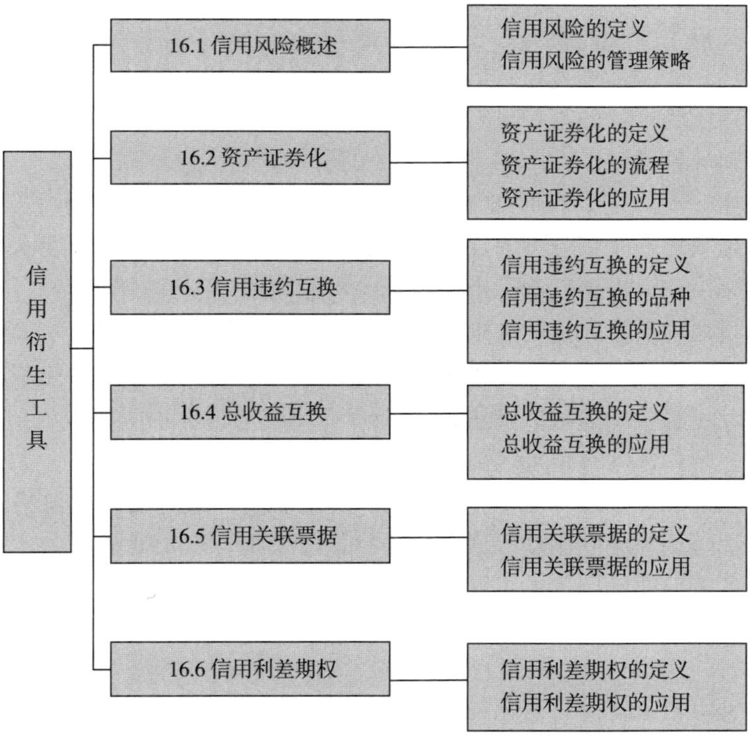

【教学要求】

1. 理解信用风险的内涵及其管理策略；
2. 熟悉资产证券化的交易流程；
3. 掌握信用违约互换和总收益互换的交易原理；

4. 熟悉信用关联票据的交易结构；
5. 了解信用利差期权的应用。

16.1 信用风险概述

16.1.1 信用风险的定义

信用风险是金融市场上最古老的一类风险，是指交易对手或债务人不能正常履行合约或者信用品质发生变化，而导致交易另一方或债权人遭受损失的可能性。

信用风险既存在于传统的贷款、债券投资等表内业务中，也存在于信用担保、贷款承诺等表外业务中，还存在于信用衍生工具交易中。信用风险的大小主要取决于交易对手的资信、财务状况和金融产品的价值等。重大的信用风险事件，如主要交易对手的违约，可能导致金融机构的破产和整个金融体系的瘫痪甚至崩溃，严重时还会对整个经济体带来严重的影响。

信用风险与前面章节中提到的市场风险并非完全分离，它们之间存在着一系列的联系，主要表现在以下三个方面。

第一，市场风险发生可能导致信用风险发生。许多金融机构面临的信用风险，常常是由于交易对手面临严峻的市场风险，使其资产的市场价值发生大幅度贬值，从而无力偿还到期债务而导致的。

第二，信用风险的发生有可能加剧市场风险。如果金融机构发生了信用违约事件，不论该机构是债权方还是债务方，往往会引起市场对其资产价值的预期水平下降，从而导致价格波动幅度变大，使其遭受市场风险的可能性加大。

第三，市场风险度量方法的改进为信用风险的度量提供了许多启示。例如，最早用于度量市场风险的 VaR 方法，成功地被用来度量信用风险；反过来，信用风险度量方法的发展又必然会丰富市场风险的度量方法。

尽管如此，信用风险与市场风险之间还是存在着一些区别。

第一，风险的驱动因素存在差异。市场风险的驱动因素是资产的价格、利率或汇率等市场因素，而信用风险的驱动因素则主要是金融机构资产价值的波动性、宏观因素的变化、预期违约等。驱动因素的不同决定了两种风险在度量方法上的差异。

第二，历史信息和数据的可得性不同。市场风险的测度对象主要是市场上的可交易性金融资产组合，影响可交易性金融资产组合价值的市场风险因子（如利率等）变化的历史数据和信息可以直接通过市场观测到，通常这些历史数据和信息都对外公开而且比较完备、客观。信用风险的测度对象主要是非交易性资产组合，而有关非交易性资产组合的相关数据通常很少，而且即使存在少量数据，也往往会由于存在一些问题（如涉及数据提供者隐私等）而无法使用。因此，信用风险无法像市场风险一样可以获得足够、公开、准确的数据进行量化或者模型化，因而对信用风险的度量更加困难。

第三，风险持续的时间跨度存在差异。市场风险的时间跨度较小，可以是几天，甚至几小时、几分钟，而信用风险的时间跨度一般较长，可以是几个月、几年，甚至是几十年。

16.1.2 信用风险的管理策略

信用风险的管理策略主要有五种，即风险分散策略、风险对冲策略、风险转移策略、风险规避策略和风险补偿策略。

1. 风险分散策略。风险分散是指通过多样化的投资来分散和降低风险的策略性选择。马柯维茨的资产组合管理理论认为，只要有两种资产的收益率不是完全正相关，分散投资于两种资产就具有降低风险的作用。而对于相互独立的多种资产组成的资产组合，只要组合中的资产个数足够多，其非系统风险就可以通过这种分散化的投资完全消除。

银行在信贷管理中，可以利用分散化的原理降低信用风险。银行可以实行信贷限额制度，在事前主动形成分散化的信贷组合，并通过二级市场上的直接交易，避免信用风险的过度集中。本章主要介绍了资产证券化这一风险分散方式。商业银行以其信贷资产为标的资产，通过信贷资产证券化，把本来全部属于银行的信用风险分散给相应金融产品的购买者，从而大大降低了银行的信用风险。

2. 风险对冲策略。风险对冲是指通过投资或购买与标的资产收益波动负相关的某种资产或衍生产品，来冲销标的资产潜在损失的一种策略性选择。

信用衍生工具的出现为信用风险承担者提供了一种新的风险对冲机制，它能将信用风险从市场风险中分离出来，信用风险的承担者可以通过买卖信用衍生品来对冲一部分信用风险。主要用于信用风险对冲的衍生工具有信用违约互换、总收益互换、信用关联票据以及信用利差期权。在本节之后的内容中，会详细介绍这几种信用衍生工具。

3. 风险转移策略。风险转移是指通过购买某种金融产品或采取其他的经济措施将风险转移给其他经济主体的一种策略性选择。

风险转移有多种方式，企业或组织可以向保险公司投保，以支付保费为代价，将信用风险转移给承保人，还可以通过保证担保、备用信用证等将风险转移给第三方。其中，担保是指保证人根据某项交易中一方的申请，为申请人向交易另一方出具履约保证，承诺当申请人不能履约时，由其按照约定履行债务或承担责任的行为。

4. 风险规避策略。风险规避是指企业或组织拒绝或退出某一业务或市场，以避免承担该业务或市场风险的策略性选择。

在信用风险管理的实践中，企业或组织对于不擅长因而不愿承担风险的业务可以选择配置非常有限的资本，并设立非常有限的风险容忍度，迫使业务部门降低对该业务的风险暴露，甚至完全退出该业务领域。

5. 风险补偿策略。就信用风险的管理来说，投资者无法通过风险分散、风险对冲、风险转移或风险规避策略进行管理的风险，可以通过风险补偿策略降低信用风险。

风险补偿有两种方式：一种是事前策略，它主要是指企业或组织在所从事的业务活动造成实质性损失之前，对所承担的风险进行价格补偿，通过提高风险回报的方式，获得承担风险的价格补偿的策略性选择。另一种是事后策略，它是指经济主体在风险损失发生后，通过抵押、质押、保证、保险等方式获得外部补偿，或是提取损失准备金作为内部补偿。

16.2 资产证券化

16.2.1 资产证券化的定义

资产证券化是金融市场上最重要、最具有生命力的创新之一，同时，资产证券化也是一项参与主体众多、结构复杂、交易严谨、市场化程度高的金融创新工程。根据产生现金流的证券化资产类型的不同，其可分为住房抵押贷款证券化（Mortgage - Backed Securitization，MBS）和资产支撑证券化（Asset - Backed Securitization，ABS）两类。前者的基础资产是住房抵押贷款，而后者的基础资产则是除住房抵押贷款以外的其他资产。

资产证券化（Asset Securitization）是指将缺乏流动性但能够产生可预见的稳定现金流的资产，通过一定的结构安排，对资产中风险与收益要素进行分离与重组，以原始资产为担保，进而转换成为在金融市场上可以出售和流通的证券的过程。

目前，资产证券化作为一类持续的金融创新活动，依然处在不同形式的组合之中，其品种也在不断地扩展，但资产证券无非三种基本类型：过手证券、资产支持证券和转付证券。其他种类的资产证券都主要是从这三种基本类型衍生而来。三种基本证券之间的区别为以下三点：第一，被证券化的基础资产的处理方式及其所有权的归属；第二，投资者是否承担因本息提前偿付而产生的再投资风险；第三，资产证券与发起人的关系，即发行的证券是否作为发起人的债务而出现在其资产负债表中。根据这三点，对资产证券的三种基本类型所作的对比如表 16.1 所示。

表 16.1 三种基本资产证券对比

比较内容	过手证券	资产支持证券	转付证券
基础资产的处理方式及其所有权的归属	基础资产所有权随出售而转移，并从发起人的资产负债表中移出	基础资产的所有权仍属于发起人，资产保留在其资产负债表中	基础资产的部分所有权仍属于发起人，资产是否保留在其资产负债表中视情况而定
投资者承担的风险	投资者承担本息提前偿付而产生的再投资风险	投资者不承担本息提前偿付而产生的再投资风险	投资者可能承担本息提前偿付而产生的再投资风险
资产证券与发起人的关系	发行的证券不作为发起人的债务出现在其资产负债表中	发行的证券作为发起人的债务出现在其资产负债表中	发行的证券可能作为发起人的债务出现在其资产负债表中

16.2.2 资产证券化的流程

资产证券化是一个复杂的过程，在整个过程中，需要众多的参与机构各司其职才能成功。一次完整的资产证券化基本流程是：发起人将证券化资产出售给一家特殊目的机构（SPV），或者由特殊目的机构主动购买可证券化的资产，然后 SPV 将这些资产汇集成资产池，再以该资产池所产生的现金流为支撑在金融市场上发行有价证券，最后用资产池产生的现金流来清偿所发行的有价证券。资产证券化的整个运作流程如图 16.1 所示。

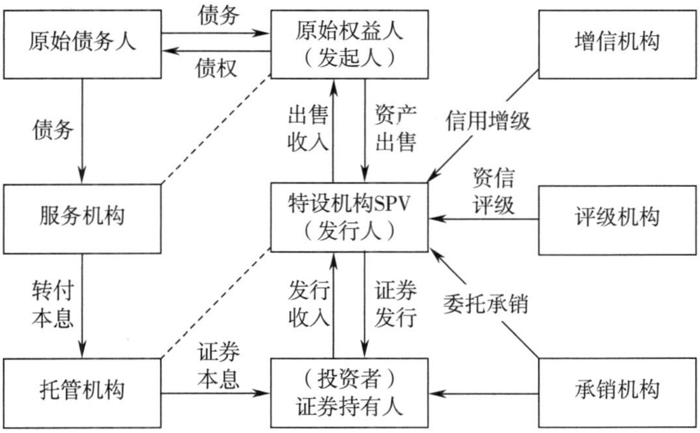

图 16.1　资产证券化运作流程

1. 原始债务人。原始债务人或借款人是发行人所拥有的证券资产所对应的债务承担者，一般是银行原始放贷的企业，或是以抵押贷款购房的个人等。债务人与发起人之间原始借贷的债权债务关系在经过资产证券化处理以后，转化为债务人与发行人之间的债权债务关系。

2. 发起人（原始权益人）。发起人是原始基础金融资产的所有者，因而也称为原始权益人，是资产证券化的发起者、创始者，一般为储贷机构、保险公司等。资产证券化运作的总目标是改善原始权益人作为经营者的整体财务状况，无论是改变资产负债的结构、调整资产的流动性、降低信用风险水平，还是提高资本充足率，均是为了提高原始权益人的收益水平或改善其财务状况，各种资产证券化交易结构的安排也都是以原始权益人为中心展开的。

3. 发行人或特殊目的机构。发行人或称之为特殊目的机构（Special Purpose Vehicle，SPV），是发起人在实现其预期财务目标过程中特设的一个实体，是一个具有法律概念的“空壳实体”。其组织形态不一，可为信托公司或其他形式。特殊目的机构是资产证券化财务架构的主角，它的主要功能有：一是代表所有投资者拥有证券担保资产，并成为证券或收益凭证的发行主体；二是隔断资产出售人与被售资产之间的关系，以消除原资产持有人的破产风险，确保投资者的权益；三是为资产证券化争取合理的会计与税负待遇，避免重复课税。

4. 投资者（证券持有人）。投资者是资产化证券的实际持有者，泛指由发行人手中购买资产证券的具体出资者，因而也是证券债权的最终持有人。其权益受到 SPV 的保护，但仍得承担提前还本风险。投资者可能是众多的散户，也可能是各种大型基金、保险公司或其他类型的机构投资人。

5. 服务机构（服务人）。原始权益人在出售了贷款等基础资产以后可成为服务机构，其主要任务是协助证券化的具体运作，使之平稳运行。包括向借款人收取每期应付的本金与利息，追收各种应收账款；制作报表，提供有关资产组合的期间或年度报告；

并在原始债务人违约时，处理相关事宜。

6. 托管机构（托管人）。托管机构是服务人和投资者之间的中介，也是信用增强机构和投资者之间的中介。其职责是：当原始债务人归还本息时，服务人将其交给托管人，并由托管人把它们转给投资者；如果这些款项没有马上转给投资者，托管人有责任将款项进行再投资，使其保值增值；托管人还要负责确定服务人提供给投资者的各种报告是否充分，并将其转给投资者；当服务人由于各种原因不能履行其职责时，托管人能够取代服务人并承担起相应的职责。

7. 信用增强机构、评级机构、承销机构等其他参与者。除了上述各种主要参与方之外，在资产证券化的过程中一般还需要有进行信用增强的机构、进行证券评级的机构、协助资产证券发行的承销商等。这些参与者虽然不是资产证券化的主角，但是在整个资产证券化的过程中也都担负着十分重要的职能分工，起着不可或缺的作用。

16.2.3 资产证券化的应用

我国资产证券化最早的实践可以追溯到 1992 年，三亚市开发建设总公司以地产销售和存款利息收入为支撑，发行 2 亿元的地产投资券。随着我国资本市场的不断完善，我国的一些银行、信托机构、评级机构也积极参与到资产证券化交易中来。资产证券化呈现出本土作战的趋势。商业银行也加快了不良资产证券化的进程：2004 年，中国工商银行宁波分行将 26 亿元人民币的不良贷款证券化；2005 年，国家开发银行第一期开元信贷资产支持证券总规模为 41.77 亿元，中国建设银行第一期建元个人住房抵押贷款资产支持证券总规模为 30.17 亿元；等等。这是我国住房抵押贷款证券化的一个重要尝试。

2008 年国际金融危机后，国内各界对资产证券化带来的风险的担忧增多，中国银监会宣布叫停商业银行资产证券化。2012 年 5 月，停滞 3 年多的信贷资产证券化重新启动，几年内产品数量与规模发展迅速。中央结算公司发布的《2019 年资产证券化发展报告》显示，2019 年，我国资产证券化市场延续快速发展势头，全年发行各类产品 2.34 万亿元，存量规模突破 4 万亿元。

对于住房抵押贷款而言，贷款者最担心的是借款者提前偿还其抵押贷款。贷款者从贷款上收取高额利息，然而当总体利率下跌，贷款者为他们所得到的高利息而高兴的时候，借款者开始提前还贷，结果却是一种负面效应。为了缓和这一难题，华尔街推出了将抵押贷款合并成住房抵押贷款支持证券（MBS）的主意。一个 MBS 由许多抵押贷款组成，它们被组合成几个部分。第一部分的本金的偿付对应于某个特定的部分。只有在第一部分的所有本金都得到偿付之后，其他部分的投资者才能开始收回本金。

✪【**例 16.1**】建元 2005－1 个人住房抵押贷款证券化信托资产支持证券

发行时间：2005 年 12 月 19 日

发行金额：30.17 亿元

基础资产：中国建设银行上海、江苏和福建三地分行的共计 15 162 笔个人住房抵押贷款

表 16.2 建元 2005-1 个人住房抵押贷款证券化信托资产支持证券发行情况

证券种类	评级	数量（亿元）	占比	预计到期日	发行利率
优先 A 级	AAA	26.698	88.50%	2021 年 5 月 26 日	（基准利率 +1.10%）与（资产池加权平均贷款利率 -1.19%）之低值
优先 B 级	A	2.036	6.75%	2024 年 6 月 26 日	（基准利率 +1.70%）与（资产池加权平均贷款利率 -0.6%）之低值
优先 C 级	BBB	0.528	1.75%	2027 年 8 月 26 日	（基准利率 +2.80%）与（资产池加权平均贷款利率 -0.3%）之低值
次级	无评级	0.905	3.00%	2037 年 11 月 26 日	—

注：发行利率是浮动利率，其中基准利率是中国外汇交易中心公布的 7 天回购加权利率 20 个交易日的算术平均值；资产池加权平均贷款利率为资产池中每笔贷款在收款期间期初时点的贷款利率以贷款本金余额为权重的加权平均值。

住房抵押贷款证券化可以给住房贷款的贷款者带来很多好处，不仅可以将流动性差的住房贷款变成具有流动性高的资金，而且可以补充资本金，提高资本充足率。

（1）通过本次合成 MBS，建设银行把入选资产池内的原来流动性较低的住房抵押贷款，转换成具有高度流动性、可以在市场上自由交易流通的证券（A、B、C 和次级），在短期内收回现金，盘活了自身的资产，能达到规避住房贷款周期性风险的目的。

（2）补充资本金，提高了建设银行的资本充足率。这次的 MBS 虽然入池资产仅为 30 亿元，分别只占建设银行 2004 年贷款总额和个人住房抵押贷款总额的 0.13% 和 0.87%，但由于该行 2004 年年底不良贷款率仍有 3.92%，故通过 MBS 还是能在总量上减少风险资产。如果将变现资金再投向优质资产，建设银行可通过采用其他策略来提高资本充足率。

16.3 信用违约互换

1992 年，国际互换与衍生品协会（ISDA）提出了信用衍生品的原理和机制，探索运用信用衍生品来分散、转移或对冲信用风险。这种衍生品的常用模式是信用保护买方向卖方支付一笔固定费用，一旦发生买卖双方所指定的信用问题，信用保护卖方就按合同约定赔偿对方损失。1993 年形成了最初的信用违约互换。1997 年摩根大通开发出更为成熟的信用违约互换，其目标用于向第三方转移信用风险。摩根大通第一份信用违约互换是把安然的信贷风险转移给欧洲复兴开发银行。信用违约互换为金融机构在安然、世通等公司破产中分散风险发挥了重要的作用，得到市场参与者与监管当局的普遍认可。

与国际金融衍生品市场相比，我国的信用衍生工具起步较晚。2010 年 11 月 5 日中国银行间市场交易商协会出台的《银行间市场信用风险缓释工具试点业务指引》正式公布了中国的信用风险缓释工具。2016 年 9 月 23 日，中国银行间市场交易商协会正式发布了《银行间市场信用风险缓释工具试点业务规则》及相关配套文件，推出了信用违约互换、信用联结票据等产品指引以及交易规范，这也标志着中国版信用违约互换正式确定入市交易。

16.3.1 信用违约互换的定义

信用违约互换（Credit Default Swap）是一种用于转移信用风险的场外交易金融合约，基本结构如图16.2所示。

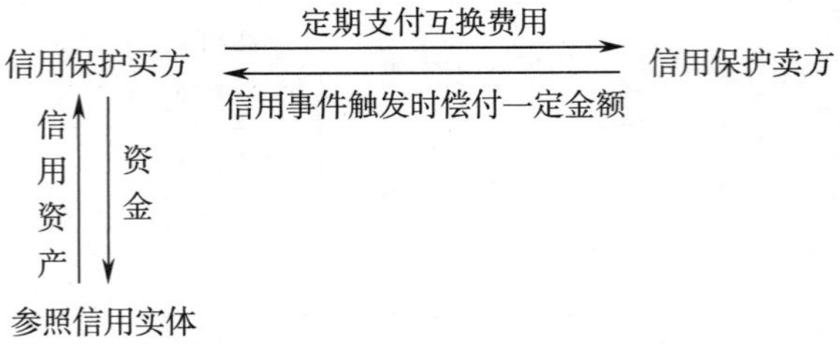

图16.2 信用违约互换结构图

图16.2中的信用保护买方（通常为银行）是参照信用实体的风险暴露方，按照合约规定的费率（互换合约名义金额的一定比率）定期（通常为每季度支付一次）向信用保护卖方（通常为保险公司或银行）支付费用；作为回报，信用保护卖方则需要承担买方的信用风险，即当合约规定的信用事件发生时，负责按合约规定向买方进行结算。

结算条款是信用违约互换合约的一项重要内容。交易双方可以在合约签订时或合约执行时在以下的两种结算方式中作出选择：实物交割和现金交割。实物交割下，信用保护买方将所持有的参照信用实体债务的资产组合按照面值出售给信用保护卖方。现金交割下，卖方向买方支付面值与市值的差额部分，买方无须交割债务的投资组合。现金交割方式的关键是违约债务市值的确定。由于违约资产的市场价格往往波动性很大，选择哪一天估值，选择怎样的时间间隔进行多次估值，都需要慎重决定。此外，违约市值的确定以交易商报价为基础来决定，当市场缺乏流动性时，同样会给现金交割带来不便。基于以上的原因，实务中大量合约采用实物交割方式，而非现金交割方式。

信用违约互换使买方得以将信用风险转移出去的同时继续保有无违约风险的利息收益。值得注意的是，信用违约互换买卖双方的现金流并不是对等的。由于信用事件发生概率比较小，大多数情况下，只发生买方向卖方的单向支付。然而，一旦信用事件被触发，卖方将不得不对买方进行巨额赔付。

专栏16.1

何为信用事件？

信用事件（Credit Events）是信用违约互换运作机制的核心，缺乏对信用事件的一致性理解将阻碍市场的进一步发展。根据国际互换与衍生品协会（ISDA）的规定，信用事件具体包括：

（1）破产（Bankruptcy），是最重要的信用事件，同时也被认为是最容易判别的事件。它具体指参照信用实体解体或无力清偿。

（2）兼并（Merger），当参照信用实体的信用等级因兼并发生而下降时就触发了信用事件。通常是参照方被比自己信用等级低的公司兼并所致。

（3）交叉加速（Cross Acceleration），是指由于与现行合同损失责任相关联的违约事件而引发参照信用方提前偿付债务，这个事件可能影响到合同规定的原有债权优先次序。

（4）交叉违约（Cross Default），指由参照主体的一个违约事件引发所有其他债务责任，即使债务人没有宣布无力清偿债务，但实际上，其他债务合同的违约事件直接触发了所有现行合同的信用事件。

（5）降级（Down Grade），指低于合同规定的信用等级变化或无等级事件。

（6）无法履行支付责任（Failure to Pay），指在规定的宽限期内没有支付，支付金额可以指任何应付款项。

（7）拒偿（Repudiation），指参照方对债务责任的任何条款拒绝、取消、废弃、不承认的毁约行为。

（8）重组（Restructuring），指那些引起债务人在经济上、信用度和承受风险方面情况恶化的搁置、停业、重新计划等事件。

16.3.2 信用违约互换的品种

交易者可以根据信用风险管理的实际需要设计各种违约互换结构。

（一）单一信用违约互换

单一信用违约互换是指以某一参考实体的特定债务为参考资产，一旦该参考债务发生规定的信用事件，信用互换的卖方即对买方支付约定数额，合约同时也宣告终止。

（二）信用篮子违约互换

信用篮子违约互换是以一篮子多项贷款组合为参考，银行可为基础篮子选择不同的信用暴露覆盖率。

1. 多重违约篮子（Multiple Default Baskets）。多重违约篮子可以为篮子中可能发生的任意数量的违约事件提供保护。当篮子中出现第一项违约事件后，合约不会终止，对于后来发生的关于篮子中参考贷款的信用事件，在违约互换项下卖方将对买方给予额外的支付。如果合约提供对所有参考贷款的保护，则保护买方就将基础贷款组合的全部信用风险转移给卖方，信用篮子违约互换所保值的信用违约数量将等于参考贷款数量。多重违约篮子不同于一系列单一违约互换的总和，它的交易双方只需就一套合约文件进行谈判，可节省交易成本。

2. 第一违约篮子（First - to - Default Baskets）。在篮子中任何一个参考实体发生第一信用事件后，合约即终止，卖方承担的风险暴露以第一违约为限，并据此对买方支付。第一违约篮子交易所提供的信用保护的价格取决于篮子里参考贷款的违约概率。如果参考贷款违约相关性较低，这种交易结构就是低成本高效率的保值工具。

3. 第一损失篮子（First - Loss Baskets）。银行保留信贷组合的部分风险暴露（第一损失），将剩余暴露（第二损失）转移给保护卖方，若组合的违约损失超过约定金额，卖方向买方偿付。银行通过限定损失上限减少保护成本，而不是对全部潜在暴露保值。信用保护买方的保留部分越大，组合越分散化，第二损失也即未预期到的意外损失的可能性就越小，违约互换的保护价格就越低。

16.3.3 信用违约互换的应用

曾经的美国能源巨头——安然公司作为世界上最大的能源、商品和服务公司之一，曾名列《财富》杂志“美国500强”的第七名。大部分的投资者都认为安然公司是一个非常成功、业绩卓越的公司，而且穆迪对安然公司的债务信用评级为BAA1，标准普尔对安然公司的债务信用评级为BBB+。2000年，安然公司的营业规模超过千亿美元，公司的股权价值为500亿美元，年净收益约为10亿美元。同年，花旗集团对安然公司提供的贷款总额达到12亿美元。这些债务的平均利率为8.07%。除此之外，花旗集团还持有安然的一些与保险相关的债务。

虽然安然公司的发展良好，但花旗集团并没有忽略安然公司债务的信用风险。为了对冲安然公司的信用风险，花旗集团成立了一家信托公司，通过该信托公司，于2000年8月到2001年5月的近10个月内在市场上向投资者发行了一种5年期、利息为7.37%的债券，累计面值达14亿美元。同时，该信托公司将发行债券得到的款项投资于一种5年期、利息为6%的信用品质较高的债券。该信托公司发行的债券有以下条款：如果安然公司5年内没有破产，那么，投资者将定期获得7.37%的利息收益，并于5年后收回本金。这样，花旗集团将定期收到安然公司支付的8.07%的利息和高信用品质债券支付的6%的利息，同时支付7.37%的利息。因此，花旗集团的净利息收益为：8.07% +6% -7.37% =6.7%。5年后，花旗信托将收回高品质债券的本金，并用来还给投资者。

如果在5年期间的某一个时候，安然公司破产了，那么，花旗集团有权将安然公司对它的债务与花旗信托对投资者的债务进行抵销。这时，作为法定清偿程序的结果，安然公司可能只偿还债务本金的一部分。此时，花旗信托将该部分的债务本金转付给投资者，同时债券合同终结。这样做的结果是：投资者只得到了其本金的一部分，却承受了安然公司倒闭的信用风险；花旗集团的本金投放在高品质债券上，并不会因安然公司的倒闭而遭受损失。

简而言之，花旗集团对于它持有的对安然公司的债权作了保护，将信用风险转移给了愿意承担这些风险的投资者。作为回报，如果安然公司没有破产，这些投资者将获得较高的利息——7.37%。同时，花旗集团在减少信用风险的同时也放弃了获得高利率的机会，而只获得6.7%的利息。

实际情形的发展证明了花旗集团当时确实做了一个非常明智的举动。从2001年10月开始，安然公司的信用评级就开始下滑，到2001年12月安然公司终于破产。由于花旗集团预先进行了信用风险管理，花旗信托避免了一次大的金融灾难。

可见，信用违约互换是两个交易伙伴之间达成的一个合约。其中的一方，即信用保护买方持有的一些资产可能会由于发生某种信用事件而遭受损失。为了转移信用风险，该交易者向愿意承担信用风险的一方，即信用保护卖方在合同规定的期限内定期支付一笔固定的费用。保护卖方在接受费用的同时，承诺在合同期内，当相应的信用事件发生时，向保护买方赔付一定的金额。需要注意的是，信用违约互换只是将信用风险从一个投资主体手中转移到另一个投资主体，并没有消除信用风险。

16.4 总收益互换

16.4.1 总收益互换的定义

总收益互换（Total Return Swap）是指信用保护的买方在协议期间将参照资产的总收益转移给信用保护的卖方，总收益包括本金、利息、预付费用以及因资产价格的有利变化带来的资本利得；作为交换，信用保护卖方则承诺向买方交付协议资产增值的特定比例，通常是 Libor 加一个差额，以及因资产价格不利变化带来的资本亏损。总收益互换的结构如图 16.3 所示。

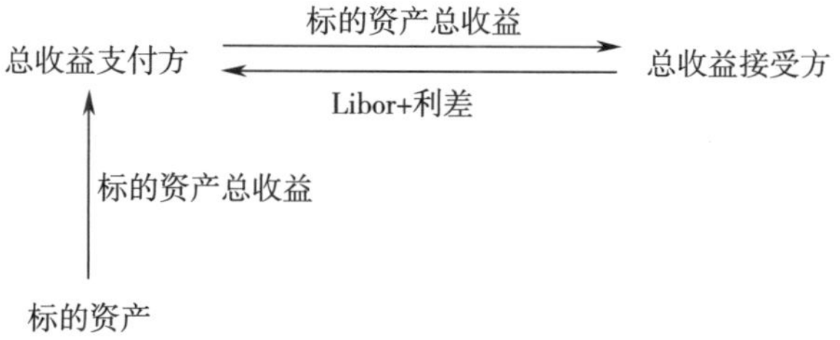

图 16.3 总收益互换

图 16.3 中的总收益支付方是标的资产法律意义上的拥有者。在交易期内，总收益支付方做空了标的资产的市场风险，也做空了标的资产的信用风险；而总收益接受方，即投资方，并不是标的资产法律意义上的拥有者。在交易期内，总收益接受方做多了标的资产的市场风险，也做多了标的资产的信用风险。

在交易到期日，总收益接受方可以选择以事先约定好的价格购买标的资产。但是若标的资产违约事件在总收益互换到期日前发生，总收益互换交易就会提前终止。当总收益互换由于违约事件终止时，总收益接受方将要偿付标的资产所有的市场风险和信用风险，即总收益接受方将要付出标的资产原始价值与违约后的价值之间的差价；或者，总收益接受方付出标的资产的原始价值给总收益支付方，并获得标的资产的所有权。

在总收益互换交易中，总收益支付方不需要在公开市场上出售资产就成功地剥离了信用风险，并得到固定利率或浮动利率的支付。与信用违约互换不同的是，总收益支付方通过总收益互换，不仅将信用风险成功转移，而且其他一些风险，如市场风险、利率风险、汇率风险等也都随之被转移。因此严格地说，总收益互换并不是一个纯粹的信用互换。

16.4.2 总收益互换的应用

对于总收益接受方而言，他不必在市场上购买基础资产就赢得了该项资产的经济利益。总收益的接受方能以比市场融资利率低得多的成本得到这笔基础资产，尤其是在其信用等级不高的情况下，总收益接受方所支付的差价通常都会低于他从市场上融资的价格。此外，他们还避免了与直接购买资产有关的清算、融资和执行等麻烦。对于一些受资本限制的金融机构，总收益互换是其利用杠杆将资本收益最大化的最经济手段。但是如果标的资产的收益为负，那么总收益接受方还要向总收益支付方支付标的资产市值缩水的部分。

✪【例 16.2】一家银行以 12% 的利率贷款给 × × 企业 20 亿美元，期限为 5 年。如果在贷款期限内，该企业的信用风险加大，银行将承担该贷款市场价值下降的风险。银行为转移这类风险而购买总收益互换合约。按该合约规定（以一年为支付期），银行向信用保护卖方支付以固定利率为基础的收益，该收益等于固定利率加上该贷款市场价值的变化，同时，信用保护卖方向银行支付浮动利率的现金流。假设合约规定固定利率为 15%，此时浮动利率为 13%，在支付期内贷款市场价值下降 10%，那么银行向交易对方支付的现金流的利率为 15% − 10% = 5%，从交易对手处获得现金流的利率为 13%。经过互换，银行的净现金流的利率为 8%，获得的净利息收入为 1.6 亿元［20 ×（13% − 5%）= 20 × 8% = 1.6］。交换现金流后这笔收入可以用来冲销该银行在信贷市场上的损失。但是，总收益互换存在利率风险，如果浮动利率大幅度下降，那么互换后的现金流会受到极大影响。

总收益互换常常被用做融资工具。总收益的接受方想通过融资来投资 1 亿美元于一个参考实体的债券，接受方会找一个支付方（可能是某个金融机构）并同意进行该互换，然后支付方买入 1 亿美元的债券。这样做对于接受方来讲与以 Libor 加上 25 个基点的利息来借款买入债券是一样的。在总收益互换协议中，支付方在互换期限内仍然拥有债券的所有权，因此对支付方而言这样做比直接借钱给接受方去买入债券并以债券作为抵押品所面临的信用风险会小得多。如果接受方违约，支付方不会面临因抵押品的所有权而可能带来的法律纠纷。总收益互换与再回购类似，其构造过程是为了降低融资过程中的信用风险。

在总收益互换中，在 Libor 之上的差价是支付方对接受方所承担信用风险的一种补偿。当参考债券价格下跌时，接受方的违约会给支付方带来损失。因此这一差价既依赖于接受方的信用状态也依赖于债券发行人（支付方）的信用状态，以及接受方和债券发行人（支付方）之间的违约相关性。

以上所描述的标准交易可以有多种变形。有时在互换的终期因债券价格变化而产生的现金付款可以由资产的实际交割来代替。在这种情况下总收益支付方将在互换的终期以实际债券换回债券的本金。在一些其他情形下，反映债券价格变化的付款期被安排为以某种周期形式进行，而不是只在互换的到期日才有，这样的互换就与股权互换很类似。

16.5 信用关联票据

16.5.1 信用关联票据的定义

信用关联票据根据信用事件（如违约）来进行付息，乃至付本。通过特殊目的主体［Special Purpose Entity，SPE，又称特殊目的机构（SPV）］或信托（Trust）来设立。信用关联票据（Credit-Linked Note，CLN），又称信用联系票据、信用联动票据或信用连锁票据，是为特定目的而发行的一种融资工具，是一种表内交易嵌入信用违约互换的结构化票据。只要 CLN 关联主体没有违约，信托公司在 CLN 票据的有效期内根据固定或浮动的息票付息，在到期日，投资者获得票面价值。如果关联主体声明破产，债券发行者对发行的票据违约，并交割其所有资产。信用关联票据并非单独的衍生产品，而是一种和某种信用风险相结合的附息债券，其目标是一般投资者通过承担一些额外的信用风险来提高其投资收益率，其专用主体一般是债券，特别是对信用风险敏感的债券。投资者投资于有资产（资产价值为 V）支持的面值为 C 的信用关联票据。信用关联票据由资产的信托方（Trust）发行，并向投资者支付一定的利息，而资产所有人向信托方按面值支付利息。信托方还持有信用互换合约的空头头寸（由于出售保险而承担风险），其目的在于获取一定的额外收益，信用互换的对手一般是银行。通过这样的方式，投资者可以提高自己的收益率，而其所要承担的信用风险是在违约发生时部分或全部本金的损失。即投资者以面值 C 获取资产价值 V 的收益，其杠杆融资比例为 V/C。也就是说，信用关联票据通过杠杆作用以承担更多的风险来提高其收益率。CLN 的交易结构如图 16.4 所示。

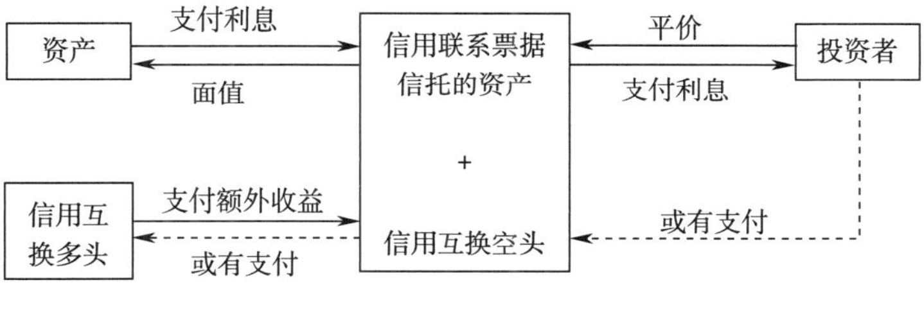

图 16.4 信用关联票据交易结构

16.5.2 信用关联票据的应用

信用关联票据的发行者相当于信用保护的买方，他向信用关联票据的买方（即信用保护的卖方）支付一定的利率。如果违约情况未发生，他还有义务在信用关联票据到期时归还全部本金给信用关联票据的买方；如果违约情况发生，他只需支付信用资产的残留价值给信用关联票据的买方，而不需归还本金。

✪ **【例 16.3】** 假如一家银行与 SPV 达成信用违约互换交易，向 SPV 支付 50 个基点的保险费，为其持有的 100 万元贷款购买风险保护。SPV 向投资者发行面值为 100 元的 10 000 份 CLN。由于 SPV 的融资利率为 Libor − 10 个基点，故票据利率为 Libor − 10 + 50 = Libor + 40。若基础参考贷款发生违约，残值为 75 元，则 SPV 向保护方支付 25 万元，同时向投资者每张票据返还 75 元。

作为融合了信用衍生交易的证券化品种，CLN 是对传统结构化金融工具的改良，同时又保留了证券化的一些传统特征。

与传统证券化相比，CLN 是复制参考债务信用风险的合成投资工具，它只是将贷款的信用风险转移给投资者，同时贷款仍然保留在银行的资产负债表上，因此不需要办理转让贷款的法律手续。

与其他类型的信用衍生品相比，CLN 别具特色。信用违约互换的保护卖方没有预先提供资金作为履约担保，当信用事件发生后，保护买方面临着保护卖方不履行支付承诺的可能。总收益互换由于包含现金流双向运动，因此交易双方都面临风险。而 CLN 是要求投资者提供资金的信用衍生工具，因而不存在交易对手风险，这对于保护买方具有较大的吸引力。而且，投资者在购买 CLN 时已支付了票据面值，当违约发生时，发行人只需返还低于面值的残值即可。CLN 对于投资者也有特殊的好处，有些投资者由于自身条件所限，受到约束不能涉足衍生交易，CLN 能够为他们提供一条参与信用衍生交易的渠道。例如，××基金委托契约只允许基金投资于 AAA 级债券，而 CLN 的发行人通常是具有 AAA 等级的特设机构，故其发行的票据在基金可以接受的范围之内。此外，信用违约互换一般是非交易性的双边合约，投资者通常要执行一项反向的互换交易以抵销其头寸。而 CLN 则是一项可交易的工具，能够像其他债券那样方便地出售，因此，CLN 又具有较好的流动性。

20 世纪 90 年代后半期，从 CLN 的基本结构中演化出更为复杂的混合产品，即所谓的合成抵押债务证券（Synthetic Collateralized Debt Obligation），这些新型的合成债券化产品将证券化重组现金流的分层技术与信用衍生工具相结合，它们通常包含以许多捆绑在一起的参考信用为基础的一揽子违约互换，参考信用组合的合成暴露被分成若干份额，反映不同的风险等级，以吸引具有不同风险态度的投资者。

16.6 信用利差期权

16.6.1 信用利差期权的定义

（一）信用利差期权定义

信用利差期权（Credit Spread Option），是指以信用利差作为标的资产，并以某一特定水平的利差作为执行价格的期权。期权买方通过向卖方支付期权费，获取在未来市场利差高于或低于事先约定的利差时（视期权种类而定），要求期权卖方执行清偿支付的权利。

信用利差，是指用于向投资者补偿基础资产违约风险的、高于无风险利率的利差，其计算公式为：信用利差＝信用敏感性债券收益率－无信用风险债券收益率。

当利率发生变化时，会影响所有的市场利率同方向变动，信用敏感性债券与无信用风险债券的收益率也同样发生变化，此时，信用敏感性债券收益率与无风险信用债券收益率之间的利差变动必定是由于信用敏感性债券的信用风险预期的变化所致（表现为信用等级的变化）。该利差的变动只体现信用风险变动，与利率风险变动无关。购买信用利差期权的目的是将信用风险从市场风险中剥离出来。

信用利差在经济扩张期会缩小，而在经济收缩期会扩大。因为在经济扩张期，投资者对未来发展有信心，愿意投资于信用敏感性债券以获得较高的收益，引起信用敏感性债券价格上涨、收益率下降，这样就导致较低的信用利差；而在经济收缩期，投资者信心不足，更愿投资于无风险信用债券以规避风险，引起信用无风险信用债券价格上涨、收益率下降，这样就导致较高的信用利差。

与普通期权一样，信用利差期权也分为看涨期权和看跌期权。

如果投资者预期基础资产借款人信用等级将下降，其发行的债券信用利差将扩大，基础资产价格将下跌，投资者可以买入信用利差看跌期权进行保值：当实际利差大于约定利差时，以事先约定的信用利差将基础资产卖给期权卖方，以对冲由于利差扩大、价格下跌导致的损失。反之，如果预测基础资产借款人信用等级将上升，信用利差将缩小，投资者会买入信用利差看涨期权进行保值：当实际利差小于约定利差时，以事先约定的信用利差买入基础资产，以对冲由于利差缩小、价格上涨带来的成本增加。信用利差期权通常不进行实物交割，双方只进行差额结算。

信用利差看涨期权和看跌期权结构图如图 16.5（a）和图 16.5（b）所示。

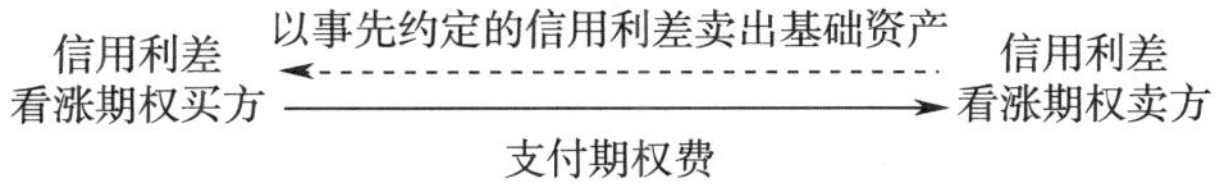

注：虚线代表或有支付发生的条件：信用利差小于或者等于约定利差。

图 16.5　（a）信用利差看涨期权结构图

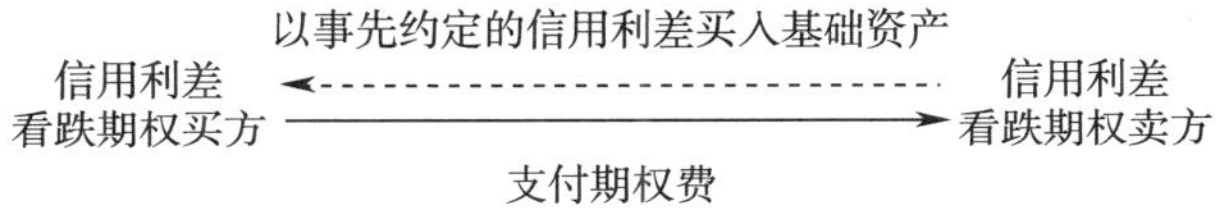

注：虚线代表或有支付发生的条件：信用利差大于或者等于约定利差。

图 16.5　（b）信用利差看跌期权结构图

（二）信用利差期权与其他信用衍生工具的区别

除了信用利差期权之外的其他信用衍生工具，对信用风险的处置都是以尽可能控制损失为目的：信用违约互换与信用关联票据是购买信用保护，总收益互换则是将基础资产产生的总收益换为事先商定的利率回报。而信用利差期权则不同：一方面，期权买方在支付了期权费之后，获得了在信用利差扩大的情况下以商定价格卖出参考资产或是在信用利差缩小的情况下以约定价格买入参考资产的权利，从而可以将信用利差变化带来的损失控制在期权费的范围之内；另一方面，当信用利差向有利于期权买方的方向变化时，期权买方可以选择执行期权，获得信用利差变化带来的收益。

可见，信用利差期权与其他信用衍生工具最大的不同之处在于其在控制信用风险的同时保留了期权买方从信用风险变化中获益的机会。信用利差期权的出现，使得信用衍生工具的种类更为多样化，更能适应信用保护需求者不同的风险偏好。

16.6.2　信用利差期权的应用

目前，我国大部分企业还未完全建立现代企业制度，和国际上成熟的跨国公司相比经营风险较大。有的企业虽然在今天还是炙手可热的绩优股，一夜之间就可能因为某些突发事件而成为无人问津的垃圾股。在我国股票市场上的银广夏、德隆系等名词，反映了我国金融体系中较高的信用风险。我国商业银行在把资金贷给目前看来经营状况良好的优质客户后，仍然需要防范客户在未来由于突发事件而爆发的信用风险。如果采用信贷资产转让，一旦客户在未来没有因突发事件爆发信用风险，商业银行会因此而损害与客户的关系，并损失掉原本应得的风险收益。如果采用信用违约互换，由于我国金融市场还不是有效市场，信息不对称现象很严重，商业银行往往难以估算突发事件的发生概率及联合违约概率。在这样的情况下，商业银行应采用的信用衍生工具是信用利差期权，以达到在为信用风险进行保险的同时保留获取风险收益的权利的目的。

✪【例 16.4】假设某商业银行 A 对公司 B 放出一笔 5 000 万元贷款，贷款利率为市场基准利率加 20 个基点，贷款期限为 3 年。1 年之后，银行 A 准备在贷款二级交易市场上寻找合适时机卖出该项贷款，同时由于公司 B 经营状况出现恶化的趋势，银行 A 担心公司 B 的信用状况会恶化影响到贷款的市场价值。

银行 A 可以购买一份关于公司 B 信用品质变化的期权，以便于在公司 B 信用状况恶化的时候规避交易风险。银行 A 在信用衍生工具市场上找到保险公司 C，以每年 50 万元的价格买入一份为期 1 年的信用利差看跌期权，合约规定信用利差为 35 个基点，当公司 B 信用状况恶化导致该贷款在市场上的利差超出市场基准利率 35 个基点（或更高）时，允许银行 A 以 35 个基点信用利差对应的价格向保险公司 C 卖出该项贷款，或者从保险公司 C 获得偿付，以弥补该贷款市场价值的减少。如果期权到期时，信用利差未超过 35 个基点，那么银行 A 不执行该期权，保险公司 C 获得期权费收入而不需要进行支付。

银行 A 通过信用利差期权交易锁定了基础资产未来在市场上的交易价格，同时保留了在市场状况并未恶化甚至好转时获取收益的权利。保险公司 C 则通过出售信用利差期权获得了期权费收入，同时承担了基础资产的信用利差风险暴露。

【本章小结】

1. 信用风险是指交易对手或债务人不能正常履行合约或者信用品质发生变化，而导致交易另一方或债权人遭受损失的可能性。信用风险的管理策略主要有风险分散策略、风险对冲策略、风险转移策略、风险规避策略和风险补偿策略。

2. 资产证券化是指将缺乏流动性，但具有可预期收入的资产，通过在资本市场上发行证券的方式予以出售以获取融资，并最大化提高资产的流动性。资产证券的基本类型有过手证券、资产支持证券和转付证券，其他种类的资产证券都是从这三种基本类型衍生而来。

3. 信用违约互换是一种用于转移信用风险的场外交易金融合约，其经济意义和债券保险合约非常接近。主要品种有：单一信用违约互换、信用篮子违约互换。

4. 总收益互换是指信用保护的买方在协议期间将标的资产的总收益转移给信用保护的卖方，总收益包括本金、利息、预付费用以及因资产价格的有利变化带来的资本利得；作为交换，保护卖方则承诺向买方交付协议资产增值的特定比例，通常是 Libor 加一个差额，以及因资产价格不利变化带来的资本亏损。

5. 信用关联票据是为特定目的而发行的一种融资工具，是一种表内交易嵌入信用违约互换的结构化票据。

6. 信用利差期权是指以信用利差作为标的资产，并以某一特定水平的利差作为执行价格的期权。与普通期权一样，信用利差期权分为看涨期权和看跌期权。信用利差期权在控制信用风险的同时，保留了期权买方从信用风险变化中获益的机会。

【重要概念】

信用风险 资产证券化 信用违约互换 总收益互换 信用关联票据
信用利差期权

【参考读物】

[1] 周复之．金融工程［M］．北京：清华大学出版社，2008.

[2] 王晋忠．金融工程案例［M］．成都：西南财经大学出版社，2011.

[3] 朱忠明，张淑艳．金融风险管理［M］．北京：中国人民大学出版社，2004.

[4] 邹宏元．金融风险管理（第二版）［M］．成都：西南财经大学出版社，2006.

[5] 王一鸣．中国银行从业人员资格认证考试指导用书——风险管理科目［M］．北京：中国发展出版社，2006.

[6] 叶永刚，彭红枫，黄河．衍生金融工具［M］．北京：中国金融出版社，2007.

【练习题】

1. 信用风险的管理策略有哪些？

2. 在资产证券化的过程中为何需要成立特设机构？说明它的独特作用。

3. 简述次级贷款的证券化如何转移风险？

4. 简述信用违约互换的特点。

5. 一个信用违约互换要求以每年 60 个基点的利率进行支付，支付每半年进行一次。本金为 3 亿美元，以现金结算。在 4 年零 2 个月后发生了违约，计算机构估计在违约刚发生后最廉可交割债券的价格为其面值的 40%。列出信用违约互换卖方的现金流及其发生的时间。

6. 阐述怎样构建 CLN。

7. 某信用卡公司为筹集资金而发行债券。为降低公司业务的信用风险，公司可以采取一年期信用关联票据的形式。此票据承诺，当全国的信用卡平均欺诈率指标低于 5% 时，偿还投资者本金并给付 8% 的利息（高于一般同类债券利率）；该指标超过 5% 时，则给付本金并给付 4% 的利息。请阐述该信用卡公司和投资者的交易状况分别是怎样的？

8. CLN 的投资者所承担的风险从何而来？

9. 与其他信用衍生工具相比较，信用利差期权最大的特点是什么？

10. 简述商业银行如何利用信用利差期权规避某一贷款的信用风险。

21世纪高等学校金融学系列教材

一、货币银行学子系列

★货币金融学（第五版） 朱新蓉 主编 69.00元 2021.05出版
（普通高等教育“十一五”国家级规划教材/国家精品课程教材·2008）
货币金融学 张 强 乔海曙 主编 32.00元 2007.05出版
（国家精品课程教材·2006）
货币金融学（附课件） 吴少新 主编 43.00元 2011.08出版
货币金融学（第二版） 殷孟波 主编 48.00元 2014.07出版
（普通高等教育“十五”国家级规划教材）
现代金融学 张成思 编著 58.00元 2019.10出版
——货币银行、金融市场与金融定价
货币银行学（第二版） 夏德仁 李念斋 主编 27.50元 2005.05出版
货币银行学（第三版） 周 骏 王学青 主编 42.00元 2011.02出版
（普通高等教育“十一五”国家级规划教材）
货币银行学原理（第六版） 郑道平 张贵乐 主编 39.00元 2009.07出版
金融理论教程 孔祥毅 主编 39.00元 2003.02出版
西方货币金融理论 伍海华 编著 38.80元 2002.06出版
现代货币金融学 汪祖杰 主编 30.00元 2003.08出版
行为金融学教程 苏同华 主编 25.50元 2006.06出版
中央银行通论（第三版） 孔祥毅 主编 40.00元 2009.02出版
中央银行通论学习指导（修订版） 孔祥毅 主编 38.00元 2009.02出版
商业银行经营管理（第二版修订版） 宋清华 主编 50.00元 2021.08出版
商业银行管理学（第五版） 彭建刚 主编 53.00元 2019.04出版
（普通高等教育“十一五”国家级规划教材/国家精品课程教材·2007/国家精品资源共享课配套教材）
商业银行管理学（第四版） 李志辉 主编 76.00元 2022.03出版
（普通高等教育“十一五”国家级规划教材/国家精品课程教材·2009）
商业银行管理学习题集 李志辉 主编 20.00元 2006.12出版
（普通高等教育“十一五”国家级规划教材辅助教材）
商业银行管理 刘惠好 主编 27.00元 2009.10出版
现代商业银行管理学基础 王先玉 主编 41.00元 2006.07出版
金融市场学（第三版） 杜金富 主编 55.00元 2018.07出版
现代金融市场学（第四版） 张亦春 主编 50.00元 2019.02出版
中国金融简史（第二版） 袁远福 主编 25.00元 2005.09出版
（普通高等教育“十一五”国家级规划教材）
货币与金融统计学（第四版） 杜金富 主编 48.00元 2018.07出版
（普通高等教育“十一五”国家级规划教材/国家统计局优秀教材）

金融信托与租赁（第五版）	王淑敏　齐佩金	主编	45.00 元	2020.06 出版
（普通高等教育“十一五”国家级规划教材）				
金融信托与租赁案例与习题	王淑敏　齐佩金	主编	25.00 元	2006.09 出版
（普通高等教育“十一五”国家级规划教材辅助教材）				
金融营销学	万后芬	主编	31.00 元	2003.03 出版
金融风险管理	马昕田	主编	40.00 元	2021.06 出版
金融风险管理	宋清华　李志辉	主编	33.50 元	2003.01 出版
网络银行（第二版）	孙　森	主编	36.00 元	2010.02 出版
（普通高等教育“十一五”国家级规划教材）				
银行会计学	于希文　王允平	主编	30.00 元	2003.04 出版
互联网金融	万光彩　曹　强	主编	50.00 元	2022.01 出版

二、国际金融子系列

国际金融学	潘英丽　马君潞	主编	31.50 元	2002.05 出版
★国际金融概论（第五版）	孟　昊　王爱俭	主编	45.00 元	2020.01 出版
（普通高等教育“十二五”国家级规划教材/国家精品课程教材·2009）				
国际金融（第三版）	刘惠好	主编	48.00 元	2017.10 出版
国际金融概论（第四版）（附课件）	徐荣贞	主编	48.00 元	2022.01 出版
★国际结算（第七版）（附课件）	苏宗祥　徐　捷	著	70.00 元	2020.08 出版
（普通高等教育“十二五”国家级规划教材/2012—2013 年度全行业优秀畅销书）				
各国金融体制比较（第五版）	白钦先	等编著	78.00 元	2021.09 出版
国际金融（第二版）	周　文　漆腊应	主编	43.00 元	2021.04 出版
国际金融管理	鞠国华	主编	43.00 元	2020.01 出版

三、投资学子系列

投资学（第四版）	张元萍	主编	63.00 元	2022.04 出版
证券投资学	吴晓求　季冬生	主编	24.00 元	2004.03 出版
证券投资学（第二版）	金　丹	主编	49.50 元	2016.09 出版
证券投资学	王玉宝	主编	38.00 元	2018.06 出版
现代证券投资学	李国义	主编	39.00 元	2009.03 出版
证券投资分析（第二版）	赵锡军　李向科	主编	35.00 元	2015.08 出版
组合投资与投资基金管理	陈伟忠	主编	15.50 元	2004.07 出版
投资项目评估（第三版）	李桂君　宋砚秋　王瑶琪	主编	60.00 元	2021.06 出版
项目融资（第三版）	蒋先玲	编著	36.00 元	2008.10 出版

四、金融工程子系列

金融经济学教程（第三版）	陈伟忠　陆珩瑱	主编	56.00 元	2021.11 出版
衍生金融工具（第二版）	叶永刚　张　培	主编	53.00 元	2020.07 出版
衍生金融工具	王德河　杨　阳	编著	38.00 元	2016.12 出版
现代公司金融学（第三版）	马亚明	主编	59.00 元	2021.08 出版

金融计量学	张宗新	主编	42.50 元	2008.09 出版
数理金融	张元萍	编著	29.80 元	2004.08 出版
金融工程学（第二版）	沈沛龙	主编	63.00 元	2023.02 出版
金融工程	陆珩瑱	主编	39.50 元	2018.01 出版

五、金融英语子系列

金融英语阅读教程（第五版） （北京高等教育精品教材）	沈素萍	主编	69.00 元	2022.10 出版
金融英语阅读教程导读（第四版） （北京高等学校市级精品课程辅助教材）	沈素萍	主编	23.00 元	2016.01 出版
保险专业英语	张栓林	编著	22.00 元	2004.02 出版
保险应用口语	张栓林	编著	25.00 元	2008.04 出版

注：加★的书为“十二五”普通高等教育本科国家级规划教材。

21 世纪高等学校保险学系列教材

保险学概论	许飞琼	主编	49.80 元	2019.01 出版
保险学概论学习手册	许飞琼	主编	39.00 元	2019.04 出版
经典保险案例分析 100 例	许飞琼	主编	36.00 元	2020.01 出版
保险学（第二版）	胡炳志　何小伟	主编	29.00 元	2013.05 出版
风险管理与保险	孔月红　高　俊	主编	39.50 元	2019.10 出版
保险精算（第三版）	李秀芳　曾庆五	主编	36.00 元	2011.06 出版
（普通高等教育“十一五”国家级规划教材）				
人身保险（第二版）	陈朝先　陶存文	主编	20.00 元	2002.09 出版
财产保险（第六版）	许飞琼　郑功成	主编	56.00 元	2020.12 出版
（普通高等教育“十一五”国家级规划教材/普通高等教育精品教材奖）				
财产保险案例分析	许飞琼	编著	32.50 元	2004.08 出版
海上保险学	郭颂平　袁建华	编著	34.00 元	2009.10 出版
责任保险	许飞琼	编著	40.00 元	2007.11 出版
再保险（第二版）	胡炳志　陈之楚	主编	30.50 元	2006.02 出版
（普通高等教育“十一五”国家级规划教材）				
保险经营管理学（第二版）	江生忠　祝向军	主编	49.00 元	2017.12 出版
保险经营管理学（第二版）	邓大松　向运华	主编	42.00 元	2011.08 出版
（普通高等教育“十一五”国家级规划教材）				
保险营销学（第四版）	郭颂平　赵春梅	主编	42.00 元	2018.08 出版
（教育部经济类专业主干课程推荐教材）				
保险营销学（第二版）	刘子操　郭颂平	主编	25.00 元	2003.01 出版
★风险管理（第五版修订本）	许谨良	主编	50.00 元	2022.01 出版
（普通高等教育“十一五”国家级规划教材）				
保险产品设计原理与实务	石　兴	著	24.50 元	2006.09 出版
社会保险（第五版）	林　义	主编	49.00 元	2022.08 出版
（普通高等教育“十一五”国家级规划教材）				
保险学教程（第二版）	张　虹　陈迪红	主编	36.00 元	2012.07 出版
利息理论与应用（第二版）	刘明亮	主编	32.00 元	2014.04 出版
保险法学	李玉泉	主编	53.50 元	2020.08 出版

注：加★的书为“十二五”普通高等教育本科国家级规划教材。